MOLINIE 1984

Louis de Fourcaud

FRANÇOIS RUDE

FRANÇOIS RUDE

FRANÇOIS RUDE

SCULPTEUR

SES ŒUVRES ET SON TEMPS

(1784-1855)

PAR

L. DE FOURCAUD

PROFESSEUR D'ESTHÉTIQUE ET D'HISTOIRE DE L'ART
A L'ÉCOLE NATIONALE DES BEAUX-ARTS

PARIS
LIBRAIRIE DE L'ART ANCIEN ET MODERNE
ANCIENNE MAISON J. ROUAM ET Cie
RUE TAITBOUT, 60
—
1904

A MON AMI LOUIS GONSE

En souvenir de la publication de cette étude dans la *Gazette des Beaux-Arts* sous sa direction.

L. DE F.

AVANT-PROPOS

Ce livre est consacré à un grand sculpteur d'humble origine, fils puissant d'une époque trouble, élève de maîtres aux doctrines ambiguës, aux pratiques faussées, et qui finit, à force de native droiture, d'indépendance et de labeur, par s'émanciper dans l'accomplissement de significatifs ouvrages. L'ensemble de sa production témoigne non seulement de son tempérament robuste, mais aussi de sa bonne foi sans défaillance, des impulsions qu'il subit, des résistances de son instinct populaire parmi les incertitudes de sa pensée et des évolutions déterminées en son talent par ses souvenirs et ses aspirations, par les événements survenus au cours de sa vie et par les suggestions des milieux très divers où il fut jeté. En ses conceptions les influences de l'école pseudo-classique ont laissé maintes traces et le voisinage des romantiques l'a quelquefois impressionné, tandis qu'en ses façons de réaliser ses rêves en statues apparaissent tout à coup les vigoureuses réactions de son esprit d'homme du peuple, d'abord obscur et confus, mais, de tout temps, passionnément sincère, jaloux de s'exprimer en plénitude, progressivement haussé, aux prises avec l'œuvre, à de supérieures clartés. De la sorte, si marqué qu'il ait pu être des défauts de sa génération, il s'est magnifiquement dérobé aux conventions des formes abstraites comme aux vanités du pittoresque superficiel pour rendre à l'observation sa fraîcheur, à l'interprétation sa franchise, à l'outil sa ferme souplesse et sa vivacité loyale au service de l'expression vraie. Personne, en fin de compte, n'a plus fait que lui pour remettre la sculpture dans son droit chemin. En dessillant les yeux des artistes, longtemps aveuglés de formules, il a réveillé en eux l'exacte notion de l'essence de leur art, sinon la conscience entière du rôle qui lui peut appartenir au profit des sociétés modernes. Placés, grâce à lui, dès leurs débuts, en face de la vérité concrète, assurés de la bien voir et libres de la traduire, tous n'auront plus qu'à libérer leur imagination même des traditions stériles, afin de dégager les caractères décisifs où s'accusent les états humains. Ainsi l'effort de Rude a provoqué chez nous comme une renaissance du génie sculptural. Nous devons au statuaire de l'Arc de triomphe de l'admiration pour ses chefs-d'œuvre, de la vénération pour ses exemples, une gratitude infinie pour son action rédemptrice. Sa gloire s'alimente de ces trois sentiments qu'il nous a inspirés. C'est pourquoi il m'a semblé bon d'étudier de plus près qu'on n'avait fait jusqu'ici la formation et le développement de sa personnalité, — mieux encore, d'envisager le conflit des erreurs d'école et des instincts libérateurs dans une carrière telle que la sienne, singulière sous quelques aspects et vraiment grande d'aboutissement.

A un autre égard l'existence de Rude offre des particularités étranges et attachantes. Ce plébéien a été, soixante-dix ans, ballotté par tous les flots de notre histoire tourmentée. Il a vu la Révolution à Dijon, l'Empire à Paris, les Cent-jours dans sa ville natale. Sous Louis XVIII son destin le fait vivre à Bruxelles, au contact des réfugiés français par qui se reforme l'opinion démocratique submergée, désemparée, décomposée durant les années du mirage impérial. Le déclin du règne de Charles X le retrouve au bord de la Seine, hésitant, un peu surpris ; puis, aux jours de Louis-Philippe, il s'abandonne au lyrisme napoléonien, partout encouragé à s'exalter et mêlé en tant de cœurs à la foi républicaine. Dans l'explosion d'idéalisme de 1848, il saluera la victoire de la démocratie sans répudier la légende du grand empereur. L'avènement de Napoléon III ne portera, d'autre part, nulle atteinte à son culte pour la République. Deux principes, à nos yeux contradictoires, se sont de bonne heure conciliés en lui ; mais l'un n'est, en somme, qu'un principe d'enthousiasme et l'autre seul a eu force de croyance sociale et vertu de direction. A mesure que les idées s'accentuaient et qu'on sentait s'élaborer un nouvel ordre de choses, les libéraux, se prenant à redouter les équivoques, s'étaient appliqués à établir une distinction entre Napoléon-César et Bonaparte, incarnation du génie révolutionnaire. Leur subtilité prétendait écarter le César de la glorification décernée au général de l'armée d'Italie. Nous aurons, avec *le Réveil de Bonaparte* de Rude, au parc de Fixin, un écho direct de cette théorie de dédoublement imaginée pour la plus grande commodité des polémistes. A peine nous importe t-il de rappeler ici combien de si spécieuses précautions doctrinales, destinées, aux dernières années du gouvernement de Louis Philippe, à expliquer l'union momentanée d'instincts opposés, de tendances divergentes, tout en laissant prévoir les divisions futures, ont tourné contre leur but et préparé la voie au second Empire. Que si, d'ailleurs, telle ou telle statue du maître nous évoque en traits sensibles les inquiétudes suscitées autour de lui, nous ne saurions en être choqués ou étonnés. Goethe a eu raison de dire que le talent des maîtres est le miroir du temps où ils vivent. Leurs créations doivent donc être considérées à ce point de vue, non moins attentivement qu'à tout autre.

Je n'ai pas fait l'apologie du sculpteur bourguignon. Un homme de sa complexité s'offre aux historiens et repousse les apologistes. Les faiblesses qu'on découvre en lui ne le diminuent pas : elles font partie de son individualité presque à l'égal de ses qualités mêmes. On n'a pas le droit de les dissimuler. L'époque n'est plus où l'on faisait de la vie d'un artiste un roman de vérité embellie à plaisir : nous y voulons voir la révélation de son humanité complète, corrélative à celle de ses contemporains qu'elle résume, élargit et relève, mais aux détails de laquelle elle participe aussi sans cesse. Nos différents chapitres raconteront, en conséquence, les étapes de la carrière de Rude, en tenant compte des influences générales et des circonstances accidentelles, de l'atmosphère des milieux, de l'apport des fréquentation, de tout ce qui agit sur les facultés d'un producteur et s'empreint en la plus ou moins complexe physionomie de ses œuvres. Au revers de considérations graves, nous ne craindrons pas de faire place aux indications les plus familières. Les œuvres saisies, autant que possible, à leur point d'émergence, auront chance de se présenter à nous sous leur vrai jour, en leur valeur absolue, en leur relative portée. Il se pourra que certaines convenances de rapprochement nous détournent, çà et là, de l'ordre strictement chronologique; la chronologie aura bientôt sa juste revanche. Aux curieux que ne rebute la minutie d'aucun labeur d'enquête, je voue le *Répertoire historique et raisonné* des sculptures de Rude, publié en appendice à la fin du volume, avec l'énoncé ou le rappel de tous les documents justificatifs.

Il n'eût pas été en mon pouvoir de me procurer les éléments d'information partout disséminés, généralement inédits, indispensables pour mon dessein, si je n'avais rencontré de tous côtés de bienveillants appuis, de gracieux et précieux concours. En même temps, par exemple, que je dépouillais les énormes dossiers de la construction et de la décoration de l'Arc de triomphe, aux Archives nationales, MM. Gustave Larroumet et Henry Roujon, successivement directeurs des Beaux-Arts, M. Paul Dubois, directeur de l'École nationale des Beaux-Arts, M. Kaempfen, directeur des Musées nationaux, le comte Henri Delaborde, secrétaire perpétuel de la classe des Beaux-Arts de l'Institut, ont libéralement facilité mes recherches dans les Archives spéciales placées sous leur dépendance. A Bruxelles, ce n'est jamais en vain que je me suis adressé à M. Alphonse Wauters, l'archiviste regretté de l'Hôtel de Ville, à M. Fétis, le savant directeur de la Bibliothèque royale, à M. Eugène Verlant, directeur des Beaux-Arts de l'État belge, à M. Charles Tardieu, membre de l'Académie de Belgique. A Dijon, M. Bichot-Moyne a mis à ma disposition plus de soixante lettres de M⁽ᵐᵉ⁾ Rude ; MM. Gaston et Charles Joliet m'ont ouvert leur inestimable portefeuille de dessins et de projets du statuaire (1) ; M. Joseph Dietsch, M. le chanoine Gar-

(1) Il s'agit de l'imposant ensemble des croquis de Rude pour ses compositions décoratives de 1819 à 1833. Ces documents, ignorés, passés de bonne heure en des mains inconnues, ont figuré, en 1899, dans une vente assez vulgaire, à l'Hôtel Drouot, avec attribution à l'architecte Percier. Leur provenance ne soulève aucun doute. Les sujets étrangers à la facture du sculpteur et mêlés à ses propres études, probablement par lui-même, se laissent aisément discerner. — Acheté par M. Gaston Joliet, préfet de la Vienne, un tel trésor est réservé au Musée de Dijon. La solution de divers

raud, M. L. Gaitet, l'un des conservateurs du Musée, n'ont pas hésité à me faire part de leurs trouvailles. A Châteauroux j'ai été secondé par M. Eugène Dugourd pour le débrouillement de l'histoire, jusqu'ici confuse, de la statue du général Bertrand. Pas une ville où l'on s'honore de posséder un original du maître en laquelle des hommes de savoir sûr, de parfaite obligeance ne se soient joints à moi pour essayer de découvrir le mot des énigmes. A Paris, des éclaircissements me sont venus de M. Emmanuel Frémiet, le statuaire de race, élève et parent de Rude, et de plusieurs autres artistes qui fréquentèrent l'atelier du maître et furent admis dans son intimité. J'ai pris soin de signaler constamment mes références au bas des pages qu'on va lire. Il me semble n'avoir négligé aucune source de renseignements. Quelques-uns de mes meilleurs auxiliaires d'investigation, comme Wauters et Joseph Dietsch, sont morts avant l'achèvement de mon étude. J'ai à cœur, au seuil de ce livre, si modeste qu'il soit, de dire ce que je leur ai dû à tous et, d'une façon générale, de manifester ma reconnaissance envers ceux qui m'ont aidé.

L. DE FOURCAUD.

problèmes sur des travaux de l'artiste soit à Bruxelles, soit à Paris, avant 1830, est là et n'est que là. — Les dessins de Rude, en dehors du portefeuille cité, sont d'une rareté extrême. On n'en découvre pas de postérieurs à 1833. C'est que n'ayant plus, depuis l'achèvement de l'Arc de triomphe, à s'employer comme décorateur et à combiner des scènes à nombreux personnages, le maître a presque totalement renoncé au papier. Ses croquis n'avaient pour objet que des ordonnances de bas ou de hauts reliefs.

La Chasse de Méléagre, bas-relief pierre (1826). Château de Tervueren, près Bruxelles.

FRANÇOIS RUDE ET SON TEMPS

I

L'art en Bourgogne.

La riche terre de Bourgogne, où François Rude naquit, fut toujours la patrie d'hommes robustes, à l'esprit ferme, joyeux et clair. On n'y parle pas volontiers pour ne rien dire : on y exprime ses idées, on y motive ses croyances, on y fait sonner ses gaietés mêmes en un langage précis et fort. Bossuet, Bussy-Rabutin, Buffon, le président Bouhier, le président de Brosses, La Monnoye, Piron, Crébillon, représentent exactement dans les lettres, en des ordres différents, cette humeur bourguignonne si fine à se gouverner jusqu'en ses écarts. Le Bourguignon n'aime pas les subtilités extrêmes, les spéculations d'académie, les détours inquiétants, les formes ambiguës : il se prête, un temps, aux préliminaires, puis, brusquant les choses, il va droit au but en déduisant ce qu'il pense et traduisant ce qu'il voit. Si haut qu'il s'élève, c'est par observation créatrice plutôt que par simple imagination. Pour qualités maîtresses, il a les dons les plus français : le bon sens, l'indépendance du jugement, le besoin de s'informer, le souci de conclure. Que d'autres s'abandonnent aux rêveries mystiques, les spectacles de la vie suffisent largement à ses curiosités et à son plaisir. L'art qu'il conçoit ne déforme aucunement la réalité, mais lui donne du prix par la belle mise en œuvre, comme un habile statuaire fait valoir le bloc de marbre dont il dégage une statue. Le Bourguignon ne laisse rien au hasard : il regarde, raisonne et combine. Ses archives le font connaître vaillant, mais prudent, déluré, mais sûr de soi et préparé à toute occurrence. Tels sont les signes généraux de la race. Je n'en sais nulle part de plus nettement accusés.

A parcourir les cantons de Bourgogne, on se prend vite de sympathie pour ces populations laborieuses, honnêtes, sérieuses avec enjouement ou gaies sans turbulence. Tout s'accomplit dans ces campagnes librement et puissamment, en naturelle force, en saine discipline, mais les séculaires influences n'éclatent pas aux yeux. Au contraire, dès qu'on entre à Dijon, le seul aspect de la ville résume, au premier coup d'œil, l'histoire de la Province. Comme toutes ces villes qui furent des capitales et qui devinrent des sièges de Parlements, Dijon garde des traces héroïques de ses vieux souverains et des traces majestueuses de ses hommes de loi. Le donjon du palais ducal monte droit et hardi dans l'air, plus haut que les clochers, que les tours et que les dômes, attestant de toute sa hauteur l'existence violente et splendide qui fut menée ici. Là-bas se carrent les hôtels vastes et commodes des magistrats du XVIIe et du XVIIIe siècle, bourgeois raffinés, instruits, épris des élégances, assotés d'aspirations nobiliaires et, cependant, gardiens courageux des libertés de la bourgeoisie. Sur les édifices récemment construits, le passé jette, ainsi, son ombre double. Une grande ville est faite de débris transformés, plus ou moins reconnaissables, de même que les mœurs d'une époque se façonnent, à notre insu, de traditions multiples, renouvelées et confondues.

Au temps des ducs de la maison de Valois, on vit, à Dijon, l'un des plus glorieux mouvements d'art qui fut jamais, — un de ces mouvements qui définissent une époque, consacrent une province, fécondent au loin l'esprit des artistes. Ce branle merveilleux ne s'était pas excité de lui-même sur le sol bourguignon. Les ducs l'avaient provoqué en mandant à leur cour des peintres et des sculpteurs de leurs cités de Flandre, notamment ce Claus Sluter, duquel nous savons si peu de chose et dont les statues sublimes nous pénètrent d'émotion. Ce maître, de sang hollandais, implanté en Bourgogne, y trouva, par bonheur, l'atmosphère qui lui convenait et tout un environnement d'œuvres séculaires, les Bourguignons étant sculpteurs par essence et l'ayant montré toujours. On imagine son étonnement, au lendemain de son arrivée, alors que s'offrit à sa vue, pour la première fois, l'originale façade de Notre-Dame la Dijonnaise, si imposante et si allégée, si sévère et si harmonieuse, avec son double rang de fins arceaux gothiques superposés en galeries et la grouillante saillie de ses sculptures.

Il est à croire que, par la suite, en ses excursions dans les terres ducales, Sluter aura poussé jusqu'à l'abbaye de Vézelay, où de fiers tailleurs d'images et d'ornements ont laissé leur marque rayonnante. En bien d'autres endroits, d'ailleurs, d'exemplaires morceaux, traités d'un ciseau large et naïf, tendant à s'exempter des roideurs et des maigreurs, l'ont certainement arrêté. Sous l'impression de l'art français, il a pu s'assouplir de technique et comme s'agrandir d'inspiration, sans rien perdre de son acuité d'observation native. Mais, quoi qu'il ait dû à nos primitifs Bourguignons, il l'a, certes, rendu à ses successeurs avec usure, car une lignée des plus nobles statuaires est vraiment sortie de lui.

Qui ne connaît, au moins par des estampes, l'incomparable monument appelé le « puits de Moïse », où l'artiste a fait vivre d'une impérieuse vie, dans la pierre dure, les six prophètes de douleur qui saluèrent, du fond des siècles, le Christ mourant pour le salut des hommes ? Ils sont là, vêtus de costumes flamands et bourguignons, de types variés, mais si bien affranchis des contingences, si grands d'affirmation, si naturels d'attitude, si totalement dévoués à leur pensée, que leur conviction nous gagne et que nous sentons en eux nos pareils et nos docteurs. La légende nous montre le bon Claus, tourmenté de son œuvre, s'accointant à des Juifs afin de surprendre et de fixer les physionomies, les allures judaïques. Nul doute, en effet, que, tout au moins l'admirable figure de Daniel, au nez arqué, au profond regard, à la bouche parlante, n'ait été scrupuleusement étudiée d'après un fils d'Israël. Mais ce n'est pas la singularité des signes ethniques qui nous émeut en ces transcendantes incarnations : c'est, bien plutôt, le caractère d'éternelle, poignante, fraternelle et universelle humanité dont elles sont empreintes. Tout ce qui sort des mains de Claus témoigne ainsi d'une recherche infinie de la vérité des expressions dans la réalité des formes. Qu'il modèle religieusement une statue funéraire, qu'il peuple de personnages en deuil le soubassement d'un tombeau, qu'il évoque les Saints et les Saintes, quelle que soit, en un mot, sa conception, l'idéal du portrait le domine et il reste fidèle à lui-même, infatigable à concentrer, par son art ample et minutieux, la mobile nature. De telles visées s'imposent toujours et partout à l'esprit français ;

de tels ouvrages frappent également les délicats et les simples. Aussi les jeunes statuaires de France accourent-ils à Dijon et y séjournent-ils, se trouvant à l'aise en cette école de sincérité. Sluter est mort depuis longtemps que le prestige dijonnais se prolonge. C'est à Dijon que l'illustre Antoine Le Moiturier, d'Avignon, atteint son apogée. C'est à Dijon que s'est formé le maître inconnu du mausolée de Philippe Pot, aux huit pleurants de grandeur et de couleurs naturelles, portant avec tant de dignité sur leurs épaules le corps tout armé du chancelier. C'est de Dijon que sont, assurément, partis plusieurs des imagiers de Brou. Nous savons, pour tout dire, que le grand sculpteur breton, Michel Colombe, s'est pénétré d'influence bourguignonne, avant d'aller à Tours, faire carrière d'artiste de génie et, pourtant, se frotter d'italianisme au contact des Juste. Mais il est écrit que tout sera remis en question chez nous, et de tout point, sous l'influence des Italiens.

Durant le xvie siècle, dans le croissant oubli qui se fait de nos traditions, l'œuvre et l'enseignement des maîtres de vérité ne sauraient qu'être dédaignés, même en Bourgogne. La haute sculpture de Dijon semble avoir eu pour essentiel office d'orner la tombe des anciens ducs et, sa tâche faite, elle a disparu. C'est fini maintenant de l'école de Sluter. Aucun artiste ne viendra plus en Bourgogne chercher des exemples et des leçons. Un homme du pays, Hugues Sambin, architecte et statuaire, s'en est allé s'instruire en Italie : il a reçu, dit-on, les conseils de Michel-Ange, et le voici de retour. Sambin fait triompher, parmi les Dijonnais, les tendances nouvelles. A l'intime recherche de l'expression humaine un idéal d'ornemanisme est substitué. Nous devons reconnaître que, dès longtemps, les Bourguignons se sont presque désintéressés de l'esthétique, ayant tourné leurs facultés vers les lettres ou les affaires. Avec l'éducation, les notions changent, les goûts se modifient, la théorie philosophique se transforme et déplace le sentiment de la beauté, si bien que les plus authentiques chefs-d'œuvre du passé ne sont plus compris. A Paris, peu à peu, le maniérisme académique a tout débordé. En province, on se traîne dans les imitations et les incertitudes. Que faudra-t-il pour secouer cette torpeur, à Dijon, en ramenant à des pensées d'art l'esprit de quelques-uns ? — Simplement qu'un homme de zèle et d'expérience y groupe autour de lui les jeunes gens de bonne volonté.

Mais, justement au déclin du siècle de Louis XV, cet homme se rencontre. On le nomme François Devosge (1). Il sied de rappeler en peu de mots la carrière de ce bienfaiteur des artistes bourguignons, qui fut, tour à tour, le maître de Pierre Prud'hon et le maître de François Rude. Devosge, originaire de Gray et d'une famille de sculpteurs, avait modelé, d'abord à Lyon, dans l'atelier de Perrache, puis à Paris, chez le dernier des Coustou. Tout à coup, la nuit noire s'était appesantie sur ses paupières. A le vouloir opérer de la cataracte osseuse, un chirurgien malheureux lui fit perdre un œil ; mais à force de soins, l'illustre

---

(1) Devosge et né à Gray le 25 janvier 1732 ; il est mort à Dijon le 22 décembre 1811. Cf. sur cet artiste : Louis Frémiet : *Éloge de François Devosge à l'Académie des sciences de Dijon*, 1812 ; Joseph Garnier, archiviste de la Côte-d'Or : *l'École des beaux-arts de Dijon*, (brochure) ; le *Journal de Claude Micault ou Mercure dijonnois*, 1742-1774 (Mémoires de l'Académie de Dijon, 1885-1886) ; A. Bougot : *François Devosges*, fragment d'étude (Congrès des Sociétés d'art à l'Ecole nationale des beaux-arts de Paris, 1891, p 276).

Daviel lui sauva l'autre. Comme, sur ces entrefaites, l'appétit de peindre lui était venu, il sollicita les leçons d'un des gendres de Boucher, ce Deshayes qui mourut tout jeune. Il paraît que les affectations et les mensonges du style à la mode le choquèrent toujours. Un matin, Boucher le surprit au Louvre, en contemplation devant le tableau de Nicolas Poussin : *l'Enlèvement des Sabines,* où la simplicité relative de certains mouvements frappait son bon sens provincial. « Vous trouvez donc cela bien beau, lui dit le peintre de Mme de Pompadour ! Eh bien, tâchez d'en profiter mieux que moi. »

Nous n'avons pas, aujourd'hui, grande admiration pour les peintures surannées et les dessins allégoriques de François Devosge. Ses contemporains, au contraire, y sentaient un désir de naturel qui valut des encouragements précieux à l'auteur, à commencer par la sympathie de Voltaire. On lui proposa d'aller en Russie, enseigner le dessin au grand-duc héritier Paul Petrovitch ; il aima mieux se rendre à Dijon, convié par le président Fyot de la Marche à composer, sous ses yeux, diverses allégories pour l'illustration d'un livre qui ne vit pas le jour. A Dijon, il gagne l'amitié de Legouz de Gerland, ancien bailli de Bourgogne, et il s'ouvre à lui d'un projet qui le hante : organiser une école de dessin à l'usage des pauvres, dans laquelle il formerait des peintres, des sculpteurs « et même des bons sujets pour les industries ». On est en 1766. Depuis 1741, la ville de Rouen possède une école gratuite, fondée par le peintre Jean-Baptiste Descamps, de Dunkerque, et où s'enseigne le dessin d'après la bosse et le modèle vivant, la peinture, l'architecture, l'art des ponts et chaussées, en telle sorte que « ceux qui se destinent aux beaux-arts sont instruits comme ceux qui se destinent aux arts mécaniques » (1). Les idées de Descamps, propagées par ses Mémoires spéciaux, ses lettres et ses conseils, n'ont pas tardé à rayonner. A Reims, avant 1751, M. de Monthelon, « ancien professeur de l'Académie de peinture et sculpture de Paris », s'efforce de les appliquer, sous le couvert de l'échevinage. Devosge est au courant des résultats obtenus. A Lille, vers 1755, le peintre Louis-Joseph Watteau, s'engageant dans la même voie, éprouve un grand déboire : l'introduction du modèle vivant dans son atelier public fait scandale et provoque sa révocation. Le branle s'étendra malgré les obstacles. Au mois de juillet 1766, Nicolas Bachelier, persuadé qu'il faut autre chose partout que les Académies royales et qu'il est indispensable de penser aux humbles artisans, crée à Paris, sous le patronage du Roi, un enseignement gratuit, conforme aux principes de Descamps. Juste en même temps, à Dijon, Devosge se décide, à l'exemple des Rémois, à réaliser son rêve. Des oppositions préliminaires sont à craindre, mais son plan est fait pour les déjouer. Seul, à l'aide de ses propres ressources, il constitue son école, résolu à mettre les autorités en présence d'un fait accompli. Le produit de son petit patrimoine, vendu à Gray, passe à peu près entièrement à payer la loca-

---

(1) Descamps, élève de Largillière, né à Dunkerque en 1706, mort à Rouen en 1791. Bien qu'il ne touche à notre sujet que par son action pédagogique, nous ne saurions oublier qu'il a écrit, en quatre volumes, la *Vie des peintres flamands, allemands et hollandais*, qui a rendu longtemps de grands services. Paris, 1753-1763. — Sur ses idées novatrices, cf. *Projet d'établissement d'une école gratuite régulière à Rouen*, mémoire de 3 pages rédigé par lui et imprimé sous ses yeux pour des raisons de propagande. (Archives de l'Hôtel de Ville de Rouen). — Descamps fils : *Notice historique sur Descamps*.

tion et l'aménagement d'un suffisant local, situé rue Chanoine (1), avec tout le matériel et les fournitures nécessaires au premier fonctionnement d'une institution totalement à sa charge. Vingt-cinq élèves répondent aussitôt à son appel. Rien de plus précis que son langage aux Élus provinciaux, sollicités, enfin, par sa requête du 24 décembre 1766, de s'associer à une œuvre bien et dûment fondée, éprouvée en son organisation, notoirement pratique, pleinement populaire. « *Le dessin,* leur écrit-il, *ne s'applique pas seulement à la peinture et à la sculpture ; il est l'âme de tous les arts. La menuiserie, la serrurerie, tous les arts qui ont du rapport à la construction des bâtiments, ne peuvent être poussés à la perfection sans la connaissance de cette partie du dessin qui s'applique à l'ornementation. Il est également essentiel aux manufactures d'indiennes et de porcelaine qui s'établissent avec succès dans cette province, d'avoir aisément des personnes versées dans le dessin pour exécuter promptement l'ouvrage qu'on leur demande.* » L'unique but n'est donc pas de former à tout prix des artistes ; l'affaire n'est pas de moindre importance d'améliorer, par une sage direction, le goût des ouvriers. On le comprend si bien que le concours des pouvoirs publics et, bientôt, la puissante protection du prince de Condé, sont acquis au libéral professeur. Il pourra recevoir jusqu'à deux cents élèves à la fois, tous gratuitement instruits.

Je ferai remarquer combien la question de l'école de dessin gratuite prend de haut intérêt dans la seconde moitié du xviiie siècle (2). En 1767, un anonyme envoie

(1) Actuellement rue Jeannin.
(2) Il est à noter que, dès 1697, Bernard Dupuy du Grez, avocat au Parlement de Toulouse, avait tenté d'établir à ses frais, dans cette ville, une école gratuite où l'on copiait le modèle vivant.

à l'Académie française une médaille d'or « pour être décernée à celui qui prouvera le mieux l'utilité de cette conception. » Descamps rédige un mémoire en vue de ce concours et remporte la médaille. A Dijon, Picardet l'aîné publie ses *Considérations sur les écoles où l'on enseigne le dessin*. Derosoy donne son *Essai philosophique sur l'établissement d'écoles gratuites de dessin*. Il serait facile de prolonger cette liste. Un document bien autrement digne d'attention, figure aux Archives du département de la Seine-Inférieure (1). C'est la très curieuse *Requête en relèvement de pension*, adressée le 25 juillet 1771 par Descamps lui-même au secrétaire d'État Bertin. L'auteur incontestable du beau mouvement nouveau y résume à grands traits les fruits de son effort à compter de 1741 : les écoles de Reims, de Lyon, de Lille, de Marseille, de Dijon et de La Rochelle se sont inspirées de ses programmes ; on l'a constamment consulté pour toute innovation ; on a réclamé ses avis même d'Anvers et d'Edimbourg. Tout cela est exact, et, bien plus, il n'aurait tenu qu'à l'initiateur de revendiquer la part de son influence en l'organisation ou la réforme de bien d'autres établissements scolaires : témoin la fondation des écoles gratuites de Saint-Omer, par Dominique Hernaut, en 1767, de Dunkerque, par Nicolas Truit, et de Poitiers, par Aujollest-Pagès, en 1768. Et l'élan ne s'affaiblit point par la suite. Besançon, par exemple, doit son école gratuite, en 1774, à Wirels, peintre, à Luc Breton, sculpteur et à J.-B. Facchot, leur auxiliaire. Caen aura pareillement la sienne en 1784... Que dirai-

La création n'avait pu se soutenir. Cf. Roschach : *Inventaire des Richesses d'art de la France* ; *Musée de Toulouse*, n° 223 (*portrait de Dupuy du Grez par Rigaud*).

(1) Archives départementales : C. 911.

je ? C'est là une des plus frappantes affirmations du généreux esprit du xviiie siècle. Malheureusement, la doctrine académique conquiert ces milieux dignes de sympathie et paralyse leur indépendance. De renaissants malentendus pseudo-classiques ne font que trop assujettir l'imagination.

François Devosge, cependant, remplit, d'un zèle persévérant, ses devoirs d'éducateur du peuple. Son enseignement se veut en tout rationnel ! Non content de protester en paroles contre le dédain qu'on fait de la nature et les erreurs où l'on s'entretient touchant les arts de l'antiquité, il fait dessiner d'après de véritables moulages de l'antique et, mieux encore, d'après le modèle vivant. Qu'on ne voie pas en sa persévérance un mince mérite. L'étude publique du modèle nu n'est plus, comme à Lille, en 1755, une cause de scandale, mais beaucoup, parmi les artistes renommés, n'en reconnaissent nullement la nécessité. Rappelons nous plutôt la longue résistance de l'Académie royale de peinture à la simple organisation d'un concours « pour une demi-figure peinte d'après nature », doté par le pastelliste La Tour d'un fonds de dix mille livres. Huit années entières, la compagnie, jugeant la fondation inutile, néglige de se conformer aux intentions du donateur. Le règlement du concours n'est, finalement, arrêté que le 4 septembre 1784, sur les instances réitérées de Vien, dit-on, mais aussi, peut-être, sous le coup d'une menace de La Tour, en humeur de sauver son argent (1).

(1) Les principaux documents relatifs à cette affaire ont été publiés pour la première fois, en 1885, par M. Jules Guiffrey. Le projet de La Tour comportait, en principe, tout un ensemble de concours, réduit, en conclusion, à celui de la demi-figure. M. Maurice Tourneux a retrouvé le testament du célèbre portraitiste de

Veut-on retrouver, d'autre part, les exactes impressions de nos artistes en Italie ? Qu'on relise les aveux, fréquemment cités, mais si dignes de réflexion, d'Honoré Fragonard : « L'énergie de Michel-Ange m'effrayait, j'éprouvais un sentiment que je ne pouvais rendre ; en voyant les beautés de Raphaël, j'étais ému jusqu'aux larmes et le crayon me tombait des mains ; enfin, je restai quelques mois dans un état d'indolence que je n'étais plus le maître de surmonter, lorsque je m'attachai à l'étude des peintres qui me donnaient l'espérance de rivaliser avec eux. C'est pourquoi Baroche, Pièrre de Cortone, Solimène et Tiepolo fixèrent mon attention... » On voit par là que la masse des artistes français, au temps de Louis XV, était aussi loin du grand style italien que de l'antique et de la nature. Et combien peu, dans leurs rangs, se rapprochèrent davantage de l'idéal d'expression morale qui nous est particulier !

Je n'ai garde de poser François Devosge en révolutionnaire ; je le donne pour un homme d'un droit sens naturel à qui l'afféterie courante et les formes rebattues sont en horreur, mais imbu, sur bien des points, des préjugés de ses contemporains. Par exemple, il n'aura de repos qu'il n'ait pu envoyer des élèves pensionnaires à Rome, aux frais de la Province. Notons

Saint-Quentin, en date du 24 février 1784, c'est-à-dire antérieur de peu de mois à l'adoption du règlement. On y relève cette clause, facile à commenter : « *Si l'Académie persiste à ne faire usages des 10,000 livres que je lui ai données par contrat pour tous les différents prix de perspective, d'anatomie, de dessin d'après l'antique et d'une tête et les mains peintes à l'huile ou autrement, sans sortir de la place, par trois ou six élèves qui ne feront que changer de place pour la peindre en face et de deux côtés, éclairée et ombrée avec les mains, puisque j'ai le chagrin de voir notre école privée des avantages qu'elle aurait tirés de ces différents prix, ma succession réclamera cette donation avec les intérêts.* »

ici que l'instruction littéraire classique, de plus en plus étroite au xviiie siècle, fait régner autour des artistes une atmosphère grecque et romaine et suscite en eux l'amour d'une antiquité de convention plutôt que le respect du réel. On lit Plutarque et *Télémaque*, Virgile, Homère et le *Voyage du jeune Anacharsis* ; on n'admet guère que la réalité coutumière puisse être noble en soi. Devosge subit la loi de son temps : il fait tout dériver des chefs-d'œuvre de la Grèce et de Rome ; il finit par y rapporter l'étude même du modèle vivant. L'ancienne manière française, si directe, si franche, si simple, d'exprimer la vie, il en tient peu de compte (1). Et lorsque vers 1790, il veut envoyer à Paris son fils Anatole, le maître auquel il l'adresse est précisément le peintre du faux antique, Louis David.

C'est à ce point d'esthétique qu'on en est à Dijon et en France, au moment où François Rude vient au monde. Mais, avant de raconter son histoire, il est nécessaire de déterminer la situation morale et sociale de la Bourgogne à cette époque. Nous pourrons alors nous expliquer la formation de son caractère, comme les origines de son talent.

(1) Les Dijonnais ont fort bien compris les tendances de l'enseignement de Devosge. Lors de l'inauguration de son buste, sculpté par Attiret, en décembre 1800, des allusions sont faites au banquet de glorification offert à Vien, le 30 brumaire (11 novembre) précédent, par les artistes de Paris, et le *Journal de la Côte-d'Or* dit en propres termes : « Bien avant que David et ses élèves couronnassent dans Vien le restaurateur du bon goût, l'idée de donner à M. Devosge une semblable fête existait déjà ». Cf. *Journal de la Côte-d'Or*, 15 frimaire an IX (6 décembre 1800). En Devosge, comme en Vien, comme en David lui-même, de fausses vues d'esthétique ont fait dévier le sens de la vie.

II

La Révolution à Dijon.

Le vent d'émancipation qui souffle par tout le royaume, au dernier quart du dix-huitième siècle, ne se fait pas sentir en Bourgogne autrement qu'ailleurs. On est pauvre ; l'agriculture souffre ; les mauvaises années se succèdent et les contributions, de plus en plus lourdes, inclinent aux mutineries. A la longue, tout devient motif de surexcitation. La question fiscale, tout spécialement, est une source de perpétuels conflits entre l'autorité judiciaire, l'administration municipale et le pouvoir royal. Au mois de décembre 1786, l'avocat Morelet a écrit, dans un Mémoire pour la ville de Dijon, relatif aux droits d'octroi de Nuits et de Beaune : « L'octroi n'est pas un impôt ». L'intendant de la province, marquis de Chaillou, outré d'une doctrine qui permettrait de refuser la redevance, exige que le jurisconsulte soit réprimandé et puni, et qu'il y ait une assemblée de notables sous trois jours. Grand tapage et grande émotion parmi les bourgeois, tous prenant parti pour Morelet. Sur la même question, voici que le Parlement se met en brouille avec l'État. Les arrêts des magistrats sont tous cassés impitoyablement par des arrêtés du Conseil. Il en résulte, jusque dans le peuple, une agitation menaçante. Au cours de cette affaire, après avoir délibéré s'il ne décréterait pas l'intendant du roi de prise de corps, le Parlement se décide à le décréter d'ajournement. Sur ce fait, douze des plus anciens conseillers sont appelés à Paris, avec ordre d'y porter les registres de leur compagnie. Sa Majesté leur adresse les plus vives remontrances et fait enregistrer, *de son exprès commandement,* les lettres patentes cassant, rompant et annulant tous leurs arrêts au sujet de l'octroi de Nuits et de Beaune, dont les taxes continueront à être perçues autant qu'Elle le jugera bon. De retour à Dijon, les magistrats feignent d'avoir été bien accueillis à la cour, mais la vérité transperce et le mécontentement général s'accentue (1).

La fermentation des esprits ne tarde point, d'ailleurs, à se traduire en troubles dans la rue. Ainsi, quand le marquis de Chaillou va faire enregistrer, au Parlement, la suppression du bureau des finances, il est l'objet de huées terribles et peu s'en faut qu'on n'assomme son secrétaire, malgré la protection de deux archers. La maréchaussée, requise à l'instant, sous les ordres de son lieutenant Lhuillier, et de Jossinet, son sous-lieutenant, met le sabre au clair pour effrayer les insoumis. Deux ou trois personnes sont blessées ; la ville s'emplit de consternation et de sourde rage.

Le lendemain, il se trouve que des créanciers font saisir les meubles du sous-lieutenant Jossinet, dans son domicile de la place Saint-Michel. Lhuillier accourt. On crie : « Au loup ! Au loup ! » Lui, furieux, tire deux pistolets de ses poches. Aussitôt, les injures de redoubler, les pierres de pleuvoir. Le maire s'inter-

---

(1) Cf. *Le Mercure dijonnois,* journal de Claude Micault, avocat au parlement de Dijon, comprenant les événements de 1774 à 1789. Le manuscrit, conservé à la bibliothèque de Dijon, a été partiellement publié dans les Mémoires de l'Académie dijonnaise, années 1885-1886.

pose et le lieutenant général, marquis de Gouvernet, sous couleur de punir l'officier, en réalité pour le soustraire aux ameutés, ordonne qu'il soit conduit au Château. Chemin faisant, on le roue de coups, on lui crache au visage, on lui arrache son épée : c'est miracle qu'il ait la vie sauve.

Dès que le populaire a commencé à se révolter, tout lui semble exaction. Que le régiment des chasseurs de Franche-Comté vienne prendre ses quartiers à Dijon et qu'on le loge chez les habitants, tout le monde éclate en doléances. On parle de caserner les soldats dans les couvents ; mais les seuls bénédictins se prêtent à la combinaison. En fin de compte, les chasseurs s'installent à Longvic, sous la tente, et ceux qui se plaignaient si fort font vanité de les avoir éloignés de la ville et curiosité d'aller visiter leur camp.

Cependant, le Parlement a été exilé. Quatre avocats dijonnais se rendent auprès de M. le premier président Legouz de Saint Seine, en sa terre de Saint-Seine, et lui témoignent du respect de leur corporation. Tel est l'effet de leur démarche qu'ils sont mandés immédiatement par le Garde des Sceaux. Mais ils se moquent bien de tout blâme : leur ordre les approuve et le fait paraître nettement en les défrayant de leur voyage. En vain se publie un arrêté du Conseil, interdisant les protestations des cours et compagnies « à peine de forfaiture ou de perte d'emploi pour chacun ». Les affiches de ce document sont lacérées. Un nommé Jouy, premier huissier, concierge du Trésor, est surpris, vers onze heures du soir, en flagrant délit de lacération et l'on découvre sur lui des papiers contre le gouvernement. L'ère des libelles est déjà ouverte. L'esprit de la révolution est presque mûr.

Sous le coup des événements qui se précipitent, les

impressions sont plus fortes; les humeurs s'attestent; les actes parlent. Le 10 septembre 1788, on apprend que M. de Brienne est destitué, et Necker nommé ministre d'État, à sa place, et directeur général des finances. On illumine de toutes parts et l'on allume des fusées. Peu après, Messieurs du Parlement sont rappelés d'exil. On les reçoit avec des acclamations, des mascarades, des danses, des feux d'artifice. Le habitants du quartier de la Petite-Poissonnerie se distinguent, en cette circonstance, par leurs libérales démonstrations. Vingt notables, chefs de famille, assemblés en comité, font célébrer un *Te Deum* aux Cordeliers et organisent une grande fête en l'honneur des magistrats. Par leurs soins, un long cul-de-sac se trouve transformé en salle de bal, revêtue de tapisseries, enguirlandée de fleurs, égayée de transparents, éclairée de lustres et de petites lanternes qui croisent leur reflets dans la glace du fond. Une table de soixante couverts est dressée tout proche; les passants sont invités à boire à la santé du roi et de Messieurs les Conseillers. En reconnaissance, les magistrats dotent une rosière que l'on marie le 29 novembre suivant, à renfort de spectacle, de bal, de souper et d'attendrissants discours. Cette manifestation, essentiellement bourgeoise et populaire, a fait assez de bruit pour être l'objet d'une relation spéciale (1).

Quelques mois s'écoulent; les esprits vont s'échauffant toujours et l'heure sonne de la convocation des États-

---

(1) « La Rosière de la Petite-Poissonnerie, fête donnée en réjouissance de la rentrée du Parlement de Dijon, par une Société d'habitants du quartier de la Petite-Poissonnerie, » brochure, in-8, (Bibliothèque de Dijon). — Voir aussi le « Journal de ce qui s'est passé, à Dijon, à l'occasion de la rentrée du Parlement, dédié au roi, » Paris et Dijon, 1789, in-8, *Ibid.* et le « *Mercure dijonnois* » de Claude Micault.

DE FOURCAUD.

Généraux. Subitement, le mercredi 1er juillet 1789, on est avisé, de Paris, que les trois ordres se sont confondus : quelle victoire pour le Tiers-État ! Dijon se pavoise ; on s'exalte ; on s'embrasse. Pourtant, de sourdes oppositions se décèlent ; les aspirations bourgeoises se sentent combattues avant même de s'être bien définies ; tous vivent dans une fièvre d'attente et de méfiance, résolus à ne point capituler. Le 15 juillet, à deux heures de relevée, sans raison connue, le tocsin gronde à Saint-Philibert. La rue s'encombre de citoyens en armes ; le lieutenant-général, marquis de Gouvernet, qui passe, est insulté par les enragés et sauvegardé par les modérés à grand' peine. On est tout près d'une jacquerie. Deux jours plus tard, les papiers de Paris apportent le récit de la prise de la Bastille, de la rentrée du roi dans sa capitale, sans garde, sans pompe, environné de députés à pied sans distinction de rangs. C'est fini des anciens préjugés, du moins en apparence. Parlement, chambre des comptes, noblesse, clergé, de bonne grâce ou par peur, arborent à l'envi la cocarde blanche et rouge. A la solennelle procession du jeudi 20 juillet, pour demander à Dieu la paix dans le royaume et la fin de la sécheresse, on voit marcher pêle-mêle des gentilshommes, des magistrats, des marchands, M. de Gouvernet à côté d'un clerc de la basoche, le premier président coude à coude avec son cordonnier. Dès lors, presque plus un Dijonnais qui ne s'enrôle dans la milice bourgeoise et ne veuille monter sa garde en simple soldat. Un comité s'improvise où, comme aux États-Généraux, les trois ordres s'abolissent en fusionnant. L'égalité est proclamée. La Révolution est faite (1).

On se rend compte, à présent, de l'ambiance morale

(1) Cf. *Mercure dijonnois*.

et sociale à laquelle François Rude a dû ses premières impressions et le commencement de ses idées. Il est tout naturel que les enfants du peuple, en un pareil moment, nourris parmi de telles influences, conçoivent et conservent jusqu'à la fin de leur vie, même à travers les transformations fatales de leur pensée, un idéal familier de fraternité démocratique. Nous verrons comment le cours des choses modifiera, chez le sculpteur de l'Arc-de-Triomphe, la tendance initiale; mais toujours le sentiment de l'égale dignité originaire des hommes et le culte de la liberté le possèderont. Ce culte sera, du reste, essentiellement théorique. François Rude aura tout de l'indépendant, rien du sectaire. Nous avons à retenir ce trait fondamental.

III

L'enfance de Rude.

Antoine Rude, père de notre statuaire, était fils d'un boucher de Saint-Seine-sur-Vingeanne, — le Saint-Seine du premier président en exil. Ayant fait de bonne heure son apprentissage de chaudronnier-poêlier ou de « pocher », suivant l'appellation courante, il exerçait sa profession dès 1780, en qualité de maître, à Dijon, rue Petite-Poissonnerie, proche la rue du Lacet et la rue Musette (1). La femme qu'il se choisit fut Claudine Bourlier, d'une famille de cultivateurs d'Arc-sur-Tille, où il l'épousa le 11 mai de l'année suivante, en présence du chaudronnier Jean Peucque, du boucher Lessetaire, du menuisier Antoine Caumont et d'autres amis ou parents (2). C'était un homme actif et industrieux, habile à faire marcher de pair la construction des poêles, la chaudronnerie et la serrurerie encore (3). Comme la

(1) Archives municipales de Dijon : Registre des impôts. En 1780, Antoine Rude, « maître pocher, rue Poissonnerie », paie 6 livres pour taille et 18 sous pour capitation. En 1858, la rue a pris le nom de François Rude.
(2) Registres de la paroisse d'Arc-sur-Lille, aux archives du greffe de Dijon. Acte de mariage dressé par le curé Ferguet, Antoine Rude est né à Saint-Seine le 8 mars 1755 ; Claudine Bourlier à Arc-sur-Lille, le 9 février 1756.
(3) La tradition locale qui attribue à Antoine Rude l'introduction en Bourgogne des poêles dits « à la prussienne » ne saurait être prise en considération. Cette tradition est manifestement erronée.

prospérité lui venait peu à peu, il acheta, le 25 octobre 1783, la maison qu'il habitait, appartenant à Charles Châlons, ancien menuisier (1). Le logis se distribue de la sorte : en bas, l'atelier-magasin, où, d'un côté, se rangent les marchandises et, de l'autre, s'entremêlent les outils, l'étau, la forge, à portée du brasier à rougir le fer, au-dessous du grand soufflet qui ronfle ; ensuite, une assez vaste pièce, avec alcôve sous la saillie d'un escalier montant du dehors ; puis une médiocre cuisine ; en haut, quatre petites chambres, louées à des étrangers. Les époux occupent le rez-de-chaussée. C'est dans l'alcôve, supprimée de nos jours par le déplacement de l'escalier, que Claudine a mis au monde neuf enfants, dont le troisième est François qui fait l'objet de cette étude (2).

François Rude naît le 4 janvier 1784. Il est présenté le lendemain, à la paroisse Saint-Jean, par son par-

(1) Acte reçu par Me Bouché, notaire à Dijon.
(2) Voici les noms de ces neufs enfants et la date de leur naissance, avec les noms des parrains et marraines, dont les professions ou qualités caractérisent bien le milieu social de la jeunesse de Rude : 1° Françoise I, née le 24 mars 1781 : Jean Peucque, chaudronnier ; marraine, Françoise Tournois, femme de Claude Bourlier, laboureur à Arc-sur-Tille, « laquelle a déclaré ne savoir signer » ; 2° Catherine, née le 14 novembre 1782 : parrain, Claude Bourlier, laboureur ; marraine, Catherine Cornu, femme de Jean Peucque. « Le parrain et la marraine ne savent signer » ; 3° François, dont nous racontons la vie ; 4° Antoine, né le 2 avril 1786 : parrain, Antoine Maire, perruquier ; marraine, Élisabeth Clergeon, femme d'Étienne Goustard, marchand de vin ; 5° Christine, née le 3 février 1788 : parrain, Hubert Royer, bourgeois ; marraine, Christine Guillebaud, fille de feu Léonard Guillebaud, entrepreneur ; 6° Jacques, né le 12 août 1789 : parrain, Jacques Duperrier, fondeur ; marraine, Marguerite Thévenin, femme de Jean-Claude Curot, coutelier ; 7° Anne, née le 24 février 1791 : parrain, Vincent Chaventon, cordonnier ; marraine, Anne Ancemot, fille majeure, « laquelle ne signe » ; 8° Françoise II, née le 27 juillet 1792 : parrain et marraine, François et Françoise Rude, frère et sœur de l'enfant ; 9° Rose, née le 22 brumaire, an III de

rain, François Monniot, fils de Nicolas Monniot, le marchand de vin, et Nicolle Baral, sa marraine, fille de Gaspard Baral, le grainetier. Pas d'incident à la cérémonie du baptême, faite par le chanoine Burard, hormis que la marraine déclare ne savoir pas signer. Nous manquons absolument de détails sur les premières années de l'enfant. Tout permet de supposer qu'il s'est débrouillé vite. On se le figure volontiers, vêtu de frusques et pieds nus, tournant autour de son père, soufflant le feu de la forge, interrogeant, voulant tout savoir. Avant quatre ans révolus, on n'aura pas omis de l'envoyer à l'école du voisinage, et le voici partageant les jeux des marmousets d'alentour, dans cette étroite et tortueuse rue Petite-Poissonnerie, aux toits en auvent, aux étages en surplomb, aux vieilles boutiques ouvertes en arceau, d'une vétusté si pittoresque. Il me souvient de m'y être arrêté, certain soir, à regarder une bande de gamins jouant aux boules sur le pavé rongé d'herbe, entre une porte gothique et une échoppe de savetier. Des femmes

---

la République, (12 novembre 1794); témoins, Étienne Dubarry, vitrier, et Jean-Bénigne Vidal, chaudronnier, demeurant rue des Sans-Culottes, ci-devant rue Dauphine (Archives de l'état-civil de Dijon).

J'ai cherché les traces de chacun des enfants : j'ai trouvé ce qui suit. Catherine est morte à Dijon, le 2 septembre 1785 ; Christine « âgée de 20 ans, ouvrière, rue des Forges, a mis au monde, le 19 août 1809, une fille illégitime, baptisée Pauline ». La mère et la fille ont dû mourir hors de Dijon : les actes de l'état-civil dijonnais ne nous apprennent rien sur elles. Anne est morte le 21 mars 1793 ; Rose, le 9 ventôse, an III de la République ; Françoise II, le 28 mars 1806, poitrinaire ; Antoine, canonnier de marine sur le vaisseau l'*Illustre*, meurt à l'hôpital maritime d'Hemixhem, département des Deux-Nèthes, province d'Anvers, le 2 décembre 1811.

Je laisse de côté François, dont nous suivrons pas à pas la carrière et sa sœur aînée, Françoise I, qui aura sa part plus loin.

cousaient au seuil de leur maison ; des pots de géranium ornaient, populairement, les fenêtres à meneaux d'un hôtel qui fut, peut-être, celui des Ambassadeurs sous les ducs de Valois, et, dans ce milieu misérable et singulier, sordide et attachant, où s'effritent les vestiges de splendeurs oubliées, j'eusse, pour un rien, reconnu le petit Rude en quelqu'un de ces barbouillés poussant leurs boules si gaiement. Toutes les enfances populaires doivent se ressembler.

Au surplus, il n'est pas impossible, grâce aux noms mentionnés dans les quelques papiers de la famille que j'ai pu retrouver et grâce à la tradition locale, de restituer la vie intime du « maître pocher ». Tout le jour, le bonhomme travaille. Il a étalé, dès le matin, au devant de la boutique, divers ustensiles à vendre et il ne s'est détourné de l'ouvrage que pour caresser ses marmots, à la rencontre, ou pour répondre aux chalands. Un point fâcheux, c'est que les abords de la maison ne sont pas toujours balayés de façon irréprochable. Cette négligence vaut, au moins une fois, à Antoine Rude une citation devant le tribunal de police et une amende de dix sous (1). Les soirs d'été, après souper, rien ne lui est si agréable que de s'attabler près de la porte, en compagnie de ses amis, Gulimat, le cordonnier de la ruelle, Monniot, l'huissier, qui sera, un jour, le conseil de ses enfants, Baral, le grainetier que nous connaissons, tous gens du menu peuple. On cause d'abondance, en ces soirs-là, de la chose publique, des événements en passe de s'accomplir. On se passionne pour les réformes ; on a l'oppression en horreur ; on s'enivre d'orgueil civique ; on a foi dans

(1) Archives municipales. Registres du tribunal de police, 24 mars 1792.

une ère nouvelle. *Sol novus oritur*, dit une devise du temps, placardée par les rues. Nul doute que le garçonnet, pétri d'intelligence, ne demande sans cesse des éclaircissements sur ce qu'il entend et ce qu'il voit. Lors des fêtes du quartier en l'honneur du Parlement réintégré, il a quatre ans : un âge où tout frappe. Il a cinq ans lors du mouvement des États-Généraux et de la prise de la Bastille. Le voyez-vous prendre feu aux discours qu'on tient devant lui ? Le bonhomme Antoine s'excite en ces réunions qu'il appelle son « racontage », où toutes les questions sont abordées. Entre parenthèses, ce nom de « racontage » restera longtemps au petit cabaret installé, après sa mort, à la place de son atelier. Mais tout s'oublie.

Se croyant sûr de la fortune, le chaudronnier-poêlier se laisse aller à rebâtir sa façade (1). Grands soucis et grands frais qui le conduiront à sa ruine, car les années mauvaises vont se multiplier. A partir de 1789, en effet, à Dijon comme partout, l'agitation s'aggrave et l'inquiétude générale suspend l'activité des affaires. Si la formation du département de la Côte-d'Or, en janvier 1790, est acclamée de tous, la fermeture des églises soulèvera bientôt d'ardentes protestations. Le 6 avril 1791, on publie un arrêté du directoire départemental enjoignant aux curés et aux vicaires des paroisses d'interrompre le culte. Il y a une émeute de femmes à cette occasion. Les Dijonnaises s'en vont carillonner l'office à Saint-Jean et obligent les chanoines à monter à l'autel en leur criant : « Nos bonnes gens, soyez tranquilles... » Ces manifestations en provoquent

---

(1) Registres des arrêtés municipaux : 18 février 1792, autorisation donnée à Antoine Rude de reconstruire la façade de sa maison.

de contraires, et des plus scandaleuses. Par exemple, le 11 mars, à six heures du soir, on promène par la ville un mannequin vêtu en pape et précédé d'un tambour. Place de Morimond le cortège s'arrête : deux énergumènes, Burette et Deferrier, dénoncent les crimes et prononcent la déchéance de la papauté ; on décapite le mannequin de dérision et on le jette au feu. Mais ce n'est là presque rien auprès de ce qui éclate. Les prêtres insermentés sont décrétés d'arrestation ; la loi des suspects fait rage ; le sang coule ; des spoliations se commettent ; on renverse la statue de Louis XIV sur la place d'Armes ; on brise des œuvres d'art ; d'odieux meneurs, parmi lesquels se distinguent plusieurs anciens religieux, organisent des clubs, terrorisent la ville (1). Tel qui s'indigne, en son cœur, commence à trembler et hurle avec les loups. Dans l'oubli des libertés promises, dans la violation du respect des consciences, dans l'affreuse tyrannie de la peur pour les uns et dans la griserie des actes et des mots pour les autres, tout se déforme étrangement. Une turbulence d'enthousiasme règne au dehors quand la tristesse est au fond des esprits en qui l'incertitude s'envenime. Vaguement, sans se l'avouer, les gens simples, chaque jour plus angoissés, attendent un sauveur. C'est encore ici un trait à retenir : il fait comprendre comment les excès des terroristes ont frayé la voie à l'Empire, et de surprenantes confusions nous sont pas avance éclaircies. Nous n'aurons pas à nous étonner plus tard, par exemple, à voir François Rude modeler du même ébauchoir la statue du républicain Cavaignac et celle de Bonaparte.

(1) Ceriscant, ancien cordelier ; Delarbre, ex-bénédictin ; Chaussier, ci-devant prêtre ; Goblet, ex-bernardin, etc. Cf. Justin Ledeuil, La Révolution à Dijon.

Au milieu de la crise, le petit Rude grandit et se fortifie à souhait. Dès sa huitième année, son père, afin de l'accoutumer au travail, s'est plu à le prendre comme aide. Qui sait si, pour ses débuts, le futur statuaire n'a pas mis la main en quelque façon à ce balcon de fer que le vieux forgeron s'est, dit-on, forgé lui-même et qui existe toujours au premier étage de sa maison, portant, en médaillon central, les initiales A. R. et le millésime 1792? Mais, désormais, Antoine Rude a grand'peine à faire face aux nécessités. Les commandes chez lui se font de plus en plus rares. Sa tête se perd; la peur l'étrangle et ce n'est plus qu'en la Révolution que se fondent ses espérances d'avenir. Il s'accointe aux violents; il déclame; il exagère à tout propos les manifestations de son civisme. Ses intempérances de langue lui vaudront même plus d'un ennui après la détente de Thermidor. En attendant, sa vie se partage entre l'atelier, le club, le « racontage » et les exercices d'artillerie de la Garde nationale. François se souvient toujours d'avoir, en 1793, fait partie, sur la présentation de son père, d'un bataillon d'enfants, nommé Royal-Bonbon. Je n'ai pu, malgré les recherches les plus minutieuses, découvrir dans les papiers de l'Hôtel-de-Ville de Dijon, ni dans aucun document de l'époque, la moindre mention de ce régiment-miniature. Toutefois, Rude en a si souvent parlé à ses amis et avec une telle précision de détails qu'il n'est pas permis de douter de son existence. Nous devons y voir, seulement, une fantaisie militaire d'initiative privée, ou, si l'on veut, une forme non officielle de la mascarade guerrière à laquelle les périodes agitées mêlent si volontiers l'enfance. Voici, au surplus, d'après les entretiens du sculpteur, les particularités de « Royal-Bonbon. »

Les soldats de dix à quinze ans qui composent la troupe sont ajustés de culottes blanches et d'un habit bleu à grands revers, avec de longues guêtres noires et le tricorne posé sur l'oreille. Tous les jeudis ils vont en promenade, le mousquet à l'épaule, à cinq heures du matin. Quelquefois on les convoque au théâtre, les soirs de représentation, et, durant un entr'acte, on les fait manœuvrer sur la scène, autour du buste de la Liberté, et au chant de la *Marseillaise*. Le dimanche, en la « ci-devant église Saint-Michel » il arrive qu'un conseiller municipal leur adresse, du haut de la chaire, une homélie civile et leur donne un simulacre de bénédiction, pendant lequel ils mettent genou en terre et portent la main à leur tricorne, les tambours battant aux champs (1). Le maître, en sa vieillesse, n'a jamais évoqué « Royal Bonbon » sans prêter aux rites et aux pratiques remémorées une certaine influence sur son développement moral. En fait, je n'aperçois rien, en tout ceci, qui ait agi sur son caractère. La nuance d'emphase que Rude a toujours eue, en soutenant ses idées les plus hautes sur l'Art, la conscience, la liberté, la patrie, n'est pas, nécessairement, un reflet des pompes révolutionnaires. On la reconnaît en presque tous les hommes de souche plébéienne, dépourvus d'instruction originelle et qui se sont instruits par leurs seules forces, et sur le tard.

Deux qualités précieuses ont, de bonne heure, signalé l'enfant : le sentiment délicat, la volonté tenace. Il sait ce qu'il se doit à lui-même et ce qu'on lui doit. On tient de lui cette historiette de sa neuvième année. C'est en 1793. Un de ses oncles l'a emmené à Saint-

---

(1) Cf. sur l'enfance de Rude, Dr Maximin Legrand : *Rude, sa vie et ses œuvres*, Paris 1856.

Seine-sur-Vingeanne et François n'a pas voulu se séparer de son sabre d'apprenti milicien. Le soir, le barbier du village le plaisante sur sa lame et son fourreau pour rire. Le fils du batteur de fer n'hésite pas : il provoque le barbier en duel pour le lendemain à l'aurore, et, tandis que chacun repose, il passe la moitié de la nuit dans la cour, à aiguiser son sabre à la meule. Et comme le duel ne peut, naturellement, avoir lieu, le gamin quitte brusquement son oncle et rentre à Dijon d'une traite, faisant neuf lieues sans souffler.

Sur ces entrefaites se sont produits les évènements de Thermidor. Robespierre disparu, la Terreur s'apaise. Mailhe, le conventionnel délégué en Bourgogne pour combattre les Jacobins, commence par dissoudre la Garde nationale en grande partie. Il paraît que le désarmement ne s'accomplit pas sans protestation. Plus que personne Antoine Rude se fait remarquer, en cette occasion, par sa virulence. Ses allures de « terroriste » suffiraient à le désigner à l'attention de la police et le malheur veut, en outre, qu'il ne puisse plus s'abstenir de furibonds bavardages. Au mois de Messidor de l'an III, à la suite d'une dénonciation « comme quoi il a tenu, au cabaret, des propos indécents contre la représentation nationale, après lecture d'une lettre incendiaire, venue de Toulon », le Conseil général de la commune de Dijon décide « qu'il y a lieu de maintenir son nom sur la liste des gens à désarmer » (1).

---

(1) Cf. Procès-verbaux des séances du Conseil général de la commune de Dijon (Archives municipales de Dijon, registre 10, p. 646). Séance extraordinaire du 7 messidor, an III, « en exécution de l'arrêté du citoyen Mailhe, représentant du peuple en mission dans les départements de la Côte-d'Or et de l'Yonne, du 24 prairial précédent, déclarant qu'il n'a pas été à portée de faire

Mais, par degrés, s'atténuent et disparaissent les vaines effervescences. On n'a que trop à se préoccuper des guerres incessantes en lesquelles se verse le sang français. Les meilleurs s'interrogent, inquiets des jours qui viennent, plus pauvres, plus menacés qu'auparavant, dans l'effondrement de l'ancien monde. Le moyen de refouler à jamais les ennemis innombrables rués sur nous de toutes parts ! Le moyen d'en finir avec les déchirements intérieurs ! Chacun s'évertue à l'espoir et, dans le fond, tous doutent. A mesure que sont mis en lumière les documents secrets de ce temps, deux signes s'accusent d'une force inouïe : l'admirable dévoûment à la patrie, l'immense mélancolie sociale au lendemain des bouleversements.

Or, à présent, du matin au soir, le jeune François est à la forge, grand, découplé, solide, en tablier de cuir, les manches de sa chemise retroussées sur ses bras nus, les tenailles d'une main, le lourd marteau de l'autre. Au rythme des chansons populaires, il mène sa besogne, frappant, limant, rivant, domptant le fer. Tout ce qu'il a vu lui revient, parfois, en façon de mirage. Parfois, aussi, les nouvelles de nos armées le font tressaillir... Ah ! si l'on pouvait écraser, anéantir, d'une furieuse marche en avant, les hordes levées contre nous !... Ses poings se crispent, son être entier se roidit en ces pensées héroïques, puis, tranquillement, ayant comprimé ses juvéniles colères, il remet

discuter en sa présence, ainsi qu'il l'a pratiqué ailleurs, les motifs du désarmement ordonné par lui conformément à la loi du 24 germinal ». « Le Conseil, ouï le procureur de la commune, considérant que Rude, pocher, lui a été dénoncé pour avoir tenu, au cabaret, après lecture d'une lettre incendiaire venue de Toulon, des propos indécents contre la représentation nationale, délibère qu'il sera maintenu sur la liste des gens à désarmer. » *Ibid.*

sur l'enclume le rouge métal... Après tout, la vie s'offre à lui toute droite. Il sera soldat à son heure, et le temps qu'il faudra, mais sa destinée est d'être poêlier-serrurier, ni plus, ni moins que son père. Si quelque vocation supérieure sommeille en lui, nul ne le sait, lui-même l'ignore. Et c'est ainsi qu'il atteint sa seizième année, en plein labeur.

IV

La Vocation de l'artiste.

L'adolescent, depuis plusieurs jours, a dû suspendre tout travail. On l'a vu deux ou trois fois, l'après-midi, marchant à grand'peine, appuyé sur un bâton, le teint pâli, les traits tirés, cherchant un endroit où se reposer à l'ombre et y restant des heures, la jambe allongée. Un fer rouge qu'il martelait lui a quasiment écrasé le pied ; il a beaucoup souffert, mais il va mieux ; il se distrait pour oublier le mal ; il pourra, bientôt, reprendre l'ouvrage. Aujourd'hui, en traversant la place d'Armes, la curiosité lui vient de suivre la foule qui s'engouffre dans le palais des États, et le hasard, ainsi, le fait assister à la distribution des prix de l'École gratuite fondée par Devosge (1). Deux ou trois discours sont prononcés où l'on vante les bienfaits de l'École de dessin, où l'on prouve combien il importe aux ouvriers mêmes de savoir dessiner. Au fond de la salle sont rangées les œuvres des lauréats, sculpteurs, dessinateurs et peintres. Les noms des artistes qui ont fait le plus d'honneur au

---

(1) Je raconte ces détails comme Rude les racontait lui-même, n'ayant aucune raison de les suspecter. Le grand statuaire se plaisait à donner souvent à ses récits la forme du dialogue : je me suis efforcé, en ce qui suit, de conserver les particularités de son langage, telles que je les tiens de ses élèves et de ses amis.

« restaurateur de l'enseignement des arts, à Dijon », se lisent sur des cartouches : Bénigne Gagnereaux, Naigeon, Pierre Prud'hon, Ramey... L'auditoire se compose en grande partie de gens du commun. « Montrez-moi ce M. Devosge dont on parle tant », demande François Rude. On lui désigne un homme de taille moyenne, vêtu de noir, à la vieille mode, les yeux fatigués, les lèvres gaies. C'est lui, ce digne artiste qui a fondé l'école au profit des humbles, sans autres deniers que son chétif patrimoine, et qui la soutient de la maigre indemnité qu'il touche, consacrant toutes ses heures à ses écoliers, leur fournissant le papier, le crayon, les modèles, et jusqu'à la lampe des soirs d'hiver (1). Un juste respect l'environne. Ses pupilles lui ont voué un tel culte que, lorsqu'il a perdu son fils aîné, au mois de février 1786, ils ont voulu faire les frais d'un grand service funèbre, avec un catafalque entièrement de leurs mains, *tout le chœur tendu de noir et quarante beaux cierges allumés autour du corps* (2). Depuis, son prestige n'a fait que s'accroître.

(1) Sur la question du traitement de Devosge, les registres des élus de Bourgogne fournissent quelques renseignements intéressants. Le 22 décembre 1765, il était alloué au fondateur de l'école une indemnité de 600 livres. Deux ans plus tard, le 20 décembre 1767, les élus portaient ses honoraires à 1 800 livres, puis, successivement, le 18 décembre 1769 et le 10 décembre 1771, à 2 400 et à 3 600 livres. Comme la Province ne prenait à sa charge aucune dépense pour l'entretien de la petite « Académie », les sommes attribuées à Devosge avaient bien plus le caractère d'une subvention déguisée, correspondant au développement de l'institution, que celui d'émoluments personnels. Le directeur ne les considéra jamais autrement. Sa situation ne lui valut qu'un seul avantage particulier : un logement au palais des États à partir de 1779. Après la Révolution, lorsque l'École eut été réorganisée, Devosge ne toucha plus qu'un simple appointement de professeur — soit 1 500 livres — qui ne fut pas augmenté jusqu'à sa mort.

(2) *Mercure dijonnois*, de Claude Micault.

Mercure rattachant ses talonnières, bronze (1828-1836).
Musée du Louvre.

Il a eu, par exemple, assez d'autorité, pendant la Terreur, pour préserver de la destruction les plus magnifiques sculptures, — notamment les tombeaux des ducs de Bourgogne. Avant peu, son buste sculpté par Attiret, sera inauguré en sa présence et malgré lui, dans la salle de l'école, sous le bénéfice de cette inscription : « Monument de reconnaissance et d'amitié... » (1).

Rude savait vaguement ces choses, mais ce qu'il entend et ce qu'il voit lui est comme une révélation décisive. Il ne se lasse pas d'envisager l'excellent maître : il n'imagine rien au-dessus du talent des lauréats par lui formés. Immédiatement cette pensée l'envahit : « Si j'allais le prier de me recevoir à son école?... » Mais tout d'abord, il s'ouvre à son père, de son projet soudain.

« Père, lui dit il, je sors de la distribution des prix de l'École de dessin. Je voudrais apprendre à dessiner avec M. Devosge. — Y songes-tu, répond l'ouvrier? Nos affaires vont assez mal. Je n'ai pas besoin d'un artiste chez moi pour qu'elles aillent plus mal encore... — Mais, père, ne sais-tu pas que le dessin est utile à tout le monde? On nous l'a parfaitement expliqué tout à l'heure,... et rien que pour l'ornementation des objets que je peux être appelé à faire, il me serait bien précieux... » Le père hausse les épaules sans que le fils se tienne pour battu. Sans cesse, dorénavant, le vaillant garçon reviendra à la charge. « Allons, fais à ton gré, finit par lui dire le bonhomme. Souviens-toi seulement que je te défends d'être un artiste et ne fréquente l'Académie qu'à tes moments perdus... »

(1) Décembre 1800, *Journal de la Côte-d'Or*, du 15 frimaire an IX, cité plus haut.

Le lendemain (ceci se passe au mois de janvier 1800), François entre chez M. Devosge. « Qui es-tu, interroge celui-ci et que veux-tu de moi? — Je m'appelle François Rude. Mon père est le poêlier-serrurier, proche la rue du Lacet. Je désire apprendre à dessiner comme les autres. — As-tu jamais touché un crayon? — Jamais. — Quel âge as-tu? — Seize ans. — Aimerais-tu mieux être sculpteur ou peintre? — Je ne sais pas; j'aide mon père dans ses travaux et je lui succéderai. — Viens donc à l'école dès aujourd'hui. — Je vous demande pardon, il ne me sera possible de venir dessiner qu'à mes moments perdus : l'été, de six heures à huit heures du matin; l'hiver, de six heures à huit heures du soir. Ainsi le veut mon père. Mais je vous promets de m'efforcer de tout mon cœur... » Devosge se sent pris de sympathie pour cette nature si droite.

Rien de moins compliqué que la méthode du professeur. Aux commençants, il fait copier des modèles graphiques, dessins d'ornement et dessins de figure, exécutés par lui-même et suffisamment gradués pour les initier au principe des formes et les préparer à travailler d'après la bosse. On dessine, en second lieu, d'après le plâtre jusqu'à ce qu'on soit en état d'aborder la nature. Le couronnement de cette éducation, c'est le modelage, c'est-à-dire le rendu du relief par le relief. Un tel programme d'enseignement prête, assurément, à l'éloge. Avec quelle énergie Rude s'attache à le suivre! Il en franchit tous les degrés sans être jamais content de lui, s'encourageant à peine de ses progrès, s'attachant à mieux faire, peu expansif, tout concentré dans ses réflexions et ses efforts. On se rappelle la fameuse tirade de Chardin, sur les désespoirs des jeunes gens aux prises avec les longues difficultés de l'Art : « Vous n'avez pas été témoin des larmes que ce *Satyre,* ce *Gladiateur,* cette *Vénus de Médicis,* cet *Antée,* ont fait couler... Après avoir séché des journées et passé des nuits à la lampe devant la nature immobile et inanimée, on nous présente la nature vivante et, tout à coup, le travail de toutes les années précédentes semble se réduire à rien... On ne fut pas plus emprunté à la première fois qu'on prit le crayon... Le talent ne se décide pas en un moment... » (1) C'est là, proprement, la misère de François Rude, à ceci près qu'il a deux heures par jour, volées à son métier, pour se vouer à son art, et tout le reste du temps pour en méditer et en souffrir. A mesure qu'il avance, il est certain que le rêve, comprimé d'abord, se formule mieux dans sa pensée : être un artiste. Et pourquoi ne le serait-il pas ? Il a obtenu la médaille d'or, prix du dessin d'ornement, le second prix de dessin d'après nature, l'accessit de modelage d'après le modèle vivant, ce qui n'est rien ; mais il entrevoit si bien ce qui lui manque, — ce qu'il serait en lui d'acquérir ! Seulement, sa probité le tient : il a donné sa parole à son père de ne point déserter la forge. A plusieurs reprises, Devosge a tenté d'arracher à l'ouvrier inflexible un peu plus de liberté pour son fils. Inutile prière. « Nos affaires vont mal, riposte le vieillard, invariablement. J'ai besoin de François pour m'aider. Je ne veux pas qu'il quitte son métier pour apprendre à mourir de faim. Est-ce qu'un artiste soutiendrait la famille si je venais à disparaître ? Je sais ce que je fais, parbleu ! Je le sais très bien... »

Mais, pendant qu'il dessine ou qu'il pétrit la glaise, le jeune homme se pose des questions. Des plâtres sont

(1) Salons de Diderot.

devant lui, dieux, héros, guerriers, ou nymphes... A quoi répondent ces statues ? Hélas ! il n'avait pas senti, jusqu'à présent, son ignorance et, maintenant, le discours des hommes instruits le déconcerte à tout propos. Enserré par l'antiquité, Rude se désole de ne connaître ni l'histoire, ni la mythologie, ni rien. A cet instant Devosge lui conseille de s'essayer à la composition. Les données qu'il lui indique sont des épisodes très simples, dans le genre familier de l'antique : des lanceurs de javelot, des joueurs au palet, des rémouleurs, des coureurs, des lutteurs, et il lui recommande de « montrer ses figures le plus naturellement qu'il pourra en ce qu'elles sont et en ce qu'elles font. » Je lis même, dans une lettre du professeur dijonnais à son ancien élève Naigeon, un passage qui doit être le résumé de ses leçons au point de vue le plus élevé et qui nous éclaire, par rapprochement, sur la direction imprimée à Rude : « Étudiez toujours votre sujet. *Il est aussi important de bien traiter son sujet que de bien sculpter ou de bien peindre*. Celui qui dépense son talent sans faire comprendre son idée perd son temps ». C'est pourquoi François Rude éprouve un urgent besoin d'apprendre. Son maître lui prête des livres qu'il lit, la nuit, dans sa mansarde, à la lueur des bouts de chandelle qu'il a pu se procurer. Dès lors il n'y a plus pour lui dimanche ni fête. Sa passion n'est plus qu'à la lecture. « Le plaisir que j'aurais éprouvé en me laissant aller aux excitations du moment et à me divertir, disait-il par la suite, n'aurait pas valu la satisfaction que je trouvais à leur résister. Celle-ci est bien supérieure et de bien meilleur aloi puisqu'elle dure encore et que son souvenir seul est une jouissance » (1).

(1) Cf. Max. Legrand. *Ouv. cité.*

Dans toutes les actions du maître se remarquera une opiniâtreté pareille, au service de ses ambitions.

Ce qui se passe au fond de ces cervelles populaires, obsédées sur le tard de notions incomplètes, désordonnées et, surtout, sans accord avec leurs tendances, est vraiment singulier. Rude, le bon Bourguignon fait pour observer le positif des choses, Rude, le bon forgeron fait pour penser « d'après nature » s'enfonce dans la mythologie et l'histoire antique, va de Plutarque à *Télémaque*, se forme sur des civilisations reculées dans les siècles, et qu'il pénètre mal, des conceptions d'une grandeur fumeuse, d'un idéalisme de tragédie classique. Ce réaliste prédestiné respire en toute innocence l'air académique de son temps. Sa tête s'encombre de ressouvenirs et de symboles, mal accordés aux conditions nouvelles de la vie. Un combat se livre, dans son imagination, entre son intime besoin de traduire franchement ce qu'il voit et son goût acquis de tout relever par abstraction. A vouloir exprimer trop de desseins d'un seul coup, dans une seule œuvre, la pensée se surcharge de littérature et s'obscurcit. Claus Sluter regardait les hommes, autour de lui et ne songeait qu'à les rendre véridiquement, en leurs signes individuels, en leur humanité profonde. Mais chacun obéit, en dépit de tout, au préjugé dominant de son époque. Aussi l'ambiguïté de l'idéal le moins conforme à ses instincts a-t-elle condamné Rude à dégager son originalité d'une extrême lenteur. Même, jusqu'à la fin de sa vie, encore que son tempérament de Bourguignon ait repris le dessus, nous le verrons revenir de temps à autre à d'abusives synthèses, — témoin sa dernière œuvre, l'*Amour dominateur*, du musée de Dijon.

Un grand ami de François Devosge, M. Frémiet,

contrôleur des contributions directes, écrivain à l'occurrence et gendre du graveur Monnier, s'est de bonne heure intéressé au jeune sculpteur. Devosge le lui a signalé, en vue de l'exécution du buste de son beau-père, mort depuis peu, et M. Frémiet a tout de suite apprécié le débutant. Je n'ai, malheureusement, pas retrouvé la trace de ce portrait de Monnier, le premier morceau qui ait marqué dans la vie de Rude. Ce que je sais, en revanche, c'est que la famille en est ravie et que l'auteur ne tarde pas à être accueilli chez le contrôleur à l'égal d'un fils. François l'interroge sans fin sur les lointains poètes, les artistes célèbres, les grands hommes, les mœurs, les choses d'Athènes, de Rome et de l'Italie. Mais, insensiblement, la conversation prend un autre tour. Nous avons dit l'universelle malaise engendré par la Terreur et qu'un sauveur est attendu de la foule. Quel est, cependant, ce jeune général qui répand autour de lui l'éblouissement des victoires? Bon gré, mal gré, l'on s'émerveille à le voir traverser l'Europe, héros parmi les héros, donnant pour conclusion à la Révolution française une incomparable épopée. Les uns acclament son avènement comme une délivrance; d'autres saluent en lui la Révolution souveraine; les plus farouches lui pardonnent, à force de l'admirer, la couronne qu'il se décerne. M. Frémiet s'enthousiasme pour ce chef prodigieux, devenu l'Empereur, qui rend à tout jamais impossible le retour de l'ancien régime, et Rude, grisé d'illusions généreuses, croit reconnaître en lui une image de la Liberté armée pour l'affranchissement des peuples.

François Devosge, pour sa part, écoute et laisse dire. Il a d'autres soucis en tête, ne serait-ce que celui de faire accepter du « maître-poêlier » l'idée d'avoir un fils sculpteur. C'est un point sur lequel il revient si souvent, avec tant d'arguments persuasifs, qu'Antoine Rude, un jour, ne fait plus de résistance. Le jeune homme, au comble de ses vœux, redouble de mâle ardeur. Mais, coup sur coup, sa mère est emportée par la maladie, la paralysie s'abat sur son père et — suprême douleur, — la petite Françoise, sa sœur et sa filleule, meurt poitrinaire à quatorze ans (1). Quelles dures nécessités s'imposent, maintenant, au lieu des grands rêves et des purs espoirs ! L'énergique François se voit plus que jamais replongé dans l'épreuve. Que fera-t-il pour soutenir les siens ? Il n'est pas en état de conduire le commerce paternel, déjà bien compromis ; les créanciers aboient à ses chausses (2). Il entre, en fin de compte, comme garçon de peine, au service des frères Mugnier, peintres en bâtiment. Mais, au fort de

---

(1) Claudine Bourlier-Rude, est morte le 23 thermidor, an XI (11 avril 1803), à l'âge de 49 ans. Antoine Rude, meurt le 16 ventôse, an XIII (7 mars 1805), âgé de 50 ans, Françoise II Rude, rend l'âme le 28 mars 1806 (Archives de l'état-civil, à Dijon).
(2) J'ai eu entre les mains un grand nombre de pièces de procédure relatives à la succession, très embarrassée, d'Antoine Rude. Le « maître pocher » avait, depuis quelque temps, abandonné sa maison pour tenir boutique, place Saint-Étienne, en un quartier plus central. Quand il s'agit de lever les scellés apposés à son domicile aussitôt après sa mort, il plut des oppositions. Le bonhomme devait à Chaussier et Roulle, négociants aux forges de Tarperon, 668 livres 66 centimes, et les intérêts ; à Berthaut, serrurier, 84 francs pour fournitures et ouvrages ; à Détrier, menuisier, pour travaux de son état, 84 livres 2 sols ; à François Dubarry, vitrier, des journées dont il fournira le compte ; à Antoinette Vally, veuve de Denis Carré, marchand, 26 francs de charbon de terre. Des sommes diverses sont dues également à Jean Manière, fournier, rue des Champs ; à la veuve Dubois ; à Antoine Bouché ; à Ary, négociant à Grancey ; à Borel, cabaretier, négociant à Tubœuf ; à Guillaume Alaix, tailleur d'habits. On trouve même, parmi les créanciers d'Antoine Rude, un marchand de dentelles de Mirecourt, le sieur Martin, « élisant domicile dans la maison du charbonnier, marchand de vin, rue du Trésor » et réclamant 76 livres 2 sols « pour marchandises vendues ». Le

son désastre, au lendemain de la mort d'Antoine Rude, quand la maison de la rue Petite-Poissonnerie, aux mains des gens de loi, rencontre si malaisément un acquéreur, deux hommes de cœur le gardent de désespérer. François Devosge lui procure des travaux ; Frémiet le recueille dans son appartement de la rue des Forges, après avoir payé de ses deniers son remplaçant militaire (1). Peut-être a-t-il exécuté à cette époque le médaillon de peu d'intérêt, réprésentant, au-dessus

---

propriétaire du local occupé en dernier lieu par le défunt, place Saint-Étienne, le sieur Morot-Ducrest, libraire, intervient aussi pour une somme de 112 livres, montant de six mois de loyer à échoir le 30 ventôse, an XIII, « sans préjudice de l'année courante et des intérêts ». Ce ne sont que réclamations et déclarations de créances. Devant ce débordement, François Rude, sa sœur Françoise I et Jean-Baptiste Gulimat, tuteur des mineurs, renoncent purement et simplement à l'héritage par un acte passé au greffe du tribunal de première instance de Dijon, en date du 4 floréal. A la suite de cette renonciation, un jugement du 20 floréal, an XIII, nomme l'avoué Edme Lavoisot, curateur à l'hoirie abandonnée d'Antoine Rude, « décédé, marchand à Dijon ». La vente des meubles, effets, valeurs, marchandises, etc. dépendant de la succession a lieu, par les soins du curateur, le 22 prairial : elle produit 1,580 livres (Signification aux créanciers le 24 prairial). En vertu d'un autre jugement du 27 messidor, le notaire Étienne Mathieu procède à la vente de la maison au profit des principaux créanciers, « conformément à l'acte de collocation dressé en temps utile ». La maison, trois fois offerte aux acheteurs, les 13, 21 et 29 thermidor, est finalement adjugée à Antoine Caumont et à Jeanne Lechenet son épouse, au prix de 7,750 francs.

Sur les biens maternels, les fils de Claudine Bourlier-Rude ont à faire valoir quelques droits, mais la part de chacun est très maigre. M. Frémiet, nanti de la procuration de François, touche pour son compte, le 2 mai 1810, une somme totale de 799 fr. 10 cent. C'est le seul argent dont le maître n'ait pas été redevable à son travail.

(1) Rude, dans les entretiens de sa vieillesse, faisait souvent allusion à ce fait qui avait, disait-il, « assuré sa vie ». Le peintre Delestre, en son discours prononcé le 5 novembre 1855 sur la tombe de l'artiste, s'en est souvenu (Voir ce discours en appendice, à la fin de ce livre).

d'une des portes de l'Hôtel de ville, un génie porteur d'un cadran, signalé traditionnellement comme de sa façon. Il a fait aussi des bustes-portraits, — entre autres, celui de Mugnier père, en terre cuite, conservé par les descendants de l'entrepreneur et qui ne donne pas une bien haute idée de cette production besogneuse. Par contre, ses progrès s'accusent d'une telle évidence en des études d'atelier, librement entreprises, poursuivies obstinément aux heures de répit, que ses deux bienfaiteurs décident de l'envoyer à Paris se perfectionner et tenter la fortune. Et c'est ainsi que, dans les premiers mois de 1807, riche de quatre cents francs, muni d'une lettre d'introduction de son maître auprès de Vivant Denon, surintendant des Beaux-Arts et, sans doute, de recommandations pour Edme Gaulle et Petitot, sculpteurs bourguignons d'origine, emportant avec lui, par surcroît, ses deux dernières figures modelées, *Thésée ramassant un palet* et un *Lutteur au repos,* François Rude quitte sa ville (1). Advienne que pourra ! Le prédestiné va chercher sa voie glorieuse en ce Paris défini, jadis, par le grand Corneille « un grand lieu plein de marchands mêlés ».

(1) Sur ces deux statuettes dont la première est perdue et dont la seconde est entrée au Musée du Louvre, cf. notre *Répertoire chronologique et raisonné* des Œuvres de Rude (§ I, *Œuvres antérieures à* 1807, sous la date de 1806). On jugera des raisons qui nous empêchent d'accepter l'identification des deux figures, généralement admise par les biographes.

V

Débuts de Rude à Paris.

Le premier soin de Rude, en arrivant à Paris, est de courir au Louvre et de solliciter une audience du directeur général des Musées. A douter qu'il soit accueilli sur l'heure, on méconnaîtrait le baron Denon. C'est un type rare que cet homme de cour légué par l'ancien régime à l'Empire, diplomate décoratif, écrivain amateur, graveur pour son plaisir, esprit facile, fertile, subtil, voluptueusement sceptique, prudent par nature, obligeant par calcul. Il y a du Méridional, pour la souplesse et la bonhomie, en ce Bourguignon de Châlon-sur-Saône, qui a passé son existence à s'insinuer, en virtuose, dans les bonnes grâces de tous et de chacun. Encore presque adolescent, le chevalier Vivant Denon s'est porté tant de fois, jadis, et avec tant d'insistance, sur le chemin de Louis XV, à Trianon, que le monarque a fini par lui adresser la parole : « Enfin, Monsieur, que voulez-vous ? » et il lui a répondu ces mots fameux, qui l'ont mis en faveur : « Le bonheur de voir Votre Majesté, Sire. » On lui a confié la direction du cabinet des pierres gravées, créé par Mme de Pompadour; il s'est lié, ensuite, avec M. de Caylus; il a fréquenté les gentilshommes et les filles d'Opéra, les financiers et les artistes, toujours avenant, prévoyant, exempt de préjugés, docile aux circonstances. Frivole, au fond, et sans vertu de cœur, un trait peint au vif son caractère : il a rendu visite à Voltaire, à Ferney, pour plaire aux indépendants, et, voltairien d'essence, il est revenu à Paris, raillant, pour plaire aux hommes de tradition, le grand railleur hors d'état de lui nuire. Lorsque la Révolution le proscrit, Louis David, dès longtemps enjôlé, le couvre de sa protection. A la veille du Directoire, sa bonne étoile le conduit chez Joséphine Beauharnais, future impératrice. Y a-t-il quelque part un personnage à séduire, Denon accourt et le prend par son faible. En l'expédition d'Egypte, s'étant faufilé dans l'Institut, il étonne Bonaparte de son calme à dessiner, sous le feu des janissaires, les monuments des Pharaons ; il le captive de sa conversation nourrie d'anecdotes, brillante de saillies, de son humeur accommodante, et surtout, j'imagine, de cet art de flatter à demi-mot qui n'est qu'à lui. Napoléon empereur fait de l'adroit courtisan son Marigny, son Caylus, son d'Angivilliers, son grand majordome au département des arts, son « homme universel et indispensable », comme il l'appelle. Denon est toujours où il faut être pour réussir et fait ce qu'il faut faire à point nommé : c'est sa force. Au lendemain de la campagne d'Austerlitz, on le trouve à Schœnbrunn auprès du maître, proposant d'ériger, à Paris, au milieu de la place Vendôme, une haute colonne, dans le style de la colonne trajane, en l'honneur de la grande armée, et fondue du bronze des canons enlevés aux Autrichiens et aux Russes. Naturellement, une statue se dressera au faîte : la statue de Sa Majesté. « Non, dit Napoléon, j'ai résolu d'ériger, place Vendôme, un monument à la gloire de Charlemagne et c'est son image, non la mienne, qui le couronnera. » L'homme « indispensable » manœuvre si bien que le César cède avec reconnaissance à la flatterie colorée de raisonnements politiques. Par de tels moyens Denon excelle à se tenir en équilibre à travers les plus changeantes conjonctures ; mais, pour obvier à tous les hasards, il a besoin de se concilier les petits comme les grands. Quiconque l'approche peut se croire de ses familiers. Ce n'est pas lui qui rudoierait ou découragerait personne : on ne sait jamais qui se poussera dans le monde et qui s'effacera, et le rusé compagnon se ménage des alliés à tout événement. Il s'entend à distribuer les bonnes paroles, les approbations, les consolations, les poignées de main, les promesses et même quelques menues faveurs. Comment n'arriverait-il pas à se retourner quoi qu'il survienne ? Il a été serviable à tant de gens en place, à tant de gens sans place ! Aussi, quand les Bourbons l'écarteront de leur cour, à la Restauration, sera-t-il tenté de crier à l'ingratitude ou, du moins, ne se tiendra-t-il pas de douloureuse surprise. Hors l'animosité royale, il avait tout prévu.

On devine aisément l'accueil qu'il fait au jeune Rude en son cabinet où les divins panneaux des quattrocentistes, si longtemps sacrifiés aux peintures du seizième siècle, recommencent à se montrer, car les faiblesses de son caractère n'ôtent rien à sa finesse de rare connaisseur. Le sculpteur n'oubliera jamais cette audience ; jusqu'à ses derniers jours il aura plaisir à la raconter. « Ainsi, jeune homme, s'écrie le directeur des Musées, vous sortez de l'école de François Devosge, à Dijon. Une forte école ma foi, et qui nous envoie presque des maîtres... Pardieu ! voilà bien du temps que je connais votre professeur... C'était l'époque de Boucher... Comme les années passent et comme tout change !... Je ne l'ai pas vu depuis son voyage à Paris, aux vacances de 1802, quand il vint admirer les chefs d'œuvre du Musée. Seize de ses élèves, Ramey, Gaulle, Prud'hon, Petitot, lui offrirent une fête où ils le couronnèrent... Oui, malgré sa résistance, ils lui mirent le laurier au front, et ce fut très bien fait. Radet, le vaudevilliste, qui, paraît-il, a dessiné autrefois, à l'Académie de Dijon, improvisa là-dessus une chanson qu'il chanta, séance tenante, aux vifs applaudissements des convives... Mais j'oublie que ce n'est pas de Devosge qu'il s'agit, mais de vous, jeune homme... Voyons, parlez-moi librement, que savez-vous faire ? » Rude s'en va chercher immédiatement, dans l'antichambre, son petit *Thésée ramassant un palet* (1) et le soumet au surintendant impérial. « Qu'est ceci, interroge Denon ? Vous m'apportez la copie d'un antique... — Je vous jure que non, fait Rude, cette figure est bien de ma composition. » Alors le directeur : « A merveille, à merveille... Je n'aurais jamais cru... » Ce n'est peut-être qu'un banal compliment, mais le jeune homme se rengorge. Denon continue : « Avez-vous quelques ressources pour vivre ? Que font vos parents ? » — « Mes parents sont morts ; il ne me reste que des frères et des sœurs. Mon père était serrurier-poêlier : il a fallu renoncer à la forge et fermer boutique. Pour toute ressource, j'ai mes deux bras qui sont solides et ma bonne volonté, qui est sans limite... Si j'avais

---

(1) Si comme je le crois, le *Lutteur au repos*, en marbre, légué par Adolphe Thiers au Louvre, signé et daté *F. Rude, Dijon*, 1806, n'est nullement le *Thésée*, il n'en peut différer par le caractère et la facture. Cette figure, remarquable par la sincérité et la fermeté du rendu, l'œuvre authentique la plus ancienne du grand sculpteur, nous frappe des qualités mêmes qui ont frappé Denon. Mieux encore, elle nous atteste le courant où se trouvait François Rude avant son arrivée à Paris, courant bien supérieur, en somme, à celui de l'école parisienne *(Pour le détail, voir Répertoire chronologique)*.

seulement un peu d'ouvrage pour gagner mon pain et du loisir pour étudier !... » — « Vous pourriez aller de ma part, chez Cartellier, à la Sorbonne. C'est un bon sculpteur et un homme excellent dont l'histoire est un peu la vôtre... le fils d'un serrurier, lui aussi, arrivé par son énergie comme vous arriverez. Il s'intéresserait certainement à vous. Vous fréquenteriez en même temps l'École des Beaux-Arts, et rien ne vous empêcherait de concourir, un peu plus tard, pour le prix de Rome. » Rude, à ce discours, est tout ravi, mais le sentiment de sa pauvreté lui revient, et il reprend avec une nuance d'embarras : « C'est que j'ai à peine quatre cents francs et, cet argent dépensé, que deviendrai-je ?... » — « Vous avez raison, repart l'homme « indispensable. » Eh bien! Présentez-vous en mon nom chez Edme Gaulle (1), 61, rue de Vaugirard. Il me doit un peu et doit beaucoup à M. Devosge. Je ne doute pas qu'il vous ouvre son atelier pour participer à l'exécution de ses commandes. »

Sans remettre au lendemain, Rude frappe à la porte de Gaulle, à qui, certainement, son vieux maître n'a pas manqué de l'annoncer, étant avec lui en correspondance. Cet artiste, originaire de Langres, a obtenu de beaux succès à l'École de Dijon. Aux concours ordinaires pour 1786, 1787 et 1788, l'accessit, le second prix et le premier lui ont successivement été dévolus et, mieux encore, en 1787, lui est échue la seconde

---

(1) Edme Gaulle, né à Langres, en 1770, est mort à Paris en 1841, conservateur du dépôt des marbres. Sur son passage et ses succès à l'école de Devosge. Cf. Joseph Garnier, l'École des Beaux-Arts de Dijon, ouvrage déjà cité. Nous retrouverons plusieurs fois Gaulle au cours de ce livre. Voir, en particulier, notre chapitre XVII : « Origines de l'Arc de triomphe » et l'article relatif au PREMIER BUSTE DE DEVOSGE (§ IV du Répertoire chronologique) où il apparaît comme fournisseur de marbre.

médaille au concours pour le prix de Rome, sur le sujet suivant : *le Grand Condé à la bataille de Senef*. Fixé à Paris, après les jours tragiques, le second prix de Rome couronne ses efforts en 1799 et le premier en 1803, mais la guerre, menée par Bonaparte au-delà des Alpes, ne lui permet point de gagner l'Italie. En dédommagement, l'administration lui accorde assez souvent des travaux. Il est doué d'une faculté d'improviser qui le rend précieux pour les décorations de circonstance, et son ambition ne va guère plus loin, sinon en velléités et en paroles, car il est beau parleur à la façon des hommes d'imagination sans volonté qui se grisent de leurs moindres projets ou se dupent de généralités sur l'Art. Paresseux, ami de ses aises, glorieux de sa facilité, bon compagnon, peu sévère à lui-même, il expédie toujours sa besogne comme on se débarrasse de ce qui gêne, se réservant de donner sa mesure plus tard. Au moment où Rude l'aborde, il vient d'achever, entre deux parties de plaisir, l'esquisse de son *Jeune pêcheur rendant grâces au dieu de la pêche*, bas-relief qu'il traitera à son heure avec plus de soin qu'il n'est dans sa coutume (1), et il s'occupe à modeler sept morceaux du bas-relief de parement de la colonne à la Grande Armée. On n'ignore pas que, dès 1806, Denon a fait dessiner par Bergeret la spirale entière, aux mille personnages, qui doit s'enrouler, de la base au sommet, au fût monumental et qu'il en a distribué à trente-deux sculpteurs les soixante-seize épisodes, mesurant ensemble un développement de cent quatre-vingt mètres et divisés en 206 fragments égaux, à terminer et à raccorder avant 1810 (2). Il est

(1) Ce bas-relief a été exposé au Salon du Louvre, en 1808.
(2) Cf. Inventaire général des richesses d'art de la France. Paris,

plus que probable que Gaulle a employé le jeune Rude en cette tâche de modelage, moyennant une faible rétribution, chaque fragment distinct étant payé six cents francs au titulaire de la commande. Nous voudrions savoir, au moins, à quels épisodes le futur statuaire de l'Arc-de-Triomphe, a pu mettre la main. Malheureusement, les comptes ne spécifient même pas les sujets demandés à chacun des trente-deux artistes enrégimentés par Denon et l'œuvre demeure collective.

Une tradition fort accréditée veut que Rude ait travaillé aux bas reliefs de la base : « *Obusiers, canons, étendards, tambours, trompettes casques, shakos, uniformes russes et autrichiens* ». La chose est possible, mais rien ne l'établit positivement. Ces trophées, dessinés par Zix, ont été confiés, non à Gaulle, mais à Pierre Nicolas Beauvallet, et à Jean-Marie Renaud. Si notre Dijonnais y a coopéré, ce doit être à la recommandation de Denon et de Gaulle et, en tous cas, purement en sous-ordre, comme aux portions de la spirale historiée exécutées dans l'atelier de la rue de Vaugirard.

François Rude, en abrégé, a eu à se louer de Gaulle et il s'est intitulé son élève, bien qu'il ne l'ait jamais admiré. Le bon compagnon lui plaisait par sa rondeur ; il aimait à l'entendre causer des maîtres, et, peut-être, a-t-il pris, à ses côtés, quelque expérience du mouvement décoratif et des proportions convenables à la sculpture monumentale. On ne voit pas quelle autre leçon utile il tiendrait d'un artiste si insoucieux de l'observation. Les œuvres d'Edme Gaulle, — sa banale tête de bœuf vomissant l'eau, aux fontaines de la rue des

---

Monuments civils, t. I. Monographie de la Colonne à la Grande Armée, par M. Henry Jouin.

Hospitaliers-Saint-Gervais, sa fade statue de Louis XVI agenouillé, dans la crypte de Saint-Denis, ou toute autre d'un genre quelconque, — ne s'élèvent à aucune visée forte, ne vibrent d'aucun accent sincère. Rude en est, d'ailleurs, si vite persuadé qu'il quitte, avant un an, l'improvisateur de Langres et s'en vient chez Pierre Cartellier.

Ce Cartellier, qui habite la Sorbonne, est un des meilleurs hommes qu'on puisse aborder et l'intendant général des Musées n'a pas eu tort de dire au fils du poêlier de Dijon : « Son histoire est un peu la vôtre ; il s'intéressera à vous (1) ». Son père, serrurier mécanicien, et très pauvre, mort prématurément, lui a laissé la lourde charge de sa famille. Cartellier s'était déjà voué à la sculpture, sous la direction de Bridan l'aîné. Pour nourrir les siens, il a dû se résigner à des besognes industrielles, modelant sans relâche, au gré des fabricants, des pendules, des flambeaux, des appliques, des bouts de table, des ornements mobiliers ; mais, quelles que soient ses traverses, une invincible résolution le soutient et, comme Rude, plus tard, battant le fer sur l'enclume paternelle, il poursuit obstinément ses études dans tous ses moments de loisir chèrement achetés. Deux fois il a concouru en vain pour le prix de Rome. En revanche, un peu d'aisance et beaucoup de bonheur lui sont venus d'un honorable mariage et l'on commence à remarquer ses envois au Salon à partir de 1796. L'architecte Chalgrin, s'inspirant des traditions de la logique officielle, reconnaît en ses œuvres un talent gracieux et lui commande

(1) Pierre Cartellier, membre de l'Institut, professeur à l'École des Beaux-Arts, est né à Paris, le 2 décembre 1757 ; il y est mort le 12 juin 1831.

DE FOURCAUD. 4

immédiatement deux allégories qui exigent de la vigueur : *la Vigilance* et *la Guerre*, pour la décoration du Luxembourg. A force de vouloir, Cartellier se tire de la difficulté à son avantage. Bientôt, on le compte parmi les artistes renommés. C'est un sculpteur d'un goût très classique, peu puissant, et peu précis dans l'exécution, qui ne se voudrait, cependant, ni froid, ni raide, et qui marque des préoccupations estimables. S'il s'inquiète médiocrement de la vérité du modèle, il cherche consciencieusement à faire ressortir le caractère des sujets. « Observez partout les attitudes et les gestes, dit-il à Rude, qu'il a tout de suite pris en amitié : cela sert pour bien poser ses personnages. » Il arrive à Cartellier d'essayer de rendre une figure historique dans une action résumant sa personnalité : témoin son *Vergniaud* du Salon de 1808, comme sous l'obsession d'un discours, debout, inconscient de son entraînement physique, dominé jusqu'au parfait oubli de soi par la force d'une pensée qui veut sortir. Nous retrouverons ce même désir de synthèse morale chez Rude, quand il sculptera ses statues de place publique, Gaspard Monge, le maréchal Ney, le général Bertrand. A un autre point de vue, Cartellier donne à réfléchir au jeune homme en l'assurant que « la draperie à l'antique n'est pas essentielle à la dignité de la sculpture et qu'un artiste peut s'accommoder même de l'ancien costume français ». Pour preuve, il a fait le portrait de Louis Bonaparte, roi de Hollande, vêtu et armé en connétable. Rude se souviendra de la leçon, à bien des années de distance, en modelant son *Maréchal de Saxe* et sa délicieuse figure de *Louis XIII enfant*. Au total, malgré sa facture académique et ses préjugés de style, l'auteur de la *Guerre* du palais du Luxembourg, et de l'*Apollon sur son char*, de la grande porte du Louvre, a eu de l'influence sur le maître de Dijon et il sied de le constater. Nous le reverrons sur son chemin, du reste, comme un fidèle et dévoué protecteur.

Mais deux ans se sont écoulés depuis l'arrivée à Paris de l'élève de François Devosge. La sympathie qu'on lui témoigne ne le sauve pas du besoin, et encore doit-il envoyer des secours à ses sœurs, en Bourgogne. Des modèles lui sont nécessaires pour travailler à son gré. Que ne se présente t-il à l'École des Beaux-Arts, où il aurait toute facilité d'étudier d'après nature? C'est le conseil qu'on lui fait entendre de tous côtés. En même temps le mirage du prix de Rome se lève en son esprit. S'il pouvait le mériter, il sortirait de peine... Eh ! pourquoi ne le gagnerait-il pas, après tout? Sa détermination est bien prise. Le but qu'il s'assigne, il ne se reposera point sans l'avoir atteint. Suivons-le, donc dans le nouveau milieu où il s'acclimate.

VI
L'enseignement officiel de l'art.

On s'expliquerait mal les tendances de l'École des Beaux-Arts, si je ne traçais en quelques mots l'histoire de cette institution, de la Terreur aux grandes années de l'Empire. J'ai lu, parfois, que la Révolution, abolissant l'ancienne Académie, avait transformé, du coup, l'enseignement. Rien de plus faux. L'ancienne Académie n'a été condamnée qu'en apparence ; son esprit demeure vivant et agissant. Une lettre, rédigée au nom de la classe des Beaux-Arts de l'Institut, par Mérimée le père, et adressée au ministre de l'Intérieur, le 2 juillet 1810, expose la situation d'une netteté frappante. Qu'on en lise, en particulier, le passage suivant :

« Le 3 août 1793 l'Académie fut supprimée, mais on en conserva la portion enseignante. *Cette suppression ne fut donc, à proprement parler, qu'une réduction dans le nombre de ses membres et un changement de titre.*

« Peu de temps après, la Commission exécutive de l'Instruction publique déclara *qu'on devait suivre les anciens règlements en ce qui était applicable aux circonstances* jusqu'à ce qu'une nouvelle organisation définitive fût établie.

« On s'occupa longtemps de plusieurs projets, mais, jusqu'à ce jour, il n'y a eu de dispositions prises que l'arrêté du 3o frimaire an IV, portant que le nombre des professeurs continuerait d'être fixé à douze, qu'il y aurait quatre recteurs, etc., etc.

« *Ainsi, en attendant l'organisation qui est annoncée, l'École spéciale des beaux-arts doit se considérer comme l'ancienne Académie réduite à sa portion essentielle, consacrée à l'enseignement, et, d'après cela, suivre ses anciens statuts en tout ce qui est applicable à sa position* (1). »

De fait, le système pédagogique est exactement ce qu'il était avant la Révolution, et l'enseignement est distribué de la même façon et par les mêmes hommes. « Douze professeurs par année, c'est-à-dire un par mois, s'écriait David à la Convention (2), s'empressent à à l'envi de détruire les premiers principes qu'un jeune artiste a reçu et reçoit journellement de son maître. Chacun de ces douze professeurs ne trouvant bon que ses principes, le pauvre jeune homme, pour leur complaire alternativement est obligé de changer douze fois l'année de manière de voir, et, pour avoir appris douze fois l'art, finit par ne rien savoir, parce qu'il ne sait à quoi s'en tenir sur rien... »

Voilà le vice radical indiqué ; mais David ne se borne pas aux généralités : il dénonce, aussi, les pratiques dangereuses.

« L'Académie, dit-il à ses élèves, est comme la boutique d'un perruquier ; on ne peut en sortir sans

---

(1) Archives de l'École nationale des Beaux-Arts de Paris : Registre des délibérations de la classe des Beaux-Arts de l'Institut.
(2) Discours du 3 août 1793.

avoir du blanc à son habit. Que de temps vous perdez à oublier ces attitudes, ces mouvements convenus dont les professeurs tendent comme une carcasse de poulet, la poitrine du modèle ! Ce dernier lui-même, avec les ficelles dont il est attaché, n'est pas à l'abri de leur manière... (1). »

Pour le fond, la doctrine de l'École peut se réduire à un petit nombre de propositions, admises même par le peintre des *Horaces* et des *Sabines* et simplement ajustées par lui avec plus de rigueur à l'imitation de l'antiquité (2) :

L'accidentel ne doit jamais altérer l'unité de caractère des formes. — Dans la compréhension académique, ces mots signifient que toute particularité est dénaturante et qu'il est du devoir de l'artiste de réagir au nom de l'absolu, c'est-à-dire de l'abstrait ; en d'autres termes, de se soumettre à l'idéal officiel.

Le type du beau n'existe que dans la nature collective et ne se rencontre pas dans les individus. — Nous ne pouvons donc arriver à concevoir le beau que par le dépouillement de la collectivité : autrement dit par la comparaison des qualités individuelles et la formation arbitraire d'un type au moyen d'une sélection d'éléments rapportés. Mais, alors, à quoi répond la fameuse unité du caractère des formes et que fait-on de la vie individuelle ?

L'homme est envisagé comme la copie d'un être parfait dont il est plus ou moins dégénéré. Le but de l'artiste est de retrouver l'homme primitif. — On oublie que la restitution de la nature primitive ne se fonde

---

(1) E. Delescluze : David et ses élèves.
(2) Cf. Delescluze, *ouv. cité* ; Jules David : Le peintre Louis David ; Paillot de Montabert : Traité complet de la peinture, etc.

que sur des hypothèses et que la mission de l'art est de charmer, d'instruire et d'émouvoir l'humanité vivante par des spectacles en accord avec ses besoins et ses pensées. L'artiste ne se ravale pas à tirer parti des états de la vie pour laquelle et suivant laquelle il travaille. Lui enjoindre de ramener constamment ce qu'il voit à ce qu'il suppose avoir dû être, c'est l'induire à fausser son art.

Mais, sous couleur de s'expliquer, Paillot de Montabert insiste. « De nos jours, écrit-il, pour connaître et pour exprimer comme les Anciens les caractères variés de la nature, tels que la force et l'agilité..., la jeunesse même et la virilité, il faudrait d'autres moyens que ceux que nous avons, d'autres modèles vivants que ceux de nos Académies, d'autres façons d'observer et de distinguer la nature, un plus grand nombre d'ouvrages antiques, ou plutôt des collections autrement classées que celles que le luxe seul a formées. Ainsi, faute de ressources semblables, *nous devons recourir aux idées théoriques que procurent, en ce point, la contemplation des monuments antiques, les écrits des Anciens et les modèles que la nature nous offre aussi de temps en temps, comme aux Grecs. Nous devons, par conséquent, apercevoir que toute figure qui ne serait pas exécutée, étudiée et méditée dans cet esprit philosophique serait un ouvrage que la nature désapprouverait comme peu digne de la haute science de l'art.* »

Je viens de transcrire, à titre de curiosité, le raisonnement du plus théoricien des élèves de David. Il en résulte que les idées confuses du célèbre réformateur ne font, à le bien prendre, que compliquer l'académisme au lieu de le dissiper. En quel art d'abstraite et décevante transposition littéraire on change la peinture ! Pourquoi vouloir que nous ne percevions, sentions et tirions au clair nul caractère de la vie, fût-ce de notre vie propre, sinon par les Anciens ? Comment attendre que chacun de nous fasse abstraction de soi-même ? Si nous y pouvions parvenir, quel avantage en aurions-nous ? Et que deviennent l'humble sincérité, l'humble vérité, douces et précieuses ? Vous nous opposerez certaines boutades de David démentant à brûle-pourpoint ses pédantes chimères ; mais pas un homme ne s'est contredit comme lui en paroles et en œuvres. Doué d'admirables facultés de réaliste, fait pour enrichir son pays de tableaux superbes rien qu'en s'inspirant des types, des mœurs et de l'histoire, il s'est fourvoyé dans le philosophisme le plus antifrançais, dans les conceptions des Lessing, des Winckelmann, des Sulzer, des Milizia, des Mengs, des Hamilton, des Gessner et autres auteurs qu'il a peu lus et compris moins encore. C'est pourquoi il a vainement rompu avec ses confrères de l'Académie ; pas plus qu'eux il n'a eu conscience de la féconde esthétique des Grecs et, bien qu'il ait produit, justement par des oublis de son artificiel programme, quelques chefs-d'œuvre saisissants, ses leçons ont renforcé en le renouvelant le malentendu pseudoclassique et leurré des légions d'esprits. Sa soi-disant réforme, toute en surface, n'a engendré que prétentions et méprises.

Or, dans le giron des professeurs les moins indépendants, le destin pousse Rude. De 1809 à 1812, il va subir la direction des Moitte, des Chaudet et même, par malheur, de ce pauvre vieil Houdon qui ne se souvient plus d'avoir été, au cours de l'autre siècle, un artiste éclatant. Le fils du forgeron de la Petite-Poissonnerie est toujours aussi tenace, mais voilà qu'il s'abandonne aux formules, à l'égal de ceux qui l'entourent et qu'il s'enfonce, peu à peu, dans la misère du poncif. On lui apprend que « le geste ne doit pas s'élever au-dessus de la tête, ni s'abaisser au-dessous de l'estomac » ; qu'il est mauvais, surtout, de tenir compte des particularités... Que sais-je ? Sa sensibilité de sculpteur s'émousse. Abusé Bourguignon, si quelqu'un lui signalait une figure de Claus Sluter, il en rirait peut-être... Ah ! qu'il lui faudra de peine pour se reconquérir et que de regrets il aura, plus tard, de ces années perdues !...

VII

Rude à l'École des Beaux-Arts.

Longtemps l'École des Beaux-Arts a été logée au Louvre, avec l'Académie. Dans le courant de 1806, les travaux de restauration du palais commencent à faire obstacle à son fonctionnement. Les études d'anatomie sont suspendues, faute d'un local. Nous voyons les élèves émigrer, pour les concours, de la salle du Laocoon à la Galerie d'Apollon. La salle occupée par les élèves du peintre Regnault au collège des Quatre-Nations (1) vient à se trouver disponible : on la réclame et on l'obtient en attendant mieux. Sur ces entrefaites, le 20 décembre 1806, la translation de tous les services de l'École aux Quatre-Nations étant décidée, l'Institut délègue six commissaires, Lecomte, Vincent, Dufourny, Mauduit, Sue et Mérimée, pour s'entendre avec l'architecte Vaudoyer et procéder d'urgence aux appropriations indispensables, dans les conditions les moins dispendieuses. Le 22 avril 1807, un arrêté ministériel, pris sans doute à la requête du baron Denon, ordonne l'évacuation immédiate du Louvre par le corps enseignant et l'établissement de l'École au palais désigné. Deux pièces, depuis longtemps concédées à Houdon, lui sont redemandées par les commissaires

(1) Aujourd'hui palais de l'Institut.

et il en fait volontiers « le sacrifice à la Patrie ». On construit des annexes ; on fait espace de tout. Néanmoins, l'aménagement des services est le plus insuffisant et le plus défectueux du monde. Quatre ans plus tard, le ministre de l'Intérieur, visitant le grand concours de peinture, est frappé de l'ensemble d'incommodités dont souffre l'enseignement.

« Avant la translation de l'École, lui disent les professeurs, plus de deux cents élèves de peinture et de sculpture étaient répartis en deux salles d'étude. En outre, une immense galerie, remplie de plâtres moulés sur les plus belles statues antiques, leur était ouverte du matin au soir. Aux Quatre-Nations, on n'a pu trouver qu'une salle ; encore est elle beaucoup trop petite, malsaine et mal éclairée. Quant à la belle collection de plâtres, elle est entièrement perdue pour le travail. Faute d'un local où les déposer, on a été obligé de tout emmagasiner au musée des Augustins. » En conclusion, d'année en année, l'encombrement des travailleurs se fait plus dense ; on ne sait plus comment répondre aux nécessités. Nous avons résumé plus haut l'état moral de l'École ; telle est sa situation matérielle lorsque François Rude y paraît (1).

Pour la première fois, son nom s'inscrit sur le registre des délibérations de la classe des Beaux-Arts, à la date du 21 mars 1809, jour où il tente l'aventure de l'épreuve d'essai pour le concours des grands prix. Une esquisse faite en douze heures, sur un sujet dicté en commun aux peintres et aux sculpteurs par un des professeurs en exercice, motive un classement d'admis-

---

(1) J'ai puisé ces renseignements et tous ceux qui suivent dans les registres des délibérations de la classe des Beaux-Arts, conservés au secrétariat de notre École nationale de la rue Bonaparte.

sibilité ; puis, dix jours après, une figure également modelée ou peinte en douze heures, détermine un classement d'admission. L'entrée en loges est fixée ensuite, à la fin de juin. Peintres et sculpteurs reçoivent alors, un sujet différent, qu'ils ont trois mois pour réaliser à leur guise et le jugement définitif se proclame en septembre. Ainsi le veut annuellement l'invariable règle.

A l'épreuve d'essai pour 1809 quarante-huit peintres prennent part, et neuf statuaires. Cette scène d'histoire leur est proposée : *Alexandre buvant la médecine préparée par son médecin Philippe*. Sept des statuaires sont déclarés admissibles et classés comme il suit : 1° Cortot, qui a rallié dix-sept voix ; 2° Valois, qui en a obtenu un égal nombre ; 3° Rude, qui en compte quatorze. Viennent ensuite Picard, Cailhouet, Le Moyne et Michault. Le procès-verbal est signé par Vincent, Taunay, Heurtier, Grand-Mesne, Duvivier, Bervic, Van Spaendonck, Roland, Houdon, Chalgrin, Dejoux, Peyre, Joachim Le Breton, secrétaire perpétuel de l'Académie et Mérimée, secrétaire de l'École.

Le 1ᵉʳ avril, épreuve d'admission, dite de la figure modelée. Le jugement est rendu dans la forme ordinaire, la classe des Beaux-Arts de l'Institut siégeant en la grande salle de l'École. On examine toutes les figures pour savoir si les conditions du concours ont été respectées. Aussitôt le président pose la question d'usage : « Y a-t-il lieu d'admettre quelques-uns des élèves au concours définitif ? » La classe répond à l'unanimité par l'affirmative et la liste des concurrents statuaires est arrêtée ainsi : 1° Cortot, élève de Bridan fils ; 2° Valois, élève de Chaudet ; 3° Picard, élève de Lemot ; 4° Le Moyne, élève de Dejoux ; 5° Michault, élève de Moitte ; 6° Cailhouet, élève de Roland ; 7° Rude, élève de Cartellier. Je note au bas du procès-verbal, les signatures de Vincent, président, de Moitte, Heurtier, Houdon, Roland, Jeuffroy, Van Spaendonck, Visconti, Gossec, Mérimée, David, Raymond, Taunay, Bervic, Dejoux et Le Breton, secrétaire perpétuel.

Dix jours après (le 10 avril), Rude est proclamé second au jugement du concours des places pour le semestre d'été. Le premier est Wieckmann. Au-dessous, se rangent Louis Roman, Subinski, Jouanin, Michault,... Le 27 avril, grande joie pour les élèves de Cartellier. Ce statuaire est l'un des candidats présentés par l'Académie pour remplacer Boizot en qualité de professeur. Malheureusement, l'Empereur, à qui seul appartient la nomination, choisit Roland.

Le 30 juin, ouverture du grand concours. Les sculpteurs ont à modeler une figure en ronde-bosse d'un mètre de proportion : *Marius méditant sur les ruines de Carthage*. Au cours du travail, il advient aux logistes peintres et graveurs de se livrer à quelques folies, de casser des serrures, de salir des peintures, d'endommager des poêles, d'enfoncer la porte de cabinets contenant des effets de professeurs et des objets de l'École. Le ministre, auquel on a porté plainte, fait savoir que désormais les concurrents seront responsables des dégâts constatés dans les loges. A ce message, le conseil des professeurs répond qu'on a exagéré les dommages et qu'il sied d'user d'indulgence, mais qu'en tout cas les frais de réparation seront supportés par les turbulents. On profite, d'ailleurs, de la circonstance, pour rédiger un nouveau règlement de police intérieure propre au temps des concours.

Les sculpteurs n'ont été pour rien dans les tumultes ; seulement le mécontentement les gagne. Lorsqu'on affiche, au mur de l'atelier, le règlement ministériel, un d'entre eux le macule de terre à modeler. A qui reprocher ce manquement ? Roland, professeur en exercice, interdit la salle du modèle à tous les élèves de sculpture, avant que le coupable se soit dénoncé. Celui-ci ne tarde point à se faire connaître : c'est un nommé Adam. Il sera par mesure disciplinaire, exclu de l'atelier jusqu'au 9 janvier prochain et inscrit sur la liste des perturbateurs placardée à la vue de tous.

Ce n'est que le 30 septembre qu'on affiche le jugement du concours. Le premier grand prix est décerné à Cortot (Jean-Pierre), de Paris, âgé de vingt et un ans ; le second à Rude (François), de Dijon, âgé de vingt-quatre ans, et l'Institut accorde, par surcroît, une médaille d'encouragement à Cailhouet (Louis-Denis), de Paris, âgé de dix-huit ans et demi. Ont signé au procès-verbal : Vincent, président, Joachim Le Breton, secrétaire perpétuel, Raymond, Dufourny, Jeuffroy, Heurtier, Chalgrin, B. Duvivier, Taunay, Chaudet, Gossec, Roland, Dejoux, Peyre, Houdon, Ménageot, David et Mérimée. Ces mêmes noms revenant sans cesse au bas des délibérations et jugements, je m'abstiendrai de les répéter par la suite.

Par une rare bonne fortune, le morceau du concours de Rude n'a pas été détruit et je l'ai reconnu, parmi des gravats, en 1886, dans un grenier de l'École des Beaux-Arts de Dijon. Comment et quand ce *Marius à Carthage* a-t-il échoué là ? C'est un problème qu'il ne m'a pas été donné d'éclaircir. On prenait, à Dijon, cette vieille académie poudreuse pour une étude de jeunesse du grand statuaire, exécutée sous les yeux de Devosge ; mais le sujet, le style, les proportions de la figure démentent l'opinion courante. D'autre part, on a remarqué que la statue est en plâtre de Paris, alors qu'on ne pouvait, au commencement du siècle, se procurer à Dijon que du plâtre commun. Voici donc l'origine de l'œuvre dûment établie, et du coup, nous savons où en était, en 1809, l'un des maîtres appelés à jeter sur l'art français le plus vif éclat.

Le proscrit de Sylla est représenté sous les traits d'un vieillard, front ridé, nez mince, cheveux courts et emmêlés, barbe moutonneuse, assis sur un débris d'architecture et regardant le vide, en proie à sa rêverie amère. Pour tout vêtement, il n'a qu'un manteau tombant de son épaule droite. Son poing gauche se crispe en s'appuyant à la pierre; le bras droit se relève dans un geste de théâtre, semblant attester le néant de la vie. Sous la jambe droite, allongée à demi, se dissimule le casque à chenille posé à terre avec un tronçon d'épée, et la gauche se replie en arrière, très académiquement. Je n'empêche personne d'entrevoir ici des recherches d'expression poursuivies par de grossiers moyens. Le goût des accessoires significatifs, que Rude aura toujours, peut se deviner, à la rigueur, au casque et au glaive brisé et l'on est libre de penser au petit chapeau et à l'épée du Bonaparte de Fixin. Mais quelle exécution pauvre et conventionnelle! Le jeune artiste, trois années auparavant, se décelait tout aussi particulariste en son *Lutteur au repos*. Il est en passe de se banaliser tout à fait à l'École parisienne.

Plus de mention de Rude, sur les registres officiels, avant le 8 février 1810, à propos du concours de tête d'expression ou concours Caylus, institué à la fois pour les peintres et les statuaires. Le thème proposé par le peintre Barthélemy est : *la Douleur morale*. Michel Martin Drolling, âgé de vingt-trois ans, élève de David, obtient le prix, mais l'Académie décerne en même temps, un accessit à Esprit-Aimé Libour, peintre, né à Laval, et un second à l'élève de Cartellier.

Nous le voyons, le 20 mars suivant, au nombre des dix sculpteurs qui font l'esquisse d'essai pour le grand concours. Sujet donné : « *Orphée descend aux enfers pour y chercher Eurydice* ». La liste des élèves admis à la seconde épreuve est constituée ainsi : Valois, élève de Chaudet ; Cailhouet, élève de Roland ; F.-J. David, (d'Angers), élève de Roland ; Jouanin, élève de Chaudet ; Van Geel, élève de Roland ; Auguste, élève de Lemot, Roman et Rude, élèves de Cartellier. A l'épreuve d'admission, le 30 mars, Rude est classé au second rang, après Valois, et l'on entre en loges, le 30 juin, pour évoquer *le Lacédémonien Othriadès mourant au pied du trophée de victoire*. Par une curieuse coïncidence, le même épisode a défrayé le concours pour le prix de Rome de Dijon, en 1784, la propre année de la naissance de notre sculpteur, mais avec une variante : « *l'Athénien Othriadès meurt en érigeant le trophée* ». Au résultat, que ce Grec fût d'Athènes ou de Lacédémone, le concours de 1810 est jugé le 29 septembre. Jules-Robert Auguste, de Paris, âgé de vingt et un ans, est lauréat du premier prix et David (d'Angers) reçoit le second.

Le jour même où les lauréats se sont mis au travail, une communication assez grave a été faite à la classe des Beaux-Arts de l'Institut, de la part du ministre : « Les élèves ne seront, désormais, envoyés en Italie qu'une année après leur récompense, jusqu'à ce que le déficit existant à l'Académie de Rome soit comblé » (1). On

(1) Lettre de Lacuée, conseiller d'État, directeur général des revues et de la conscription militaire, visée au registre des délibérations de la classe des Beaux-Arts.

Petit Pêcheur napolitain jouant avec une Tortue, marbre (1831-1833).
Musée du Louvre.

craint qu'une telle disposition ne décourage les jeunes artistes et le conseil de l'École assure qu'on pourrait trouver d'autres moyens d'équilibrer le budget. Il ne semble pas que l'administration ait tenu le moindre compte de ces remontrances. Les complications budgétaires s'aggravent de jour en jour, les nécessités militaires absorbant toutes les ressources du pays. Depuis le 21 septembre 1807, les grands-prix sont exemptés du service des armées. C'est bien le moins, selon l'avis du ministre, qu'ils attendent avec patience leur ordre de départ pour Rome...

Pour la troisième fois, Rude entre en lice en 1811. Stouf, professeur en exercice, dicte le 1er mars au matin, l'argument du concours : *Isaïe annonce au roi Ézéchias sa mort prochaine.* Notre sculpteur est classé premier ; mais à la seconde épreuve, il recule au troisième rang et voici l'ordre d'entrée en loges : 1° P.-J. David, d'Angers ; 2° Jean Louis Van Geel, de Malines ; 3° Rude ; 4° Cailhouet ; 5° Petitot. Le 26 juin, les logistes commencent à modeler, en bas-relief, « *Epaminondas après la bataille de Mantinée* » et, lorsqu'on publie le jugement, le 28 septembre, la première palme appartient à David et la seconde à Van Geel, de Malines (département des Deux-Nèthes), âgé de vingt-deux ans.

Qu'on veuille bien retenir le nom de ce lauréat, nous nous heurterons bientôt à Jean-Louis Van Geel, en Belgique.

Loin de se laisser abattre, Rude figure le 2 février 1812, parmi les treize peintres et les quatre statuaires décidés à se disputer le prix Caylus pour la tête d'expression. Lemot, président du concours, fournit le thème : *l'Attente mêlée de crainte.* Enfin, la chance sourit à l'ancien élève de Devosge. Le prix unique lui

De Fourcaud.

est dévolu. On n'accorde, auprès de lui, qu'une simple mention honorable à Louis-Philippe Maris, peintre, né à Versailles, âgé de vingt-sept ans.

Le concours pour le prix de Rome, en cette même année 1812, s'ouvre le 16 mars par la composition préliminaire : « *Chrysès, grand-prêtre d'Apollon, vient redemander sa fille au camp des Grecs (Iliade, chant 1)* ». — François Rude est classé premier, ayant à sa suite Van Geel, Cailhouet, Petitot, Pradier, Schey, Seurre, Massa, Vauthier, Roman... A l'admission, le 28 mars, l'élève de Cartellier conserve sa place en tête de la liste modifiée de cette façon : 1° François Rude ; 2° Louis Van Geel ; 3° Cailhouet ; 4° Pradier, de Genève, élève de Lemot ; 5° Massa ; 6° Roman... Le sujet choisi est : « *Aristée déplorant la perte de ses abeilles* ». Du 24 juin au 24 septembre, les concurrents s'efforcent de leur mieux. Le 26, l'Académie décerne le premier prix à Rude, le second à Roman et deux médailles d'encouragement à Massa et à Pradier. L'œuvre du lauréat est considérée comme très brillante. Cependant, trente ans plus tard, au retour de son unique voyage en Italie, le grand artiste ne pourra voir sans mépris l'académique manifestation de sa jeunesse, et pris de soudaine colère au souvenir du faux enseignement classique, il brisera sa statue.

N'ayons garde de devancer les choses. Rude, pour le quart d'heure, se sent au cœur la vive joie de son triomphe et s'applaudit de sa persévérance. Que ne lui est-il permis de se mettre en route sans tarder ? Il brûle d'admirer les chefs-d'œuvre dont tous les échos du monde célèbrent la splendeur. Mais, loin de se relâcher, les prescriptions ministérielles deviennent plus rigoureuses. Ce n'est pas avant douze mois, en aucun cas, qu'il obtiendra son ordre de départ. Le directeur général des Musées ne lui laisse guère d'illusion à cet égard et l'invite à se faire, à tout événement, une bourse de voyage pour visiter la Péninsule. Le vainqueur reprend donc immédiatement les obscures besognes qui le font vivre, résigné, pour un temps encore, à servir de manœuvre aux sculpteurs en renom (1).

(1) Il a modelé, à cette époque, des bas-reliefs d'après des dessins de Fragonard fils pour une pyramide à ériger sur le Pont-Neuf. Il a fait aussi quelques bustes (probablement celui du poète Jacques Delille). Nous n'avons que deux de ses œuvres de 1809 à 1814 : le *Marius à Carthage* dont il a été parlé plus haut et un petit bas-relief en marbre « *Génie immolant un taureau* », faible sculpture signée et datée de 1811, au Musée de Dijon (Cf. *Répertoire chronologique* § II. 2).

VIII

Particularités d'existence.

Essayons de reconstituer l'existence du jeune Dijonnais à Paris, durant ses années d'école. Très pauvre, nous savons qu'il a vécu dignement, sans jamais se plaindre, du produit de véritables travaux d'ouvrier. Où loge-t-il ? — Selon toute vraisemblance, en quelque chambrette, sous un toit, dans les parages du Luxembourg, d'où il sort, le matin de bonne heure, où il rentre seulement à la nuit et où il trouve le moyen de lire et même de dessiner à la chandelle. Que lit-il ? — Des manuels que l'on publie sur la doctrine plastique des Anciens, telle qu'on l'interprète depuis Sulzer et l'*Encyclopédie* ; le *Télémaque* de Fénelon, conception dont il est toujours charmé ; le *Voyage du jeune Anacharsis en Grèce*, de Barthélemy, peinture approximative de la vie particulière et sociale des Grecs ; *les Hommes* illustres de Plutarque, héroïques biographies qui le transportent ; *les Métamorphoses* d'Ovide, brillantes imaginations d'une poésie souvent propice à la sculpture ; et, par dessus tout, *l'Iliade* d'Homère, l'objet de son admiration fervente, son livre de chevet, dont il dirait volontiers, à l'exemple de son devancier Bouchardon : « Quand je lis ces pages sublimes, je me sens haut de vingt coudées ». C'est là tout le cercle de ses lectures, à peine élargi depuis qu'il s'est éloigné de

M. Frémiet, à peine destiné à s'élargir par la suite, mais plein d'intarissable joie pour sa candeur. Si les feuilles de croquis de l'artiste, en ces lointaines années, nous étaient parvenues, nous ne manquerions pas d'y reconnaître les épisodes de ses auteurs favoris, traduits, commentés de toute manière. Les bas-reliefs que Rude exécutera, pendant la Restauration, au château de Tervueren, près Bruxelles, l'*Éducation d'Achille* et *la Chasse de Méléagre*, en sont, évidemment sortis.

Délicat de cœur comme il nous est apparu, que de fois le jeune homme doit laisser fuir ses songeries du côté de sa ville natale, de ses proches, de ses bienfaiteurs ! Vieillard, il avouera que l'image de la petite Sophie Frémiet, avenante et bonne, avec ses cheveux noirs lustrés, ses yeux vifs, ses lèvres où voltigent de gais sourires, a constamment hanté sa solitude, encore qu'il l'eût laissée fillette de dix ans (1) et qu'il ne la mêlât en rien à ses visions de personnel avenir. Tout est perdu de sa correspondance de jeunesse. Si brèves, si réservées, si rares même qu'aient été ses lettres (car François eut de tout temps une étrange timidité à écrire), elles nous révèleraient au moins quelque chose de l'obscur mouvement de son âme. De sa famille jamais ne lui viennent que motifs d'affliction. La misère y est affreuse. Au printemps de 1811, la sœur aînée du sculpteur, Françoise, est arrivée brusquement à Paris pour y vivre en ouvrière. François s'étonne et s'attriste d'une détermination qu'il ne comprend pas. On ne lui a pas dit que, le 19 avril 1809, Christine, sa sœur cadette, a mis au monde une fille illégitime, baptisée Pauline. On ne lui dit pas que, le 26 décembre suivant,

---

(1) Elle était née à Dijon, le 28 prairial an V (16 juin 1797). Elle devait mourir à Paris, le 4 décembre 1867.

un fils naturel est né à Françoise, auquel le prénom d'Alexandre a été donné. Il ne l'apprendra maintenant que trop tôt et nous aurons à revenir sur cette mélancolique histoire. D'un autre côté, le ministère lui mande que son frère Antoine, canonnier de marine, est mort de la fièvre, le 26 décembre 1811, à l'hôpital d'Hemixem, près d'Anvers. Antoine avait vingt-sept ans. Quatre jours avant a succombé, à Dijon, l'excellent Devosge, honoré et pleuré de tous, et qui a tant aimé François Rude (1). Les chagrins fondent ainsi sur le jeune homme, mais ne le démontent point. Son courage est celui de l'homme simple, de droiture inflexible, assuré, suivant l'une de ses maximes, qu'*à bien vouloir atteindre son but, on l'atteint toujours*.

Chaque jour, de bon matin, François se rend à l'atelier où son labeur l'appelle. Il y déjeune à petits frais de provisions achetées dans le voisinage ; puis, s'il est de loisir, s'en va modeler d'après nature aux

---

(1) François Devosge avait épousé, en 1764, Marie Saintpère, fille de Claude Saintpère, sculpteur à Dijon. Il en eut trois fils, Charles, Anatole et François, dont le second lui survécut seul et lui succéda dans la direction de l'École. On grava sur la tombe du bienfaiteur des artistes dijonnais l'inscription qui suit : « Ci-gît François Devosge, né à Gray, le 25 janvier 1732, décédé à Dijon, le 22 décembre 1811. Fondateur et professeur de l'École de dessin, peinture et sculpture de Dijon, il a fait prospérer les arts dans cette ville pendant quarante-sept ans. Ses grands talents, ses utiles services et son zèle généreux lui ont mérité la reconnaissance des amis des arts et la vénération publique. Tous les gens de bien citeront sans cesse la pureté de ses mœurs, la droiture de son caractère et la bonté de son cœur ». — En 1820, un cénotaphe honorifique fut érigé à sa mémoire au musée de la Ville. Le buste qui surmonte ce monument passe à tort, à Dijon, pour une œuvre de Rude (voir *Répertoire chronologique*, § III, « Œuvres et travaux en Belgique », au début) ; mais l'artiste a taillé deux fois par la suite le portrait en marbre de son vieux maître en 1834, et 1854 (Voir sur ces deux morceaux, tous deux conservés au Musée de Dijon, ce qui les concerne aux §§ V et VII du *Répertoire*).

Quatre-Nations ou chez Cartellier qui lui abandonne le cabinet attenant à son atelier de la Sorbonne. C'est dans ce réduit qu'il a fait les bustes de la famille Ternaux le portrait de M. Feuchot (1), les rares commandes personnelles qui lui soient échues à Paris, au cours de ses années d'apprentissage. Le soir, il dîne avec ses camarades, Roman, Petitot, Ramey, dans une pension infime, retentissante d'éternelles discussions d'art et de dithyrambes en l'honneur de Napoléon, idole à ce moment, des jeunes artistes presque autant que des jeunes soldats. A certains jours de fête, Cartellier l'admet dans son intérieur. Parfois aussi, revêtu de ses meilleurs habits, il va voir Denon au Louvre, en ce Louvre où le courtisan s'élève au-dessus de lui-même, formant et ordonnant ces superbes musées qu'il saura défendre énergiquement contre toutes les attaques. Peut-être a-t-il rencontré, auprès du surintendant, le savant Émeric David, d'Aix-en-Provence, chargé, en ce temps-là, de la rédaction des catalogues et dont les études sur la sculpture auront grande influence sur son esprit. A-t-il connu le sculpteur J.-B. Giraud (2), le fin et réservé collectionneur de moulages antiques,

(1) Le buste de Feuchot appartient aujourd'hui à M. Pihan, 12, avenue d'Antin. Style et facture de l'époque impériale.
(2) Ce J.-B. Giraud, né à Aix-en-Provence en 1752, agréé à l'Académie, comme sculpteur en 1789, mort à Paris en 1830, est une de ces personnalités discrètes dont l'influence, propagée peu à peu par de rares initiés, concourt efficacement à rectifier les notions reçues et à réformer les pratiques. Riche et passionné pour l'histoire de son art, il mit à profit un séjour de huit années en Italie pour faire mouler les chefs-d'œuvre les plus exemplaires à ses yeux. Telle fut l'origine de la précieuse collection réunie, à Paris, dans son hôtel de la place Vendôme. Ses vues sur le naturalisme des Anciens étaient aussi judicieuses que neuves. Émeric David, en ses *Recherches sur l'art statuaire considéré chez les Anciens et chez les Modernes*, déclare avoir été dirigé, à l'endroit des principes de l'antiquité « par son ami, M. J.-B. Giraud, membre de

l'esthéticien le plus clairvoyant de l'époque, l'ami intime et souvent l'inspirateur d'Émeric? Je ne sais. L'a-t-on présenté à Crétet, ministre de l'intérieur, ancien cultivateur de la Côte-d'Or, l'un des réorganisateurs de l'École dijonnaise après la Révolution? J'en doute (1). Pour le peintre des *Horaces*, le maître le plus en vue de cette période et le despote classique par excellence, il est certain que Rude ne l'a jamais approché à Paris. La tradition nous montre le lauréat de 1812, sous les dehors d'un garçon brun, les traits un peu forts, la lèvre ornée de moustaches, le corps ramassé, actif, assez causeur, d'humeur égale et belle, mais sérieux d'esprit et, dans le fond, ne tenant qu'à son art : au demeurant, l'homme le plus désintéressé du monde. En de semblables portraits, la tradition ne peut mentir.

l'Académie de peinture et de sculpture. » Le fait est confirmé par Clarac en ces termes : « M. *Giraud, habile sculpteur auquel on doit le fond des idées exposées dans l'ouvrage de M. Ém. David...* » (*Revue archéologique*, 1846, t. III, p. 139). — J.-B. Giraud adopta son homonyme, P.-F. Grégoire Giraud, sculpteur comme lui, qui fut son continuateur. Le Louvre possède de ce dernier deux morceaux typiques, d'une exécution sincère et serrée, absolument étrangère à l'académisme de son époque : un *chien*, en marbre, et le grand modèle en cire du tombeau d'une mère avec son enfant. — Les enseignements de J.-B. Giraud sont arrivés à Rude tout au moins par l'intermédiaire du livre d'Émeric David, publié dès 1805, et l'ont pénétré lentement. Je devais donc, à cette place, une mention à ce précurseur utile, trop oublié.

(1) Emmanuel Crétet mourut à Auteuil, le 28 novembre 1809, âgé de 72 ans, ayant depuis plusieurs mois quitté le ministère à cause du délabrement de sa santé. Par une étrangeté qui caractérise excellemment l'époque, Crétet, d'origine savoyarde et protestant de religion, attiré dans la Côte-d'Or par la vente des biens du clergé et acquéreur de la célèbre Chartreuse de Champmol-lès-Dijon, titré même par Napoléon « comte de Champmol », fut l'un des plus actifs négociateurs du Concordat qui rétablit le culte catholique en France.

IX

L'Empire et les artistes.

Nous avons vu Rude entrer dans le groupe des sculpteurs de la Colonne et nous avons enregistré, au passage, l'enthousiasme des ateliers pour le grand soldat couronné ; François Rude sculptera un jour, au versant d'un coteau de Bourgogne, l'image du tragique dominateur qui a tant passionné ceux de son âge. Il est essentiel d'étudier d'un peu plus près, ici, la situation des artistes et les dispositions du pays vis-à-vis de l'Empire.

Lord Holland rapporte, dans ses *Souvenirs,* un mot original et profond de Bonaparte sous le Directoire : « Ceci ne peut durer. Ces Directeurs ne savent rien faire pour l'imagination du peuple. » Voilà, tout crûment, la maxime impériale et l'explication la meilleure du prestige napoléonien. Dès ses commencements, et par une suite de coups d'éclats inattendus et très divers, Napoléon s'est emparé de l'imagination nationale. En Italie, en Egypte, des rayonnements de légende, des mirages de féerie ont illuminé ses premières batailles. En France, il s'est manifesté comme le sauveur providentiel. La religion est par terre, il la relève ; les consciences tremblent, il les rassure ; la loi de jadis n'a plus de force, il dicte un code appropriés aux besoins nouveaux ; les intérêts vacillent, il les raffermit. Les uns lui savent gré d'être une toute-puissance issue de la Révolution ; les autres lui sont reconnaissants de restituer la hiérarchie générale... Pour s'attacher les amours-propres en récompensant les mérites, il crée l'ordre de la Légion d'honneur et, résolu à se concilier jusqu'à la force des vanités humaines, il tire de l'armée, de l'administration, de la bourgeoisie, une noblesse sans passé qu'il oppose à l'ancienne et qu'il ne ferme point. Peu importent les précédents. On n'en a cure. Des conventionnels mêmes sont anoblis. Dans l'immense poussée sociale, dans le tourbillon vertigineux des faits, tout le monde peut aspirer à tout et tout espérer. Des sous-lieutenants deviennent maréchaux ; des gens de rien deviennent ministres et se voient bombardés barons et comtes, sinon ducs et princes. « Les Français aiment l'égalité, dit l'Empereur ; ils se moquent de la liberté (1). » Toute sa politique intérieure est basée sur ce principe. En même temps qu'il gagne les bourgeois, il remplit l'Europe de son nom ; il est partout ; il accommode ses guerres en spectacles frappants pour les artistes ; il bouleverse les royaumes ; il tient l'orgueil français en haleine par de continuelles surprises, d'incessants bulletins de triomphe, des *Te Deum* dans les cathédrales, des revues éclatantes au son des fanfares, au fracas de l'artillerie. Tant de grandeur émerveille les peintres, les sculpteurs, les poètes, et l'on affirme que César est sensible à l'hommage de ces privilégiés qui éternisent la gloire.

Observons que cet hommage lui est venu tout spontanément, au premier coup de soleil de son génie, avant qu'il ait pu le rechercher et même le désirer. Louis David, le collègue de Robespierre, le peintre de Marat, se plaît à rappeler qu'après la victoire de Lodi, saisi d'admiration pour le vainqueur, il lui a témoigné par lettre, son désir de « *retracer cette action d'éclat*

---

(1) Cf. Lord Holland : Souvenirs.

sur la toile » et demandé « *un dessin des lieux où elle s'est passée* ».

Un peu plus tard, le général, informé par Gros des embarras de l'artiste aux prises avec la réaction, lui dépêche son aide de camp Julien pour lui proposer un asile, à l'ombre de ses drapeaux, dans l'Italie conquise ; mais la première avance flatteuse a été faite par David à Bonaparte et non par Bonaparte à David. Au surplus à sa rentrée à Paris, le hardi capitaine désireux de voir au plus tôt le peintre des *Horaces,* le fera inviter à dîner avec lui chez Lagarde, secrétaire du Directoire, l'entretiendra longuement dans une embrasure de fenêtre et le fera asseoir à sa propre place — à la place d'honneur. On imagine l'effet de ces anecdotes dans les ateliers, où le grand Corse est déjà populaire. Lorsque l'auteur de *Brutus,* des *Sabines* et de *Léonidas,* dessinant son profil devant ses élèves, lui trouve « une beauté antique » et s'écrie : « Bonaparte, voilà mon héros ! » il semble parler au nom de son époque. Personne qui ne veuille au moins entrevoir le signataire du traité de Campo-Formio. On s'écrase au banquet que lui offre le Corps législatif au Muséum. On l'attend la moitié de la nuit dans une multitude de bals et de soirées, où il ne daigne pas paraître. On s'enivre de sa célébrité ; il est le seul objet des conversations. Une des plus belles parisiennes du temps, Mme Méchin, va jusqu'à soupirer, comme en extase : « *Enfin, j'ai vu le général Bonaparte, je lui ai touché le coude* ». C'est la fièvre de l'universelle admiration dans toute son ardeur (1).

Mais l'émerveillement du début se prolonge pour les artistes bien après l'heure de la mode. Napoléon tend à

---

(1) Cf. E.-J. Delécluze, *ouv. cité.*

ressusciter Louis XIV, fonde l'Université, relève l'Académie, institue des conseils de toute sorte. Pas une de ses conceptions qui ne se veuille grandiose. Veut-il embellir Paris, il commence à dégager et à restaurer le Louvre, accélère les travaux de la Madeleine et du Panthéon, dresse la colonne de la Grande-Armée, bâtit la Bourse sur l'emplacement du couvent des filles Saint-Thomas, complète le Palais-Royal, construit l'Arc-de-Triomphe du Carrousel et celui de l'Étoile, médite des fontaines monumentales, des palais somptueux, des casernes d'un noble aspect, des édifices magnifiques (1).

En vue de développer les arts, il commande que tous les chefs-d'œuvre des pays conquis soient portés au Louvre ; il décrète pour les artistes des récompenses décennales ; il accorde l'exemption du service militaire aux lauréats du prix de Rome ; il distribue des décorations, des pensions, des titres, que sais-je ?... Aussi les peintres et les sculpteurs s'emploient-ils assidûment à son apothéose, d'exposition en exposition. Au Salon de 1808 — le Salon du premier concours décennal — ouvert le 24 octobre, second anniversaire de la bataille d'Iéna, des compositions par douzaines exaltent Napoléon. C'est en peinture, par exemple : *S. M. l'Empereur recevant à Berlin MM. les députés du Sénat, après la victoire d'Iéna*, de Barthe ; *l'Empereur passant à l'isthme de Suez et visitant les fontaines de Moïse*, de Barthélemy ; *le Retour de la Grande-Armée*, de Dabos ; *le Couronnement de l'Empereur*, de David ; *le Triomphe de l'Empereur*, d'Évariste Fragonard ; *l'Empereur dans son intérieur*, de Garnier ; *l'Allocution de l'Empereur à ses troupes*, de Gautherot ; *la Bataille d'Austerlitz*, de Gérard ; *la Clémence de l'Empereur à*

(1) Cf. De Baussel : Mémoires de l'intérieur du Palais.

Berlin, de Mlle Gérard ; *la Bataille d'Iéna*, de Gros ; *l'Empereur pardonnant aux révoltés du Caire*, de Guérin ; *le Bivouac de l'Empereur en Moravie, avant Austerlitz*, de Le Jeune ; *le 76° de ligne retrouvant les drapeaux français à l'arsenal d'Insbruck*, de Meynier; *Napoléon au tombeau de Frédéric*, de Ponce Camus ; *l'Entrée de Napoléon à Munich*, de Nicolas-Antoine Taunay... La sculpture ne marque pas moins de zèle : nous avons pour garants le buste colossal de Napoléon, par Delez ; le *Napoléon protégeant la religion*, de Duret ; *S. M. Empereur et Roi*, d'Espercieux ; les bustes de l'Empereur et de l'Impératrice, de Houdon et le buste de l'Empereur, de Massa. Il n'est pas jusqu'à l'architecture qui n'apporte son témoignage sous la forme d'un « *Projet de monument à ériger à la gloire de S. M. l'Empereur* », par Camille Le Bossu (1). Je veux bien qu'il faille mettre une part de cette production césarienne sur le compte des commandes, voire une autre sur le compte de la courtisanerie, mais un mouvement si soutenu et si général ne s'expliquerait pas sans la sincérité du plus grand nombre. François Rude, fixé à Paris depuis 1807, et dès longtemps ébloui de l'astre impérial, a, tout naturellement, partagé les impressions de son milieu et s'est développé dans le même sens que ses camarades.

Ce n'est guère qu'à partir de 1812 que le dégrisement s'annonce de tous côtés. Cette année-là, cent soixante-quinze mille Français ont passé le Niémen. Toujours des levées d'hommes et des accroissements d'impôts ! On ne se dissimule plus que nos étonnantes victoires sont plus que chèrement payées. En 1813, quatre cent mille conscrits franchissent le Rhin, puis

(1) Catalogue du Salon de 1808.

à l'automne, sept cent quatre-vingt-seize mille hommes sont encore appelés sous les drapeaux (1). « Votre armée n'est-elle pas formée par un appel de classe anticipé, dit Metternich à Napoléon? J'ai vu vos soldats : ce sont des enfants... Et quand la génération enlevée par un appel anticipé aura disparu, appellerez-vous de même la classe suivante ? » Napoléon s'irrite de ce langage : « Vous n'êtes pas militaire, répond-il... Sachez qu'un homme comme moi se soucie peu de la vie d'un million d'hommes (2) ». Hélas ! il n'en a que trop donné la preuve. En bien des endroits les champs demeurent en friche, faute de cultivateurs et faute de chevaux.

Maintenant, des colonnes mobiles poursuivent les réfractaires cachés dans les bois et l'on installe des garnisaires chez leurs parents. Arrêt des travaux publics ; faillites multipliées ; transaction nulles ; rentes sur l'Etat tombées presque à rien ; taxes écrasantes sur toutes les denrées ; retenue de 25 pour 100 sur les appointements et pensions militaires : autant de traits de la situation. Rares sont les maisons où le malheur n'est pas entré. Partout l'on pleure. Miot de Melito, l'un des commissaires envoyés par le maître dans les provinces, pendant les Cent-Jours, pour se renseigner et le renseigner sur l'état des esprits, le lui dira sans ménagement : à force d'avoir pris les enfants, il a contre lui toutes les mères. Les femmes le haïssent ; on a peine à les contenir. Et puis, on sent qu'avec ses tendances, on n'aura jamais fini de verser des larmes. Les conquêtes entraînent aux conquêtes ; les victoires préparent des désastres pour l'avenir. On est las, très las et endolori. Les vieux républicains se disent que

---

(1) Cf. Henry Houssaye : Mil huit-cent-quatorze.
(2) Cf. Papiers de Metternich, 1813.

César a étouffé tout ce qui venait de la République ; les royalistes ne lui pardonnent pas de les avoir humiliés. Dans ces conditions, il semble que le « tyran », exécré au dedans, poursuivi au dehors par la coalition européenne, soit perdu sans ressource. Eh bien non ! Voici qu'il retrouve, en face des Bourbons, le secret de s'emparer encore de l'imagination nationale. Chassé du trône, exilé à l'île d'Elbe, l'Empereur regagne la France et reprend le pouvoir quasi-féeriquement. Pour reconquérir tout son terrain, lui qui était hier Louis XIV, il n'a eu qu'à faire appel à l'esprit révolutionnaire. Qu'est-ce que la restauration des Bourbons ? — C'est, dit-il, le retour agressif et ruineux des émigrés ; c'est le gouvernement des prêtres. Il incarne, lui Bonaparte, la Révolution. Et soudain, les démocrates farouches qui se resaisissaient et, pour peu de chose, eussent crié : « A bas Napoléon ! » éperdument fanatisés, crient d'une seule voix : « Vive l'Empereur ! »

François Rude est de ceux-là, et nous l'allons bien voir. Mais, qu'ils s'en doutent ou non, ce n'est pas l'Empire qu'ils acclament dans la personne du Corse dont l'aigle « vole de clocher en clocher » ; c'est le souvenir du général républicain de Lodi et d'Arcole. La question ne se pose qu'en apparence entre Louis XVIII et Napoléon : elle se pose, en fait, pour le moment, entre la Monarchie et la République. L'Empereur des Cent-Jours se rend compte que le pouvoir absolu est mort. Fleury de Chaboulon nous le montre, au retour de l'île d'Elbe, se tournant vers la liberté, et de Bausset nous le fait voir dans ses *Mémoires de l'intérieur du Palais*, exaspéré des concessions que les libéraux lui arrachent. Nous aurons à nous rappeler ces choses pour comprendre l'étrange statue de Rude : le *Napoléon* de Fixin.

X

Durant les Cent-Jours.

On a beau s'armer de philosophie, les mois consumés dans l'attente chargent l'âme d'ennui et passent lentement. Le lauréat de 1812 supporte avec peine la nécessité qui le retient à Paris. En lisant des livres sur l'Italie, en ne parlant que de Rome, il s'imagine tromper son impatience, et il l'irrite. Le tourbillon parisien ne l'étourdit plus ; les illuminations et les musiques qui fêtent, à présent, des gloires mêlées de revers, ne le jettent plus dans aucune joie. Quand pourra-t-il donc s'échapper de cette geôle où il languit, s'enfuir vers la contrée des épanouissements antiques ! Hors de Rome, tout lui est vain. Rome ! Rome ! Rome ! Ce nom est perpétuellement sur ses lèvres. Les syllabes en sonnent à ses oreilles avec une douceur puissante que les nôtres ne connaissent plus. Il vit, désormais, comme un exilé, tout enfiévré de l'espoir du voyage. D'aucuns lui demandent parfois : « A quelle époque pensez-vous partir ? » et cette question l'obsède. Denon lui a promis d'intercéder pour lui auprès du ministre, de hâter autant qu'il sera en lui l'ordre de route, mais les semaines s'enchaînent aux semaines et le temps de sa nostalgie se prolonge indéfiniment. Redouble-t-il d'assiduité auprès du surintendant impérial, le baron l'accueille de sa bonne grâce inaltérable, lui fait admirer complaisamment les trésors des Musées, l'introduit même dans sa collection privée, chapelle exquise où il rend un culte particulier aux primitifs, si longtemps méconnus, de l'Italie et de la Flandre... Et qu'importe à François Rude, embrasé du seul désir de partir? Les coups terribles qui commencent à frapper la patrie ne le détournent même pas de son rêve italien. Peu avant les grands désastres, Denon lui a confié l'exécution de deux bas-reliefs composés par Alexandre-Evariste Fragonard, pour le soubassement d'une pyramide à ériger sur le terre-plein du Pont-Neuf, en souvenir de la Grande-Armée. Ce serait, au moins, de quoi le distraire. Hélas! les jours de l'Empire sont comptés. L'heure n'est plus d'élever des monuments à la Grande-Armée et au grand capitaine. Les alliés sont entrés en France; ils campent dans Paris. L'étoile de Napoléon, précipitée du ciel, écrase à demi la terre. Au lieu du drapeau tricolore, le drapeau blanc des Bourbons flotte au fronton des Tuileries et Bonaparte déchu, doublement découronné par la défaite et l'abdication, se dirige en fugitif vers la petite île de la Méditerrannée où l'Europe le relègue. Que devient Rude, au milieu de cette tragédie? Il pense à l'Italie encore, il sollicite plus que jamais son ordre de départ. Mais, pour le délivrer d'une telle obsession, d'autres évènements s'apprêtent.

Le baron Denon a-t il fini par lui obtenir son laissez-passer pour Rome? On l'affirme et je le veux croire, mais nul document n'en fait foi. Le statuaire dijonnais s'arrête t-il à Dijon comme en un lieu d'étape sur le chemin de l'Italie, ou s'y vient il reposer en dépaysant son attente? Le fait est qu'il s'y trouve à la fin de 1814. Mais quel retour douloureux! Sa famille est détruite; ses compagnons d'enfance sont dispersés; sa maison paternelle est vendue. Les vieilles murailles à l'ombre desquelles il a joué tout petit sont toujours debout ; c'est dans son cœur que les ruines s'amoncellent. Et, cependant, malgré les déceptions qu'il traîne et les cruels fantômes qui se lèvent sous ses pas, Dijon reste pour lui la ville aimée entre les villes. Tout ce qu'il y voit lui parle, l'émeut, réveille en lui des échos de jeunesse, des sentiments libres et forts, presque oubliés à Paris. M. Frémiet l'a reçu à bras ouverts, entouré de sa femme et de ses deux filles, le sourire de son logis sévère. Il y a tant d'années que Rude n'a goûté le calme délicieux du foyer ! Un apaisement descend en lui peut-être. Mais quel foyer est durable en ces époques troublées ?

Depuis la chute de l'Empire, on vit, à Dijon, dans les angoisses et les secousses. Le 19 janvier 1814, les Autrichiens y ont pris quartier ; il a fallu subir toutes leurs réquisitions, les loger, les nourrir, leur donner même une ration de vin d'au moins un demi-litre par homme et par jour et payer des contributions sans mesure. Les monnaies étrangères ont cours forcé. Le 5 février, le comte d'Auersperg a nommé M. Petitot préfet de la Côte-d'Or « au nom des Alliés ». Constamment il passe des troupes. Le maire avertit ses administrés de ces passages par voie d'affiche : on sait ce que parler veut dire. Presque aussitôt la lutte se dessine entre la coalition des républicains et des bonapartistes et le parti de la royauté. Les officiers renvoyés en demi-solde ajoutent bientôt à l'aigreur d'une situation déjà si pénible. Nul ne tient compte au gouvernement de ses tendances libérales, dérisoires aux yeux de ses ennemis, excessives aux yeux de ses partisans. On s'emporte contre l'emploi de certaines formes ou de certains mots d'un autre temps et, sans contredit, l'un des plus malheureux, est celui de *Charte octroyée*. L'opposition considère Louis XVIII comme un « tyran ». Au bref, de jour en jour renaissent les sentiments révolutionnaires et, de même que sous le Directoire, on a espéré en Bonaparte pour rétablir l'ordre, on compte maintenant, sur Napoléon pour restituer « la Révolution et la Liberté ». Incroyable mouvement d'opinion, mais indéniable et irrésistible. « Je n'oublierai jamais, s'écriera, un jour, l'Empereur foudroyé, que j'ai été ramené de Cannes à Paris au milieu de ces cris de sang : *A bas les prêtres ! A bas les nobles !* »

Donc Rude est ressaisi, tout d'un coup, des sensations de sa vie d'enfance. Cette agitation de la rue, il en a été le témoin jadis. Que M. Frémiet, son bienfaiteur, entre dans la bagarre, il y entre avec lui d'élan de cœur, d'enthousiasme. Dès la première restauration, le contrôleur a fait éclater son bonapartisme et, violent, poussant droit au but, en ce pays aux passions soulevées, labouré d'incessantes marches d'armées, il en vient vite à ne ménager rien. Il discerne, il signale ces lâchetés, ces incertitudes d'esprit qui dictent, par exemple, à dix mois de distance, à la même cour d'appel de Dijon, une adresse au roi Louis XVIII (1) et une adresse à Napoléon (2). Sa foi dans l'avenir est profonde et communicative. Plus on va, moins on a de nouvelles de Porto Ferrajo. Le reclus de l'île d'Elbe aspire, croirait-on, à se faire oublier. Point du tout, personne ne s'y trompe : un grand événement se prépare et l'on attend. Soudain le bruit circule du débarquement de César au golfe Juan. Déjà le conquérant a traversé Grenoble ; il s'avance dans un tourbillon de

(1) 22 mai 1814.
(2) 23 mars 1815.

victoire, à grandes journées. M. Frémiet bat le rappel des patriotes ; Rude s'enivre de sa propre fièvre. Où vont ces troupes qui recommencent à passer de toutes parts ? — Elles vont combattre *l'ogre de Corse*. — Arrêtez, soldats ; les patriotes vous en conjurent. — Il n'est question partout que de liberté, comme si, depuis le retour des Bourbons, on n'eût vécu qu'en esclavage ! Mais c'est, en vérité, que l'appétit révolutionnaire se retrouve et se déclare en sa passion d'autrefois et, sur ce point, tous nos documents sont d'accord.

Feuilletons le procès du maréchal Ney ; nous verrons ce qu'est la Bourgogne en 1815. « Dans tout le pays, dit le lieutenant général comte Hendelet, commandant à Dijon, on ne peut compter ni sur les habitants, ni sur les soldats. Le parti du roi est en infime minorité... Les habitants des campagnes sont exaspérés et *portés à se réunir à Bonaparte.* » Le baron Passinges de Préchamps a gardé cette impression de la revue du 13 mars, à Lons-le-Saulnier, où s'est consommée la trahison du prince de la Moskowa : « Toutes les figures étaient pâles et annonçaient une grande catastrophe. *Je pressentis le retour du régime de quatre vingt-treize, où les officiers étaient chassés par les soldats.* » « C'est une rechute de la Révolution, s'écrie le baron Capelle, préfet de l'Ain, obligé de fuir son département... » « Tout était en fermentation révolutionnaire, ajoute le général de Bourmont ». A Dijon et à Châlons, le populaire se précipite avec fureur sur les canons qu'on veut opposer à Bonaparte. Dans toutes les régions, les bourgeois libéraux circonviennent les militaires, lesquels se laissent déplorablement glisser à la politique. « Sous la première Restauration, écrit le sergent Guillemard, en garnison à Valence, le soldat était oisif, il fréquentait le bourgeois, il s'occupait de politique et, le soir, dans les chambrées, on tenait d'étranges discours sur l'avenir qui s'élaborait (1). » Les malentendus de la Révolution et de l'Empire, avaient fait, dans les cerveaux, une immense anarchie à laquelle succombait la bonne volonté de Louis XVIII. Napoléon revenait triomphalement, à la faveur de cette confusion même qui devait bientôt se tourner contre lui et l'on ne peut douter, à la lecture des *Souvenirs* de Fleury de Chaboulon, qu'il ait vu la situation plus clairement que personne (2).

Nous avons, maintenant, à déterminer le rôle de François Rude, à Dijon, au cours de ces événements. A cet égard, le récit du docteur Maximin Legrand, accepté jusqu'ici par tous les biographes du maître, me semble provoquer la discussion. Le jeune statuaire, dévoré du besoin d'agir, a voulu peindre aux trois couleurs la girouette du palais ducal, mais le concierge Drouin, n'a eu garde de lui livrer la clef du donjon. A mon avis, ce désir de juvénile bravade caractérise assez bien l'humeur de Rude en cette période. Il s'est beaucoup remué, il a fait beaucoup de propagande, il a secondé Frémiet autant qu'il a pu, il s'est mis en avant sans hésiter en toute circonstance ; et nul résultat sérieux de cette agitation.

Je crois devoir citer, tout d'abord, la version de Legrand ; nous chercherons, ensuite, à dégager la vérité.

« Quand on annonça que le premier régiment de Ney était aux portes de la ville, M. Frémiet qui jouissait d'une grande considération parmi les bonapartistes,

---

(1) Souvenirs d'un sergent, par Robert Guillemard, 1824.
(2) Fleury de Chaboulon, secrétaire particulier de l'Empereur pendant les Cent-Jours : Mémoires sur les Cent-Jours.

fut d'avis de rassembler les plus énergiques et les plus décidés du parti, de gagner la montagne et de rejoindre ainsi l'Empereur. Rude se chargea de les réunir au café Boulie, depuis nommé Frascati, rue Rameau, au-dessous du logement de M. Devosge... Le temps pressait ; l'aspect de la ville et du quartier, remplis de soldats aux cocardes blanches, était menaçant. Comment prévenir les bonapartistes ?

« Après plusieurs allées et venues, Rude rentre au café. Il le voit désert ; mais dans la seconde salle, séparée de la première par une cour, il trouve cinq patriotes, parmi lesquels Madigny, d'Arc-sur-Tille, homme résolu, d'une haute taille portant sur son chapeau sa cocarde de quatre-vingt-treize, large comme un écran... A ce moment, on entend la trompette : c'est l'avant-garde arrivant par la rue Chabot-Charny. Les six hommes déterminés sortent par la porte du logement de M. Devosge... Un régiment de hussards (le 5ᵉ ou le 6ᵉ), sabre au poing et cocarde blanche en tête, s'avance droit à eux.

« *Vive l'Empereur !* crie la petite troupe. *Les soldats n'avaient qu'à abaisser la pointe de leur sabre pour nous clouer contre les planches du théâtre en construction,* disait Rude en racontant cet épisode. Le premier peloton les regarde, regarde les cocardes et le drapeau tricolore de ces six hommes, fait son quart de conversion pour entrer rue Rameau et marche impassible. Le second peloton s'avance à son tour.

« *Vive l'Empereur !* crie une seconde fois la petite troupe, et avec plus de force. Les soldats regardent, hésitent et, sur le commandement de conversion, répondent par un cri général de *Vive l'Empereur !* Les premiers, qui avaient passé sans mot dire, répètent alors cette acclamation, qui se propage, sur toute la ligne du régiment, avec une rapidité explosive.

« Ce fut là, et à cette occasion, que la division du maréchal Ney se rallia aux impérialistes... Le maréchal, logé à l'hôtel de la Cloche, voyait, de son balcon, défiler ses régiments, et répondait, enthousiaste lui-même, à leurs enthousiastes démonstrations... »

Que Rude, en son déclin, ait rapporté ainsi les choses, je n'en saurais aucunement douter. Les détails attestés sont vrais sans conteste. M'est avis seulement que le vieux maître a dû mêler deux faits absolument distincts : à savoir, le passage de détachements allant, dans la direction de Lyon, combattre le revenant de Porto-Ferrajo, et le séjour à Dijon du maréchal prince de la Moskowa, après sa réconciliation avec Bonaparte. Nous sommes au courant des aspirations dijonnaises ; nous n'ignorons pas que les Dijonnais ont tenté d'enlever des canons aux gens du roi, et rien ne nous étonne. Il nous semble même tout naturel que Rude et ses amis aient essayé de troubler des soldats en marche de leur cri magique : *Vive l'Empereur !* et il n'est nullement invraisemblable que ces soldats y aient fait écho. L'armée, comme nous l'avons dit, travaillée, ébranlée de toutes manières, ne demande qu'à passer à Napoléon. Mais quoi de plus faux, en revanche, que la légende du maréchal Ney, se ralliant au bonapartisme à la suite de cet incident ? De deux choses l'une : ou la petite manifestation de la rue Rameau a eu lieu avant la défection du maréchal, et, dans ce cas, elle a eu lieu en son absence et pas une trace officielle ne nous en est restée ; ou elle s'est produite le jour même de l'entrée du prince de la Moskowa à Dijon, c'est-à-dire plusieurs jours après son abandon de la cause royale, et, dans ce cas, elle a été purement inoffensive. En l'une et l'autre hypothèses on conviendra que l'algarade du sculpteur et de ses compagnons n'a pas eu grandes conséquences.

Car, nous avons des dates très certaines à l'endroit du maréchal, et des faits très certains. Au rapport de M. le chevalier Durand, maréchal de camp, commandant d'armes à Besançon et le mieux placé des hommes pour être bien informé, Michel Ney a quitté Paris le 9 mars 1815 pour arriver à Besançon le 10 et, de là, gagner tout droit Lons-le-Saulnier, où il prend pied dans la nuit du 12. C'est à Lons-le-Saulnier qu'il trouve les émissaires de Bonaparte et qu'on lui remet une lettre du général Bertrand, contenant un ordre de marche au nom de l'Empereur et la fameuse proclamation, toute faite et même imprimée, par laquelle il doit annoncer à tous son changement de front. Jusque-là, le maréchal a marqué les intentions les plus royalistes. Plusieurs témoins s'en portent garants — entre autres le marquis de Servant, aide de camp de Monsieur, qui l'a vu du 12 au 13 et lui a reconnu *le meilleur esprit* au milieu des *inquiétantes dispositions* des troupes. Ainsi Michel Ney s'est rendu de Paris à Lons-le-Saulnier sans passer par Dijon et parfaitement indifférent aux manifestations du dehors. Quand on le rencontre à Dijon, son évolution est faite : il a cédé, non pas à une intimidation plus ou moins puérile, mais à un mouvement formidable du pays et à la menace de la guerre civile, et il ne se peut défendre d'une amère tristesse devant ce qui s'est accompli. Un gentilhomme italien, le comte Bojano, l'est allé saluer le 16 ou le 17, à l'hôtel de la Cloche. Il était préoccupé, sombre, désespéré de se voir en de si difficiles conjonctures (1). Encore un coup, l'équipée de Rude, de Frémiet, de Madigny d'Arc-sur-Tille, n'a pu avoir aucune prise sur ses desseins. Si elle eût devancé son retour à Bonaparte, il l'eût réprimée. A l'heure où la placent les biographes, elle ne saurait que l'impressionner médiocrement. Voilà, de toutes façons, le rôle politique de François Rude, au début des Cent-Jours, réduit à sa juste valeur. Un peu d'agitation, un peu de tapage, et rien de plus.

Les Cent-Jours s'écoulent fiévreux et déchirés, en l'effroi d'une guerre universelle. L'Empereur a jeté le gant à l'Europe qui l'a relevé. On recommence à maudire le guerrier cruel, le maître sans entrailles pour l'ambition duquel tous les royaumes sont devenus des cimetières de Français. En haine de la vieille monarchie et de la coalition étrangère, le parti de la Révolution lui reste pourtant fidèle. Il se recrute, dans la Côte-d'Or, un bataillon de volontaires où Rude, las de piétinements stériles, est sur le point de s'enrôler. Mais à la minute de signer son engagement, une pensée le retient : M. Frémiet peut, avant longtemps, avoir besoin de ses services. Reviennent les Bourbons, par malheur, le pauvre homme, très compromis, tenu pour insurgé, n'aura de salut qu'à fuir. Or, sur ces entrefaites, s'abîme à Waterloo la fortune impériale. L'ancien contrôleur reçoit du préfet de Dijon, M. de Bercagny, cet avertissement laconique : « Fuyez : il n'est que temps... » L'heure va peut-être sonner des représailles terribles. Sans perdre un instant, le lauréat de 1812 arrête une place à la diligence, sous un nom d'emprunt, pour son bienfaiteur et l'accompagne, à la

---

(1) Procès du maréchal Ney devant la Cour des Pairs, décembre 1815.

nuit tombante, au relai de Pont-de-Pany. M. Frémiet se rend à Bruxelles. Rude lui conduira sous peu sa famille entière, sa mère, octogénaire et infirme, sa sœur, Catherine Frémiet, qu'on surnomme affectueusement la bonne tante Catiche, sa femme, Madame Monnier-Frémiet, et ses deux filles, Sophie et Victorine. C'est le protégé maintenant qui devient le protecteur.

Deux ou trois anecdotes de faible intérêt se greffent sur les précédentes. Le statuaire par exemple, en revenant de Pont-de-Pany, aurait essayé d'abattre le drapeau blanc arboré au-dessus du portail de la Chartreuse. Il serait aussi rentré à Dijon, la cocarde au chapeau, mais le chapeau à la main. Bravades inutiles ou enfantines parades ! Le fils de l'ouvrier nous touche bien autrement par sa noble conduite envers les fugitifs. Adieu les rêves italiens ! Ne parlez plus à François Rude de l'espoir de voyage à Rome. Pour mieux remplir son devoir de cœur, il sacrifie tout. (1) Est-ce qu'il pourrait se séparer de sa famille élue, s'éloigner surtout de cette charmante Sophie, si fine et si douce, dont le regard le pénètre jusqu'au fond de l'âme et dont chaque parole lui est un enchantement (2). Ne lui demandons pas s'il l'aime · l'humble garçon qu'il est se concentre en muette adoration devant celle

---

(1) Le seul morceau de sculpture qu'il soit possible de lui attribuer, pendant son séjour à Dijon en 1814, est un buste de Napoléon en terre cuite, entré au Musée de Dijon (cf. *Répertoire* § II. 2).

(2) Une lettre de Mme Rude à Mme Louis Dietsch, sans date, mais de beaucoup postérieure à la mort de Rude rappelle ses souvenirs : « *Le pauvre Rude m'avait aimée toute petite. Il me regardait et devenait tout rouge. Je crois qu'il a mis bien du temps à s'apercevoir qu'il m'aimait. Jamais il n'aurait osé me demander en mariage si mon père ne l'y avait lui-même encouragé.* »

qu'il croit sentir de race supérieure... Enfin, le voilà sur la route de la Belgique, guidant vers l'inconnu ces femmes et ces jeunes filles que la reconnaissance lui fait plus chères et l'infortune plus sacrées. Nous avons vu se développer en lui l'enfant et le jeune homme ; nous verrons bientôt se révéler le grand artiste ; nous allons voir s'attester au cours de son exil pieusement consenti la force tranquille de sa volonté et la profondeur de ses sentiments, d'une candeur exquise.

XI

La ville des réfugiés.

La ville de Bruxelles a eu, sous la Restauration, une physionomie vraiment unique : elle a été, par excellence, la ville des réfugiés. Capitale du nouveau royaume des Pays-Bas, la vieille cité du Brabant se transforme et se modernise. Le roi Guillaume de Nassau y règne depuis peu, prince débonnaire, bien intentionné et d'âme libérale, coupable, aux yeux des Belges, d'aimer trop les Hollandais et qui ne s'en acquitte pas moins en conscience des devoirs difficiles de sa royauté. Dès son avènement, on l'a vu encourager les grandes entreprises des deniers publics, sinon de ses propres deniers. « Travaillez, Monsieur, dit-il à Jean Kockerill ; le roi des Pays-Bas aura toujours de l'argent au service des industries. » Le peuple lui reproche de n'être point généreux, et le peuple a raison peut-être, mais tenons-lui compte des embellissements qu'il procure à Bruxelles, même aux frais du Trésor, et des travaux d'assainissement qu'il favorise. Sous l'administration française, tout s'est amoindri, tout a décliné. Sous le régime hollandais la vie s'active, la population augmente, le commerce s'étend et l'aisance en découle. Au point de vue purement pittoresque, les archéologues se désolent en vain. De lourdes maisons, chargées d'étages, s'élèvent partout à la place des jardins particuliers qui enguirlandaient les bâtiments de verdure ; l'architecture d'autrefois, si fière de ses toits découpés et de ses gracieux fenêtrages, perd tout crédit aux yeux des utilitaires ; des vieux couvents déserts on fait des casernes ou des prisons par des remaniements qui dénaturent les aspects ; les anciens fossés comblés se changent en vulgaires boulevards. Qu'y peut-on faire ? — Chaque génération subit ses nécessités. Il faut convenir, au demeurant, que Bruxelles, de 1815 à 1830, est une ville des plus agréables, des plus zélées à répondre aux exigences d'une société en évolution. On construit le théâtre de la Monnaie ; on refait, on décore l'hôtel des Monnaies ; on érige de beaux palais ; on perce de larges rues ; on plante le jardin botanique... Peu de grands centres offrent autant d'avantages divers. L'existence n'y est point coûteuse ; la loi y garantit la liberté des individus ; le roi n'est point disposé à trahir l'hospitalité accordée aux vaincus des politiques étrangères. S'il a le tort de céder, une fois, à la pression de l'Ambassadeur de France en faisant embarquer Merlin de Douai pour l'Angleterre, il s'en repent tout de suite et s'écrie, apprenant que la tempête a rejeté le déporté sur la côte belge : « La mer me l'a rendu ; je le garderai. » Wellington, en plusieurs circonstances, le blâme d'être si tolérant : « Je connais mon pays, répond-t-il à Wellington, et j'y veux la sécurité pour tout le monde. »

Il est bien naturel que les exilés accourent de toutes parts en un tel refuge, et principalement les exilés de France. On y parle français couramment, on y a le goût français plus qu'en nulle autre terre. Depuis le décret d'exil contre les régicides, Bruxelles est le rendez-vous des plus fameux conventionnels. Nommons quelques-uns de ces personnages d'une autre époque qu'on y coudoie sans cesse et qu'on a plaisir à reconnaître dans les tableaux bruxellois du peintre Madou. C'est Louis David, l'*homme à la grosse joue*, le peintre des *Sabines* et des *Horaces*, du *Sacre* aussi, et de la *Distribution des Aigles*, installé rue Fossé-aux-Loups et tenant, dans son atelier de la rue de l'Évêque, une véritable cour. C'est Cambacérès, l'archichancelier de l'Empire, en perruque ronde, en habit marron, épicurien devenu dévot, assistant, le matin, à la messe à Sainte-Gudule, et disant, le soir, à ses anciens complices de la Montagne : « Quand nous sommes entre nous, il suffit que vous m'appeliez *Monseigneur* ». Voici Merlin qui passe avec Berlier, tous les deux comtes d'Empire, Merlin, un peu voûté, la figure sèche et anguleuse, l'œil vif, éternellement affairé, n'ayant que ses questions de jurisprudence en tête ; Berlier, passionné, sur ses vieux jours, d'études historiques, interrogeant sans relâche les *Commentaires de César*, et tâchant à reconstituer de son mieux la vie gauloise. Sieyès, fort cassé, revenu de bien des choses, va poser chez David, qui fait de lui un intime portrait. Chazal approfondit la Bible et se perd, avec bonne volonté, dans les textes et dans les variantes. C'est peut-être entre ses mains qu'est tombée la Bible annotée par Robespierre et que le vieux Courtois montrait si volontiers à ceux qui lui rendaient visite. Au sortir du Palais de Justice, qu'il fréquente comme avocat, Jean Mailhe, de Toulouse, hâte le pas pour rentrer au logis, où l'attend Louise Bonnecarrère, sa nièce très dévouée. On lui écrit de toutes parts sur des cas litigieux et les consultations qu'il rédige font autorité. Cet homme à l'extérieur négligé, en redingote gris de fer et culottes courtes, en bottes à la Souwarow, toujours porté à discuter finances, c'est Ramel, que l'on nomme Ramel de Nogaret. Le féroce Vadier, de l'Ariège, s'est adouci, à ce qu'il semble, sous l'influence de ses deux filles, Caroline et Victorine, — cette dernière toujours malade hélas ! et charmante de ce charme douloureux des jeunes poitrinaires. Personne n'est moins communicatif que Cambon, l'inventeur du tiers consolidé, le maître financier de la Convention : il ne se soucie de l'amitié de pas un de ses collègues d'antan, mais on a pour lui, malgré tout, de la déférence. Quinette, de l'Aisne, s'occupe beaucoup de sa fille Edmée et de la politique un peu. Bertrand-Barère vit en concubinage, rue Montagne-de-la-Cour, avec une femme Lefauconnier, dont il a un fils, élevé par lui dans la haine violente des Thermidoriens (1). C'est un petit vieillard, ce Barère, maigre, pâle, mielleux, confiné dans un chaos de livres, écrivant d'assez fades ouvrages, mais s'exaltant tout-à-coup jusqu'à la fureur au souvenir des « contre-révolutionnaires » et se faisant appeler parfois : M. de Roquefeuille. A voir passer tous ces hommes, et d'autres en quantité, les Lejeune, les Cavaignac, les Paganel, les Buonarrotti, les Bonnet... tous refroidis par l'âge, usés par la vie ou brisés par les évènements, l'étranger contient mal sa suprise. Ne croyez pas, cependant, que tout soit calmé en ces âmes ; ne vous fiez pas au caractère paterne de ces physionomies. Ces conventionnels que vous rencontrez au Parc et au Vauxhall, se promenant par groupes ainsi que des bourgeois paisibles, se haïssent, au fond

---

(1) Il est fait mention de ce fils dans le testament de Bertrand-Barère, conservé à Tarbes (Hautes-Pyrénées), archives de l'ancienne étude Daléas. Lefauconnier mourut à Bordeaux en octobre 1847 (*Moniteur universel* du 8 octobre).

mortellement et n'omettent pas une occasion de le faire paraître. « Oh! s'écrie Vadier, girondins, dantonistes, modérés, autant de fripons ! Gens qu'on peut voir dans le monde, mais avec lesquels il faut bien se garder d'entrer en affaires ! » Et Chazal, pris d'écœurement à des propos semblables, de laisser échapper cet aveu : « Quand je me rappelle certains moments de notre révolution, je crois, sans amour-propre, qu'il y a peut-être quelque vertu à oublier ses rancunes. Par exemple, écoutez ceci. Plusieurs mois après le 31 mai, deux ou trois de mes collègues et moi, fatigués de ces jours sans repos, de ces nuits sans sommeil que nous passions à Paris, nous nous rendîmes au comité de salut public. — Vous l'emportez, dit l'un de nous, au chef de la Montagne, nous le reconnaissons. Nous pensions servir utilement la patrie sur nos chaises curules. La majorité nous prouve que nous nous sommes trompés ; mais qu'il nous soit permis, au moins, de marcher aux frontières, de combattre et de mourir à l'armée. — *Mourir à l'armée!* répondit avec un sourire de cannibale un membre du Comité (je crois bien que c'était Saint-Just). *Mourir à l'armée, vous, brigands! Non, non : c'est avec le bourreau qu'il faut vous battre ; c'est à la guillotine qu'il vous faut mourir...* Ah ! de telles paroles pèsent bien lourd sur le cœur !... »

J'insiste sur cette colonie étrange que Rude a vu se grouper à Bruxelles, où des premiers, ainsi que nous savons, il a planté sa tente. M. Frémiet entre tout de suite en relations avec la plupart des exilés et, quoique le sculpteur soit modeste à l'excès et s'estime tout juste un artisan en face de son bienfaiteur, la force des choses l'a mêlé bien vite à la société des Conventionnels. Les mêmes nuances, les mêmes confusions

Le Départ des Volontaires en 1792
Haut relief pierre (1835-1836). Arc de triomphe de l'Étoile, Paris.

d'idées sont en eux qui sont en lui-même. Trois sentiments les réunissent : l'enthousiasme pour la Révolution, le regret de l'Empereur considéré comme la souveraine expression révolutionnaire et l'horreur de la monarchie restaurée. Les *Mémoires* de l'arère ne nous apprennent-ils pas que David, ayant consacré son meilleur temps d'exil à peindre un second exemplaire de son tableau du *Sacre*, méditait une série de compositions sur le retour de l'île d'Elbe?

D'ailleurs ce n'est un secret pour personne que les plus avancés des Montagnards, jaloux avant tout de renverser Louis XVIII, ont ourdi une conspiration pour livrer la France au prince d'Orange. François Rude, assurément, n'a pas été dans ces concerts, mais il s'est plié à la façon des naïfs aux influences du milieu. Peu à peu, après la mort de Napoléon, la question se pose uniquement entre l'ancien régime et les principes de la Révolution et il se définit une nouvelle opinion républicaine. C'est à Bruxelles, en somme, qu'a commencé le mouvement d'esprit d'où sont sorties les révolutions de 1830 et de 1848. Pas un historien n'a, selon moi, suffisamment précisé cette remarque et je demande pour elle l'attention qui convient (1).

---

(1) Sur la transformation de Bruxelles et sur les réfugiés français de 1816, les documents abondent. Je signale dans un curieux petit livre de A. Baron, *la Mosaïque belge*, le chapitre : Les Exilés à Bruxelles avant 1820. Les lettres de Mme Rude, des notes de Mailhe et de Merlin, les Mémoires et le Testament de Bertrand-Barère et autres papiers que j'ai eus entre les mains m'ont fourni de nombreux détails.

De Fourcaud.

XII

Premières années de Rude à Bruxelles.

Dès son arrivée à Bruxelles, M. Frémiet a loué un petit appartement pour sa famille et pour Rude, plus que jamais destiné à vivre sous son toit ; puis, il s'est mis courageusement à la recherche d'une situation. Son talent d'écrivain ne tarde pas à lui ouvrir les portes d'un journal important : *Le Vrai Libéral*, où ses articles, signés d'un V et traitant des sujets les plus variés, s'imposent au respect des lecteurs. En même temps ses antécédents de fonctionnaire et les recommandations qu'il fait agir, lui valent un poste honorable au bureau des contributions de Mons. Rude, de son côté, s'enquiert des travaux en voie d'exécution et sollicite des architectes au moins quelques menus ouvrages. Deux sculpteurs seulement se partagent la renommée en Belgique : le vieux Godecharles, artiste académique, tout nourri de formules, mais adroit et doué d'un certain sens décoratif, auquel on doit, en particulier, le fronton du Palais des États (1), et Louis

(1) Le sujet de ce fronton est assez caractéristique pour qu'on le relate : « La Justice tient la balance symbolique ; la Religion récompense les Vertus et la Sagesse les appelle à ses côtés, tandis que la Force chasse le Désordre et le Fanatisme ». L'œuvre date de 1782.

Van Geel, de Malines, ancien camarade du statuaire de Dijon à l'Ecole des beaux-arts de Paris et plusieurs fois son compétiteur au prix de Rome. Van Geel est, certes, de beaucoup inférieur à Godecharles, mais il a sur lui l'avantage d'être jeune et plusieurs s'imaginent qu'il représente « le dernier état de l'art ». On a pu le juger sur son bas-relief de la porte de Lacken, aujourd'hui démolie, et sur quelques figures isolées, ornant des édifices. Ses compositions manquent autant d'harmonie et d'agrément que de nouveauté ; sa facture n'est jamais sortie des facilités de l'à peu près. A l'égard du caractère, un trait le peint au vif : élève des Français, il a consenti à composer le modèle du lion de Waterloo, monument commémoratif d'une des plus grandes détresses françaises. Rude trouve en cet homme le plus perfide ennemi. Au fond, que lui importe ? « Le vrai talent, dit-il, finit toujours par être discerné. » Pour vivre, il se met, comme modeleur d'ornements, au service des entrepreneurs de bâtiments et, pour se faire connaître, modèle des bustes de réfugiés : Bonnet, le conventionnel ; Villaine ; Jacotot, l'inventeur de la méthode pédagogique dite *d'émancipation intellectuelle*, type bizarre que nous aurons à crayonner en son lieu, et d'autres sans doute. Comme il n'existe pas un seul bon portrait du roi, l'idée lui vient de portraire aussi le monarque. L'œuvre, entreprise d'après des observations et des croquis notés sur le passage du souverain, est si vivante que Guillaume 1er, mis au fait, s'intéresse à son achèvement. « Le roi a posé pendant trois jours et des séances de deux heures, écrit Sophie Frémiet à son amie de Dijon, Mme Moyne. C'est pourquoi le buste est très bien fini et très ressemblant. M. Rude en a, par avance, vendu plusieurs exemplaires pour des établissements publics et pour des particuliers. L'original est réservé aux États-Généraux (1). »

Le jeune sculpteur, ardent à venir en aide à ses parents d'adoption, multiplie ses démarches, obtient des commandes. C'est Louis David qui l'a présenté à Van der Straeten, le maître d'œuvre des Palais royaux, lequel l'a senti décorateur et se souviendra de lui. Depuis 1817, le théâtre de la Monnaie est en construction sous la direction de l'architecte français Damesme. Au dehors, le monument a le portique et le fronton d'un temple. Pour le fronton, François Rude dessine un bas-relief d'*Apollon et des Muses,* qui ne sera jamais exécuté. Au dedans, tout sera blanc et or, revêtu de claires arabesques et de gais motifs, avec de hautes cariatides dorées supportant les loges du roi et du prince d'Orange. François Rude est chargé de ces figures, lestement menées à bonne fin (2). Au fronton de l'hôtel des Monnaies, il dispose deux femmes à demi couchées, tenant un écusson, entre deux

(1) Lettre du 20 décembre 1819. La précieuse correspondance de Sophie Rude, à laquelle je ferai de nombreux emprunts, m'a été obligeamment communiquée par le représentant actuel de la famille Moyne à Dijon, M. Bichot-Moyne. — Un exemplaire du buste de Guillaume Ier, roi des Pays-Bas, se voit aujourd'hui au musée de Gand.

(2) Une quittance autographe de Rude, relative à ses figures décoratives en plâtre, dès longtemps détruites, au théâtre de la Monnaie, a été retrouvée, par M. Alphonse Wauters, archiviste de la ville de Bruxelles, annexée aux comptes municipaux pour l'année 1819. Je la transcris textuellement, avec la rare fantaisie de son orthographe :

« J'ai reçu de M. l'échevin Graindel la somme de 90 francs à compte de mon engagement pour les cariathydes que je dois fournir pour le spectacle royale.

« Bruxelles, 23 janvier 1819.

« Quatre vingt dix francs.
« F. Rude, sculpteur. »

bustes décoratifs de Vulcain et de Mercure (1). Le palais du roi reçoit de sa main quantité de cartouches, d'allégories, d'ornements (2). La chance sourit à l'artiste. Même à ce moment, un mystérieux épanouissement de vie intérieure commence à le transfigurer. L'idée, longtemps indistincte dans l'ombre de son cœur, en jaillit avec violence : pourquoi n'épouserait-il pas l'attachante, la toute bonne Sophie Frémiet ? Ce rêve à toute heure l'occupe, le plus souvent avec une grande douceur, parfois très douloureusement. Si elle allait le repousser, lui fils du peuple, sans éducation, sans tournure !.... Mais non : rien n'est en elle d'un bas sentiment. Sans qu'il ose se déclarer encore, une juste confiance le fortifie de plus en plus contre ses propres doutes. Ne s'est-il pas identifié en toute chose à ses amis ? Deux fois, depuis l'exil, le malheur les a touchés : en 1818, la mère des jeunes filles est morte et, peu de mois après, c'est la vieille grand'mère dont se sont fermés les yeux. Rude a

(1) Le fronton de l'Hôtel des Monnais et ses deux bustes ont survécu à l'édifice qu'ils couronnaient. Cette œuvre, reconstituée au musée communal, est au moins médiocre.
(2) Plafond vestibule d'entrée : armes des Pays-Bas ; plafonds d'escaliers : attributs de l'Agriculture et du Commerce ; salle des fêtes : frise de guirlandes et de figures allégoriques, la Vérité, l'Abondance, la Navigation, le Commerce, etc. ; salle de bal : petits génies jouant de divers instruments ; chambre à coucher de la reine ; cheminées en marbre partout, sous le chambranle, une frise d'amours sur des dauphins et flanquée de deux gaines sculptées, surmontées de deux têtes de génies couronnées de fruits et de feuillages. Des calques, des dessins originaux de Rude pour plusieurs de ces compositions, d'un caractère souvent poncif, sont, à Dijon, dans la collection de M. Gaston Joliet. Il est à remarquer que certains croquis du maître, à cette époque, rappellent, par le procédé, la manière de Prud'homme. On trouvera plus loin l'indication d'autres ouvrages décoratifs exécutés par l'artiste durant son séjour en Belgique antérieurement à 1827. Voir surtout, à la fin de ce livre, l'appendice : *Répertoire chronologique* des œuvres de Rude § III.

pleuré, en ces circonstances, comme un vrai fils. Jamais il ne pense à lui-même. Dans les peines ou dans la joie, dans l'effort ou dans le succès, il n'a cure que de sa famille élue et tout le ramène à la fiancée de son désir. Sophie Frémiet étudie la peinture à l'école de David; le sculpteur, en l'admirant, redoute constamment que quelque déception l'effleure. Pour lui, de mâles ambitions l'ont pénétré : mettre au jour des œuvres de vie et de passion, des œuvres glorieuses, dignes de l'Art, dignes d'*Elle*... Le culte de l'Art s'affilie étroitement à ses plus intimes aspirations. Malheureux homme! Homme trop heureux! On voit comment en cette candeur de plébéien s'accomplit le commun mystère.

Sophie n'est pas sans apercevoir ce qui se passe au cœur de son amoureux. Aux belles heures de son roman, Rude paraît s'être senti gêné de sa rusticité naturelle. Un besoin tout nouveau d'élégance lui est venu. Il veut, à tout prix, plaire à celle qu'il aime. Quoi de plus humain que cette évolution, partie des plus exquises profondeurs de l'âme pour aboutir, en toute simplitité, aux habitudes mêmes du corps? Une curieuse lithographie, conservée dans la famille de son élève Feignaux, le représente sous les apparences d'un jeune conventionnel adonisé. Les cheveux, relevés en touffe sur le front, se bouclent sur les côtés, en courtes crespelures. La barbe en favoris descend jusqu'au niveau de la bouche. Point de moustaches, rien au menton; l'œil clair et vif, le sourcil bien dessiné, la figure pleine, les traits forts, un je ne sais quel air de recherche répandu sur la physionomie, un grand col blanc rabattu sur la redingote à larges revers. Tel est bien le garçon décrit par Feignaux dans ses notes au docteur Legrand, le Rude assoupli, civilisé, cherchant à profiter de ses avantages : « brun, robuste, gracieux dans ses mouvements, adroit dans tous les exercices du corps, beau danseur, beau patineur, bon nageur, maniant l'épée avec prestesse »... Mme Rude confessera dans sa vieillesse qu'elle a attendu bien longtemps son aveu. Elle aussi l'a aimé en secret, et ce double sentiment, puissant et naïf, a rempli leur vie.

On n'est pas riche chez les Frémiet. Le petit logis, situé rue des Sables, est l'un des endroits du monde où l'on pratique le plus sévèrement la vertu d'économie. Sophie et Victorine sont d'expertes ménagères, rompues à tous les travaux d'intérieur et, en vue de l'avenir, apprenant à peindre. Leur meilleur plaisir est d'aller, le dimanche, « faire leurs belles » au Parc, sous la conduite de la débonnaire tante Catiche, en compagnie des demoiselles Vadier, de Cécile Courtois, d'Edmée Quinette, d'Amélie Berlier. Le progrès des deux sœurs, en peinture, sont assez inégaux : Victorine a des dispositions et un zèle médiocres; Sophie, au contraire, est laborieuse et bien douée. En 1819, un tableau d'elle, la *Sainte Lecture,* a figuré avec honneur au Salon d'Anvers. A cette occasion, la famille a visité la pittoresque ville et Rude, certainement, a été du voyage. David, sur ces entrefaites, n'a pas craint de demander à Mlle Frémiet, comme à sa meilleure élève, une copie de sa *Psyché.* Ces encouragements la rendent si fière qu'elle se décide à concourir pour le grand prix au Salon de Gand, en 1820, où Rude a été appelé à faire partie du jury de sculpture. Je découvre, dans les lettres de Sophie à Mme Moyne, de Dijon, un récit singulièrement animé de ce qui lui advint en cette occasion. Je ne crois pas sans intérêt de le consigner ici. C'est une exposition du premier quart du xixe siècle évoquée devant nous, avec ses rivalités, ses intrigues, et toutes les aventures d'amour-propre qui en sont la suite (1) :

« Ma bonne Cécile, je t'écris pour te donner les détails de tout ce qui s'est passé depuis l'ouverture du Salon de Gand. Quelques jours avant, nous avions appris que M. Paelinck, peintre de la reine, président de la classe de peinture à Gand, se mettait sur les rang, comme moi, pour le concours. C'est un homme de talent, âgé de 40 à 50 ans, qui a fait une grande quantité de tableaux et qu'on appelle le *Rubens moderne*. Tu penses bien que je perdais tout espoir d'avoir le prix. Tout ceux qui revenaient de Gand disaient bien que mon tableau balançait le sien et même que presque tout le monde le préférait, mais il semblait impossible qu'il ne fût pas désigné comme lauréat à cause de son âge et de ses protections, et aussi parce que, au lieu de faire strictement le tableau demandé, trois figures sans fabriques ni accessoires, il a fait un très grand tableau de onze figures principales sans compter beaucoup de petites au fond. On avait appelé à ce concours tous les maîtres et tous les peintres ayant déjà remporté des prix. M. David, qui ne pouvait se rendre à Gand, avait demandé à M. Odevaere, peintre du roi, de lui écrire ce qu'il penserait des deux tableaux. Quelques jours avant le jugement, il a écrit à M. David une lettre en italien que je vais traduire comme je pourrai :

« *Mon cher maître, je m'incline devant vos sublimes leçons et j'admire la belle, la gracieuse* « *Anthia* » *peinte par votre jeune élève, qui n'a de femme que son vêtement et qui est homme par le mérite. L'ouvrage qu'on oppose au sien étonne et n'émeut pas mon cœur.*

(1) Lettre du 23 août 1820 à Mme Cécile Moyne.

Ce n'est qu'un travail d'ouvrier. Enfin, si les juges sont de bonne foi, ils uniront le myrte au laurier pour couronner la jeune victorieuse. »

« Le jour du jugement, M. Rude était à Gand pour juger la sculpture. M. Paelinck a eu le prix comme je m'y attendais. Au début, j'avais huit voix sur douze, mais les puissantes amitiés de Paelinck ont troublé les jurés et il ne m'est resté que deux suffrages : ceux du premier peintre du roi et du premier peintre d'histoire de Hollande. Quoiqu'il ne soit pas d'usage de décerner un accessit après le grand prix, on a cru devoir me donner cette satisfaction. Voici du reste, d'après le journal de Gand, le discours prononcé par le président de l'Académie, le jour de la distribution des prix.

« *Discours de M. Van Hufel.*

« *Un tableau fait par la main des grâces a mérité un accessit. Quel dommage qu'on n'ait pas eu deux grands prix à décerner. On eût été si heureux de conserver à notre Académie une si belle production!*

« *La Société des Beaux-Arts, cependant, a manifesté le désir de fixer d'une manière particulière le souvenir d'une si belle lutte et de témoigner sa gratitude à l'illustre chef de l'école moderne, et elle a voté à M*^{lle} *Frémiet, élève de David et auteur du tableau de la belle Anthia, une médaille d'honneur.* »

. . . .

« C'est dans une séance solennelle, le 15 août, que cette médaille devait m'être remise et l'on désirait absolument que j'y fusse présente. Nous sommes donc allés à Gand, ces jours passés et, comme nous n'étions pas connus, papa entendait tout ce qui se disait de mon tableau qu'on paraissait mettre au-dessus de l'autre. Deux jours après, nous avons vu, dans *le Journal de*

Gand, l'article suivant qui ne me regarde pas. Tout y est pour Victorine :

« On croit savoir que « la belle Anthia » de Mlle Frémiet, qui a remporté l'accessit, a été peinte d'après un modèle plein de grâce, trouvé par l'auteur tout à ses côtés, dans sa propre famille. Nous serions bien trompés si l'intéressante et habile élève d'un grand peintre, n'était pas à Gand en ce moment. Du moins le public « qui a les yeux d'Abrocone pour la noble et belle figure de l'Ephésienne à la couronne de roses » a paru la reconnaître hier, dans un des salons et tous les yeux se sont fixés sur elle. »

« Enfin le 15, a eu lieu la distribution des médailles d'honneur. Nous étions quatre : M. Paelinck, un vieil architecte lauréat, un sculpteur et moi. Je n'assistais pas à la séance, mais Victorine y était avec papa. Quand on a vu que je n'allais pas prendre ma médaille, le président a dit : « J'aperçois dans un coin de la salle le respectable père de Mlle Frémiet, qui a l'air intimidé du succès de sa fille. Nous le prions de venir ici recevoir la médaille. » A l'appel de mon nom tout le monde s'est levé : il y a eu trois reprises d'applaudissements et de bravos. Papa s'est avancé : nouveaux applaudissements. Le ministre de l'Instruction publique lui a remis la médaille en le félicitant de mon triomphe...

« Le soir, on est venu me donner une superbe sérénade dans l'hôtel où nous étions logés. Tu ne peux te faire une idée de la manière dont nous avons été reçus à Gand. On nous a accablés d'amitiés, de politesses. Enfin, je me sens une nouvelle ardeur pour le travail. J'ai oublié de te dire qu'aussitôt après la séance, le président de l'Académie est venu lui-même me complimenter et m'inviter, au nom de tous ses collègues, à un grand banquet pour le lendemain. Il m'a fait toutes les instances possibles pour me décider à rester, invitant même toute la famille, mais j'ai préféré que nous repartions. Maintenant je viens de voir, dans *le Journal de Gand*, la nouvelle de ma nomination de membre honoraire de l'Académie »... (1)

Par quelles émotions doit passer François Rude en de pareilles journées, chacun le devine. Ne sourions pas de ces joies d'enfant réservées seulement aux âmes choisies. Aussi bien l'artiste n'en est pas plus hardi à se prononcer. De jour en jour la grande démarche se renvoie ; ce maladroit attend on ne sait quelle occasion de rompre le silence et, comme tout timide, comptant sur quelque intervention imprévue, affecte de se renfermer en la ponctualité de ses habitudes. Dès le matin, il court à l'ancienne chapelle du couvent des Lorraines, devenue son atelier. Plusieurs jeunes gens qui suivent ses leçons sont installés au-dessus de la pièce où il travaille, dans une façon de grenier très éclairé, où ils font à la craie, sur des toiles noires, des dessins d'après nature, toujours de la grandeur du

(1) Sophie Frémiet, élève de Devosge à Dijon et, à Bruxelles, de David, n'eut jamais qu'un talent correct et froid. Elle abonda, d'abord, dans le sens classique en pays belge, où elle copia des tableaux de son maître, comme la *Psyché* et *la Colère d'Achille* (1819) et où elle peignit tour à tour *la Sainte Lecture* ou *Lecture de la Bible*, scène d'intérieur (Salon d'Anvers, 1819) ; *la Belle Anthia d'Ephèse* (Salon de Gand, 1820); *la mort de Cycnos, fils de la Nymphe Pirène* (1823) ; des *Muses* pour le château de Tervueren ; des figures allégoriques sur les glaces des armoires à livres de la Bibliothèque de l'hôtel d'Arenberg (seize de ces sujets s'y voient encore ; plusieurs autres ont été transportés au château de Héverlé, près Louvain), des portraits, etc. Elle fut séduite, à Paris, par le genre religieux et sentimental et par la mode des anecdotes historiques aux effets de couleur plus brillants, issue du romantisme. On a d'elle, comme exemples de la première catégorie, la *Sainte Famille*, donnée par l'auteur au musée de Dijon en 1859 (probablement le *Sommeil de la Vierge* du Salon de

modèle et d'ensemble. Toutes les semaines le modèle change, afin qu'on ne puisse s'acoquiner aux particularités d'un seul type. Deux personnes, de temps en temps, posent à la fois, pour un groupe. C'est déjà mieux que le germe de l'enseignement pratique qu'il fera prévaloir, un jour, dans son atelier d'élèves à Paris (1). Ceux de ses disciples qu'il préfère sont Feignaux, qui a remis au docteur Legrand de si vivantes notes sur son maître ; Henri Van der Haert, dessinateur et peintre, marié par la suite à Victorine Frémiet, et Guillaume Stas, de Louvain, statuaire d'un bel avenir, mort à la fleur de l'âge.

Des mois s'enfuient encore. Le sculpteur exécute les travaux décoratifs dont Van der Straeten l'a chargé

1831); *la Foi, l'Espérance et la Charité* (Salon de 1857); un dessin de *Sainte Cécile jouant de l'orgue entourée d'anges*, que j'ai pu voir jadis à Beaune (la principale figure est un portrait idéalisé de sa nièce, Martine Van der Haert, la fille de sa sœur, à l'âge de seize ans), et un tableau plus familier : *Jeune femme, après son bain, se livrant à ses pensées mélancoliques*. Tous ces ouvrages sont très fades. Dans le genre historique, Mme Rude a donné les *Adieux de Charles Ier à ses enfants*, qui obtint une médaille de seconde classe au Salon de 1833 (appartenant aux héritiers de M. Guizot, à Val-Richer); *l'Entrevue de M. le prince et de Mlle de Montpensier — épisode de la Fronde* (Salon de 1836) et *la Duchesse de Bourgogne arrêtée par des rebelles aux portes de Bruges en* 1436 (Salon de 1849). Ces deux dernières toiles sont au musée de Dijon. La meilleure partie de son œuvre se compose de ses portraits, de facture sèche, mais d'une grande honnêteté d'observation. La famille Cabet, de Nuits, en possède quatre : ceux de François Rude, de son fils Amédée, de sa nièce Martine et du mari de cette dernière, le sculpteur Paul Cabet; Sophie Frémiet s'est aussi peinte elle-même (Musée de Dijon). Ses traits ont été fixés, en outre, par son mari, vers 1845, dans un petit médaillon d'assez fort relief dont le musée dijonnais possède une épreuve et, plus tard, par Paul Cabet, dans un buste en marbre, en la possession de la famille Cabet, à Nuits.

(1) Cf. Max Legrand, *loc. cit.* — La chapelle des Lorraines, servant d'atelier à Rude, était située près de la montagne de la Cour. L'emplacement en est présentement occupé par une école communale.

pour le palais du roi. Peut-être improvise-t-il incidemment, sur la demande du peintre Gros, un médaillon de David, destiné à servir de document, à Paris, au médailleur Galle (1). Rien de modifié dans son attitude vis-à-vis de Mlle Sophie Frémiet. M. Frémiet, nommé, depuis peu, chef du bureau des contributions à Mons, a dû s'établir dans cette ville, laissant ses filles à Bruxelles. Or, résolu à brusquer le dénouement, un matin du mois de juin 1821, il tombe à l'atelier des Lorraines, à la descente de la diligence du Hainaut. « Voyons, Rude dit-il, ne trouves-tu pas que les préambules ont assez duré ? Tu aimes ma fille ; il est visible qu'elle ne te repousse pas. Apprends-moi donc ce qui s'oppose à votre mariage. » Rude se confond en protestations et se jette dans les bras de son futur beau-père. Sophie, mise au courant de l'entretien, donne franchement ses deux mains au statuaire et lui tend son front à baiser. Cinq ou six semaines plus tard, le 25 juillet, à dix heures du matin à l'Hôtel-de-Ville, à dix heures et demie à

---

(1) Je ne peux me dispenser de faire place à cette tradition fort accréditée. Encore qu'aucun témoignage contemporain ne nous montre notre sculpteur s'occupant d'une étude d'après le profil de David pour faciliter le travail du graveur parisien, il n'est pas impossible que l'étude en question ait été faite et envoyée, sur une démarche de Gros, qui avait eu l'idée de la médaille de Galle en commémoration de l'entrée au Louvre des deux tableaux de son maître, *Léonidas* et *les Sabines*. Lorsque le peintre de *la Bataille d'Eylau* vint à Bruxelles, au mois de novembre 1821, apporter à David le premier exemplaire frappé à la Monnaie, la visite qu'il fit à Rude, avec lequel il n'avait pas eu de relations à Paris, n'est pas sans ressembler à une visite de remerciement. Les deux artistes se revirent amicalement par la suite. — Sur l'hypothétique, mais non invraisemblable médaillon préparatoire en cause, Cf. notre *Répertoire chronologique et raisonné de l'Œuvre de Rude* : § III, année 1820.

l'église Sainte-Gudule, la double union est enfin consacrée (1).

Ce qu'on ne tardera pas à savoir, c'est que M. Frémiet s'apprête lui-même à contracter un second mariage. Il s'est assoté, à Mons, d'une demoiselle Ernestine Simon, sœur d'un de ses employés. Mais ces justes noces n'ont pas, à ce qu'il paraît, de quoi réjouir ses enfants, car il attendra pour les célébrer, l'établissement de ses deux filles. Qui dira jamais où s'arrête la faiblesse humaine? Et, certes, il s'agit ici de l'homme le plus instruit, le plus sage et le meilleur.

Quoi qu'il en soit, le bonheur est sans mélange pour le sculpteur et sa jeune femme. Le 20 juin 1823, un enfant leur naît, qu'ils baptisent Louis-Amédée (2) et sur lequel fleurit en infinies douceurs l'enchantement de leur tendresse. Avec quelle effusion en parle Mme Rude dans toutes ses lettres à Mme Moyne ! « Notre Amédée est un gros garçon bien rose et bien blanc ; il a de jolis yeux clairs très malins, le nez un peu court, une jolie petite bouche. *Je ne puis te dire mon avis, mais tout le monde le trouve charmant.* L'expression de sa figure est étonnante pour un enfant de son âge ; il est d'une extrême vivacité, rit toujours et fait de petites folies qui nous enchantent. » Est-il malade le moins du monde, la pauvre mère est aux champs ; le père davantage encore. C'est une véritable ivresse que la mignonne créature a soufflée dans la

---

(1) Archives de l'état-civil de Bruxelles et archives paroissiales de Sainte-Gudule. Le mariage civil a été prononcé par l'échevin baron Louis de Vos, en présence de quatre témoins : Pierre Sanfourche-Laporte, avocat, réfugié français, Théophile Berlier, J.-B. Jouvencel et Emmanuel Colbert. Le mariage religieux est célébré par l'abbé Sotteau, curé de Sainte-Gudule.

(2) Archives de l'état-civil de Bruxelles.

maison. Ivresse qui se dissipera trop tôt, affreusement ! Ce fils, tant choyé à son entrée dans la vie, est marqué pour une prompte mort et rien ne se prolongera de lui que déchirants souvenirs...

Rude a de grands sujets en tête pour le château de Tervueren, construit par Van der Straeten au milieu d'une admirable forêt, sur l'ordre du prince d'Orange. Sur la façade, il doit sculpter en pierre *la Chasse au sanglier de Calydon par Méléagre*, et, dans une salle en rotonde, il s'est engagé à raconter en marbre les principaux traits de l'histoire d'Achille (1). Nous le croyons voir fouillant ses cartons, relisant les auteurs classiques, modelant des esquisses, dessinant, cherchant. Souvent pour conférer avec lui, l'architecte le mande au chantier même. « Il part à quatre ou cinq heures du matin, été ou hiver et quel que soit le temps, rapporte Feignaux ; il reste une heure ou deux avec Van der Straeten, toujours sur pied, dans la boue, dans la neige, revient comme il est venu, allume sa pipe et se remet au travail. » Que si l'on veut savoir son ordinaire règle d'existence, c'est encore au minutieux Feignaux qu'il la faut demander. « En été, Rude arrive à l'atelier au soleil levant. A huit heures on lui apporte son déjeûner. Quelquefois, quand il est pressé, il se contente de deux petits pains et d'un peu d'eau-de-vie. A midi, deux autres petits pains et, à trois heures, il va dîner. Il retourne à l'atelier, à quatre ou cinq heures, pour n'en sortir qu'à la nuit... Le dimanche, après-midi, il se promène à la campagne en famille ; mais, le lundi matin, il est devant son modèle à l'heure accoutumée. Il aime, en travaillant, à écouter quelques pages d'un bon livre lues par un de ses élèves. L'hi-

(1) Cf. Max. Legrand, brochure déjà citée.

ver, il dessine et compose à la lampe. La veillée se passe à la maison, presque toujours à entendre de la musique. Quel heureux intérieur ! Quel calme ! Quelle affection !... »

Et Victorine, la sœur cadette ? Mme Rude, tout justement, nous parle d'elle. « Nous marions Victorine, écrit-elle au mois d'octobre 1824, à son amie de Dijon. Nous la marions à M. Henri Van der Haert, jeune homme de Louvain, ami de Rude, qui a beaucoup de talent comme peintre et de beaux travaux dans les nouveaux palais. Il a un petit revenu et de grandes espérances, tous les siens étant riches, mais, rien que par son travail, il est à même de se faire une fortune. Il a trente-deux ou trente-trois ans, il est fort bien de figure, ne manque pas d'esprit et se montre très attaché à nous (1) ». Mme Rude, un peu plus tard, ne verra plus son beau-frère d'un si bon œil. En fait, Henri Van der Haert est un garçon de molle nature, bien doué, mais paresseux, bien intentionné, mais incapable de soutenir un dessein et qui rendra sa femme assez malheureuse. Gardons, encore une fois, d'anticiper sur les événements.

(1) Archives de l'état-civil de Bruxelles. Le mariage d'Henri Van der Haert et de Victorine Frémiet est du 17 novembre 1824. Trois enfants en sont issus : 1º Marie-Élisabeth-Sophie, née le 12 septembre 1825, morte en bas-âge ; 2º Jean-Baptiste-Louis, né le 12 octobre 1828, mort à Bruxelles, au printemps de 1888, officier supérieur en retraite ; 3º Martine-Henriette-Victorine, née le 14 octobre 1833 et dont les circonstances feront la fille adoptive des Rude.

Tête de la Guerre, détail du haut relief de l'Arc de triomphe de l'Étoile.

XIII

Dernières années en Belgique.

Un seul mot peut traduire avec plénitude l'harmonie d'existence de nos réfugiés : en eux est la sérénité parfaite. Rude n'avait jamais connu cette infinie douceur, affermie en elle-même, par laquelle son âme d'artiste, graduellement, s'affranchira. A son foyer chaque jour qui luit éveille un nouveau charme. Après le mariage de sa belle-sœur, l'unité de la famille s'est trouvée rompue : il s'est logé rue d'Arenberg, où le pénètre un ravissement insoupçonné d'intimité close, d'abandon sans témoin. Au dehors, sa notoriété se propage. Depuis 1822 ou 1823, son atelier n'est plus au vieux couvent des Lorraines, réclamé pour de nouvelles appropriations. Van des Straeten lui a concédé, provisoirement, la jouissance d'un hangar commode, dans les chantiers du palais du roi et le voici, depuis peu, installé, en 1824, en la chapelle délaissée des Douze-Apôtres (1). Des élèves, dessinateurs ou modeleurs, y viennent, de plus en plus nombreux, chercher ses leçons. Dès lors, relativement assuré du lendemain, le désir renaît en son esprit de la statuaire libre, amoureusement caressée ; mais les seules œuvres qu'il ait

(1) Aujourd'hui remplacé par la caserne Sainte-Élisabeth, près la rue des Sables. La chapelle était sur la rue Saint-Laurent.

l'occasion de produire sont conçues au profit d'une certaine convention imposée et d'une certaine architecture. Vivant des commandes des architectes, il se tourmente en vain de l'idéal d'un art plus pur, offert seulement à son rêve. En attendant qu'il puisse s'appartenir, le mieux est pour lui de s'absorber en conscience aux tâches assumées. Ce sont des cariatides pour les façades de l'hôtel de Liem, rue de la Loi, et de l'hôtel de Boughom, rue Royale, et pour la salle du Concert-Noble ; un groupe de deux Génies en marbre portant un cadran pour le couronnement d'une cheminée au palais des États-généraux, et deux Amours soutenant au vol, au même palais, la riche tenture cramoisie, brodée de lions héraldiques, du trône ; une chaire à prêcher en bois, animée de statues et d'un bas-relief, commandée, en 1824, par l'église Saint-Étienne de Lille ; le plafond sculpté de figures « à l'antique », d'ornements et d'emblèmes de la Bibliothèque du duc d'Arenberg, à Bruxelles ; une figure en bronze, haute d'un mètre, à poser sur une pendule, entreprise à la demande d'un marchand bruxellois...(1). En tout ce qu'il fait son application s'ingénie ; mais, plus que tout, paraissent l'avoir mis en peine ses deux importantes suites de bas-reliefs destinés à la façade et à la rotonde du château de Tervueren : la *chasse de Méléagre* et l'*Histoire d'Achille*. Trois années, au moins, le plus clair de son temps s'y dépense, avec le plus clair de son effort. Quoique toujours sous l'empire du goût clas-

(1) On pourra lire, au *Répertoire chronologique* (§ III), tout ce qui nous est connu touchant ces œuvres. Disons simplement ici que les cariatides de l'hôtel de Boughom sont conservées au Musée communal de Bruxelles dit de la Maison du roi ; que celles du Cercle-Noble sont restées en place et que la chaire de Lille est toujours dans son église.

sique, il tend à fixer plus étroitement la vie, par l'énergie des gestes et la souplesse des modelés. Chacun de ses élèves est requis de poser à son tour. Que ne ferait-il point pour serrer de plus près la nature ? Tout semble, enfin, lui sourire quand, brusquement, une mauvaise nouvelle, au mois de mars 1825, lui vient mettre la tête à l'envers. Van der Straeten est destitué. Qui nommera-t-on à sa place ? Les ouvrages en cours d'exécution ne seront-ils pas suspendus ? Au demeurant, les choses s'arrangent. « On a trop bonne opinion à la cour des talents de M. Rude, dit un des nouveaux architectes, pour qu'il ait rien à redouter (1). »

Mais cette année 1825 réserve à la famille une affliction réelle. Le 25 novembre M. Frémiet épouse, à Mons, Henriette-Ernestine-Désirée Simon (2). Ni ses fils ni ses gendres n'assistent aux cérémonies d'un mariage peu digne, qu'ils ont combattu et qui les navre. Il y a même brouille complète durant plusieurs mois, avec d'autant plus d'amertume que l'union a été plus longue et plus tendre entre le père et les enfants. Ce n'est qu'au mois d'avril 1826 qu'un rapprochement parvient à s'opérer. Nos braves gens n'y tenaient plus. « Enfin, nous avons vu mon père, écrit Mme Rude... Je lui avais envoyé quelques détails à propos de mon fils et de la fillette de Victorine et nos discussions recommençaient. Devant son chagrin de ne plus nous voir, j'ai redoublé d'efforts pour lui prouver qu'il pouvait bien venir seul, mais il n'a pas voulu céder. Nous avons fini par nous armer de courage et nous l'avons invité *avec sa femme*. Elle n'a pas pu venir et il est

---

(1) Correspondance de Mme Rude.
(2) Archives de l'état-civil, à l'hôtel de ville de Mons, registre de 1825.

arrivé seul, mais nous avons été bien récompensés de notre concession. Jamais il ne nous avait témoigné tant d'amitié. Je crois qu'il a compris tout le sacrifice que nous lui avons fait. Aussi je vais conduire le petit Amédée à Mons pour la kermesse du 22 mai. Ce voyage me coûte beaucoup, mais je ferai en sorte que mon père ne s'en aperçoive pas (1). » Le lecteur trouvera, j'espère, quelque intérêt en ces menus tableaux d'un intérieur d'artiste à l'intimité strictement bourgeoise, plus d'un demi-siècle déjà passé. Il est bon de regarder les hommes illustres dans les états successifs de leur existence et dans les conditions les plus secrètes de leur humanité. C'est ainsi que nous avons coutume aujourd'hui d'étudier les anciens, en nous autorisant de tous les témoignages. Je revendique le droit de traiter les modernes tout pareillement. Ne seront-ils pas, aussi, des anciens pour nos arrière-neveux?

Rude est dégrisé de politique ; Rude oublie même qu'il a failli faire le voyage d'Italie comme prix de Rome. Plus rien ne l'agite guère en dehors de son foyer et de son art. A peine deux ou trois incidents extérieurs ont-ils compté dans sa vie, en cette période : par exemple, une seconde visite du peintre Gros, venu, à Bruxelles, au mois de décembre 1823, saluer son maître David, et sa rupture, à lui Rude, avec l'auteur fameux de *Léonidas* et des *Horaces* (2). La cause de

---

(1) Lettre du 8 mai 1826.
(2) La nouvelle visite de Gros à Rude nous est connue par la lettre de Mme Rude du 21 décembre 1823 : « *Monsieur Gros est venu passer deux jours à Bruxelles ; il est venu nous voir* ». Dès cette époque la brouille avec David était consommée. Sophie Rude écrivait, en effet, à Mme Moyne le 4 février précédent : « *Je ne t'avais pas parlé de notre rupture avec M. David parce qu'il y a des détails qui ne peuvent s'écrire* » (Voir au *Répertoire chronologique*, § III, 1826, à propos du Buste de David, modelé après la mort du peintre).

leur division nous reste inconnue. Elle a été assez grave pour empêcher toute rencontre jusqu'à la mort de David. Le statuaire, d'ailleurs, ne cesse point de rendre à son talent le plus haut hommage. Lorsque, le 29 décembre 1825, le peintre du *Sacre* a rendu le dernier soupir, Rude accourt, les yeux en larmes, sollicite et obtient l'honneur de mouler sa main droite. A ses funérailles, un des coins du poêle funèbre lui est réservé. Le probe Dijonnais, en aucun cas, ne s'est départi de son rare esprit de dignité et de justice.

Que si je regarde, maintenant, pour le juger, l'ensemble de sa production en Belgique, je suis frappé du signe académique et traditionnel qui l'empreint. L'ordre des idées, l'application de l'intelligence et de la bonne volonté y éclatent partout ; on y constate même par places une certaine fougue d'imagination, mais la personnalité de l'artiste n'est nulle part très apparente. N'était la conscience de l'exécutant avec un sentiment de nature notable en plusieurs mouvements, nous n'oserions mettre François Rude, en considération de son œuvre belge, fort au-dessus des académistes de l'école impériale. Je laisse de côté le pauvre fronton de l'hôtel des Monnaies, les froides cariatides du Cercle-Noble, les deux figures plus mouvementées, mais non plus neuves, de la porte de l'ancien hôtel de Boughom et les sculptures ternes du palais du roi Guillaume I. La chaire de Saint-Etienne, à Lille, assez remarquable en sa partie supérieure, dominée par un archange volant et par deux angelots qui tiennent à pleines poignées les draperies de l'abat-voix, est ornée, à sa face, d'une petite *Lapidation de saint-Etienne* en bas-relief, semblable à une vignette hagiographique du dix-huitième siècle, et décorée, à son soubassement, de deux grandes figures convenues de l'Espérance et de la Foi (1). Pas un éclair d'inspiration n'y étincelle. Pour les huit bas-reliefs de *l'Histoire d'Achille*, au château de Tervueren : *Achille trempé dans le Styx, les Premiers exploits d'Achille ; le Combat d'Achille contre Hector ; le Cadavre d'Hector traîné autour des murs de Troie ; Priam aux pieds d'Achille*..., j'ai besoin de me rappeler les conditions de l'époque et du milieu où l'œuvre fut mise au jour pour y trouver un relatif intérêt. Peu importe que le sculpteur ait pensé constamment à la réalité dans le détail des formes si sa conception n'est que réminiscence et vaine littérature ! Cette évocation artificielle ne provoque en mon esprit que des impressions de concours pour le prix de Rome. Dans le *Méléagre*, également marqué du goût pseudo-antique, je suis en droit, du moins, de me rabattre sur le rôle agréable et décoratif du paysage et sur les furieux groupes de chiens qui poursuivent, à travers les herbes des marais, le sanglier de Calydon. Evidemment, toute la série se réclame d'un viril souci de concentration et de simplification des sujets, d'une technique savante, d'une ambition de faire agir expressivement les personnages, mais sans nulle idée claire d'un art de vérité moderne (2).

(1) J'ai consulté sur cette chaire les archives de la fabrique de l'église de Saint-Étienne. La composition est de Verly, architecte lillois. Le menuisier lillois Buissine a exécuté le gros œuvre de menuiserie, moyennant 3 325 francs. Huidiez, ornemaniste à Lille, a sculpté les draperies, culs de lampe et ornements de tout genre. Enfin, les cinq figures et le bas-relief de Rude ont été façonnés sous sa direction par des praticiens de Bruxelles. Rude est venu à Lille en 1825, pour les placer. Les documents ne mentionnent pas la rémunération accordée à Rude et à Huidiez. Cette chaire, de tradition flamande, commandée par la fabrique, paraît avoir été payée, en majeure partie, par les fabriciens, sur leurs ressources particulières.
(2) Ces sculptures de Tervueren, gravement atteintes par le feu,

Si habile, si droitement intentionné que soit l'auteur, il confond en son art des principes disparates, de même qu'il couvre d'une seule admiration les héros des *Victoires et conquêtes des Français*, du *Mémorial de Sainte-Hélène*, d'*Homère* et de *Plutarque*. « Quels hommes ! Quels hommes ! dit-il à son ami Feignaux. Allons, fumons une bonne pipe ! » Le passage de François Rude au milieu des incertitudes esthétiques de l'École parisienne a laissé dans sa cervelle un étrange chaos. Il le sent vaguement, il s'en inquiète sourdement, mais les malentendus le débordent. A Bruxelles, sous l'influence des contradictoires oracles de David et des préjugés des architectes, il a cherché bien plutôt à réchauffer les formes apprises qu'à les régénérer par une foncière observation de la vie. En raccourci, le futur maître de l'Arc de triomphe est encore en lisière. Déjà supérieur à ses contemporains par l'élan et l'instinct, appelé, non à faire trembler le marbre comme Puget, mais à le faire humainement vivre, sa graduelle émancipation aura pour effet de ramener la sculpture à ses conditions vitales : l'étude directe et rigoureuse du corps humain, l'intime recherche de l'action, le devoir de profiter de tous les enseignements en ne travaillant que d'original, suivant la conception de l'artiste et les besoins du temps, sans équivoque, sans formulaire.

---

lors de l'incendie du château, n'existent plus qu'à l'état de fragments, mais elles ont été moulées après le sinistre. *L'Histoire d'Achille* n'a jamais été exécutée en marbre, comme elle devait l'être selon le projet primitif. On en voit des moulages pris sur les plâtres originaux ravagés par la flamme, au Musée d'art décoratif et monumental de Bruxelles, au musée des arts décoratifs de Paris et au musée de Dijon. La frise de *Méléagre* n'a pu être conservée. Le moulage se trouve au musée bruxellois, ainsi que celui des deux trophées de chasse modelés par Rude pour le péristyle du château.

XIV

Préludes du retour en France.

Depuis douze ans qu'il a quitté la France, Rude ne semble guère avoir eu regret du mouvement parisien. Il est heureux d'un bonheur à son gré dans sa vie simple, forte, laborieuse, comblé des joies de l'intérieur, en étroite union de cœur et d'esprit avec sa femme, adorant son petit Amédée qui se développe à ravir, environné d'élèves respectueux et dociles. Sa pauvreté lui pèse peu dès là qu'il joint les deux bouts de l'année. « Ce n'est pas tant par plaisir que par nécessité que nous travaillons sans relâche, écrit Mme Rude... Je ne me plains pas, pourtant, et je remercie Dieu tous les jours de nous donner une bonne santé et de la besogne. » Le souvenir de Dijon reparaît dans la conversation du ménage à chaque instant. De Paris, il n'est pas une fois question, tout le long des lettres à Mme Moyne, avant le mois de décembre 1826. Lors de la seconde visite de Gros, naguères, le sculpteur a parlé au peintre en homme fixé sans retour où l'a jeté son sort. Il s'est, seulement, fort enquis de ses anciens maîtres et de ses camarades. Le baron Denon, qui lui fut bienveillant, se consume en disgrâce, inconsolable d'avoir vu restituer à l'étranger les chefs-d'œuvre choisis par lui dans les villes conquises et rangés au Louvre triomphalement. Les Bourbons l'ont mis à l'écart. Sa retraite forcée lui est une cuisante souffrance, dont la contemplation des richesses de son cabinet ne le soulage pas (1). Sur Cartellier, Gros n'a pas manqué d'apprendre à Rude que le vieil académicien ne l'a pas oublié, qu'il s'étonne même de n'avoir vu, encore, en aucune exposition, nulle marque de son talent. Rude s'est doucement excusé. On ne saurait de bonne foi l'accuser de paresse. S'il n'envoie rien aux Salons parisiens, la faute en est à des travaux de sculpture décorative absorbant tout son temps. — « En ce cas, a riposté son ami, pourquoi ne pas rentrer à Paris? Que vous attardez-vous davantage en Belgique? Voilà vos rivaux de l'École des Beaux-Arts, David d'Angers, Pradier, Cortot, Roman, dont on commence à s'occuper, tandis qu'on vous ignore par votre négligence. Plus vous attendrez, sachez-le bien, et plus malaisés seront vos débuts. » Le fils du poêlier de répondre, en souriant, qu'il a des commandes à Bruxelles. En aura-t-il de même là-bas? Grande affaire et qu'un père de famille doit considérer... (2).

Peu à peu, cependant, le conseil de Gros germe chez l'artiste. Son naufrage est-il si certain alors que David d'Angers, Pradier, Roman, Cortot, dominent le courant? Il les vaut bien, que diable, — si tant est est qu'il ne vaille mieux! Sentiment d'envie, pensera-t-on! — Non, simple poussée d'émulation et juste désir de gloire. Je suppose qu'il s'est ouvert à sa

(1) Denon meurt à Paris, à soixante-dix-huit ans, le 27 avril 1825. Cartellier sculpte sa statue, érigée en bronze au cimetière du Père La Chaise et datée de 1826.
(2) Le rôle de Gros, préparant ainsi le retour de Rude en France, m'a été révélé par une lettre de Mme Rude et par les souvenirs de MM. Christophe et Gaston Guitton, tous deux familiers du sculpteur et qui tenaient de lui ces détails.

femme, à laquelle il ne cache rien, de ses velléités, infiniment vagues encore, de repasser la frontière, mais tout au plus comme d'un rêve réalisable peut-être dans un lointain, très lointain avenir... Mme Rude a le meilleur de ses affections et toutes ses habitudes en Belgique. La perspective d'une installation à Paris la doit, positivement, effaroucher. Qu'elle se rassure. Son mari n'est pas homme à la contrarier pour si peu... L'idée l'a traversé, rien de plus — du moins à ce qu'il s'imagine. Néanmoins, il confessera plus tard avoir été mordu, pour la première fois, vers 1826, du désir d'entreprendre au plus vite « une figure d'exécution, susceptible d'être exposée à Paris ». La mythologie fournit de beaux motifs à la statuaire. Que dira-t-on de celui-ci, par exemple, qui lui est venu en tête et dont il cherche la silhouette en se jouant : *Mercure rattachant ses talonnières*? Bah ! qui vivra verra. L'homme qui travaille avec conviction et avec suite est tout semblable, s'il a quelque tempérament, au voyageur engagé sur la bonne route et qui atteindra son but en dépit de tout, si reculé qu'il puisse être.

Quand une obsession d'éventuel changement d'existence s'est emparée d'un cerveau, il est rare qu'elle se traduise en acte sans l'accoutumance que donne un long temps et sans le concert de faits répétés. Rien de moins commun qu'une grande résolution soudaine dans l'ordinaire de la vie. La suite des circonstances transforme une impression latente en pensée confuse, puis en dessein proposé et, pour que s'engendre une volonté d'agir immédiate, il faut d'autres impulsions encore. C'est à ce point de vue que le psychologue trouve à décomposer les manœuvres humaines un si vif intérêt. François Rude, en sa félicité même, ne pouvant suivre à son gré son idéal, éprouvait, à son insu, la lassitude de l'exil. De cette lassitude obscure, une amicale parole a fait sortir l'aspiration à rentrer en France. L'aspiration met bientôt l'artiste en humeur d'élaborer une fine figure à l'intention des Parisiens. Une secousse de plus et la volonté de quitter la Belgique va nettement se dessiner. Or, la secousse de salut est bien près de se produire.

Un jour du mois de septembre 1826, le statuaire travaille en son atelier des Douze-Apôtres. Quelqu'un frappe à la porte et se précipite, à bras ouverts. Rude pousse un cri de joie : c'est Roman, son vieux camarade, son plus sûr ami de l'École et qu'il n'a pas revu depuis 1814. On cause affectueusement du passé plein de chimères, du présent semé d'embûches, des absents, des disparus, et de ce qu'on a pu faire, et de ce qu'on n'a pas fait. Roman est en passe de devenir un personnage; Rude s'est dépensé presque en vain. Le fils du poêlier mène son hôte à Tervueren, où se voient ses plus importants ouvrages. Comment, avec de tels travaux, s'est-il acquis si peu de renommée et si peu d'aisance à la fois ? « Viens à Paris, lui dit Roman. Fais y connaître ta sculpture. Les belles commandes auront vite fait de t'arriver. » Voici notre Dijonnais ému au vif. Prend-il, toutefois, son parti à la minute, ainsi qu'on le raconte? Point. Mme Rude nous informe qu'il se détermine à écrire à Cartellier pour solliciter son avis. « Hâtez-vous de revenir, lui répond Cartellier, je ne sais pas ce que vous pouvez attendre. » Aussitôt, sa femme, en personne prudente, émet un vœu : « Avant de nous décider, si nous allions faire un voyage à Paris pour nous rendre compte ». Chose entendue ! Donc, nous les rencontrons dans la grand'ville au commencement de décembre, accompagnés du petit Amédée dont ils ne se fussent point séparés pour un empire.

Le logement garni qu'ils occupent est rue Saint-Nicolas, n° 8, à la Chaussée d'Antin, mais, toujours en course, durant leur bref séjour, c'est à Françoise Rude, la sœur de l'artiste, qu'ils doivent souvent confier leur garçonnet. De toutes parts, sous les auspices de Cartellier, de Roman et de Gros, on les accueille, on les encourage à se fixer au bord de la Seine. Ainsi le sort en est jeté : ils ne retourneront plus à Bruxelles que pour y préparer leur exode. « Nous partirons aux premiers jours de l'été prochain, écrit Sophie, mon mari ayant encore quelques travaux à terminer. Je n'ai pas besoin de dire ce que ce départ aura de déchirant pour nous. Je n'aurais jamais eu le courage de m'y résoudre sans notre Amédée, à l'avenir duquel il faut songer, et sans Rude qui se fatigue deux fois plus qu'il ne faudrait si l'on rétribuait convenablement ses œuvres. Ce travail forcé pourrait, par la suite, atteindre sa santé (1). » Désormais, on est triste dans la famille, mais on échange de beaux projets. M. Frémiet et Victorine Van der Haert viendront tous les ans à Paris ; Rude et sa femme viendront tous les ans en Belgique. On s'arrangera pour être ensemble aux vacances. Ce sera délicieux...

Le printemps de 1827 refleurit déjà les jardins belges. Encore quelques semaines et l'on roulera vers Paris. Il a été rêvé, aussi, d'un voyage à Dijon au mois de mai ou de juin. Mais le cœur tombe à la pauvre Sophie : elle cherche toutes sortes de raisons pour ajourner son dépaysement. « Rude, dit-elle, désire faire une figure pour l'exposition de Paris, qui s'ou-

(1) Lettre à Mme Moyne du 18 décembre 1826.

vre, cette année, à la Saint-Charles (4 novembre). Nous avons pensé qu'en partant tous il y aurait à nous installer et que cela prendrait du temps. Mon mari n'a que l'été pour exécuter cette statue, essentielle pour lui puisqu'il s'agit de se faire connaître. Nous avons donc décidé que Rude irait seul à Paris, d'où il reviendrait dès que sa figure serait exposée, passer peut-être encore un hiver ici. C'est un grand parti que de nous séparer pour aussi longtemps, mais il était nécessaire de le prendre, sans quoi mon mari n'eût pu exposer et il aurait fallu attendre trois ans une nouvelle exposition (1). »

En effet, vers le 15 mai, le statuaire boucle sa malle. Il laisse, complètement achevé, un modèle de buste de Louis David, demandé par la famille et qu'on admire fort (2). La figure à laquelle il compte, enfin, se consacrer, c'est, naturellement, le *Mercure rattachant ses talonnières*. Mais une bonne fortune l'attend, à son arrivée dans la grand'ville, sous forme d'une commande municipale, obtenue pour lui par Cartellier : une *Vierge immaculée* pour l'église Saint-Gervais. A peine l'a-t-il ébauchée que, par un illogisme tout féminin, Mme Rude, qui ne voulait à aucun prix distraire l'artiste de son labeur, accourt avec le petit Amédée. « Nous resterons ici jusqu'à la fin de l'été, dit-elle. Rude voudrait exposer sa *Vierge* au prochain Salon ; puis, nous serons un dernier hiver à Bruxelles et nous nous fixerons à Paris au printemps (3). » Je ne peux m'empêcher de sourire parmi ces détails, à l'idée des prodigieuses complications, des atermoie-

(1) Lettre du 16 avril 1827.
(2) Cf. *Repert. chronol.* § III : année 1826 : Le *modèle en plâtre du buste de David.*
(3) Lettre du 29 juillet 1827.

ments, des déviations bizarres, des troubles singuliers qu'apportent, dans l'accomplissement des résolutions les mieux prises, les incidents de la vie et les caprices humains. Depuis je ne sais combien de mois le statuaire est déterminé à ne plus résider hors de France. Rien de plus facile, à ce qu'il semble, que de planter définitivement sa tente et de s'établir avec les siens. Eh bien, non ! Rien n'est plus difficile. La preuve, c'est qu'il n'y parvient pas, qu'il en est réduit à différer sans cesse et qu'il a bien du mal, en son provisoire, à parfaire sa *Vierge* pour le Salon.

Il paraît, par contre, que cette statue, dont nous toucherons un mot plus loin, plaît à Cartellier et aux artistes. Rude reçoit un tel contentement de ces approbations qu'il commence sur le champs son *Mercure,* dans l'espoir de l'achever avant la fin du Salon, ouvert pour trois mois (1). A la dernière semaine de janvier 1828, il y travaille encore. Heureusement l'exposition est prorogée jusqu'au 1er avril. Pour Mme Rude, nul ne lui ferait renoncer à la grand'ville, à présent, qu'elle n'ait vu le plâtre de son mari en bonne place, entre les œuvres exposées. Ce n'est guère qu'au courant d'avril que les deux époux se retrouvent au logis de la rue d'Arenberg. Sur ces entrefaites, Sophie tombe malade, Amédée n'est pas bien, Victorine Van der Haert est enceinte et réclame de grands soins, la tante Catiche se multiplie à soulager tout le monde et Rude, mélancoliquement, reprend de menus travaux décoratifs en souffrance. Au mois de juillet, le voici de nouveau à Paris, seul, s'ennuyant à mourir. Sa femme ne le rejoindra pas avant les couches de

(1) Lettres des 6 novembre 1827 et 26 janvier 1828.

Victorine. Qui donc ose prétendre qu'il y a, dans la vie, des périodes sans agrément?…

Enfin, le 15 octobre, Mme Van der Haert est mère d'un gros garçon « qui a tout l'air de lui ressembler ». Pour le coup, les tribulations de Rude vont finir. Trois mois durant, le malheureux n'a eu d'autre satisfaction que la compagnie du fils de l'architecte Van der Straeten, phtisique à tel degré qu'on a dû le renvoyer précipitamment chez son père. Maintenant Sophie s'occupe d'envoyer le mobilier de la rue d'Arenberg, exempté, suivant la faveur accordée aux Français qui rentrent d'exil, de la taxe des Domaines. L'appartement retenu par l'artiste, est rue d'Enfer, 66. Le doux foyer de Bruxelles va se rallumer à Paris.

XV

Premières œuvres de Rude à Paris.

Il sied, avant d'aller plus loin, de jeter un coup d'œil sur les œuvres de Rude des premières années de son rapatriement. Nous verrons, ainsi, son état d'avancement plus à vif et nous jugerons, en même temps, des appétits d'art à ce moment du dix-neuvième siècle. J'ai signalé la *Vierge immaculée* et le *Mercure* du Salon de 1828. Les deux statues sont de valeur inégale. La *Vierge,* commandée par la Ville de Paris pour l'église Saint-Gervais, où elle est toujours (1) vaut plus par la facture que par son caractère. C'est une figure en plâtre, très froide, d'une certaine banalité. Le *Mercure,* au contraire, beaucoup plus typique en son genre, s'offre comme le résumé des qualités académiques de l'auteur à leur plus grande perfection. L'éloge, assurément, se retourne en critique ; — mais la critique ne doit méconnaître aucun mérite spécial.

Prêtons l'oreille, en premier lieu, à l'opinion des contemporains. Un article sans signature, inséré au *Moniteur* du 22 mars 1828, nous la garde tout entière : « Le messager des dieux est représenté au moment où il vient de tuer Argus et où, rajustant sa talon-

(1) On l'y a reléguée dans un local de débarras. L'Inventaire des richesses d'art de la Ville de Paris nous apprend qu'elle fut payée 3 000 francs.

Le Maréchal de Saxe, marbre (1836-1838). Musée du Louvre.

nière, il va remonter aux cieux. Le double mouvement par lequel le dieu marque son impatience de s'élever dans les airs en s'occupant d'un léger accessoire, produit, dans le développement de la figure, des contrastes heureux. Déjà le bras gauche, sur lequel voltige une élégante chlamyde, semble prendre sa route vers la hauteur, tandis que le regard se dirige encore vers la main qui touche au talon. Rien de gêné dans cette attitude, si tendue qu'elle soit ; tout est souple ; les formes sont nobles et légères ; la tête est bien celle de Mercure et l'ouvrage est d'un statuaire excellent ». Contre cette appréciation pas un visiteur du Salon ne s'inscrit. Le concert d'éloges est instantané, unanime, pur de dissonance (1).

Au salut donné à l'œuvre en sa nouveauté il convient de joindre une plus récente louange, appuyant sur le sentiment ancien. Je l'emprunte à la notice de Charles Blanc, dans le Catalogue de la collection Thiers au Musée du Louvre : « ... Le *Mercure* de Rude est supérieur au *Mercure* de Jean de Bologne. Celui-ci est figuré dans la plénitude du mouvement qu'il accomplit ; celui-là promet le mouvement qu'il va accomplir. Il le commence et l'imagination du spectateur le continue et l'achève. Le *Mercure* de Rude est plus jeune, plus beau, de plus haute race

(1) Le *Mercure* de Rude est au Louvre, fondu en bronze et d'une fonte assez défectueuse. On s'en aperçoit, notamment, en examinant le dos de la statue où la lime de l'ajusteur a dû brutalement intervenir, au grand dommage du modelé. Une petite réduction originale de l'ouvrage, demandée à Rude par Adolphe Thiers, et beaucoup plus tard exécutée et coulée en bronze, est également entrée au Louvre avec la collection Thiers. Profitons de l'occasion pour indiquer que les morceaux dont il va s'agir, le buste de *Lapérouse* et le *Petit pêcheur napolitain* appartiennent aussi à notre grand musée national (Musée de marine et Département de la sculpture moderne).

De Fourcaud.

et d'une élégance olympienne. Sa tête sans pétase est vraiment divine. Un dieu ne craint ni l'ardeur du soleil, ni les intempéries de l'air, et ce qui semble inventé pour l'en garantir ne lui sert de rien... Mais quelle grâce dans l'élan du jeune immortel ! Quelle auguste beauté dans ses formes ! Je ne me lasse point d'admirer sa tête charmante et sereine, sa chevelure ailée, son torse évasé aux dépressions légères, ses hanches serrées indiquées à peine, ses bras qui n'ont point connu les efforts du travail, ses mains qui effleurent ce qu'elles touchent, ses jambes sveltes comme doit les avoir un messager des dieux, son pied leste, rendu plus leste encore et plus mince par le déploiement de ses talonnières, enfin cette draperie négligemment nouée autour de son cou et qui n'est, ici, qu'une élégance de plus, car elle n'est pas, seulement, par la fine cassure de ses plis, un indice du vent qui souffle dans les régions de l'air où Mercure va prendre son vol, elle vient encore accompagner les membres de ce corps robuste et délicat, en racheter les angles et les minceurs et donner à la partie supérieure de la figure une ampleur qui fait paraître la jambe plus fine et la tête plus légère... »

En vérité, je n'ai cité ces amplifications que pour l'acquit de ma conscience, à cause de la grande impression produite par la statue à son apparition et du renom qu'elle a conservé. J'avoue n'être point épris de cette figure savante, fortement construite, scrupuleusement modelée, mais d'intention trop ingénieuse et de lignes, surtout, maniérées. Laissons de côté la rhétorique à la mode d'antan. Si le type est ou non d'un dieu de l'Olympe, je n'aurai garde de le rechercher — et pour cause. Les Grecs seuls, suivant leur intime tradition sacrée et leur âme sociale, pouvaient incarner des dieux ; nous ne pouvons évoquer que des hommes. Ici, malheureusement, l'humanité ne se trahit que par la magistrale technique d'interprétation du corps. Cette façon de rattacher les ailettes de ses talons avec un geste de danseur, en un équilibre de danse, est peu significative et passablement déplaisante. Les traits n'ont aucune individualité. Nous sommes en présence d'une œuvre d'abstraction classique plus nerveusement animée, poussée à la perfection physique, non d'un œuvre émue. Rude a oublié pour un temps jusqu'à la familière maxime de Devosge « qu'il faut toujours prendre une figure dans son mouvement le plus naturel ».

Vers la fin de l'année 1829, l'État commande au sculpteur un buste en marbre du navigateur Lapérouse pour être placé au Musée de marine. Il le traite librement, quelque peu au goût décoratif de Caffieri. Une tradition aussi courante que difficile à accepter veut qu'on lui ait remis, en cette occasion, un si gros bloc qu'il en a pu détacher tout un prisme triangulaire susceptible de fournir une figure complète. Son *Petit pêcheur napolitain jouant avec une tortue* serait né du désir d'utiliser cet excédent. De cette légende, en soi négligeable, un seul point semble se dégager : c'est que, dès ce moment, il s'occupe de la composition de l'œuvre charmante. Entre temps, on le voit mener à bonne fin le marbre de son buste de David, lequel, exposé sans signature au Salon de 1831, fera dire au critique Charles Lenormant : « Nous ne saurions attribuer ce buste à aucune des mains connues de l'école. Il nous semble les surpasser toutes sous le rapport de la vie dans l'imitation » (1). Rude se sent

---

(1) Appréciation rappelée par le critique à propos du Salon de 1883. Journal le *Temps*, 21 mars 1833.

aussi l'ambition de créer de grands ensembles comme il a fait à Tervueren. Nous établirons tout à l'heure qu'il a pris part au concours, institué au printemps de 1829, en vue d'enrichir d'une vaste composition sculptée le fronton de l'église de la Madeleine ; mais il n'entend pas faire parade d'ambitions sujettes à ne se point réaliser. Son amour-propre redoute l'humiliation des vaines démarches ; son esprit, essentiellement raisonneur, se plie aux circonstances et masque sa timidité, un peu ombrageuse, en se prévalant d'une règle progressive : « Je débute, dit-il : il est sage de se présenter sans fracas. On me tiendra compte de mes allures modestes. Pour être bien accueilli, il n'est pas nécessaire d'avoir les portes ouvertes à deux battants. D'ailleurs, il est plus facile de mettre son art dans une petite chose que dans une grande. Vous avez du vin généreux de quoi remplir une coupe : à quoi bon l'affaiblir et le noyer d'eau pour le seul plaisir de remplir un plus grand vase ? » (1) Ce langage, d'une subtilité dont l'artiste lui-même est peut-être dupe, nous apparaît, surtout, spécieux. Instruit par ses expériences de Bruxelles et de Tervueren, François Rude ne se méprend ni sur ses aptitudes, ni sur ses forces. Le tout est qu'il colore toujours sa conduite et qu'il ait pour lui, en cas d'effort trompé, au moins le bénéfice de sa modestie.

Je viens de faire allusion au concours pour le fronton de la Madeleine. Longtemps, malgré la tradition, j'ai douté de l'inscription du jeune maître parmi les concurrents. En nulle de ses lettres à Mme Cécile Moyne, Sophie Rude ne touche un seul mot de cette aventure. Mais, d'autre part, une phrase du sculpteur lui-

(1) Legrand, brochure déjà citée.

même, dans une lettre qu'on lira plus loin, adressée à M. Moyne le 26 février 1832, prêtait fort à penser. « *J'ai déjà fait la sottise de concourir à Paris*, écrit-il, *et je ne suis plus à m'en repentir.* » Le ton de la page entière et le très formel ressouvenir du concours parisien qui la traverse sont des aveux non dissimulés (1). Il ne saurait être question des anciennes passes d'armes de l'élève de Cartellier autour du prix de Rome. Ces luttes sont trop lointaines et elles n'ont pas, du reste, été toutes infructueuses, puisque le jeune homme a obtenu tour à tour le second prix et le premier. C'est donc du concours pour le fronton de l'église royale qu'il s'agit de toute évidence.

Personne n'a éclairci l'histoire de ce concours. L'église de la Madeleine, commencée sous Louis XVI, continuée sous l'Empire pour servir de « Temple à la Gloire », achevée selon sa destination chrétienne par la Restauration, n'offrait encore aux yeux, en 1829, qu'un tympan de façade au triangle entièrement nu, au-dessus du portique. Deux moyens se présentaient pour en hâter la décoration en sculpture : la commande directe à un statuaire en renom ou le concours entre tous les artistes. L'idée du concours, combattue très vivement en certains ateliers, critiquée notamment par David d'Angers comme « plus favorable aux improvisateurs d'esquisses qu'aux sérieux exécutants », rallia néanmoins, la majorité de l'école et le Gouvernement s'y rangea. De fait, l'avis suivant figure au numéro du 6 mars du *Moniteur universel* :

« *Le Ministre de l'Intérieur vient de prendre un arrêté portant qu'il sera ouvert un concours pour l'exécution du grand bas-relief devant orner le fronton de*

---

(1) Voir le texte de cette lettre au chapitre suivant.

l'église royale de la Madeleine, sur la façade méridionale. Tous les sculpteurs sont appelés à y prendre part.

« Les artistes choisiront un trait de la vie de sainte Madeleine ou tout autre sujet propre à rappeler la destination pieuse du monument.

« Les concurrents se feront inscrire à la Direction des Lettres, Sciences et Arts (rue de Grenelle-Saint-Germain, 103). Ils déposeront avant le 1er mai prochain, dans le local préparé à cet effet à l'église de la Madeleine, une esquisse modelée dans la proportion du tympan, qui offre un triangle de 35 mètres de base sur 6 mètres 856 millimètres de hauteur.

« Les esquisses seront soumises à une commission formée de MM. le comte de Tournon, président ; le baron Gérard ; le baron Bosio ; le chevalier Cartellier ; le chevalier Fontaine. La commission désignera les six qui lui paraîtront mériter la préférence. Les auteurs des compositions ainsi désignées présenteront, dans le délai de six mois, des bas-reliefs modelés à l'échelle du vingtième de l'exécution. — Le Ministre prononcera sur le concours définitif, après s'en être fait rendre compte ; et le sculpteur qui aura remporté le prix commencera immédiatement l'exécution de son modèle (1). »

Peu de jours après la publication de cette note, une brochure anonyme est mise en circulation, où l'écri-

---

(1) L'arrêté du ministre de l'Intérieur, M. de Martignac, est du 23 février 1829. Un arrêté complémentaire intervient le 28 avril suivant, décidant que « chaque esquisse sera accompagnée d'un billet cacheté portant le nom de l'artiste » mais que ce billet ne sera ouvert que pour les six esquisses primées, dont les auteurs auront à prendre part au concours définitif. — Les dimensions des maquettes pour l'épreuve d'élimination restent facultatives. On ne tiendra compte que de la proportionnalité (*Archives nationales*, Liasse F^{13} 1152).

vain, se faisant l'écho de groupes d'artistes, réprouve la constitution d'un jury trop restreint, trop académique, sans contrepoids, sans garantie contre lui-même. L'aréopage devrait comporter au moins vingt jurés, artistes divers et indépendants, hommes de goût, hommes de lettres, prêtres et même théologiens, capables d'examiner les projets à tous les points de vue, chacun selon sa compétence. Il importerait, enfin, que l'exposition publique des esquisses durât une quinzaine entière, afin de donner à tous les connaisseurs le temps de formuler leur opinion (1). Par un effet de ces réclamations ou pour toute autre cause, l'exposition des projets, organisée à l'Ecole royale des beaux-arts, rue des Petits-Augustins, et non à la Madeleine, se prolonge plus d'un mois. On ne sait, au cours de ces semaines, ce qui se passe dans la commission, ni si quelque pression extérieure s'exerce sur elle, mais le 17 juin le Ministre l'informe que, *déférant à sa demande,* il lui adjoindra six nouveaux membres, élus par les concurrents à la majorité des suffrages. L'élection a lieu le surlendemain (2). Je n'en ai vu le résultat nulle part, non plus que je n'ai découvert la liste des auteurs d'esquisses, au nombre de vingt-sept (3). Une lettre de la Direction des Travaux à Huvé, l'architecte du monument nous révèle les six statuaires admis aux honneurs de la seconde épreuve: Pradier, Jacquot, Desbœufs, Lemaire, Gayrard et Guersant (4). Ce docu-

---

(1) « Du concours pour les bas-reliefs de la Madeleine », brochure in-8 de 16 pages, Paris, mars 1829. Bibliothèque de la Ville de Paris à l'hôtel Carnavalet, n° 2108.
(2) Cf. *Moniteur universel* des 3 et 21 mai et du 17 juin 1829.
(3) Ce chiffre de vingt-sept revient à plusieurs reprises dans les pièces du dossier (*Archives nationales*, Liasse F^{13} 1152).
(4) Lettre du 15 juillet 1829 à Huvé pour l'informer qu'il devra

ment écarte Rude d'un débat à propos duquel son nom ne sera mêlé désormais que par visible méprise. Aux concurrents sortis de pair Huvé envoie, en septembre, des châssis de charpente au huitième de la grandeur d'exécution, pour les guider dans une réalisation plus achevée de leurs modèles et faciliter, ensuite, la tâche de comparaison du jury (1). C'est au mois de mai 1830 que la commission s'assemble. Si nous en croyons certain passage d'un rapport de Thury, postérieur de peu de jours à sa réunion, elle a loué en tous les envois « de grandes beautés » (2). Il ne semble pas, à beaucoup près, qu'une telle indulgence ait été générale. Les critiques, déchaînées dès la première heure sur les conditions mêmes du concours, n'ont cessé de se reproduire en s'aggravant. Entre vingt preuves je signale deux pièces curieuses, conservées à la Bibliothèque d'Angers, parmi les papiers de l'ancien chef de bureau François Grille : une lettre virulente du sculpteur Théophile Bra, du 22 mai 1829 et la copie d'un article de journal sans signature ni indication de provenance, du 30 mai 1830 (3). L'auteur de cet article, écrit avant la proclamation du lauréat, estime le concours si faible qu'il attend du ministre un ajournement de décision. Même inculpation *d'extrême faiblesse*, plus tard, dans

se mettre à la disposition des six lauréats de l'épreuve préliminaire et leur fournir les renseignements dont ils pourront avoir besoin (*Arch. nat. ibid.*).

(1) Proposition de Huvé du 25 août 1829. Approbation du ministre de la Bourdonnaye du 10 septembre (*Arch. nat. ibid.*).

(2) Rapport d'Héricart de Thury (juin 1831), à l'appui d'une demande du sculpteur Gayrard (*Arch. nat. ibid.*).

(3) La lettre de Bra est reproduite par M. H. Jouin (Cf. *les Maîtres peints par eux-mêmes*, Paris, 1902, p. 206). L'artiste y rappelle un article sur les concours récemment publié par le publiciste Alphonse Rabbe. Je n'ai pu retrouver cette page, laquelle ne se rattache, d'ailleurs, que bien indirectement à mon sujet. Il n'est pas impossible

un opuscule imprimé en 1834 (1). Inutile d'insister.

En fin de compte, le jury et le ministère se sont accordés sur la composition de Lemaire, commandée aussitôt, immédiatement entreprise (2). Nous n'avons pas à nous occuper de cette *Madeleine aux pieds du Christ au jugement dernier,* sans puissance, sans émotion. Nous n'aurions même pas eu la tentation de nous enquérir des autres sujets présentés si, en 1893, une donation particulière n'eût introduit dans les réserves du Louvre et sous le couvert de Rude l'un des six modèles débattus au mois de mai 1830 (3). Lorsque l'éminent conservateur du Département de la sculpture, le savant, l'excellent Louis Courajod voulut bien me consulter sur le grand plâtre nouvellement arrivé, je formulai contre l'attribution des objections multiples tirées du style de l'ouvrage et des habitudes de travail du maître. Par malheur, je n'avais pas encore découvert le papier décisif énumérant les seuls artistes mis en présence au concours du second degré. Certes, *l'Assomption de la Madeleine* offert au Musée, toute foisonnante de figures, d'un art facile, d'une élégance molle, d'une facture d'improvisateur adroit, n'était point de notre Bourguignon ; mais de qui pouvait-elle être ? Un mot, jadis entendu de la bouche de Lemaire,

---

que la lettre-critique sans nom d'écrivain transcrite dans les papiers de Grille, à Angers, soit aussi de Rabbe, mais, avec sa date du 30 mai 1830, elle constitue un tout autre document.

(1) « Notice sur le fronton de la Madeleine », brochure anonyme, Paris, 1834 (Bibliothèque nationale L7k, 6920).

(2) Le maire est à l'œuvre avant la fin du mois de mai. Il sollicite pour son modelage « la construction d'échafauds » (*Archives nationales*, Liasse F^{13} 1152). — L'atelier que lui a ménagé l'architecte est dans la partie nord de l'église. Le 20 octobre, il réclame l'établissement à bref délai de deux poêles, « *afin de n'avoir pas à s'interrompre durant les froids de l'hiver* » (Arch. nat. F^{13} 1153).

(3) Donation de M. Moinard, de Besançon.

me revint à l'esprit : « *Louis Roman*, disait-il, *avait conçu une pittoresque glorification de sainte Madeleine sous la forme d'une Assomption* ». Juste, je pus lire dans un billet du même Roman, daté du 19 janvier 1829 : « *Je prépare une Madeleine qui monte au ciel ; il y aura beaucoup de figures, et de la grâce* ». Un tel rapprochement invitait à une identification à laquelle, en apparence, rien ne s'opposait. Illusion pure. La liste des Archives prouve que, pas plus que Rude, le sculpteur de *Nisus et Euryale* n'a été privilégié. L'esquisse du Louvre ne saurait lui appartenir. Montée dans le châssis de charpente envoyé par Huvé, elle provient du concours final (1).

J'aurais voulu, comme corollaire à cette certitude pouvoir déterminer l'auteur de ce bas-relief. Tout ce que je suis parvenu à savoir, c'est qu'il n'est ni de Lemaire, ni de Pradier, ni de Gayrard. Le fronton de Lemaire a été exécuté. Pradier avait traité ce thème : *La Madeleine pardonnée par le Christ*. Son modèle, monté, comme *l'Assomption*, dans le châssis imposé, est entré en 1838 au musée de Lisieux. Pour Gayrard, il ressort de plusieurs documents qu'il avait représenté : *Le roi Louis XVI, la reine Marie-Antoinette et Madame Élisabeth accueillis au ciel*. Sous les auspices de la Dauphine, qu'une semblable donnée touchait au cœur, peu s'en est fallu que l'artiste n'ait obtenu de la réaliser au fronton nord de l'église (2). En revanche, du triple

---

(1) Ce morceau, à considérer uniquement comme une attestation assez notable d'une des tendances de nos sculpteurs en 1830, n'a jamais été exposé jusqu'ici dans les galeries publiques du Musée.

(2) Lettre de Gayrard au ministre de l'Intérieur, le 25 mai 1829, lui demandant la commande de son bas-relief pour le tympan « de l'arrière-face de la Madeleine » (fronton du nord). — Rapport favorable du directeur des travaux publics, Héricart de Thury, en juin (*Arch. nat.* F13 1152).

apport de Desbœufs, de Jacquot et de Guersant, nous ignorons tout. Le projet du Louvre ne peut être que de l'un de ces trois statuaires. Il n'a pas dépendu de moi d'aller plus loin.

Mais, encore que Rude soit ici, — et de toute façon, — hors de cause, je maintiens qu'il a tenté la chance à l'origine. En effet, dans un des dessins de la riche collection de M. Gaston Joliet, à Dijon, il m'a été possible de reconnaître sa composition de concours. *Le Triomphe de la Religion* en fait l'argument. Au centre, la Religion est assise, la croix à la main, entre la Foi, personnifiée en une femme portant le calice symbolique, surmonté de l'hostie, et la Vérité, sous les traits d'un jeune homme à demi-nu, tenant un miroir. A droite et à gauche, des anges sans ailes, armés de glaives flamboyants ou de verges, dispersent, flagellent, terrassent les hérétiques et les impies. Aux angles extrêmes se tordent des serpents. La Religion et la Foi ne manquent point de noblesse ; la Vérité est une figure de médiocre intérêt ; les autres personnages, aux mouvements violents, sont de conventionnels comparses. Aucun souvenir de sainte Madeleine ; mais l'arrêté laissait aux artistes toute latitude de s'en tenir « à un sujet propre à rappeler la destination pieuse du monument ». Les proportions du dessin se rapportent sensiblement aux indications de proportionnalité fournies par le ministre. Enfin — renseignement capital — le croquis est daté de la main de Rude du 24 mars 1829. A quelle autre église que la Madeleine pouvait-il penser pour un fronton au lendemain de l'ouverture du concours officiel ? Dès lors qu'il a fixé sa conception sur le papier à ce moment précis, nul doute qu'il n'en ait aussi fait une esquisse en plâtre et qu'il ne l'ait soumise au jury ; mais il a été éliminé tout de suite. Son insuccès nous surprend peu. Le mâle chercheur n'est rien moins qu'un habile jeteur de premières idées à l'impromptu et un bon artisan de maquettes. Sur sa difficulté à composer à son gré une scène complexe, nous avons, avec le témoignage de quelques-uns de ses projets subsistants, ses aveux écrits et les confidences de ses élèves les plus dévoués. Il n'arrive à l'arrangement désiré, à l'expression totale, qu'au prix de longs essais, d'acheminements successifs presque douloureux (1). On ne réussit guère dans les concours que par des semblants de spontanéité et un éclat immédiat, très souvent trompeur, de manière. Ses juges, et Cartellier lui-même, n'auront pu soupçonner de vraies promesses en son provisoire dispositif, hasardeusement rendu. Ainsi envisagé, l'incident devient clair. Or, la découverte du croquis initial du statuaire, le fait, désormais incontestable, que Rude n'a pas été associé à l'épreuve de conclusion et le texte de sa lettre de 1832 à son ami Moyne, ne permettent plus de l'envisager d'autre sorte.

A tout prendre, le fâcheux épisode de 1829 n'a désarçonné le statuaire que peu de temps. Cette année même, je le répète, il donne ses soins au marbre de son buste de Louis David, modèle son buste de Lapérouse, ébauche son *Petit pêcheur à la tortue,* bat l'estrade, poursuit l'espoir. On lui a promis, quoiqu'il advienne, de ne pas l'oublier dans la répartition des

---

(1) Nous aurons à revenir plus d'une fois sur le tourment de Rude aux prises avec chacune de ses conceptions. On peut se référer, d'ores et déjà, à sa lettre à Anatole Devosge en 1849, à propos de l'*Amour dominateur*. Il ne sait pas faire une esquisse agréable et toutes ses maquettes sont sujettes à d'incessants remaniements (Répertoire chronologique : § VII, 1849-1857 : l'*Amour dominateur du monde*).

travaux pour l'intérieur de la Madeleine et la façade du Palais-Bourbon (1). Déjà même son nom est inscrit au tableau des artistes chargés de préparer la haute frise de l'Arc-de-Triomphe (2). Toutefois son grand souci sera longtemps le *Petit pêcheur*, en lequel il prodigue le meilleur de soi, ses complaisances et ses persévérances. Le modèle, amoureusement pris et repris, étudié avec autant de largeur que de finesse, se dérobe au courant, somme toute artificiel, d'où le *Mercure* est sorti. Ce garçonnet joyeux, accroupi sur le sol, agaçant à plaisir la tortue, doit son originalité et son charme à la compréhension épuisée de la nature. Au Salon de 1831, Rude se décide à l'exposer en plâtre. Le sort veut qu'il passe inaperçu (3) ; mais l'exécution en marbre est déjà commencée. Loin de se rebuter de l'indifférence, le maître redouble de soins. Tout ce qu'il peut mettre, en une figure sculptée, de vie profonde, de souple vérité, d'expression surprise, fixée d'une si

---

(1) Il aura, en effet, mais seulement vers 1837, la commande du groupe de la Chapelle des Fonts baptismaux, à la Madeleine : *le Baptême du Christ*. — On verra de lui, pareillement, sur la façade du Palais-Bourbon (côté droit en regard de la Seine), un bas-relief du *Prométhée animant les arts*. Nous ignorons à quel moment précis cette œuvre a été entreprise. Elle n'était terminée qu'en 1835, à peu près en même temps que l'admirable groupe de l'Étoile, mais elle est d'une composition et d'un style attardés. Rien ne dit que Rude ne s'est pas servi, pour cette allégorie, de quelque ancien projet conçu en Belgique.

(2) Arrêté ministériel du 14 février 1829 (*Archives nationales*, F^{13} 1030).

(3) Le modèle en plâtre fut cependant regardé, voire fort maltraité par Gustave Planche : « Ce *Jeune pêcheur*, dit-il, en son Salon de 1831, n'a rien de nouveau que son bonnet et ses dents qu'il montre. La figure elle-même est d'un choix malheureux ; le torse et les membres sont lourdement exécutés ». Nous devons reconnaître que, deux ans après, devant l'exécution en marbre, la critique se radoucissait, tout en s'obstinant à trouver « le style lourd ».

honnête et délicate science que plus rien de convenu n'y est souffert, il l'accusera dans sa statue. L'œuvre, en abrégé, se hausse au chef-d'œuvre. Deux ans écoulés, le Salon se rouvre. Le *Petit pêcheur napolitain* ou *Enfant à la tortue,* placé par hasard auprès du *Jeune pêcheur dansant la tarentelle* de Duret, partage avec lui l'attention générale (1). Les critiques indépendants y saluent l'œuvre d'un art noblement émancipé et généreux. A cet égard, l'article publié par Charles Lenormant, dans le journal *Le Temps,* du 21 mars 1833, mérite qu'on le lise :

« MM. Rude et Duret, sans s'être entendus et, probablement, sans se connaître, sont partis du même point... C'est, encore une fois, et comme dans les tableaux de M. Léopold Robert, une démonstration de la marche que les anciens ont suivie dans l'art ; c'est la protestation de deux artistes sensibles et bien organisés contre les rêveries glacées de l'idéal. En prenant leurs modèles dans les classes de la société les plus voisines de la nature, en imitant, non ce que l'imagination échauffée conçoit, mais ce que chacun peut voir chaque jour, ils ont prouvé que la véritable supériorité des anciens consistait à vivre dans une nature plus vraie et plus spontanée que la nôtre et à imiter cette nature avec une entière simplicité, MM. Rude et Duret ne se rapprochent, au reste, que par cette communauté d'opinion, devenue un lien commun pour tous ceux qui sentent l'art assez fortement. Elle les a poussés à choisir, pour type de l'adolescence, ce que notre mémoire nous rappelle de plus riche et de plus gracieux dans les formes et les mouvements juvéniles :

---

(1) La figure de Duret, en bronze, et inférieure à celle de Rude, est entrée au musée du Louvre.

un enfant de pêcheurs napolitains. Mais là s'arrête l'analogie de leurs envois et, de chaque côté, nous trouvons un artiste nettement accusé à sa manière.

« Sans prospectus, sans tapage préliminaire, sans trompettes qui l'aient révélé au monde, M. Rude a complètement résolu deux problèmes sur lesquels les sculpteurs se disputent depuis cinquante ans et davantage. Il a montré que, dans une œuvre d'art, le fini était inséparable du sentiment, l'un achevant l'autre au lieu de lui nuire. Il a prouvé aussi qu'une figure pouvait conserver toute la grâce, toute la suavité, toute la noblesse imaginables sans s'écarter de la voie de la nature, de cette imitation *timide, scrupuleuse, terre à terre,* pour laquelle les prétendus sectateurs de l'antique n'ont jamais eu assez de dédains. Allez voir la figure de M. Rude. La grande question des classiques et des romantiques, dont nous vivons, nous autres critiques, depuis tantôt dix ans, aux dépens du bon public ébahi, cette grande question M. Rude la tranche : il réduit à leur juste valeur les exagérations des deux partis ; il les confond dans un reproche pareil d'impuissance et de préjugé ; il donne gain de cause aux hommes à vues non courtes, mais directes et claires, sur les extatiques, les fanatiques et les lunatiques de tout bord ; il nous réengage dans cette route de travail continu, d'observation simple et constante qui, selon les lieux, les motifs et les influences, a fait Raphaël comme Ostade, Gérard Dow comme Phidias.

« M. Rude, qui a passé une grande partie de sa vie d'artiste hors de France, n'a pas donné au public de ce pays un gage suffisant de l'étendue et de la variété de son talent. Nous avons vu de lui, à Bruxelles, des bas-reliefs dénotant un goût rare d'ajustement et une assez grande abondance d'invention. D'ailleurs, nous ne savons et ne pouvons savoir encore la portée d'un homme pour nous, malgré ses années, presque entièrement nouveau ; mais ce qu'on doit affirmer sans crainte, c'est que l'École française n'a pas produit, depuis soixante ans, une œuvre plus complète en son genre que le *Pêcheur napolitain*...

« Le jeune pêcheur, assis sur un filet, coiffé du bonnet de laine rouge commun à tous les habitants des côtes de la Méditerranée, a glissé un brin de jonc autour du cou d'une tortue apprivoisée... La tortue marche en clopinant ; l'enfant suit en riant, un bras tendu, l'autre main appuyée sur la terre, le mouvement du bizarre Pégase qu'il vient de dompter. L'âge choisi justifie l'enfantillage et y donne une part à l'imagination du spectateur. Le jeune pêcheur n'a pas plus de douze ans, mais l'extension précoce des muscles annonce le développement prochain d'un homme vigoureux. L'ensemble de la figure présente une forme ramassée, surbaissée en quelque sorte et comme les anciens n'en concevaient guère que pour les angles des frontons. Pour bien jouir de l'œuvre, il faut venir tout contre, il faut chercher les détails d'imitation dans les recoins nombreux des membres repliés sur eux-mêmes. Quant à la valeur de l'imitation proprement dite, sauf un peu d'indécision dans le bras qui guide la tortue, je n'ai ni mots pour la louange, ni prétexte pour la critique. Ce n'est pas seulement des os, des muscles et de la chair, c'est de la peau ; c'est un tissu élastique et inégal, épais sous les pieds, tendu sur les os, mou sur le ventre, luisant sur le visage, mince et transparent sur les lèvres ; c'est de l'eau dans les yeux, de l'air dans la chevelure. La tête parle ; elle rit d'un rire franc. La statuaire n'a jamais mieux su rencontrer l'animation sans charge et sans exagération ».

Il y a, dans cet article au style gauche, des vues judicieuses sur l'art et le naturel, une saine notion du tempérament de Rude et de libérales tendances, mêlées de quelques idées surannées. Au fond, Lenormant ne se trompe pas : les querelles d'écoles reposent invariablement sur des malentendus. L'accueil fait au précieux marbre, dès son apparition, le démontre sans ambage. On est en pleine effervescence de guerre entre classiques et romantiques, et tout le monde s'accorde à célébrer l'œuvre. Qu'importe que les raisons de louer se veuillent différentes, lorsque la beauté s'impose à tous ? « Voilà une admirable statue, disent les classiques, pour la pureté du goût et la perfection du procédé. Le mouvement se recommande d'une simplicité exemplaire. Pas de complication dans le sujet ; pas de littérature dans l'intention. Rien de fiévreux, d'excessif, d'inachevé et d'insensé. Le sculpteur a tous les mérites qui nous sont chers : il est donc vraiment à nous ». — « Le sculpteur est à nous seuls, ripostent les romantiques, puisqu'il ne sacrifie ni aux Grecs, ni aux Romains et qu'il aime par dessus tout la vie. A d'autres le culte étroit de l'abstraction ! Les détails familiers le ravissent. Il coiffe son adolescent d'un bonnet de laine, il lui laisse sur la poitrine le scapulaire, accessoire inconnu des anciens. Aux moindres nuances de l'exécution se précise l'ardent désir de rendre la vérité sensible, la chair intimement palpitante et moite. Nous saluons en cette figure la vitalité, la vivacité. Elle est originale ; elle ne relève que de nos principes. Tant pis pour qui ne le voit pas. » Lorsque Rude, à la fin de l'exposition, est proclamé chevalier de la Légion d'honneur, les deux partis battent des mains, comme si chacun venait de remporter une victoire. Personne n'a l'air de soupçonner qu'il y a eu, aux jours antiques, et qu'il y a de nos jours, des artistes de sincérité et des artistes de convention, des créateurs et des adaptateurs abusant plus ou moins des modèles, des praticiens habiles et de médiocres. Les vrais maîtres, à toute époque, sont ceux-là qui, libres devant le réel, forts de leur observation, de leur pensée et de leur science, impriment à la dure matière les signes de l'humanité telle qu'il leur appartient de la voir. Au-dessous d'eux, selon leurs ressources intellectuelles et techniques, les producteurs secondaires tirent ce qu'ils peuvent des traditions.

A la distance où nous sommes du romantisme et du classicisme, nous sourions légitimement de l'un et de l'autre. Dans les deux camps s'agitaient de vulgaires esprits, affolés de préjugés également ridicules en sens contraire, mais on y reconnaissait aussi de droites intelligences, curieuses des formes et des expressions vivantes, très dignes de se comprendre et séparées, au bout du compte, par de simples habitudes techniques, des nuances de sentiment et quelques définitions de mots. Rude, pour sa part, fut un indépendant dans la force du terme, même en subissant les influences ambiantes. Pour mieux dire, deux hommes sont en lui, souvent en discord : un franc Bourguignon, fervent naturiste ; un académiste innocent, se défendant des routines, mais entraîné par l'esthétique générale de son temps vers les fictions abstraites. L'homme à théories cherche à imposer ses programmes à son compagnon instinctif, qui résiste et lui impose au moins ses pratiques de matérielle observation. Quelquefois l'un des deux voisins l'emporte : le *Mercure* de 1827 donne la note du Prix de Rome enhardi ; le *Petit pêcheur* de 1833 atteste le naturiste rebondissant, irréductible. Plus souvent (et, en partie, jusque dans le prodigieux haut-relief de l'Arc-de-triomphe), la double tendance s'amalgamera, aux dépens de l'identification supérieure de la forme et de la pensée. Un fait certain, c'est que le maître doit à sa seule bonne foi intraitable et naïve d'exécutant son style décisif et que jamais, en vertu de son fond même, il ne sera si noblement inspiré qu'en s'efforçant de traduire, comme les vieux *imaigiers* de son pays, la vérité directe. Aussi, dans la statuaire iconique, s'élèvera-t-il au-dessus de ses rivaux — et peut-être de ses devanciers.

XVI

La vie intime, rue d'Enfer.

S'acclimater au ciel de Paris, se créer une vie heureuse en un coin de l'immense ville, a été, pour le sculpteur et pour sa femme, l'affaire de peu de jours. La maison qu'ils habitent, 66, rue d'Enfer, est une ruche faubourienne, peuplée de petites gens, dénuée de tout luxe, mais honnête et silencieuse. Au fond de la cour, en contrebas, s'ouvre l'atelier de Rude, très restreint et très rustique, ayant pour plancher la terre battue, s'éclairant sur des terrains vagues en pleine végétation. Comme mobilier, presque rien : un méchant poêle, deux ou trois mauvais sièges, une platef-orme à modèle montée sur roulettes, plusieurs selles à modeler, une table de bois blanc, des planches clouées aux murs, chargées de maquettes en plâtre, en cire ou en argile sèche, ou, portant divers moulages du Parthénon, le torse de l'Illissus, la tête de cheval de Phidias. Le ménage a son logis au second étage : un couloir d'entrée, quatre pièces, une cuisine, le tout réduit, d'aspect bourgeois, d'une propreté quasi flamande. Aucun objet d'art, sauf, sur la cheminée de la chambre, une petite figure d'athlète debout, — sans doute le *Thésée ramassant un palet* de 1806, — et, près du lit, le portrait du petit Amédée par sa mère, puis, au salon, sur un piédouche à côté du piano, le buste de

Louis David. Dans la salle à manger, Mme Rude a son chevalet où elle touche ses prudents tableaux de genre et ses estimables mais sèches effigies.

Rude, à l'atelier, se couvre avec coquetterie d'une toque de velours noir inclinée vers l'oreille droite. Dès la fin de son séjour en Belgique, il a laissé croître fluvialement sa barbe, déjà grisonnante, dont le flot très uni cache sa poitrine. Son costume consiste en un pantalon large serré du bas, en un veston amadou soigneusement fermé, et, par les jours froids, en un court manteau de même nuance, jeté sur les épaules négligemment. Du matin au soir, en travaillant, il fume sa pipe, il se parle à soi-même, il chantonne entre ses dents. Une de ses habitudes les plus invétérées, en cours de labeur, c'est de venir tout près de son modèle, de palper ses saillies, de provoquer le jeu des os et des muscles sous les tissus, de se rendre compte des moindres particularités. Il le pose à des distances variables, selon qu'il construit l'ensemble ou se préoccupe des détails et, souvent, il rompt son immobilité par des demandes de mouvements, de tensions ou de détentes musculaires. Sa curiosité de ce qu'il appelle « l'enchaînement anatomique des attitudes » est sans arrêt. Une joie d'enfant souligne ses constatations en cet ordre d'idées, manifestée par ces simples mots : « C'est étonnant ! C'est étonnant ! » et par un léger rire. Aux minutes de repos, il se donne de l'air à son seuil, il appelle son garçonnet ou s'assied devant sa table, griffonne une note ou se met à lire. A portée de sa main, entre ses croquis et ses papiers rangés en petits paquets symétriques, un livre est un permanence, corné à maintes pages, les marges incisées de coups d'ongle aux bons endroits. Les bréviaires de prédilection de Rude, vers 1830, sont le recueil des *Maximes d'Epictète* et les *Recherches* d'Eméric David *sur la statuaire* considérée chez les anciens et chez les modernes. A-t-il une raison de sortir ? Il se chausse de fins escarpins, endosse une redingote bleu de roi à un seul bouton, se coiffe du chapeau « tromblon », prend volontiers son pardessus sur le bras et, selon son expression amusante, « soigne sa draperie ». Regardez-le s'éloigner. Le corps plein, la tête droite sans raideur, il va d'un pas rhythmé, avec un soupçon de solennité dans l'allure. Dès qu'un étranger l'aborde ou qu'il se trouve dans un cercle inaccoutumé, une extrême timidité de plébéien inquiet, malgré tout, de ses manières, apparaît en lui. On le voit gauche à saluer, embarrassé de ses mains et de son chapeau ; d'une politesse accomplie, d'ailleurs, et jamais banale (1).

Si l'on veut connaître les amis de nos Dijonnais, au retour de Bruxelles, je citerai en première ligne Jean-Baptiste-Louis Roman, le meilleur et le plus cher de tous (2). Nous savons déjà qu'il a plus que personne contribué à ramener François Rude à Paris. Les deux sculpteurs se sont connus de bien bonne heure, chez Cartellier, et liés plus durablement, plus tendrement qu'eux-mêmes n'avaient pu croire. Roman, plus jeune que son camarade de huit années, ne lui ressemble en rien : un pur Parisien d'esprit et de race, délié, fin comme l'ambre, insouciant, aimant les spectacles et les plaisirs, un peu

(1) Ensemble de renseignements extraits des lettres de Mme Rude ou fournis par son ami Étienne Arago, son élève et son parent le statuaire Emmanuel Frémiet, ses élèves Christophe et Guitton, etc.
(2) Jean-Baptiste-Louis Roman, élève de Cartellier, né à Paris le 31 octobre 1792, mort dans la même ville le 11 février 1835. Lauréat du prix de Rome en 1816 avec ce sujet : *Ulysse et Ajax députés par Achille vers Agamemnon*. — Membre de l'Institut en 1831. Son buste en marbre de Girodet, son groupe en marbre de *Nisus et Euryale*, sa figure de l'*Innocence* et son *Caton d'Utique*, achevé par Rude, sont au musée du Louvre. Talent de second ordre, insuffisamment dégagé de la tradition, mais non indigne d'intérêt.

vailleur de nature, mais franc, délicat, dévoué, d'âme généreuse ! Lorsque Rude a obtenu le grand prix de sculpture, en 1812, sur le sujet d'*Aristée pleurant ses abeilles,* Roman qui lui a disputé la palme, qui a même remporté le second prix, lui a, fraternellement, sauté au cou. Leurs tendances diffèrent profondément, l'un aspirant à la force, l'autre doué pour la grâce ; leurs qualités de cœur s'attirent et les unissent. Depuis 1815, ils avaient cru s'être oubliés ; ils ne s'étaient que perdus de vue. Rude, en Belgique, gagnait durement sa vie, Roman enlevait le prix de Rome en 1816, partait pour l'Italie, moissonnait, à sa rentrée, de belles commandes, comme la statue de *Saint Victor,* destinée à l'église Saint-Sulpice, et, de personnelle initiative, sculptait un groupe important de *Nisus et Euryale.* Pour se sentir plus mutuellement attachés que jamais, il a suffi aux deux amis de se revoir. Roman a le vent du succès en poupe. Au Salon de 1831, sa *Baigneuse* est saluée d'éloges surprenants. Bon compagnon, aimable, doux, heureux, chacun le pousse ; tout lui est facile. On le décore, on l'élit membre de l'Institut, il a je ne sais combien de morceaux décoratifs à exécuter pour la cour du Louvre, pour la Madeleine, pour la Bourse... « Prends garde de te laisser absorber par l'art officiel, lui répète Rude en souriant. » Bah ! Il se sent jeune et solide. Du diable s'il n'a pas le temps de faire des œuvres à son goût, par la suite, et qui vaudront au moins sa *Baigneuse* trop adulée ! Pour l'instant, il n'a rien de plus à cœur que de carillonner les mérites de son camarade reconquis, sous le viril ascendant duquel il finira par entreprendre son *Caton d'Utique lisant le Phédon au moment de se donner la mort.* Mais quelle fatalité est sur lui ! L'instant ne viendra que trop tôt de le dire.

Le second familier de Rude, c'est Victor Jacotot, le fils de Joseph Jacotot, l'inventeur de la fameuse méthode mnémotechnique dite *d'émancipation intellectuelle* ou *universelle*. Ces deux hommes passent à bon droit pour des personnages originaux. Le père est né à Dijon, le 4 mai 1770, d'une famille de bouchers. Un de ses cousins en ligne paternelle, fils de ses œuvres et savant professeur, l'a pris en affection et recueilli pour l'instruire. Joseph s'est jeté dans l'étude avec cette fièvre qui brûle, aux approches de la Révolution, nombre de jeunes gens de la bourgeoisie. A dix-neuf ans, il faisait ses humanités au collège de Dijon ; puis il devenait avocat, embrassait passionnément les idées révolutionnaires, s'enrôlait dans un bataillon de volontaires de la Côte d'Or en 1791, s'adonnait, tout à coup, aux sciences exactes et occupait, bientôt, une chaire à l'École polytechnique auprès de Monge, de Vauquelin et de Prony. En ce poste supérieur, il était justement apprécié : on l'y pouvait croire à demeure. Point ! Son goût du changement le tenait encore : il s'en revint, à Dijon, professer à l'école centrale, « la logique et l'analyse des sensations ». En réalité, il n'est novice en aucune connaissance : mathématiques, histoire, langues, littératures, philosophies, sa mémoire visionnaire a tout retenu et son intelligence le met en état de tout enseigner ; mais son agitation lui fait tort. En 1814, les Autrichiens, passant par la ville bourguignonne, ont maille à partir avec lui et le gardent un temps en otage. Le peuple, en guise de réparation, le nomme député. Le voilà se prononçant, d'une violence inouïe, contre les Bourbons qui, naturellement, ne sont pas plus tôt rétablis qu'ils l'exilent. Rude l'a quelque peu fréquenté à Bruxelles, de 1816 à 1818, époque où l'étrange Bourguignon, aux manières brusques, aux paroles narquoises, à l'esprit systématique et dévorant, a été chargé d'un cours de littérature française à Louvain. Il a même — on s'en souvient — modelé son buste. Joseph Jacotot regagne la France en 1830, mais il s'arrête à Valenciennes, où il passera huit années. Au contraire, son fils Victor est à Paris dès 1829 et Rude le voit journellement. Victor est, presque en tout, l'ombre fidèle de son père. Le sculpteur se grise de la verve originale, encore que fumeuse, de ce professeur extraordinairement érudit, à l'imagination féconde en mirages. Ses enthousiasmes napoléoniens assoupis se réveillent aux incantations de son libéralisme enflammé. Mais c'est, surtout, à la grande méthode pédagogique que leurs entretiens reviennent sans cesse. « Apprendre, dit Victor Jacotot, c'est comprendre et communiquer ce qu'on a compris. Le plus sûr moyen de comprendre, c'est de procéder du connu à l'inconnu en rapportant, dans un ordre constant, l'inconnu au connu, de façon à les pénétrer de la même lumière. Lisez une page ; interprétez-là minutieusement ; attachez-vous à la redire ; commentez-là par des paraphrases, et vous en rapprocherez naturellement, suivant la loi des analogies, les pages que vous lirez ensuite. Dans l'idée et dans la forme, l'analogie est la clef de la compréhension. Les intelligences sont égales chez les hommes bien constitués. Parvient toujours à la connaissance qui veut y parvenir. On a tout à gagner à l'application de la méthode rationnelle aux études les plus diverses, théoriques ou pratiques. Elle conduit à la liberté intellectuelle et stimule par degré l'habileté de la main » (1).

(1) C'est ici le résumé des théories de Joseph Jacotot développées dans son *Journal d'émancipation intellectuelle*, et son *Enseignement universel*.

De frappants échos de cette phraséologie se remarquent dans le parler de Rude. L'influence des Jacotot sur le statuaire paraît avoir été sérieuse, même à un certain point de vue technique qui sera plus tard attesté.

Un autre familier de l'artiste est le musicien dijonnais Louis Dietsch (1), en ce temps-là professeur à l'École Choron. Rude écoute volontiers, le soir, quelques airs de musique, pour ce que le chant et l'harmonie mêlent de douceur à l'air qu'on respire, et l'amitié de Dietsch lui vaut, à cet égard, de très pures jouissances. Une circonstance mémorable ajoute bientôt au charme de cette intimité. Louis Dietsch a pour élève une modeste jeune fille de Bruxelles, du nom de Pauline Sacré, dont il s'est épris de tout son cœur et dont les Frémiet ont approché les parents en Belgique. Grâce au sculpteur et à sa femme, le mariage s'accomplit au mois de mai 1831. Les heureux époux n'oublieront jamais leur affectueuse intervention et ils ne cesseront de leur prodiguer des marques de gratitude.

Je vois encore dans les lettres de Sophie Rude de fréquentes mentions d'une pauvre famille Héquet, d'origine bourguignonne, composée de la mère et de ses deux filles, à laquelle elle s'intéresse et cherche à intéresser ses amis. Une des filles est éternellement malade, minée d'une fièvre de consomption ; l'autre s'épuise avec la mère à exécuter des broderies, vendues pour une bouchée de pain. On leur a procuré un

---

(1) Louis Dietsch, né à Dijon le 17 mars 1808, mort à Paris le 22 février 1865. On lui doit vingt-cinq messes, de nombreux ouvrages didactiques et un opéra en trois actes, le *Vaisseau fantôme*, représenté le 9 novembre 1842 à l'Académie royale de musique. Dietsch a été chef d'orchestre à l'Opéra de 1860 à 1863.

petit commerce de laine qui n'a point réussi ; on finit par leur obtenir je ne sais quelle place infime à Nolay, en Bourgogne, où elles se rendent et où elles continuent à mourir de faim. Plus ces femmes ont de détresse, plus Madame Rude fait éclater sa sympathie pour elles. Elle leur est, en quelque sorte, reconnaissante de donner l'essor à sa pitié.

Telle est, à l'écart des camaraderies d'atelier, la société coutumière de la maison. Joignons-y, pour simple mémoire, la sœur aînée du maître, Françoise Rude, entraperçue quelquefois, hâtive, furtive, effacée, fuyant les regards, s'effarant des questions, avide de rendre service. Elle mène, loin des siens, rue Notre-Dame-de-Lorette, une existence mystérieuse et n'attend rien d'eux, sauf, de temps en temps, le dimanche, le plaisir de conduire à la promenade le petit Amédée. Au vrai, nos bonnes gens conservent à Paris des mœurs éminemment provinciales et bourgeoises. Comme en Belgique, ils travaillent tout le jour et, le soir, ils ne se plaisent point hors de chez eux. S'il leur arrive d'accepter une invitation, c'est presque à leur corps défendant, pour obéir à de rigoureuses convenances. Une soirée à l'Opéra les laisse ennuyés. « Nous autres, habitants de la rue d'Enfer, écrit Madame Rude, nous n'entendons guère de bruit. Le tapage du Grand Opéra nous étourdit. Nous aimons bien mieux passer la soirée au coin de notre feu, dans notre petit salon, que d'aller au spectacle ». Leur joie, c'est la retraite, la causerie franche, les caresses de leur enfant, en qui repose leur espoir. Jamais leurs goûts ne changeront. Par toutes leurs habitudes, ils sont de leur province. Sophie médite-t-elle un voyage à Dijon ? Elle cherche une compagne de route. Sans compagne, elle ne partira pas. Lorsqu'il s'agit d'envoyer quelque argent au pays, en paiement d'une fourniture de vin par exemple, on se garde bien de l'adresser directement aux Moyne : on préfère s'enquérir d'un Bourguignon de passage à Paris pour lui confier la somme. On est prudent, timoré, ami des précautions. Dans leur intérieur, les Rude ont le soin de leur bien-être. Ils reçoivent peu, mais de leur mieux. Dès que leur vient l'aisance, on voit Madame Rude demander à Dijon de quoi mettre ses hôtes en belle humeur : du vin « d'ordinaire, d'extraordinaire ou de rôti », à soixante-cinq, quatre-vingt et même cent vingt-cinq francs la feuillette. A l'occasion, les Moyne font parvenir à leurs amis des cadeaux de fruits, de raisiné, de cerises séchées, de pruneaux, de gelées, de menus produits de leur propriété de Chambolle. Le sculpteur est friand de ces béatilles...

Hélas ! Aucun bonheur humain n'est à l'abri d'un coup du sort. Le petit Amédée a sept ans. C'est un enfant très doux, intelligent et charmant, mais chétif et mal fait pour vivre. A force de l'envelopper de leur amour, ses parents se bercent de l'illusion qu'il vivra. Le sourire, pourtant, s'efface sur ses lèvres blêmes. Une après-midi de 1830, la mort le saisit. Rude, accouru de son atelier en toute hâte, se sent le cœur arraché, s'abîme en une désolation sans larmes. Plusieurs jours, l'égarement est en lui. Il ne faut rien moins que son énergie et la tendre sollicitude de sa femme, oublieuse de sa propre douleur, pour le sauver de la pire exaspération nerveuse. Sa souffrance, dès lors, s'étudie à se cacher. Puisse renaître pour lui du travail la sérénité ou le courage ! Le grand affligé se remet d'acharnement à l'exécution du modèle de son *Petit pêcheur à la tortue*. C'est faiblesse, à ses yeux, de laisser s'extravaser son amertume. L'artiste le plus meurtri se réfugie en son art et garde sa fierté (1).

Au cours de la cruelle année, des crises politiques se succèdent, si graves, si troublantes que nul n'a le droit de s'en désintéresser. Comme partout, on en discute chaudement rue d'Enfer, mais, ballotté entre ses aspirations républicaines et ses admirations impérialistes, Rude n'est rien moins qu'un politicien à idées claires. Nous aurons à dire, avant peu, qu'il s'est oublié, à la fin de la Restauration, jusqu'à participer à une composition au rebours de ses sentiments intimes en l'honneur du duc d'Angoulême, vainqueur des insurgés de Cadix. Dans les événements de 1830, son premier mouvement est de trembler pour l'avenir des sculpteurs et des peintres. « Rien n'est encore décidé pour ce qui concerne les travaux, écrit Madame Rude, le 14 septembre, et nous sommes dans l'attente. Un pareil état peut se prolonger. Il y a bien des choses à organiser avant les arts, après une révolution comme celle qui s'est faite en trois jours. Notre roi a les meilleures intentions du monde ; espérons que les gens qui l'entourent le seconderont, et peut-être pensera-t-on aux artistes qu'il ne faut pas laisser mourir de faim, car ils iraient chercher Charles X, qui reviendrait, j'en suis sûre, malgré qu'il soit très occupé à chasser en Angleterre. » Quinze mois plus tard, les mêmes inquiétudes particulières se devinent sous le ton plus lyrique et plus âpre : « L'avenir n'est pas rassurant ; nous touchons à une crise inévitable. Notre gouvernement,

---

(1) L'acte de décès d'Amédée Rude a été brûlé dans les incendies de la Commune de 1871 et l'on ne saurait dire au juste en quel mois de 1830 l'enfant est mort. Ce ne fut, assurément, que vers la fin de l'année. En septembre sa mère le nommait encore dans une lettre d'un ton joyeux.

malgré les avis libéraux, suit une route qui le perd et qui nous perd peut-être aussi. On a cru, ou feint de croire que les donneurs de conseils voulaient renverser ce qu'ils avaient établi au prix de leur sang. Ils voulaient, au contraire, que le gouvernement contentât la majorité, seul moyen de salut. *Le mécontentement est grand et la misère générale.* Nous avons abandonné tous les malheureux peuples qui nous auraient secourus quand nous en aurions eu besoin et, en faisant des bassesses pour avoir la paix, nous n'obtiendrons que la guerre. Il fallait effrayer ; nous faisons pitié (1). »

Ces déclamations épistolaires nous sont l'écho très inattendu de l'opinion publique, répercutée dans les ateliers où l'on doute du lendemain. Afin de nous éclaircir de la phrase sur « l'abandon des peuples », lisons encore le passage suivant relatif aux affaires belges après 1830. Rien ne respire mieux les passions du temps, avec quelque chose de tout personnel aux Rude et de facile à discerner : « Tu as dû apprendre par les journaux le triste état de la Belgique. J'étais bien inquiète de Victorine que je croyais à la campagne, chez les tantes de son mari. L'habitation se trouve à une lieue de Tervueren, où le prince d'Orange a toutes ses forces. Grâce à Dieu, Victorine est à Bruxelles, toute prête à courir à Mons, si, malheureusement, les Belges étaient vaincus, ce que Victorine n'a pas l'air de craindre, — tant elle partage l'enthousiasme de cette brave nation trompée, trahie, qui n'était nullement organisée pour repousser l'ennemi ! Tout ce qui peut porter un fusil ou une faulx a quitté Bruxelles. Ma sœur fait de la charpie pour les blessés qu'on amènera. Cette guerre est affreuse, avec des bri-

(1) Lettre du 19 janvier 1832.

gands qui cómmettent toutes les horreurs imaginables. Les pauvres Belges se feront tous tuer jusqu'au dernier. Nous ne savons pas si l'armée française, partie si précipitamment et arrêtée tout d'un coup par des entraves diplomatiques, est en Belgique. La froide raison de nos hommes d'État donnera peut-être le temps au roi de Hollande de faire massacrer les Belges comme l'empereur de Russie fait tuer les Polonais. Nous sommes dans une situation bien extraordinaire après une révolution comme celle de l'an passé. Peut-être la Chambre nous sauvera-t-elle. Espérons-le ! (1). »

Eh non ! la Chambre ne sauve personne... Mais comment voir ici autre chose que des résumés de conversations suggérées, aux heures de loisir, par la lecture des journaux ? Aussi bien les sérieuses préoccupations de Rude sont extérieures à la politique et ses réflexions portent le plus souvent sur les conditions nouvelles de la vie des artistes. La défense des intérêts d'un homme fait partie de sa dignité. En esprit généreux, notre statuaire ne s'isole en rien de ses confrères. Les documents nous le montrent associé aux démarches des sculpteurs choisis déjà pour modeler et tailler la haute frise de l'Arc-de-l'Étoile. Une seule idée lui est en horreur : celle des concours. Il la combat assidûment devant ses camarades avec un acharnement qui a sa source dans le souvenir du concours de la Madeleine ; il n'y peut voir qu'un piège tendu aux plus méritants et aux plus fiers au profit des intrigants et des médiocres. Or, sur ces entrefaites, on rêve, à Dijon, d'ériger un monument à la mémoire des combattants de juillet, morts dans les trois journées, et on le supplie de concourir. Nul doute que son projet,

(1) Lettre de 1831, sans date précise.

quel qu'il soit, n'obtienne la commande. Qu'il consente, seulement, à envoyer une composition. Mais Rude ne se démentirait sous aucun prétexte. Non content de se tenir à l'écart, il adresse à son ami Moyne une lettre caractéristique, utile à méditer.

« *Paris, 26 février* 1832.

« *Combien je vous remercie, mon cher Moyne, de toute la peine que vous avez prise... Je voudrais bien pouvoir causer un instant avec vous, pour vous expliquer toutes les raisons qui doivent m'empêcher de concourir. J'ai déjà fait cette sottise à Paris et je ne suis plus à m'en repentir. Je suis persuadé qu'il n'y a plus un de nos artistes distingués qui concourût aujourd'hui. Le petit nombre de ceux qui ont fait comme moi en ont perdu l'envie. D'ailleurs, il n'y a pas de doute que le gouvernement abandonne cette manière de distribuer les travaux : il en a reconnu toute l'absurdité. En effet, un artiste médiocre peut avoir une idée heureuse, le hasard même peut le servir, ou bien il aura l'adresse de savoir ce que veulent les personnes appelées à juger les projets, lorsqu'il sera sur les lieux et en position de le faire, moyen qu'il me serait impossible d'employer quand même je serais là. Je n'ai jamais pu me former à toutes ces petites menées. Aussi, avec quelques talents, nous ne ferons jamais de brillantes affaires ; mais c'est un parti pris.*

« *Je n'ai pas fini sur l'article des concours. Je vous dirai donc que, lors même que l'on donnerait un programme très arrêté et que tous les concurrents feraient le même sujet, il faudrait choisir l'esquisse la mieux faite. Ce qui fait bien en esquisse peut être fort médiocre à l'exécution. David disait qu'il ne concourrait*

Louis XIII adolescent, statuette argent (1840-1842).
Château de Dampierre.

pas pour le fronton de la Madeleine, parce qu'il avait des élèves qui faisaient bien mieux les esquisses que lui. David est un statuaire d'un très beau talent ; il est professeur et membre de l'Institut. Un autre artiste de l'Institut, et professeur aussi, qui a eu l'imprudence de se hasarder à concourir deux fois, deux fois a échoué avec un talent bien supérieur à ceux qui l'ont emporté sur lui. Les concours sont faits pour les écoles ; là, le meilleur ouvrage obtient le prix et tout est fini. Mais juger ce que sera un monument sur la vue d'un esquisse, lorsqu'on ne connaît pas le talent de l'artiste qui doit l'exécuter, est imprudent — et surtout si cet artiste n'a encore rien produit.

« C'est assez rabâcher, mon cher Moyne, et c'est peut être beaucoup trop ; mais je tiens à ce que vous ne supposiez pas que j'y mets de l'indifférence. Je ferais, pour être chargé d'un monument à Dijon, tous les sacrifices que ma position me permettrait. Pour que je présentasse des projets, il faudrait que je fusse chargé du travail et que je communiquasse directement avec la commission qui me ferait connaître la somme destinée au monument, et le lieu où il doit être élevé. Je ferais une ou plusieurs compositions que je soumettrais à qui de droit. Si l'on veut que le monument soit fait par un Dijonnais, je crois, sans trop d'amour propre, y avoir au moins autant de droit que qui que ce soit. »

Il est difficile d'exposer plus nettement un plus sage programme. Le malheur veut qu'on n'y acquiesce point. Bien pis : on renonce à célébrer à Dijon, par une œuvre quelconque, sur la place royale ou ailleurs, les « Héros de Juillet ». Tout lasse et tout passe. Cependant, il y a eu souscription publique ; la plupart des communes de la Côte d'Or ont envoyé leur offrande.

De Fourcaud.

« Qu'est devenu l'argent, demandent les journaux de l'époque ? » L'argent s'est évanoui… Sophie Rude, un jour, se souvenant de cette histoire, laissera simplement tomber ces mots : « Rude en a eu grande peine ; Dijon a été privé de belles statues. Mais Rude avait bien agi selon sa conscience (1). »

J'ai relevé les actes, les opinions, les détails où se peint l'homme ; nous nous sommes accointés à ses amis ; nous avons vu la douleur entrer dans la maison et, peu à peu, la résignation y ramener le calme. Le maître travaille : il s'absorbe en son labeur. Ainsi, quand une pierre est tombée au fond de l'eau, l'eau se trouble un moment, puis se rassérène et s'ensommeille : seulement, la pierre reste au fond. Rude a repris ses accoutumances. Rien n'est changé en sa manière d'être — à ceci près que l'affreux chagrin veille au secret de son cœur. Entre sa femme et lui, c'est à qui refoulera le mieux sa souffrance. Dans un billet de Madame Rude, tracé à la hâte en 1831, se lit cette phrase poignante : « J'ai presque rompu avec toutes nos connaissances, *car partout je vois des enfants.* » Le pauvre sculpteur lutte contre ses nerfs ; son déses-

---

(1) Une lettre de Mme Rude du 19 janvier 1832, renferme sur cette affaire, des renseignements curieux. Quelque temps auparavant, le maître occupé à son *Retour de l'Armée d'Égypte* pour l'Arc de triomphe, a reçu la visite de son ancien camarade le sculpteur Darbois, de Dijon, lequel, revenu en Bourgogne, publie partout que Rude « a des travaux considérables ». Sophie Rude, mise au courant de ce bruit par Mme Moyne, proteste avec énergie contre une insinuation de nature à priver son mari d'une désirable commande et fait appel au dévoûment de ses amis en vue de hâter la solution. — Peut-être l'expédient du concours fut-il proposé par ces derniers dans l'espoir de déjouer toute intrigue. Mais Rude écarta la proposition. Aussi bien, s'il l'avait acceptée, le projet n'aurait pas eu plus de suite puisque les sommes versées s'étaient fondues on ne sait où.

poir est toujours prêt à éclater quoi qu'il fasse... Au mois de mai 1833, sa femme n'ose encore faire avec lui le voyage de Bruxelles. « Je crains, dit-elle, les souvenirs déchirants qui nous accableraient dans le pays où nous avons été si heureux. Ils seraient trop forts pour lui... Lorsque mon beau-frère était ici, j'avais dû le prier de ne plus parler de ses enfants devant mon mari, *tant sa figure était bouleversée*. Si je n'avais pas eu assez d'empire sur moi pour paraître gaie et l'encourager par mon exemple, je n'aurais pas pu le conserver. Je puis, heureusement, cacher tout ce que j'éprouve, et je me suis étudiée à changer toutes les conversations qui pouvaient l'émouvoir, quitte à sembler ridicule aux gens auxquels je coupais la parole. Enfin, j'ai réussi et il est presque entièrement débarrassé de cette maladie de nerfs causée par le chagrin. » Douleur terrible, celle là qui se dissimule et qu'on peut croire apaisée ! Autant qu'ils vivront, les inconsolés ne penseront qu'à l'absent sans oser se l'avouer jamais. Le maître produira des chefs-d'œuvre ; il aura la gloire ; il ne sentira pas se fermer la blessure de son cœur. Et du petit être adoré, autour duquel tant de rêves s'épanouirent, sur la tombe de qui tant de joies se sont brisées, rien ne demeure aujourd'hui qu'un portrait peint par sa mère, à sa sixième année et une lettre de cinq ou six lignes où il promet à son grand-papa Frémiet d'être bien sage !... (1).

(1) Le portrait et la lettre sont conservés par la famille Cabet, à Nuits (Côte-d'Or).

XVII

Origines de l'Arc de triomphe.

C'est le lieu d'en venir à la décoration de l'Arc de triomphe de l'Étoile, où Rude va conquérir sa définitive et populaire illustration. On n'a point coutume d'envisager les complications d'une vaste entreprise monumentale, les difficultés matérielles qui se dressent, le souci d'accorder d'innombrables collaborateurs desquels, à chaque instant, les susceptibilités s'enveniment, l'obligation de maintenir l'unité dans un ensemble de travaux très étendus et très divers, la nécessité de se plier aux rigueurs des conditions budgétaires, les lenteurs fréquentes des administrations, les mille incidents de détail qui imposent aux architectes toutes sortes de modifications au plan primitif, sans compter les événements graves qui traversent et bouleversent les projets les mieux affirmés. J'ai eu la bonne chance de rencontrer dans les anciens papiers de la Direction des Beaux-Arts (1) et aux Archives nationales, la plupart des dossiers relatifs à la construction de l'Arc de triomphe. Qu'il me soit permis, en montrant à quelles vicissitudes notre sculpteur fut mêlé, d'esquisser le tableau d'un de ces immenses labeurs collectifs où l'esprit d'une époque s'est résumé.

(1) Communiqués par permission spéciale de la Direction des Beaux-Arts.

Dès les premières années de son règne, — ce trait nous est connu, — Napoléon a résolu de multiplier les monuments à la gloire de la Grande-Armée. De tous les moyens d'éblouir la foule dans le présent et dans l'avenir, et de populariser son Empire, celui-ci lui paraît le plus efficace, sinon le plus digne de lui. Par un décret du 18 février 1806, il a donc ordonné l'érection d'un arc de triomphe « à l'entrée des boulevards, du côté de la rue Saint-Antoine ». Tout d'abord, le choix de l'emplacement a fort déplu. Une commission spéciale nommée par le ministre de l'Intérieur, Nompère de Champagny, pour étudier la question et composée de Heurtier, Dufourny, Gondoin et Thibaut, architectes, et de Rolandet Dejoux, sculpteurs, jugeait l'édifice bien mieux situé place de la Concorde, à hauteur du pont, en sorte qu'on le puisse apercevoir de très loin, le long de la Seine. Champagny laisse dire et présente, à son tour, son idée. Il est, à Paris, un endroit merveilleux, haut de niveau, désert encore, où ne se voient que deux ou trois masures et les deux pavillons d'octroi, lourds et pompeux comme des temples, construits naguère par Ledoux : c'est la Barrière-de-l'Étoile. Où trouver, pour une porte héroïque devant profiler sur le ciel, en amples silhouettes, son cintre hardi et son couronnement, un site plus favorable ? Le ministre, non moins adroit que Vivant Denon dans la question de la colonne Vendôme, intéresse tout de suite à son objet l'orgueil impérial : « Un arc de triomphe à l'Étoile, écrit-il pour commencer, fermerait de la façon la plus majestueuse et la plus pittoresque le superbe point de vue que l'on a du château des Tuileries. » Son thème ainsi posé, il le développe par un habile mélange de considérations d'intérêt public et de flatteries persuasives : « En regardant le palais de Votre Majesté comme le centre de Paris, de même que Paris est le centre de l'Empire, le monument serait vu du cœur de la capitale, de la place la plus spacieuse et la plus régulière, de la promenade la plus fréquentée, et, cependant, il ferait l'entrée de la ville, véritable destination des monuments de ce genre. Quoique éloigné, il serait toujours en face du Triomphateur. Votre Majesté le traverserait en se rendant à la Malmaison, à Saint-Germain, à Saint-Cloud même et à Versailles... ». De tels arguments sont irrésistibles en une telle période enivrée. Quelques jours après, l'architecte Chalgrin reçoit l'ordre de procéder aux fondations.

Que doit-être l'Arc de triomphe en sa première donnée ? — Une porte colossale d'un style assez sévère, ornée de colonnes corinthiennes et sans prédominance de la sculpture. Érigée en mémoire des campagnes d'Italie et d'Égypte, on entend qu'elle rappelle les formes romaines dans les proportions des pylônes égyptiens. Mais, presque aussitôt, de vives querelles éclatent au sujet des colonnes, entre Chalgrin et son confrère Raymond, qu'on a tenu à lui adjoindre. Seront-elles isolées ou engagées ? — Ni l'un ni l'autre : elles seront supprimées par économie. Des motifs sculptés suffiront à la façade. Au demeurant, les travaux traînent en longueur, interrompus ou poursuivis selon l'argent qu'on a. Lors de l'entrée solennelle de Napoléon et de Marie-Louise, le ministre Crétet a fait terminer l'édifice par simulacre, en charpente et en toile peinte, et, devant l'impression générale, il semble que tout n'ait plus qu'à s'accélérer. Non ! Chalgrin meurt ; son élève Goust, mis à sa place, voit, de plus en plus, les ressources de la nation passer à la guerre. En 1814, les promeneurs qui s'égarent à l'extrémité des Champs-Élysées aperçoivent, de ci de là, des palissades en planches en train de s'arracher, des chantiers vides, des entassements de blocs à l'abandon et, dans l'enclos central, des baraquements aux vitres cassées et quatre épais massifs de maçonnerie émergeant d'une vingtaine de mètres. Le monument ne peut être qu'en horreur aux Bourbons. Ils le voudront, certainement, disperser pierre à pierre. Le bruit public l'annonce avec insistance et, si d'aucuns s'en indignent, ce n'est point par regret d'artistes, mais simplement parce que, l'empereur tombé, le sentiment révolutionnaire s'est réveillé napoléonien.

Toutefois, en dépit des circonstances, le successeur de Chalgrin ne désespère pas. J'ai lu, en plusieurs monographies, qu'il a lui même proposé au gouvernement de Louis XVIII de sacrifier la dédicace originelle et de consacrer l'Arc de triomphe à la gloire de la Maison de Bourbon. Hormis qu'on produise un document positif, je tiens cette assertion pour arbitraire, au moins dans ces termes. Goust est un esprit de médiocre envergure, mais fin, souple, tenace et prudent, profondément dévoué à la mémoire de Chalgrin et se sachant, à cause de certaines attaches d'amitié, suspect au nouveau pouvoir. Toute brusque évolution de sa part serait ridicule et périlleuse ; il en a d'autant mieux conscience que rien ne presse et qu'on ne change pas le sens d'un édifice du jour au lendemain, comme on retourne un vêtement. Ce qu'il peut faire et ce qu'il fait, c'est préparer un courant d'opinion, acclimater sourdement une idée, y accoutumer les intéressés afin que tout le monde, par la force des choses, s'y rallie un jour. Dans cette vue, il donne son mot d'ordre à ses amis, tâchant à ramener, par eux, l'attention sur l'arc en souffrance, et, pour son compte, inclinant par degrés vers la monarchie restaurée. Je possède une preuve de ses secrètes menées en un billet de lui, recueilli dans un lot d'autographes, parmi plusieurs notes du sculpteur Gaulle auquel il est adressé : « Monsieur, je ne puis vous dire à quel moment on reprendra les travaux de l'Étoile, mais j'ai confiance qu'on les reprendra, S. M. le Roi aidant, sitôt que le permettront les finances du royaume. Vous savez que j'ai dans les mains les études de M. Chalgrin que j'ai continuées. Vous savez aussi qu'il reste beaucoup de maçonnerie à faire avant la sculpture ; mais les pierres monteront d'elles-mêmes les unes sur les autres. L'Arc de triomphe doit être un monument glorieux à la France et, par conséquent, au Roi. Il est impossible qu'il ne soit pas achevé... »

Ne voit-on pas ressortir de ce petit papier, d'ailleurs sans date, l'habileté de l'architecte à occuper de son rêve la conversation des artistes, à entretenir les espérances des sculpteurs, à faire entendre que le projet n'est rien moins qu'abandonné. On peut être convaincu que la question de raser ce qui est debout de l'édifice impérial s'est maintes fois agitée autour du nouveau maître. Mais quoi ! Ce serait grande affaire, et terriblement coûteuse, de renverser une maçonnerie pareille, d'extirper du sol des fondations gigantesques, profondes de huit mètres au moins. Qui sait, en outre, si l'on ne froisserait pas dangereusement le sentiment populaire ? Et, par surcroît, l'embellissement de cette entrée de Paris s'impose absolument. Dans l'embarras où l'on est, on compte sur la longueur du temps pour simplifier toute chose. Les mois s'écoulent, puis les années. Peu à peu, l'illusion se fortifie qu'il serait possible de dérober l'Arc de triomphe à la gloire de Napoléon. On a bien repris au souvenir de la Grande

Armée cette manière de temple antique que lui avait voué Bonaparte, en pleine ville, et on l'a bien rendu sans opposition à Sainte-Madeleine. Il conviendra de profiter de la première circonstance pour rouvrir les chantiers, par grâce royale, et faire tailler en marbre, par les meilleurs statuaires, des faits et des symboles d'histoire qui laisseront au monument son caractère en modifiant ses signifiances politiques. L'heureuse occasion se produit, enfin, en 1823, après la guerre d'Espagne, brillamment couronnée sous l'égide du duc d'Angoulême. Tout de suite qu'on rappelle les ouvriers ! La Restauration croit avoir trouvé le moyen de s'approprier l'Arc triomphal.

Goust a suivi de très près, sans en avoir l'air, ces divers acheminements. La solution adoptée serait même partie de lui qu'on ne s'en étonnerait guère. Seulement, toujours adroit, il ne s'est pas découvert une seule minute et j'en ai pour garant une très curieuse note tirée du dossier de la Direction des Beaux Arts. Il paraît qu'on l'a consulté, lui, Goust, comme architecte de l'Étoile, en même temps qu'on a demandé son avis à Cartellier, comme statuaire. Consulte-t-on un architecte sur le dessein qu'il a précisément conçu et personnellement proposé? Mais je transcris cette pièce :

Opinion de MM. Goust, architecte de l'Arc de triomphe, et Cartellier, statuaire.

Le projet de terminer l'Arc, placé au point le plus beau de Paris, est grand et noble, et l'idée de le consacrer au rétablissement du roi d'Espagne sur son trône est un superbe motif. Nous pensons que pour expliquer ce motif et pour décorer l'Arc le plus heureusement possible, les pieds-droits pourraient être ornés de tro-

phées à l'imitation de ceux qu'on voit à Rome, connus sous le nom de trophées de Marius. Les deux du côté de Paris représenteraient, l'un la France se disposant à secourir l'Espagne, l'autre l'Espagne se dégageant de ses chaînes et ressaisissant le gouvernail de l'État. Sur la face opposée, on verrait la Victoire et la Paix (Les statues auraient vingt pieds de proportion). Les six bas-reliefs placés sur les faces et sur les côtés reproduiraient, historiquement, les principaux faits de ce mémorable événement.

12 août 1823.

Un tel document a, pour nous, le double intérêt de contenir la première idée des dispositions décoratives de l'Arc de l'Étoile et de faire intervenir, avec l'architecte du monument, le bon Cartellier, l'ancien maître de Rude. Mais voici qui n'est pas moins digne de nous arrêter. A la note qu'on vient de lire s'annexent deux feuilles de croquis exactement inspirés des vues qui s'y énoncent et signés d'Edme Gaulle, le propre destinataire du billet de Goust cité plus haut, et le premier artiste chez lequel ait travaillé Rude à son arrivée à Paris. Nous savons ce Gaulle homme d'imagination et fort expéditif. Goust l'aura prié d'improviser une réalisation d'ensemble de son programme, à titre d'indication, et peut-être même d'en soutenir le principe. Il sied, quoi qu'il en soit, de toucher deux mots de ce projet dont personne, à ma connaissance, n'a jamais fait mention et qui a servi de point de départ aux décorateurs.

Ces deux grandes feuilles jaunies comprennent la coupe, la face principale et l'une des faces latérales de l'Arc, plus neuf sujets de bas-reliefs lavés avec une certaine verve. Des pieds-droits, encadrés ou non de pilastres grecs supportant l'entablement (les deux cas sont prévus), se détachent des piédestaux où poseraient des groupes symbolisant la France et l'Espagne sous la figure de deux soldats, la main dans la main, adossés à une colonne et auréolés de drapeaux. Au dessus, des scènes historiques, traitées en bas-reliefs, couvriraient tout le plein du mur. Enfin, de la plate-forme supérieure, un triomphant quadrige semblerait s'élancer à travers le ciel, tandis que des soldats en sentinelle ou des figures allégoriques se dresseraient aux quatre angles et que des soldats, encore, assis au pied d'une colonne, au milieu des faces latérales, s'accouderaient aux armes de France ou d'Espagne. Je n'insiste pas sur cet ensemble décousu, d'une modernité mêlée de pseudo-classique, banal et redondant ; mais on m'en voudrait d'omettre la liste des bas-reliefs séparément dessinés. C'est une *Suite* dans le goût du temps et où rien ne manque.

1° *Déclaration de guerre aux insurgés espagnols par S. M. Louis XVIII ; Le Roi ordonne à S. A. R. le duc d'Angoulême et à son armée d'aller délivrer le roi d'Espagne.* 2° *Passage des Pyrénées ; S. A. R. le duc d'Angoulême recommande à ses soldats d'épargner les vaincus.* 3° *Évacuation de Madrid par les insurgés ; entrée de S. A. R. dans la ville.* 4° *Délivrance du roi d'Espagne ; sa réception dans l'île Sainte-Marie par S. A. R.* 5° *Siège de Cadix par M*^{gr} *le duc d'Angoulême.* 6° *Reddition de Cadix.* 7° *Délivrance des prisonniers ; distribution de secours à l'occasion de nos victoires et de la Restauration du roi d'Espagne.* 8° *S. M. Louis XVIII et sa famille viennent remercier Dieu de nos succès.* 9° *Le Roi, accompagné de la Paix et de la Victoire, donne l'ordre à l'Architecture et à la Sculpture d'ériger un arc de triomphe à la gloire de S. A. R.*

le duc d'Angoulême et de son armée. La Poésie, la Peinture et la Musique sont appelées à embellir la fête organisée à cette occasion. L'Abondance et le Plaisir suivent le groupe des Arts.

Je crois fermement que ce programme n'est, aux mains du rusé Goust, qu'une machine de guerre pour hâter la reprise des travaux. L'administration ne saurait que se complaire en ces imaginations royalistes, à l'aide desquelles on compte détourner le vrai sens de l'Arc de l'Étoile ; mais le temps est encore loin où les sculpteurs devront se mettre à l'œuvre et les événements se chargeront de réformer ces thèmes choisis. En attendant, les chantiers se rouvrent. Goust, toujours un peu suspect, a dû accepter pour lieutenant un jeune architecte, nommé Huyot, qui ne demande qu'à s'écarter du plan de Chalgrin et à tirer à lui un pan de la couverture. Lequel des deux l'emportera ? Goust, un moment, se débarrasse de Huyot, mais Huyot s'obstine et déloge Goust à son tour. Malgré tout, la construction monte ; le gros œuvre avance. Ce monument est si populaire que c'est une des promenades favorites des Parisiens de pousser jusqu'à l'enclos, grouillant d'ouvriers, hérissé d'échafaudages, où sa masse énorme surgit. A la vérité, si nous prêtions l'oreille aux entretiens des libéraux, nous entendrions quelques railleries assez cruelles sur ce pauvre Arc *des triomphes* de Napoléon condamné à devenir l'Arc *du triomphe* du duc d'Angoulême, mais tout va, du moins, sans encombre, et c'est l'important. Parmi les sculpteurs, on a perdu l'habitude de s'échauffer touchant la politique ; on ne souhaite que de recevoir des commandes. Et c'est là l'état des esprits et le cours des choses autour de François Rude, revenu, enfin, chercher fortune à Paris. Quelles que soient les intrigues particulières, la donnée décorative suggérée par Goust, élaborée par Gaulle, approuvée par Cartellier sans réserve, ne soulève aucune objection officielle et, déjà, les statuaires guettent leur part dans la distribution de l'ouvrage en s'agitant de tous côtés.

CHAPITRE XVIII

La frise de Charles X.

Aux époques troublées, tant que se poursuit une grande entreprise d'art à sous-entendu politique, on ne sait à quels remaniements indéfinis elle est exposée. Les Gouvernements qui se succèdent en modifient incessamment, selon leurs principes ou leurs nécessités, soit le plan, soit le détail, et, si fort qu'on s'inquiète, l'œuvre ne semble jamais au point. A l'heure où nous sommes, Charles X règne sur la France et se croit assuré de l'avenir ; le vicomte de Martignac détient le portefeuille de l'Intérieur ; le directeur des travaux de Paris est le conseiller d'État vicomte Héricart de Thury, et Jean Nicolas Huyot, élève de Peyre, professeur à l'École royale des Beaux Arts, membre de l'Institut, homme érudit, actif et volontaire, préside à la continuation de l'Arc de triomphe. L'édifice est maintenant debout. Le moment vient d'en livrer les parois aux tailleurs d'images. Ici je n'ai plus qu'à me référer ponctuellement aux pièces des dossiers déposés aux Archives nationales (1).

(1) Ces dossiers constituent deux énormes liasses, F^{13},1030 et F^{13},1031. Sauf indication contraire, les pièces citées proviennent de la liasse 1030. — D'une façon générale, je prie le lecteur de se reporter pour toutes les preuves, les références et le détail des questions, aux articles du *Répertoire chronologique et historique* relatifs à chaque œuvre. C'est une requête que je demande la permission de ne plus répéter.

A la fin de l'année 1828, le programme de Goust et de Gaulle a été remis à l'étude et l'on est convenu de décorer l'Arc d'une grande frise de pourtour, de deux Renommées colossales des deux côtés de la voûte, de trophées sur les pieds-droits et de trente-deux statues, personnifiant les principales villes de France, au-dessus de la balustrade du sommet. A l'endroit de ce couronnement, il est certain qu'on garde des doutes. Aussi bien ne veut-on commander pour l'instant que la frise et les Renommées. J'ai hâte d'ajouter que la frise n'est plus du tout conforme à la composition originaire : « La face orientale de l'Arc, vers les Champs-Élysées, représentera le roi assis sur son trône, entouré des principaux chefs de l'armée et distribuant des récompenses. Sur les côtés du Nord et du Sud, on verra défiler des régiments de toutes armes. Sur la face occidentale, vers le pont de Neuilly, M. le Dauphin sera figuré recevant les autorités civiles et militaires » (1). Pourquoi ces changements ? — Parce qu'on a pris conscience que la glorification du duc d'Angoulême ne comportait pas un déploiement héroïque et pour

(1) La composition de cette frise, confiée probablement à un peintre, a été complètement élaborée. Dans le portefeuille de dessins et de projets, provenant de l'atelier de Rude et acquis par M. Gaston Joliet, j'en reconnais un croquis, avec quelques modifications, tracé librement, à la mine de plomb, en des proportions minimes, mais d'un jet très spirituel. Les deux parties du vaste ensemble se déroulent en étroites bandes. Un majestueux portique à perron occupe le centre de la première ; au milieu de la seconde se dresse un autel. D'innombrables figurines y montrent des officiers de la Cour, des fonctionnaires empressés, des généraux, des cavaliers, des porteurs de drapeaux, des musiques militaires, des soldats de toute arme et de tout costume, des femmes, des spectateurs marchant au devant de l'armée qui défile en ordre de triomphe. Ce croquis n'est, certainement, pas de Rude. Peut-être est-ce l'œuvre de sa femme, d'après le grand dessin officiel mis à la disposition des sculpteurs.

substituer, en effigie, Charles X à Louis XVIII. Vraie misère humaine !...

Cette frise, au surplus, se développera sur 140 mètres de longueur et 2 mètres de hauteur. Elle ne peut être improvisée. Huyot propose d'en faire exécuter, avant tout, un modèle à demi proportion. « J'y consens, répond M. de Martignac, sous la condition qu'on y fera coopérer le plus grand nombre possible de jeunes statuaires. » De fait, l'architecte envoie aussitôt (6 décembre 1828) une liste de présentation à M. Héricart de Thury. Pour la façade en regard de Paris, il désigne Roman, Petitot et Seurre aîné « élèves de Cartellier et habitués à travailler ensemble ». Pour la façade en regard de Neuilly, son choix s'arrête sur Nanteuil, Laitié et Cailhouet « artistes, pour ainsi dire du même temps et de la même école, ne pouvant que produire un ouvrage du même caractère en toutes ses parties ». Du côté du faubourg du Roule, l'œuvre sera confiée à Lemaire et à Rude et, du côté opposé à Raggi et à Bra. « Ces statuaires, conclut l'architecte, dirigés par un dessin nécessaire pour l'ensemble de la composition et par un modèle indispensable pour les saillies, offrent toutes les garanties d'une bonne exécution ». Après quelque débat, tous ces noms sont retenus, mais on croit devoir en inscrire de nouveaux sur la liste et remanier l'ordre de distribution. C'est ainsi que, par décision ministérielle du 14 février 1829, la façade des Champs-Élysées est attribuée à Roman, Petitot, Seurre et Foyatier, celle de Neuilly, à Nanteuil, Laitié, Cailhouet et Brun ; celle du Roule à Raggi, Jacquot et Duret, et celle de Passy, à Rude, Lemaire et Théophile Bra.

Voici donc notre Rude pourvu pour la première fois, à Paris, d'une commande monumentale. Son cœur est tout à l'espérance et à la joie, si bien qu'il se promet de ne penser jusqu'à nouvel ordre à nulle autre chose. Il y a, malheureusement, un point noir. Chacun des titulaires de la commande doit fournir un modèle de dix pieds de la partie qui le concerne, moyennant quinze cents francs. En vérité, la somme est petite. Les quatorze statuaires se réunissent, discutent leurs intérêts, se livrent à de longs raisonnements mêlés d'économie et d'esthétique, et adressent à Huyot la lettre suivante, en date du 11 mars 1829 :

« Monsieur, en conséquence du désir de S. Exc. le ministre de l'Intérieur qui, en nous comprenant dans la distribution des travaux de l'Arc de triomphe, nous invite à nous entendre avec l'architecte de ce monument, plusieurs d'entre nous ont eu l'avantage de conférer avec vous sur le genre de ces travaux. Ils ont rapporté aux autres qu'il s'agissait de modeler une suite de 210 pieds environ de bas-reliefs historiques, figures de trois pieds de proportion, qui, doublés par le praticien lors de l'exécution, devront produire en place 420 pieds de frise et dans le système de saillie des métopes du Parthénon ; enfin que votre intention était de nous faire allouer une somme de 1 500 francs par chaque dix pieds de cet ouvrage. Après avoir écouté ce récit, on a pensé, d'abord, qu'il y avait malentendu d'une part ou erreur de l'autre...

« Les métopes du Parthénon ne sont pas des bas-reliefs, vous le savez. De toutes les sculptures du temple de Minerve, la frise des Panathénées, faite pour être placée assez près de l'œil du spectateur, mérite seule ce nom. Les métopes, élevées au-dessus, sont et doivent être considérées comme des rondes-bosses appliquées sur une surface plane, comme les sculptures de l'angle ou du pourtour offrent des statues détachées du plan, qui est là seulement pour recevoir leur ombre. Mais, avec une modique somme de 1 500 francs, est-il possible de modeler dix pieds de *haut-relief* présentant le triple au moins du travail du bas-relief proprement dit, de subvenir aux dépenses du modèle, du moulage, réparage, frais d'atelier, etc. ?...

« En y réfléchissant, vous serez convaincu, Monsieur, que, malgré l'ardeur de notre zèle vis-à-vis du gouvernement protecteur des arts et l'envie d'attacher nos noms à un monument glorieux pour la France, le roi, les princes et l'armée, vous serez convaincu, disons-nous, de l'incapacité où nous sommes d'entreprendre un travail qui, même porté à 2 000 francs, nous obligerait à de grands sacrifices.

« Si notre réclamation ne vous semble pas fondée, nous vous prions d'en référer à une commission de statuaires et nous nous en rapporterons à ses décisions... »

Cette lettre est signée de tous les intéressés, à commencer par François Rude. On a, je l'avoue, quelque surprise et quelque déplaisir à voir le farouche républicain doublé d'un fougueux admirateur de Bonaparte attester son zèle pour le gouvernement royal et s'employer à une œuvre évidemment contraire à sa foi ; mais nous savons que, longtemps avant son départ de Bruxelles, ses sentiments politiques ont grandement tourné au platonisme et, depuis son retour à Paris, ce qu'il cherche, essentiellement, c'est à gagner sa vie en faisant tâche d'artiste. Cartellier le pousse et il se laisse pousser. Il a de la misère une terreur de petit bourgeois. Au point de vue d'une sorte d'esthétique morale, il nous en coûte de ne pas le trouver plus héroïque. Mais qu'y pouvons-nous faire ? Nous le donnons comme il est.

Au résultat, la collective réclamation n'est pas plus tôt écrite, qu'on la relit et qu'on s'interroge avec une vague inquiétude. Peut-être s'est-on montré un peu vif. Ce serait sagesse d'apporter un tempérament de bonnes paroles à la rigueur des observations, en prouvant tout ensemble qu'on sait allier l'esprit classique le plus pur au sens juste de l'histoire moderne. A l'instant l'on se met d'accord pour rédiger ce *Postscriptum* d'adorable prudence.

« *Permettez-nous, Monsieur, de profiter de l'occasion pour vous remercier d'avoir songé à nous quand vous appliquez de nouveau l'histoire au monument. Cette manière expressive et intelligente de retracer nos annales et d'exposer presque éternellement les fastes de notre gloire nationale aux regards du monde, doit, à l'époque où nous vivons, obtenir l'assentiment général et faire justice des froides allégories hiéroglyphiques et de ces ornements insignifiants dont on couvre encore trop souvent les monuments publics pour leur ôter l'âme et la vie...* »

Nous distinguons là, somme toute, un petit point de comédie humaine à nous faire sourire ; mais on y sent autre chose encore. Ces bonnes volontés un peu vagues proclament, au fond, l'honorable désir de l'école de se dégager du poncif et de rentrer dans la voie vivante. Ce qu'ont dit nos sculpteurs en leur *Post-scriptum*, ils le pensent confusément, tout en plaçant toujours, selon la tradition, l'art académique au-dessus de l'art historique. Pour peu qu'on les pressât, chacun d'eux affirmerait comme Théophile Bra, dans une lettre postérieure de quelques jours à peine à celle que je viens de transcrire, que la frise de l'Arc est une de ces œuvres « n'exigeant pas un grand effort particulier d'imagination ou le secours de facultés sensitives très prononcées ». Rude se rappelle non sans orgueil son épopée d'*Achille* et sa *Chasse de Méléagre* du château de Tervueren, et le sujet de « *Prométhée animant les arts* », auquel il pense pour la façade du Palais Bourbon, flatte en lui certains préjugés de style. Sur la représentation des héros modernes, on le sent fort indécis. Tout le monde est las des formules, mais les plus audacieux ont encore dans l'esprit, obstinément, le mot de Louis David à un admirateur de son tableau du *Sacre* : « Est-ce que vous me croyez fait pour peindre des bottes et des épaulettes ? » L'école française aspire à sortir du convenu, et elle ne sait comment s'affranchir, ni par quel chemin passer.

Que si nous sourions, Huyot s'exaspère. Plus il s'ingénie et force de vitesse à tout mettre en train, plus il lui survient de contretemps. Il avait demandé les modèles des Renommées à Cortot ; Cortot se récuse et il s'adresse à Pradier. Maintenant, c'est Raggi, chargé d'une portion de la frise, qui quitte la partie pour se consacrer à l'achèvement d'une statue de Louis XVI, attendue par la ville de Bordeaux et dont la fonte a manqué. Puis, c'est la Société des terrains de Passy multipliant des protestations contre l'encombrement des abords de l'Arc de triomphe, où lui incombent de dispendieux travaux de voierie. C'est aussi des difficultés avec les entrepreneurs... que sais-je ? L'affaire des sculpteurs porte à son comble la mauvaise humeur de l'architecte ; mais nul moyen de se dérober. Bra et Jacquot se sont rendus, au nom de tous, chez le ministre et ont obtenu pour le groupe entier une convocation dans le cabinet du directeur des travaux de Paris. La réunion a lieu, en effet, le 23 avril 1829, sous la présidence d'Héricart de Thury, qui se montre le plus conciliant des hommes. Inutile de se roidir :

tout semble accordé par avance. Les sculpteurs réclament deux mille francs par chaque dix pieds de frise. — C'est trop juste. — Ils souhaitent que deux d'entre eux, élus au scrutin secret, exécutent, en grand, un modèle d'angle de cinq pieds sur quatre pour leur servir de canon. — Le vote est admis. Séance tenante, ils élisent Seurre, élève de Cartellier, et Jacquot, élève de Bosio. — Leur vœu est encore de désigner, par voie de suffrages, le remplaçant de Raggi. — C'est à merveille, et ils choisissent aussitôt Desbœuf. — On les a associés contre leur gré dans les différentes parties de la composition. — Qu'à si peu ne tienne! L'ordre de la commande est modifié une fois de plus d'après leurs convenances. Jacquot, Bra, Foyatier, Laitié, Brun, Duret et Desbœuf, élèves ou amis de Bosio, sont chargés des façades des Champs-Élysées et de Passy ; Cailhouet, Lemaire, Petitot, Roman, Nanteuil, Seurre et François Rude, élèves de Cartellier, des façades de Neuilly et du Roule. Pour le coup, tous sont enchantés. La seule condition imposée aux statuaires, c'est que leurs modèles soient prêts et assemblés au mois de novembre prochain, à la date de la Saint-Charles, dans un des baraquements des chantiers.

L'exposition des plâtres a t elle lieu à l'époque fixée, à l'occasion de la fête du roi? Je n'en sais rien. Charles X, le 3 décembre suivant, a, pour la première fois, franchi l'Arc, en allant voir, à la fonderie du Roule, la statue de Louis XVI dont le bronze a fini par réussir. S'est-il arrêté au bâtiment de l'Épure? Je l'ignore. Nous n'avons de nouvelles de la frise que par un Rapport de Huyot, du 5 mai 1830, rendant compte de l'ensemble du travail. Il y aura, de ci de là, de légères corrections à faire au bénéfice de l'effet général. Deux modèles seulement sont à retoucher d'une façon sérieuse (ceux de Duret et de Jacquot), et deux autres sont entièrement à refaire (ceux de Foyatier et de Bra). Duret a une facture beaucoup trop négligée, surtout dans le détail. La composition de Jacquot est trop maigre : il la faudrait mieux fournir de figures. Pour Bra et Foyatier; « ces habiles statuaires ne se sont pas placés au même point de vue que leurs confrères et, malgré le mérite de leurs ouvrages, ils n'ont pas la même physionomie que les autres parties de la frise et, dès lors, ne peuvent être exécutés tels qu'ils sont ». Ne demandons pas plus d'information : le dossier ne nous apprend rien autre chose, hormis qu'une commission est instituée, le 29 juin 1830, pour examiner les bas-reliefs et qu'elle se compose de Bosio, Cartellier, David d'Angers, Cortot et Huyot lui-même. Mais, sur ces entrefaites, une terrible révolution éclate : le trône est par terre. C'est fait de la glorification monumentale du règne de Charles X. Tout est à recommencer.

Il ressort des documents, en définitive, que le modèle de la frise royaliste a été entièrement livré à l'administration et qu'il ne restait plus qu'à l'exécuter en pierre. Quelle était la part de Rude dans l'ouvrage soudain condamné? Un dessin à la mine de plomb, sur papier calque et soigneusement coté, maculé de plâtre au revers, retrouvé dans ses cartons, semble indiquer qu'il avait traité l'épisode de l'arrivée du duc d'Angoulême (1). Le prince s'avance, à cheval, suivi d'un aide de camp, des généraux l'attendent, tête nue, s'inclinant, faisant des gestes d'hommage. Sur son passage retentissent les acclamations. Voici

---

(1) *Collection G. Joliet, à Dijon* : dessin distinct de ceux visés plus haut.

les fantassins en shako, les tambours, les fifres, les grenadiers avec les drapeaux, et des cavaliers encore... Rien n'a été conservé, en tout cas, de la contribution de notre sculpteur, non plus des morceaux dus à ses confrères. Le grand ensemble collectif aura été divisé, oublié au fond d'un hangar, rongé de poussière, noyé de pluie, confondu parmi ces gravats que les entrepreneurs de maçonnerie refusaient d'enlever sur leurs tombereaux en 1835 et qu'on faisait emporter à vil prix par un charretier de Passy, nommé Hacquin !

XIX

L'évolution de 1830. La frise de Louis-Philippe.

Dans le développement de ce récit, je fais, autant qu'il est en moi, la part des idées ambiantes, des opinions qui se déforment et se reforment, de tous ces grands cercles de latentes influences lentement renouvelées, au centre desquels les hommes se meuvent et produisent. L'esprit le plus indépendant reflète en tout point son époque, même lorsqu'il la domine, et l'esprit le moins subtil s'impressionne de ces variations successives comme un paysage se diversifie selon les états de la lumière. Si l'on s'en tenait aux seuls événements d'une existence sans en chercher l'explication dans les mouvements du temps, on ne raconterait que vaines anecdotes et rien ne serait éclairci du mystère des âges anciens. Évoquer un homme supérieur devant son siècle, c'est faire comparaître les générations entre lesquelles il a vécu. Nous venons de voir François Rude, si fervent en ses convictions démocratiques et napoléoniennes, collaborer à la dérisoire apothéose de la Restauration, et voici qu'une tempête a renversé la monarchie traditionnelle, dispersé ses projets, jonché le sol de ses symboles. A quoi cette révolution a-t-elle répondu? Vers quel but s'achemine notre histoire, et à travers quels achoppements?

Rappelons nous ce qui a été dit des sourdes souffrances et des lamentations étouffées de la France à la fin de l'Empire. On n'en pouvait plus ; la folle gloire du conquérant s'était résolue pour la nation en écrasement, en deuil, en misère, en peine affreuse. Les femmes avaient peur pour les enfants qu'elles mettaient au monde. Au bord des guérets envahis par les herbes, les populations affaiblies avaient faim, et l'on pensait amèrement à tous ceux-là qui étaient nés dans les villages pour cultiver la terre, et que les balles avaient couchés en Italie, en Allemagne, en Autriche, en Russie, en Espagne, partout. Il fallait qu'un pouvoir nouveau rassurât l'Europe, permît aux petits Français de grandir, laissât verdir et grainer le blé. Seuls, les représentants de l'ancienne monarchie étaient prêts à faire face à une situation pareille. En dehors d'eux, on n'avait rien. La Charte parut donner aux vieux principes une physionomie suffisamment nouvelle et contenir des gages de paix. Ainsi les Bourbons furent acceptés. Mais, presque tout de suite, les confusions et les malentendus se décélèrent. Louis XVIII se croyait en passe de liquider ce qu'on nommait « la grande faillite de 89 », alors qu'il venait lui-même, dans sa Charte, de payer tribut aux « Droits de l'homme et du citoyen ». Il se persuada que sa douloureuse royauté prenait racine dans les idées du xixe siècle quand elle s'établissait à la plus mouvante surface et qu'on l'admettait en réalité comme un provisoire. Entre l'esprit public et le gouvernement, il y avait cet abîme : la Révolution.

On doit à la Restauration de la gratitude : elle fut, à bien des égards, sage, modérée, conciliante ; elle reconstitua nos finances ; elle nous mit sur un bon pied vis-à-vis de l'Europe par sa diplomatie. Mais comment se fût-elle posée en équilibre stable entre ces deux genres d'hommes qui l'assaillaient : les royalistes absolus, réclamant l'intégrité du dogme monarchique, et les libéraux, indignés qu'on osât toucher aux conceptions révolutionnaires ? A mesure que l'on réglait les difficultés accumulées par l'Empire, que l'on acquittait les dettes énormes du régime impérial, les libéraux s'attachaient à raviver, comme un puissant moyen d'opposition, le culte de l'Empereur. De toutes parts, dans tout les ordres d'idées, les contradictions s'accusent en des bouillonnements. En Belgique, un foyer de démocratie s'est allumé dans le groupe des conventionnels en exil, qui ont tous servi Napoléon et qui s'en souviennent, tout en commençant à changer, visiblement, l'orientation de leurs rêves. A Paris, par une illusion caractéristique, les écrivains les plus remuants, les plus brillants aussi, comme Victor Hugo, se déclarent tous royalistes et poussent la littérature dans la voie la plus ingénûment démocratique.

Par avance, ils ont dans l'esprit le mot du poète du *Roi s'amuse,* défendant son drame devant les tribunaux : « Ce siècle a produit un grand homme et une grande chose : Napoléon et la Liberté ». Depuis l'avènement de Charles X, l'universel chaos n'a fait que fermenter davantage. Un jour, le roi a pris peur des républicains, de La Fayette, de son cheval blanc et de sa garde nationale ; il a vu le terrain de gouvernement lui manquer et il s'est imaginé raffermir son trône en suspendant la Liberté. « Je ne veux pas monter en charrette comme mon malheureux frère, dit-il le 29 juillet 1830, au duc de Mortemart ; j'aime mieux monter à cheval ». Il n'est monté ni à cheval ni en charrette. A l'heure même où il s'exprime de la sorte, on jette son sceptre et sa couronne par une fenêtre des Tuileries et on les ramasse au Palais-Royal.

A le bien prendre, ce n'est point parce que Charles X a commis des maladresses que la Restauration s'écroule : c'est parce que l'œuvre est accompli pour lequel elle était désignée. Elle a relevé la France en face des autres nations, mais, au dedans, il n'y a plus rien de commun entre elle et le peuple transformé. De quelque côté qu'elle s'affirme, son ressort est prêt à se rompre. S'affirmant à droite, elle se perd ; s'affirmant à gauche, elle se trahirait. Elle ne pourrait pas davantage aller vers le centre, où s'élabore le mouvement social, car ce serait saluer 89. C'est pourquoi tout finit pour elle ; on acclame Louis-Philippe.

Et Louis-Philippe ceint la couronne avec un double et populaire mandat tacite : renouer à la République et, tout à la fois, glorifier Napoléon. « Ce qu'il faut aujourd'hui au peuple français, lui dit nettement La Fayette, la veille de son avènement, c'est un trône populaire, *entouré d'institutions républicaines, tout à fait républicaines.* » Le duc d'Orléans en demeure d'accord ; le monarque l'oubliera parfois, dans la suite. Mais, au moins, il se souviendra toujours de glorifier Bonaparte, dont il doit bientôt ramener impérialement les cendres à Paris. Et, d'abord, il achèvera l'Arc de triomphe.

Il n'est pas douteux que le changement politique ait été bien accueilli des ateliers. Les dispositions de la masse des artistes sont invariablement celles du gros de la nation. Quelque opinion qu'ils affectent, ils aiment, subissent ou haïssent un gouvernement selon qu'il répond aux nécessités immédiates et s'approprie ou se refuse aux aspirations du plus grand nombre. C'est surtout à la poussée des aspirations publiques que, sa mission remplie, avait succombé la Restauration. Les artistes n'ont rien fait pour la renverser, mais, la voyant sur le pavé, ils se réjouissent. Il est vrai que, la première joie passée, des craintes leur viennent, dont nous avons déjà noté l'écho dans les lettres de Madame Rude. Si l'on allait tarder à reprendre les travaux ! Si dans la multiplicité des mesures à prendre, on ajournait ce qui touche aux arts !… Ces craintes sont chimériques, d'ailleurs, et tout spécialement à l'endroit du monument de l'Etoile, qu'il est dans le dessein du roi de rendre à sa destination primitive et d'inaugurer le plus tôt possible. Dès les premiers mois du règne, ordre est donné au ministre de l'Intérieur, comte de Montalivet, d'élaborer un nouveau programme décoratif, conforme à la pensée de l'œuvre, sans tenir compte des modèles récemment exécutés. Au plus vite, on se concerte et l'on s'accorde. Conclusion : le 16 novembre 1830 une décision ministérielle commande à Rude, Laitié, Jacquot, Brun, Cailhouet et Seurre aîné le modèle de la frise sculptée depuis tout le long du grand entablement de l'Arc : *le Départ* et *le Retour triomphant des armées de la République et de l'Empire*.

Je lis dans la brochure du Dr Maximin Legrand que Rude a reçu la commande d'un tiers de la frise et de l'ornement tout entier. C'est une double erreur dont les documents font foi. Les six sculpteurs sont partagés en deux groupes, chargés chacun d'une des façades principales et de la moitié des deux façades latérales. Laitié, Jacquot et Brun retracent le *Départ des Armées*; Cailhouet, Seurre et Rude figurent le *Retour*. Il n'est même pas question d'agrandir la part de Rude. La direction de l'ornement lui est si peu dévolue qu'elle appartient à l'ornemaniste Jacques (1).

(1) Archives nationales, F^{13}, liasse 1030.

Cependant, les six collaborateurs se sont mis à l'œuvre, après avoir tiré au sort le lot qui leur revient. Au point du vue de l'ordonnance générale, le programme a tout prévu : « Sur la face de Paris, les représentants du peuple, au centre, distribuent des drapeaux aux chefs de différents corps d'armées du Nord et du Midi qui partent, et, à droite et à gauche, ces armées se mettent en marche. Sur la face de Neuilly, la France régénérée, accompagnée de la Prospérité publique et de l'Abondance, décernent des couronnes aux armées du Nord et du Midi qui rentrent, et, à droite et à gauche, rapportent avec elles les monuments des arts et des sciences conquis sur les ennemis ». Cette donnée, entre parenthèses, est bien curieusement empreinte de l'esprit et des confusions de 1830. Supprimant toute indication monarchique, elle nous montre, en fait, la France, en passe de revenir à la République, célébrant la gloire de l'Empire. Mais qui se rendrait compte, en ce moment, de telles contradictions ? Les statuaires, en tout cas, n'y prennent garde. Chacun jette son morceau de composition sur le papier. Le trois fragments de chaque moitié, rajustés et corrigés sur un dessin d'ensemble, sont soumis au ministre et approuvés par lui. Au mois de février 1833, le modèle est complet et M. Thiers en fait attaquer l'exécution dans la pierre de Chérence (1).

Trois ans s'écouleront avant que ces sculptures soient découvertes. On trouvera bon que je devance ici les années. Devant nous, regardant Neuilly et débordant jusqu'au milieu des façades latérales, c'est

---

(1) Archives nationales, F[13], liasse 1030. Le modèle a été payé à raison de 4 000 francs à chacun des sculpteurs. L'exécution de la frise en pierre de Chérence coûte 2 500 francs le mètre.

l'ouvrage triple de Cailhouet, qui a conçu l'allégorie centrale, de Seurre, à qui l'on doit *le Retour d'Italie*, et de Rude, auteur de *la Rentrée d'Egypte* (1). L'élève de Cartellier, dans ce premier essai de sculpture monumentale à costumes modernes, a certainement manqué d'audace et de franchise. Les influences classiques de son entourage ont-elles glacé sa verve qui n'aspire qu'à s'échauffer ? A-t-il été paralysé par la vue de ces moulages de l'Arc de Titus, de Rome, que Huyot a fait venir à grands frais afin de les mettre sous les yeux des sculpteurs ? La vérité est plutôt que son éducation l'étreint et qu'il ne peut s'en dégager encore. Il n'aperçoit qu'à travers des conventions d'école les personnages vêtus et non drapés, agissant et non agités. La vie moderne lui apparaît uniquement sous l'aspect d'entités en uniforme. Son instinct lui fait pressentir les fiers caractères qui sont en elle, mais sa prunelle tarde à les définir.

Au point de départ de sa composition, un génie égyptien enserré dans un pagne et pourvu d'ailes comme un génie grec, grave des hiéroglyphes sur un petit obélisque. C'est, ensuite, un cortège de vétérans qui cheminent, sac au dos, fusil à l'épaule ; un blessé s'appuyant au bras de son camarade ; un chariot chargé de malades, hussards, dragons et mamelucks, et attelé d'improbables chevaux ; un char très bas où de non moins académiques bœufs traînent un sphinx de granit... Plus en avant, le tambour des voltigeurs fume sa pipe ; un fantassin, s'avance, le fusil bas, retenu par une courroie à son épaule... Que dirai-je ? On arrive ainsi près d'un arc de triom-

---

(1) La collection Joliet renferme un croquis d'ensemble qui a servi à Rude pour l'exécution.

phe de feuillage, à la porte d'une ville, en présence de toute une population arbitraire, mi-antique, mi-moderne. L'intention peut être louable ; le chercheur n'a, sûrement, rien senti de nos particularités individuelles, de la physionomie de nos mouvements, de l'expression de nos corps sous nos habits. Qui sait même s'il n'en est pas pas toujours à penser, avec Bra, que ces traductions de l'immédiate histoire se passent d'imagination sensitive ? Et, pourtant, la destinée de Rude est de léguer à l'avenir les trois plus hauts et plus précis exemples de statuaire iconique du xixe siècle : les statues de Monge, à Beaune, du maréchal Ney, à Paris, et du général Bertrand, à Châteauroux. Mais que d'années il faut à un artiste, si personnel soit-il, pour sortir des limbes des préjugés ambiants ! Que de scrupules arrêtent ses velléités avant qu'elles ne se tournent en résolution ! On ne s'assure dans ses propres visées qu'aux prix de lentes et obscures expériences. On ne fait jamais avancer son temps que, pour ainsi dire, malgré lui.

Une conversation que j'eus autrefois avec le sculpteur Henri Lemaire indiquera mieux que tout document l'esprit de nos tailleurs d'images de l'Arc de triomphe. « Nous n'allions jamais au chantier de l'Étoile, sans entrer au hangar de l'Épure, où étaient exposés les bas-reliefs de l'Arc de Titus. Nous nous y rencontrions souvent, Feuchères, Cortot, Foyatier, Marochetti, Rude et moi et nous nous attardions à causer des chefs-d'œuvres de l'antiquité, des bas-reliefs d'Athènes, du défilé militaire de la colonne Trajane... Chacun avait son mot qui le peignait. Cortot en revenait toujours à ceci : « La sculpture est un art grave. » Rude s'écriait : « Ces Anciens, quels hommes !... » et Marochetti, Italien, subtil, emporté, plein de formules bizarres, concluait : « Il faudrait faire de la sculpture moderne qui fût antique ». Insensiblement, on parlait des grands faits commémorés dans l'Arc triomphal, la Révolution, l'Empire... Ah ! l'Empire surtout !... Un jour, Pradier qui ne venait que rarement parmi nous, eut cette réflexion : « L'Empereur a eu de la grandeur, beaucoup de grandeur, mais sans grâce ». Rude, auquel cet artiste trop gracieux était en horreur, serra les poings et Marochetti riposta : « Ne touchez pas à l'Empereur, Monsieur Pradier. C'est un Ancien ».

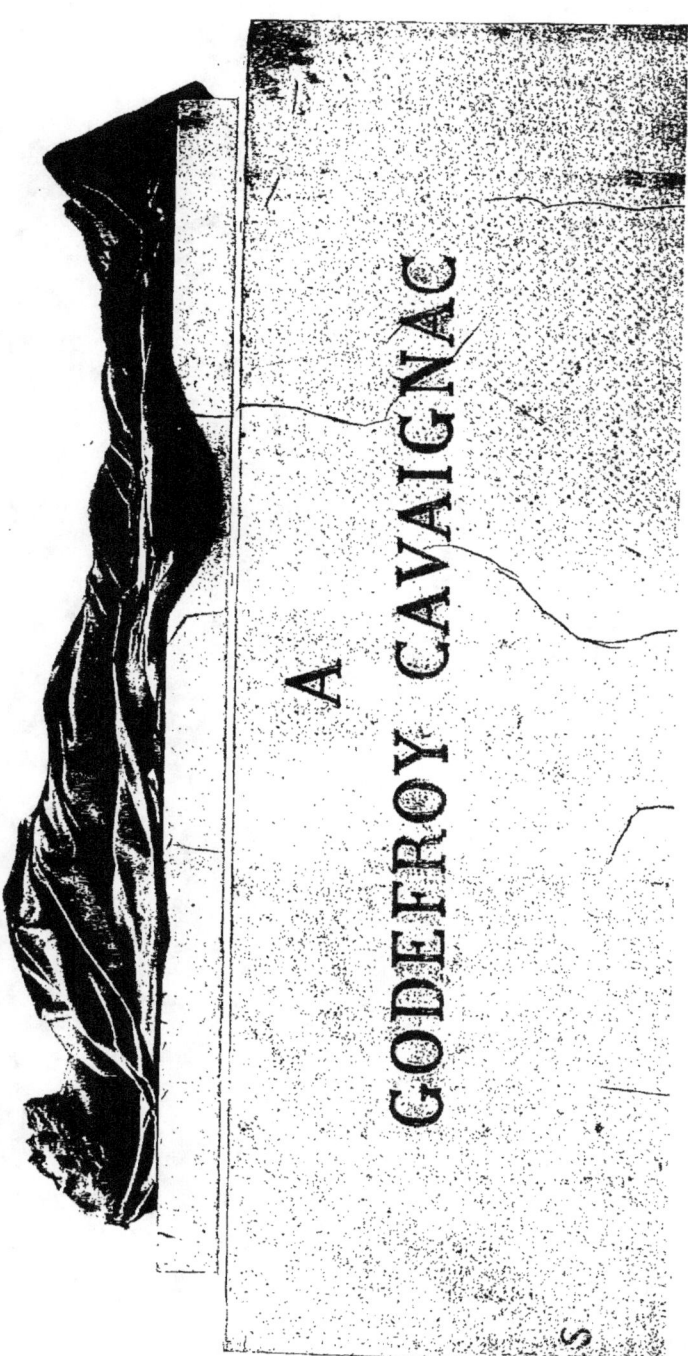

Godefroy Cavaignac, bronze (1845-1847). Cimetière Montmartre, Paris.

XX

Les trophées.

Le 31 juillet 1832, une petite révolution s'est accomplie à l'Étoile. Depuis six mois les travaux étaient comme enrayés. On savait que Jean-Nicolas Huyot vivait en difficulté avec le ministre. C'est un homme de ressources que ce constructeur, mais très désordonné en affaires, signant à tort et à travers, engageant l'avenir avec un invariable insouci des conditions budgétaires. Brusquement, on apprend qu'il est révoqué et remplacé par Guillaume-Abel Blouet, grand prix de Rome de 1821, qui s'est couvert d'honneur à la tête de l'expédition archéologique de Morée. La mission du nouvel architecte est de rentrer le plus possible dans le plan de Chalgrin et de stimuler les travailleurs, tout en mettant de la discipline dans le labeur et de l'ordre dans la dépense. Durant les premiers mois de sa direction, il réorganise les chantiers, étudie les traités, se rend compte des moindres détails de l'œuvre ; puis, à la fin de l'année, au cours d'un grand rapport sur l'état de l'entreprise (1), il aborde la question des sculptures non commandées encore et principalement des trophées. Déjà s'est imposée la nécessité d'y réfléchir. L'an dernier, à pareille époque, Huyot en

---

(1) Archives nationales : F¹³, 1030. Rapport du 30 décembre 1832.

touchait quelques mots dans son rapport de fin d'exercice (1) et montrait l'importance du choix des sujets au double point de vue de la convenance morale et de l'adaptation au monument : « Il convient de décider d'abord, écrivait-il, si ces trophées seront faits d'armes modernes ou d'armes antiques. Ensuite, comme il entre dans leur conception des figures allégoriques d'une très grande proportion, à confier aux plus habiles artistes, j'estime qu'avant de prendre un parti, l'on doit bien envisager la composition d'ensemble... » C'est le même thème que reprend Blouet avec plus d'insistance : « Pour les quatre trophées, dit-il, on pourrait adopter soit quatre grandes Victoires environnées des armes et des drapeaux conquis sur les différentes puissances, soit quatre soldats des principaux corps de l'armée, chacun placé au milieu des attributs caractéristiques de son corps. Mais ce que je croirais le plus en harmonie avec les sujets des sculptures en cours d'exécution, ce serait de symboliser, dans les trophées, les quatre divisions sociales sur lesquelles repose la prospérité de la France : la Guerre, sous l'emblème d'un Mars entouré d'armes modernes ; les Sciences et les Arts sous l'emblème d'une Minerve parmi les attributs qui les caractérisent ; le Commerce, sous l'emblème d'un Mercure avec ses attributs ; et, enfin, l'Agriculture, sous l'emblème d'une Cérès, au milieu d'instruments aratoires ». On voit que les confusions d'idées artistiques vont de pair avec les confusions d'idées politiques. Quelle obsédante préoccupation d'associer le moderne à l'antique à tout prix, comme pour excuser l'un par l'autre ! Il semble qu'on soit même en recul sur l'avant-projet de Gaulle.

(1) *Id., Ibid.* Rapport du 2 décembre 1831.

Les dossiers des Archives contiennent fort peu de pièces relatives aux trophées. Essayons de suppléer à ce qui manque. Une note de M. Thiers, ministre de l'Intérieur, annexée à un rapport de M. Edmond Blanc, secrétaire général des Travaux publics, prescrit, entre autres choses, de « demander des propositions de sujets et des esquisses (1) ». À qui s'adresse l'administration et qu'obtient-elle ? Nous en sommes mal informés; mais, en ce qui touche Rude, j'ai lieu de croire que M. Thiers lui a fait personnellement des ouvertures. Il est, certainement, en relations avec lui depuis le Salon de 1828, où il s'est engoué de son *Mercure* au point d'en désirer une réduction que l'artiste a promis de lui modeler (2). Rude, à ses yeux, a le prestige d'avoir mené à bien ses vastes ensembles décoratifs, au château de Tervueren, en Belgique. On connaît cet homme d'État, prompt à s'assimiler toute notion, mobile, insinuant, jouant avec ses auditeurs comme le chat avec la souris, intarissable de paroles, ne s'écoutant pas, aimant qui l'écoute, habile à faire miroiter de belles promesses incertaines. Il aura ébloui le sculpteur naïf en lui exposant ses plans et l'inclinant à s'y unir. Il lui aura parlé de commandes possibles, de commandes probables. En ses mirages oratoires, Rude aura vu se lever ardemment les Volontaires de quatre-vingt-douze ; et les héros des grands combats revenir en triomphe au lendemain de leurs conquêtes ; et se dérouler les épopées ; et tous les vaillants bondir pour la défense du sol de la patrie ; et refleurir la paix, enfin, sur nos mornes horizons. Visions poignantes !

(1) Note du Ministre et Rapport d'Edmond Blanc du 27 février 1833 (Arch. nat., F¹³ 1030).
(2) Cette réduction originale exécutée seulement en 1837, est aujourd'hui au Louvre, dans la collection Thiers.

Émouvants symboles à faire tressaillir dans la pierre !...
Sans délai, il se sera mis à l'œuvre à grands coups de
crayon, jetant ses conceptions pêle-mêle, puis éliminant,
ajoutant, massant, coordonnant. Quatre données, au
commencement, l'ont assujetti : *le Départ, la Campagne d'Égypte, la Retraite de Moscou, la Paix de Mil-huit-cent-quinze.* A *la Campagne d'Égypte,* promptement écartée, vient se substituer, une allégorie du
Vainqueur accompagné de la Victoire et chevauchant,
la glaive au poing, au milieu des morts et des vaincus. A son tour, cette composition est délaissée, mais
l'auteur la reprendra bientôt pour une appropriation
spéciale. En même temps, *le Départ* s'amplifie et se
transfigure, *la Paix* se renouvelle et s'agrandit. Des
dessins, recueillis à Dijon, nous rendent compte des
tâtonnements du début (1). Nous arrivons ainsi aux
quatre projets de trophées et au projet de couronnement possédés par le Louvre. Le ministre, cependant,
a formulé un programme. Chaque pied-droit de l'Arc
s'animera d'une allégorie répondant aux souvenirs
d'une date consacrée. Un haut-relief dira l'élan du
patriotisme en 1792, un autre, l'apogée de l'Empire
en 1810 ; le troisième, la lutte des Français contre les
envahisseurs de 1814 ; le dernier, la pacification de
1815 et les promesses de l'avenir. Sur un seul point
l'artiste se sépare de l'homme d'État. Pourquoi mentir
à l'histoire en ne faisant apparaître que l'orgueil des
guerres heureuses ? Il voudrait symboliser aussi les
souffrances, les désolations de la défaite et montrer,
sous les frimas russes, nos héroïques vétérans accablés. On juge, au Ministère, qu'un tel tableau, d'un sen-

---

(1) Sur ces documents inédits, appartenant à la collection Joliet,
voir Répertoire chronologique, § V : 1833-1836, *le Départ des
Volontaires.*

timent trop farouche, d'un accent trop amer, serait hors de cadre en un monument triomphal. Pour tout le reste, et même pour beaucoup de thèmes de sculpture étrangers aux pieds-droits, Rude est invité à fournir des esquisses en plâtre. S'il s'étonne un peu à voir son infatigable bonne volonté si longtemps sans récompense, Son Excellence lui prodigue ses encouragements ordinaires en termes évasifs : « Laissez-moi faire... Nous aboutirons à nos fins... Fiez-vous à moi... Je veux que vous soyez content... » Le candide statuaire n'a pas l'air de soupçonner qu'on puisse user des mêmes finesses avec bien d'autres et ne lui ménager, au dénouement, qu'une part d'exécution restreinte. En tout cas, nous savons, à présent, ce qu'il a rêvé pour les grands hauts-reliefs des façades, voire pour le couronnement de l'Arc. Ses dessins sont devant nous et il convient d'y insister (1).

Les quatre motifs des pieds-droits peuvent s'intituler : *le Départ, le Retour, la Défense du sol* et *la Paix*, et le motif de couronnement auquel nous viendrons plus loin et qui est, proprement, une apothéose de Bonaparte. Un génie féminin, casqué, le torse dégagé, les bras nus, éployant ses grandes ailes, agitant de la main droite des chaînes brisées, fendant la nue d'un furieux essor, se retourne violemment vers l'horizon, à gauche, et sonne de la trompette à pleins poumons. C'est l'âme de la Patrie appelant les citoyens aux armes. Quiconque a entendu son appel accourt, et s'apprête au combat. Un

---

(1) Ces dessins, sur papier-calque, ont été offerts à nos collections nationales en 1872 par le sculpteur Paul Cabet. — Un seul des premiers biographes du maître, Théophile Silvestre, les a mentionnés en détail, mais sa description relève bien plus de l'esprit léger de la chronique de journal que des données d'une critique sérieuse (Cf. Th. Silvestre : les *Artistes français*).

jeune homme nu, le casque au front, le glaive au poing, saisit à la crinière un cheval qui hennit. Un guerrier, plus loin, rattache d'une main ses cnémides, et de l'autre, tient son fourreau contre son bouclier posé à terre, dans une attitude peu naturelle. Au fond se dressent des étendards à l'antique, symbolisant tout le rassemblement des soldats. Nous avons là, très reconnaissable, la première pensée du fameux groupe du *Départ des Volontaires,* mais appelée à se modifier grandement et heureusement.

En face du *Départ,* le *Retour.* Un blessé entièrement nu sous son léger manteau court et flottant, le bras droit enveloppé de linges, l'œil droit caché au-dessous de son casque, par un bandeau, entraîné par son cheval qui vient de s'abattre, se relève avec l'appui d'un de ses frères d'armes et sans que sa main défaillante laisse échapper son dernier tronçon de fer. Le second héros, un voile de deuil sur la tête, porte à l'épaule un étendard romain, l'aigle brisée. En arrière je vois un guerrier encore, au casque haché de coups, au bouclier largement ébréché retenu à son bras gauche, faisant toujours front à l'ennemi. Un loup fond sur le malheureux, les dents aiguës, suivi d'autres loups sans nombre.

Au second plan, surplombant cette lugubre scène, inspirée du souvenir de la retraite de Russie, apparaît une figure gigantesque, émergeant à mi-corps, la barbe ruisselante et le front chauve, le masque un peu socratique, accoudée au roc et les yeux perdus dans l'espace. Quelle peut être cette personnification? La Sagesse immortelle, l'Histoire sereine dominant, du haut de son impassibilité, nos luttes d'un jour, l'antique Nature spectatrice des faits humains ou plutôt l'Hiver défenseur d'un pays? — On n'ose dire. A l'exécution, l'artiste eût apporté à sa composition des changements sérieux et, pour le moins, métamorphosé l'allégorie énigmatique et bizarre. Il faut, nonobstant, tenir compte de la conception qui est grande. Des héros écrasés par la guerre, rompus de fatigue, endoloris de blessures, s'entr'aidant en leur détresse ou résistant en dépit de tout et livrés aux bêtes sauvages affamées, proposent une donnée d'œuvre aussi neuve que forte. En outre, le cheval tombé, la tête pendante, épuisé, n'ayant plus qu'à mourir et les loups acharnés après leur proie sont des indications du caractère le plus fier. Du profond sentiment d'une situation Rude a tiré l'idée d'une évocation intimement tragique, aux éléments issus du réel et généralisés dans le mode légendaire. Si les traits essentiels s'en sont dénaturés par des formules classiques et, tout à la fois, soulignés de détails poussés jusqu'à la brutalité, comme les linges de pansement du blessé, la libre générosité d'âme du sculpteur se dénonce en ce qui s'exhale de pitié humaine. De semblables recherches nous le montrent sur la voie d'une sculpture moderne, robuste, française, populaire, se renouant à l'imagerie de pierre des aïeux qui parlait si éloquemment aux simples par cela qu'elle attachait l'émotion et le symbole à la vie même. Ce dessin du *Retour*, si incomplet soit il, est plus que précieux : il est capital. Rude y dégage quelque chose de son tempérament primitif, bourguignon, plébéien, et, d'instinct, trace une voie plus large qu'il ne le croit lui-même et où l'on souhaiterait qu'il pût s'avancer franchement.

Mêmes tendances se dénotent aux deux compositions suivantes, mais avec bien moins de vigueur et bien plus de mélange. Ici, c'est la *Défense du sol*, symbolisant l'effort de 1814. Un héros à la façon de Louis David, nu et casqué, armé du bouclier et de la lance, tenant à la main les palmes des anciens triomphes, vient s'abattre, mourant, devant l'autel de la Patrie autour duquel on se bat toujours. A terre, un chapiteau et un vase antiques. Dans l'air, une Gloire ailée portant une verte couronne et une statuette de la Victoire. Là, pour faire vis-à-vis au drame de l'invasion, l'idylle de la paix, une sorte d'arrangement de médaille où monte une figure féminine aux ailes ouvertes, la tête penchée, coiffée du bonnet phrygien, une branche de laurier dans la main gauche, et de la droite, protégeant le guerrier richement armé et drapé qui remet au fourreau son glaive, le laboureur nu, au front couvert d'une coiffure assez comparable aux casquettes de nos jockeys, qui rajuste le collier de ses bœufs, et le matelot, sans vêtement aussi, accroupi, chargé d'une ancre, auprès de son navire aux voiles repliées. Mais cette scène est, de tout point, la plus faible des quatre.

On ne se rend pas raison, d'après ces croquis, de ce qu'auraient pu être les compositions exécutées. Les intentions qui s'y font jour s'y fussent évidemment accusées en des formes plus typiques, en des agencements meilleurs. N'est-ce rien, cependant, que de constater sur ces feuilles, déjà marquées de visées certaines, une aspiration de l'art classique à secouer le joug de son idéal abâtardi? Pour le fond des pensées, il semble trahir, chez Rude, une recrudescence, inconsciente peut-être, du vieil esprit républicain. Seulement, combien l'anarchie est en lui vivace! S'il célèbre la Révolution avec le *Départ des Volontaires*, s'il réprouve les guerres d'ambition de l'Empire dans *la Retraite de Russie*, s'il fait honneur au parti libéral des dévouements de 1814, il coiffe bien gratuitement du bonnet phrygien *la Paix* de 1815, qui est une paix royaliste, et voilà, par surcroît, qu'il songe à décorer le faîte de l'Arc de triomphe d'une allégorie du César de Corse personnifiant la Révolution et la Liberté. Stupéfiant amalgame historique et politique, mais très conforme, à vrai dire, aux fumées de l'heure !

La tradition rapporte que M. Thiers aurait commandé au maître la sculpture des quatre pieds-droits. Je n'ai rien trouvé qui confirme l'assertion courante et, jusqu'à nouvel ordre, je la repousse. Si le ministre a été hanté à aucun moment d'une si sage pensée, il n'y a en rien donné suite. Nous n'avons pas les arrêtés de commande du *Départ des Volontaires*, à Rude, et du *Triomphe de Napoléon*, à Cortot, mais les noms des deux artistes sont visés ensemble dans une pièce du 3 août 1833 qui est, précisément, le titre d'attribution à Etex des groupes correspondants. C'est donc, comme Etex l'écrit formellement en ses *Souvenirs*, que ses confrères de notoriété plus ancienne ont été pourvus avant lui, — et sans doute l'ont-ils été, tous deux, le même jour. Pas un fait, pas un texte n'autorise à présumer que Rude ait été dépossédé au profit de personne d'une partie de sa tâche dûment déclarée. Thiers, ne lui ayant rien promis, se sent parfaitement à l'aise pour ne le charger que d'un des trophées et pour en confier un autre à « l'habile », à « l'austère et classique Cortot », précédemment empêché par d'autres travaux officiels de sculpter les *Renommées* du grand arc (1). A l'endroit des deux derniers sujets, nulle décision n'était arrêtée lorsque le ministre a connu Etex, l'auteur d'un *Caïn* qui passionne la foule au Salon de 1833. Plein d'entregent et de confiance en soi, beau parleur, expéditif, exempt du tourment de perfection des inquiets, ce sculpteur devient son homme.

(1) Les *Renommées*, confiées, à son défaut, à Pradier.

A lui les deux sculptures non déjà distribuées. Rude ne s'est pas plus trouvé dépouillé, en droit, pour Etex que pour Cortot. On ne lui a, malheureusement, attribué que le seul *Départ*. C'est ce qu'indique, d'ailleurs, la série particulièrement riche de ses recherches pour ce sujet. Mais ce haut-relief pourra suffire à l'illustrer, après tout, et même à illustrer l'Arc de l'Étoile.

Quoi qu'il en soit, l'artiste mène son œuvre lentement, prudemment, cherchant et recherchant sans relâche. Ses dessins préparatoires nous l'ont fait entrevoir dans le labeur extrêmement pénible de sa conception, débrouillant peu à peu ses déductions touffues et confuses et ses formes mal nouées entre elles. Ses élèves nous le peignent multipliant ses petites esquisses afin de resserrer son motif. Le musée des Arts décoratifs de Paris possède une des premières maquettes du *Départ*, celle probablement qui fut soumise à M. Thiers et qui a si longtemps moisi parmi les poussières et les humidités du dépôt des marbres. Au musée de Dijon, l'on voit un modèle en plâtre plus grand et plus achevé. D'essai en essai, Rude rectifie, améliore, complète (1). Son

---

(1) Il sied de relever les différences entre le modèle de Dijon et l'exécution définitive. Dans le modèle de Dijon, le chef qui marche en avant porte un casque antique, est ceint d'une peau de loup, fait un geste d'appel et tient le glaive sur son bras au lieu d'être, comme à l'Arc de triomphe, en cuirasse, en cotte de mailles et en grèves, d'agiter son casque et d'avoir son glaive en bandoulière. Le jeune homme qui s'avance à ses côtés est drapé à l'antique, dans le modèle, et tire son fer au lieu de le serrer d'une main crispée. Le soldat qui sonne de la trompette est aussi drapé au lieu d'être revêtu de la cotte de mailles. L'esquisse nous présente, enfin, deux têtes de vieillards, au fond, à droite, au lieu d'une seule qu'on voit à l'exécution. La préoccupation de Rude de remplacer les draperies par des pièces d'armure est également digne d'être notée.

talent se fortifie de patiences sans fin. Pour la figure du Génie qui jette aux horizons son formidable appel aux armes, il fait poser Madame Rude, l'incitant à crier de toutes ses forces, s'exaltant lui-même aux cris qu'elle pousse et clamant : « Plus fort ! Plus fort !... » De ses études de détail, il nous est resté deux masques puissants, modelés au tiers de la grandeur d'exécution, moulés depuis, et même passés dans le commerce : celui du génie de la Patrie et celui du mâle guerrier qui prend la tête des volontaires. En travaillant, l'artiste s'enfièvre et sa passion gagne ses héros. Voyez donc ! Élancée en plein ciel, les ailes éperdûment élargies, la France appelle, appelle, appelle. Des quatre coins du pays, vous tous qui pouvez opposer à l'ennemi la barrière de votre corps, levez-vous, accourez. Le cri se propage aux plus lointains espaces : cri viril, sans éclat de colère et sans râle de plainte ; cri de défense et non de haine ; cri de vertu sans tache et non d'orgueil ; cri d'appel irrésistible et non de désespoir. Chacun, à l'entendre, se sent fort et hardi, transporté de courage. Ce chef au premier plan, en cotte de mailles, en cuirasse antique, en grèves ciselées, agite son casque pour rallier tous les vaillants et entraîne un jeune homme nu, le heaume au front, la main au glaive. A droite, marche un homme d'âge, ayant déjà tiré l'épée et repliant son manteau. A gauche, un jeune homme au torse nu s'incline vers la terre, en train de courber son arc. Un autre, tout proche, sonne de la trompette. Le drapeau flotte. L'ardeur éclate. Et l'on croit voir s'ébranler dans la pierre la trombe humaine, soulevée par un souffle supérieur, vibrante d'une voix surnaturelle.

Les figures n'ont pas loin de six mètres de proportion ; mais ce n'est pas seulement par les dimensions que l'œuvre est colossale : c'est surtout par l'impression qui en jaillit. L'ouragan de l'indépendance nationale passe, discipliné, invincible ; le frisson nous en persiste au cœur. Sans doute l'avenir aura des critiques à faire. Qu'importe, lorsqu'on a conscience de cette soudaine proclamation des droits du mouvement? Il est clair que Rude ne s'est pas totalement affranchi du joug pseudo-classique. L'emportement superbe de sa composition, l'expressive violence de l'ensemble ne bannit pas tout convenu. Encore qu'il soit de l'essence de l'allégorie de résumer des faits réels en des visions d'un caractère général et qu'elle n'ait rien à attendre de l'exactitude anecdotique, on doit regretter que le maître n'ait point donné à ses héros des physionomies plus étroitement françaises, ni défini par quelques accessoires authentiques et faisant date l'époque révolutionnaire qu'il symbolisait. Si véhéments, si émouvants que nous apparaissent ses volontaires, il nous faut reconnaître en plusieurs d'entre eux des modèles d'atelier, enrôlés d'enthousiasme, mais conservant dans tout leur corps, à leur insu même, un fond de tradition.

Il s'agissait de nous rendre le sentiment de ce peuple d'ouvriers, de faubouriens, de va-nu-pieds, de paysans, de bourgeois, de patriotes de toutes les classes qui se rua aux frontières en 1792. Pourquoi faire de ces héroïques rustres, de ces citadins fanatisés, de ces fiers soldats imprévus que le danger de la patrie a fait surgir de la terre de France, des guerriers certes admirables d'élan, mais sans le moindre signe qui les décèle Français, et en lesquels nous verrions tout aussi bien des Grecs de Léonidas partant pour les Thermopyles ? Admettons l'emploi du nu comme particulièrement sculptural ; accepterons-nous aussi facilement ces casques et ces cuirasses antiques, ces cottes de mailles, ces glaives, ces arcs ? Quoi ! Vous commémorez un événement d'hier et vous empruntez aux arsenaux des Anciens les armes des recrues de Sambre-et-Meuse ! Pas une arme à feu, pas une baïonnette, pas un lambeau, pas un signe publiant l'époque ! L'illogisme est flagrant. Mais c'est la postérité seule qui consacre des observations de cet ordre, après qu'on a fait une longue marche dans les chemins de l'émancipation et de la logique. Une tyrannie d'éducation, un faix de préjugés invétérés pèse bon gré, mal gré, sur l'indépendance de Rude, sans qu'il en puisse être autrement. Et, cependant, son chef-d'œuvre demeure intact, saisissant, grandiose, toujours neuf, en possession de notre admiration raisonnée. Le sculpteur n'a point, comme Puget, fait trembler devant soi le marbre : il s'est contenté de lui imposer la vie et un incomparable frémissement d'humanité l'a traversé. Jamais, en aucun pays, une telle poussée n'avait secoué la dure matière. Qu'il subsiste, çà et là, dans l'œuvre, des vestiges de convention, nous n'en avons cure. Il céderont bientôt à la puissante énergie qui déborde et fait humainement sentir, palpiter, se mouvoir et crier les statues. Et le jour où François Rude a terminé son sublime groupe, on peut le déclarer hardiment, la statuaire française est libre (1).

(1) Le *Départ des Volontaires* paraît avoir été payé à Rude le même prix que le *Triomphe de Napoléon* à Cortot : soixante-quinze mille francs, modèle et exécution compris. Etex n'a touché que soixante-dix mille francs pour chacune de ses deux compositions, *la Défense du sol* et *la Paix* (*Archives nationales*).

XXI

Projets de couronnement.

Pendant que l'on s'évertue à conduire à bonne fin les sculptures commandées, une nouvelle question commence à se débattre au ministère. L'Arc est debout : il est immense, plein d'une épique majesté ; mais l'auréole d'un beau couronnement va manquer à son faîte. De quel char de victoire, de quel envolement de génie le surmontera-t-on? C'est ici que le statuaire doit faire, par dessus tout, resplendir l'apothéose et retentir les fanfares qui remplissent les siècles. Mais en l'honneur de qui se prolongeront ces fanfares, s'éterniseront ces splendeurs? L'Empire a conçu et entrepris le monument : l'Empire s'est écroulé. La monarchie restaurée l'a poursuivi : ses lis flétris jonchent la poussière. Louis-Philippe est en passe de l'achever : qui sait combien d'années chantera le coq symbolique de sa dynastie? Chaque gouvernement a ajouté sa pierre à l'édifice, y croyant sceller sa propre gloire, et c'est d'une montagne d'illusions et de confusions qu'est fait cet Arc de triomphe auquel, en définitive, la foule ne reconnaît qu'un sens : la commémoration de l'Empire.

M. Thiers, en cette traverse, singulièrement embarrassé, s'adresse de nouveau à tous les sculpteurs et les met en mal de projets. « Son Excellence n'a pas voulu ouvrir ce qui s'appelle un concours, écrit à Foyatier, le naïf ou sournois directeur des Beaux-Arts, Cavé (1), mais simplement s'éclairer par la vue de beaucoup d'ouvrages, sans se marquer, d'ailleurs, un délai pour fixer son choix. » Je ne suppose pas que le ministre ait eu connaissance de ce compromettant aveu, lui qui se targue de leurrer les artistes par d'adroits compliments et de se les concilier « par l'espérance »; seulement, son incertitude s'y peint au vif. Il a bien pu supprimer les statues des villes de France dont Huyot eût souhaité voir ceindre son attique, et adopter, comme base de couronnement, l'acrotère dessiné par Blouet; la question n'a pas avancé d'un pas. Quel sujet choisir? A quel ordre d'idées s'arrêter? Il éprouve le besoin de consulter tout le monde. Sa perplexité rappelle exactement celle de Desplan, l'ornemaniste, lequel, pris d'un vague effroi au moment d'exécuter des ornements d'un goût tout classique, a interpellé ainsi l'administration : « Je m'attends à de terribles critiques. Trophées, oiseaux de toute espèce, palmettes, etc., nul emblème, au milieu des commotions politiques qui se succèdent chez nous depuis quarante ans, n'a eu le temps de devenir populaire et ne peut, de prime abord, réunir tout les suffrages. Les censeurs eux-mêmes seraient bien empêchés d'indiquer quelques motifs à substituer aux nôtres. *On s'accordera seulement à désirer que le monument soit terminé par des lignes à jour et découpées, mais sans s'entendre sur le choix des sujets* » (2).

Que si l'on croit que le bon Desplan s'égare, il sied de lire le procès-verbal de la séance où le Conseil des

(1) Archives nationales F¹³ 1031, lettre du 25 juillet 1834.
(2) *Ibid.* Lettre de Desplan, ornemaniste, à M. Cavé, 11 novembre 1833.

bâtiments, dûment interrogé, expose sa manière de voir : « *Le Conseil émet le vœu que l'on couronne l'acrotère de sculptures qui, par leur proportions et leur caractère, soient en rapport avec le reste du monument et, principalement, avec les grands trophées ornant les pieds-droits. Il est d'avis que les sculptures doivent former non des masses compactes, mais bien se dessiner sur le ciel d'une manière régulière comme dans la plupart des édifices antiques du même genre* » (1). Nous haussons les épaules à ces creuses généralités. La moindre idée pratique ferait bien mieux l'affaire du ministre et l'on comprend fort bien qu'il cherche de tout côté des inspirations moins abstraites.

Il faut avouer que les communications spontanées abondent. Le problème du couronnement de l'Arc de triomphe est l'un des entretiens assidus des Parisiens. On en jase, on en dispute à perdre haleine et plus d'une lettre conservée aux Archives nationales nous donne, curieusement, l'écho de ces bavardages. En voici une, en particulier, adressée à M. Thiers le 16 novembre 1833 par M. Charles de Paulet et qui nous fait surprendre l'inconcevable chaos des opinions répandues :

. . . .

« *Rien ne produit sur un édifice élevé et fait pour être vu de loin, comme l'Arc de triomphe, un plus bel effet que des statues de marbre blanc se dessinant sur l'azur du ciel ; j'en ai vu de magnifiques exemples en Italie et aussi en Angleterre, dans quelques châteaux. Les autres ornements ne s'expliquent pas aussi vite et occupent l'intelligence à les deviner quand le sentiment des arts devrait seul être excité. C'est donc, à mon avis, par des statues, hautes de vingt pieds au moins, pour*

(1) *Ibid.* Procès-verbal de la séance du 9 mai 1834.

être en harmonie avec le monument, qu'il conviendrait de le couronner. Mais quels sujets choisir pour ces statues ? Des sujets allégoriques ? — Les faces du monument en sont déjà surchargées. Il faut des figures historiques, des personnages célèbres. Il en est qui s'offrent tout naturellement à la pensée. L'Arc de triomphe est un monument militaire : il faut en faire une sorte de Panthéon de la France guerrière depuis 89.

« Ici se rencontrent quelques difficultés. Jetterait-on pêle-mêle les généraux de la Révolution et ceux de l'Empire ? Il y aurait, dans cette confusion, quelque chose de faux et d'injuste. Il me semble, après y avoir réfléchi mûrement, que l'on devrait en former deux groupes, séparés et liés à la fois par une figure colossale de la France victorieuse, sur un char de triomphe. Et, pour mettre de l'unité en chacun de ces groupes, on pourrait ranger l'un autour de Napoléon, et l'autre par exemple, autour de Carnot, l'homme qui organisa la victoire des armées révolutionnaires et qui ne fut peut-être pas moins grand que Napoléon lui-même.

« D'un côté, le grand théoricien, de l'autre, le grand praticien militaire. Nos deux belles époques se trouverait ainsi en présence. Autour de l'Empereur, ses ducs, ses princes, ses maréchaux ; autour du Citoyen la simplicité républicaine. Là, Masséna, Desaix, Lannes, Ney, Murat, Eugène Beauharnais ; ici Kléber, Hoche, Joubert, Marceau, Jourdan, peut-être La Tour d'Auvergne, et pourquoi pas Moreau ? La mémoire du vainqueur de Hohenlinden doit être réconciliée avec la France ; elle doit en obtenir un généreux pardon. Mais comment placer Moreau près de Bonaparte, son persécuteur ? Qu'il figure, plutôt en témoignage d'absolution auprès du patriote sans reproche, auprès de Carnot, qui fut longtemps son ami. — Et Kléber,

De Fourcaud.

et Hoche surtout, pourquoi ces généraux que la mort seule a empêché de s'élever à la même gloire que Napoléon, peut-être à la même ambition, figureraient-ils parmi ses lieutenants ? Il y aurait là anachronisme et injustice. Mettez-les à côté de l'homme qui sut deviner leur génie et les révéler, pour ainsi dire, à eux-mêmes. Cet Olympe de héros guerriers, distribués habilement en deux groupes, offriraient, je n'en doute pas, un admirable coup d'œil et satisferait à la fois les amis de l'Empire et ceux de la Révolution.

« Examinez cette idée, M. le Ministre, avec votre sentiment éclairé des Beaux-Arts, avec le sentiment qui vous animait quand vous avez écrit en pages éloquentes les grandes époques que l'Arc de triomphe est destiné à rappeler... »

Ainsi s'exprime M. de Paulet, donnant aux théories du juste milieu le tour le plus inattendu et, sans malice, étalant l'incohérence des doctrines propagées par Thiers. La lettre est caractéristique, au point de vue moral, jusqu'au degré divertissant, mais, au point de vue de l'art, les indications n'en valent guère. On voit d'ici l'entassement de cent figures héroïques s'échelonnant au sommet de l'Arc comme aux pentes d'une colline. En trop bel ordre, elles sembleraient froides ; en ordre pittoresque, elles causeraient, à distance, une impression de désarroi. Cependant, d'autres propositions se formulent, diverses et très nombreuses. Le 9 mai, 1834, James Pradier demande à soumettre au ministre un projet de couronnement sur lequel il ne s'explique pas, mais Blouet, à ce moment, prône si fort les avantages du quadrige qu'on incline à supposer qu'un quadrige en forme le motif principal. Moyennant une centaine de mille francs, on exécuterait l'œuvre en pierre préparée comme aux voûtes du Panthéon et, de ce fait, dure comme le marbre. Avec cinq ou six mille francs de plus, l'ensemble recevrait une riche et solide dorure qui en magnificerait l'aspect. Il ne reste pas trace du projet, hormis, au dossier, le petit billet du sculpteur, d'où je tire ces détails.

De son côté, Foyatier a une grande composition en tête. Laquelle ? Je ne sais ; mais je vois, aux Archives, que Thiers est convié, le 25 juillet 1834, à examiner l'esquisse. Il en coûterait environ 250 000 francs de la réaliser. C'est un gros denier, en somme, et les choses en demeurent là.

Vers le même temps (14 juin 1834), le Roi a reçu d'un sieur F.-H. Chauvin, conducteur des ponts et chaussées à Beauvais, un projet naïvement drôlatique, appuyé d'un dessin. L'acrotère est complètement dissimulé sous une gigantesque couronne royale surmontée d'un coq et, si je ne me trompe, — le croquis étant un peu vague — décorée, au-dessus du bandeau, de fleurs de lis et de fleurons. Sur les piédestaux qui coupent la balustrade de la terrasse, des aigles étirent leurs ailes. Ce conducteur des ponts et chaussés n'a peur de rien.

Un vœu plus digne d'attention émane, au commencement de l'année suivante (12 janvier 1835), de M. C. Farcy, membre de la Société royale des antiquaires de France, directeur du *Journal des Artistes*. Au plus haut de l'édifice, un aigle dessinerait en plein ciel son envergure démesurée, une couronne de laurier dans son rostre et comme s'abattant sur un amas de drapeaux et d'armes brisées. Ce thème a, tout d'abord, souri au ministre au point qu'il s'en est ouvert à Blouet. « Non, répond l'architecte : un aigle de soixante pieds serait hors de proportions avec toutes les autres sculptures ; les formes maigres et découpées du dessin de

M. Farcy ne sauraient s'accorder aux lignes architecturales, et l'idée même qui plaît à l'imagination comme expression poétique n'est peut-être pas admissible pour le monument sévère auquel on veut l'appliquer. » De telles objections manquent de force et la dernière, spécialement, ne supporte pas l'examen. Farcy défend son projet, toute une année, sans succès. Il n'est pas hors de propos de rappeler que deux sculpteurs, par la suite, ont repris son programme. Chardigny fils, en 1836, rêve de poser un aigle de soixante-dix pieds sur une hémisphère accostée, à ses deux pôles, des deux allégories de l'Orient et de l'Occident ; et notre glorieux Barye sollicite, un peu après, l'honneur de modeler un aigle de vingt mètres, les ailes étendues et tombant, à bout d'essor, parmi les trophées de nos guerres (1). L'administration des Beaux-Arts écarte le projet de Chardigny et celui de Barye lui-même, bien qu'on puisse attendre un chef-d'œuvre de ce maître et qu'on en ait le sentiment.

Écartée aussi l'esquisse du statuaire Bougron : « *La France élevée au plus haut degré de prospérité par la victoire, les arts, les sciences, le commerce et l'industrie, groupe exécutable en pierre* ». Songeant aux compositions enchevêtrées de plusieurs de ses émules, l'artiste écrit : « Ce monument aurait au moins l'avantage d'être compréhensible à tous les points de vue »(2). Justifiée ou non, son allégation n'est d'aucun secours à son œuvre, laquelle, apparemment, ne vaut pas qu'on s'y fixe. Le ministre, en abrégé, satisfait d'avoir suscité un mouvement dans les ateliers et

---

(1) Cf. Inventaire général des richesses d'art de la France : l'Arc de triomphe, par H. Jouin, et biographie de Barye, par Arsène Alexandre.

(2) Lettre du 18 octobre 1835.

dans le public, recule de jour en jour la décision à prendre. Sa pétulance disserte ; sa vanité se rengorge à faire de l'esthétique ; sa diplomatie se gaspille en demi-promesses, en jolis faux-fuyants où chacun croit démêler des certitudes. On pourrait étudier en lui un type parfait du méridional, très prompt à tout deviner et ne déparlant pas, se faisant une opinion des opinions de tout le monde, mal assuré, au vrai, de ce qu'il pense, mais créant de charmantes illusions autour de lui, soulevant des poussières dorées d'érudition et d'imaginative, et supérieurement enjôleur. Ah! l'homme rare que ce Thiers, virtuose miraculeux du piétinement sur place simulant la marche en avant !

Au milieu de ces ambitions d'artistes, insidieusement tenues en haleine, la bonne volonté de François Rude n'est pas oubliée. Son Excellence y a si bien fait appel et il s'est si bien mis à l'ouvrage que je lis dans une lettre de Blouet, du 28 avril 1834 : « Les esquisses demandées par M. Thiers à MM. Rude et Marochetti seront remises dans la salle de l'Épure dès samedi matin ». On prie le ministre de les venir voir au plus tôt, afin de conclure. Pour toute réponse, M. Thiers rappelle que, dimanche dernier, il a visité l'Arc. Qu'a-t-il besoin de rien brusquer? C'est affaire aux sculpteurs d'avoir de la philosophie.

Ce qu'a conçu Marochetti, nous l'ignorons. Nous nous rappelons au contraire, que Rude a composé un *Triomphe de Bonaparte*, dont le croquis est au Louvre. On y reconnaît à première vue une adaptation de l'allégorie du *Vainqueur*, inutilement crayonnée naguère pour l'un des pieds-droits. Un jeune César au front lauré, un manteau flottant agrafé à l'épaule, lance son cheval au galop sur le globe du monde. Sa main gauche tient le sceptre avec la bride ; de la droite, rejetée en arrière, il brandit le glaive large et court. Il va tranquille, sûr de soi, gouvernant son cheval cabré, sondant l'horizon du regard. La Victoire le suit à grand vol; l'aigle essoré le couvre de son ombre, le bec ouvert, le cou tendu, le foudre aux serres. A terre, une tête de bélier, exprimant peut-être les fécondités de la glèbe foulée par les combats, et un autre objet, qui paraît être une couronne tombée dans la boue. L'esprit concentré de l'artiste se travaille à sous-entendre, par tout moyen, le plus d'idées possible. Observons qu'en évoquant son jeune César, c'est à Bonaparte qu'il a pensé plutôt qu'à Napoléon, — au Bonaparte d'Arcole et de Lodi à qui nous le verrons, plus tard, consacrer un autre hommage. Le ministre, à quelques jours de là, examine le groupe et, suivant sa coutume, engage le sculpteur à lui soumettre de nouvelles maquettes, à ses risques et périls. Rude ne se lasse point. Coup sur coup, au dire de Théophile Silvestre(1), il imagine un *Quadrige triomphal,* puis une *France victorieuse,* colossale statue, nimbée de rayons, ayant à ses pieds un aigle porteur d'un butin de sceptres et de couronnes, environnée d'images allégoriques des Puissances vaincues. Ces projets, en tout état de cause, ne s'enhardissent qu'à des lieux-communs ; mais, chez Rude, nous savons déjà combien lente et pénible est l'élaboration première. Toute œuvre qu'il conçoit s'offre à son esprit, en son principe, non claire et affirmée, mais en gestation, simplement pressentie, ainsi que dans un brouillard. Les éléments se modifient ensuite ; les formes, peu à peu, se condensent, se justifient et s'ordonnent. Par une recherche instante, il filtre pro-

---

(1) Th. Silvestre. Les artistes français, étude déjà citée.

gressivement sa pensée à travers vingt esquisses, jusqu'à ce qu'il ait senti la possibilité de faire transparaître quelque chose de ce qui s'émeut en lui.

Que sont devenues ces séries de maquettes d'acheminement ? Elles sont détruites ou perdues. Nul intérêt durable ne se cache, à son avis, en des ébauches mal débrouillées. L'œuvre achevée ou arrêtée, autant les laisser périr. Mais quelle ardeur il prodigue à la poursuite de son but et comme il se tient naïvement certain du choix de M. Thiers ! Celui-ci n'a pas approuvé le *Quadrige triomphal* ; Rude s'est rejeté sur un *Triomphe de la France*. La commande tarde à venir. Eh ! qu'importe ? Il a foi qu'elle viendra... « Vous espérez bien à tort, lui disent ses camarades. Etex, le confident et le conseiller du ministre, ne peut vous souffrir. Redoutez une déception... » Allons donc ! On ne sait de quoi l'on parle. Sainte confiance d'un artiste que rien ne désarçonne et qui n'admet même pas qu'on le puisse décevoir ! Il sollicite, par avance, l'autorisation de construire un abri au milieu de la plate-forme du monument pour y travailler sur place au groupe projeté...

Un peu auparavant, le maître modelait, rue d'Enfer, peut-être en s'aidant d'anciennes études, un bas relief destiné à la façade du Palais-Bourbon, du côté de la Seine : *Prométhée animant les arts* (1). Deux praticiens, en 1835, vaquent à le mettre au point sous sa surveillance. On voudrait savoir de quel œil Rude envisage, maintenant, cette composition d'un goût arriéré

---

(1) Ce *Prométhée* a dû être commandé à la fin de 1832 ou au commencement de 1833, à l'issue de la construction de la nouvelle *Chambre des députés* et de ses dépendances. Je dirai au *Répertoire chronologique* (§ V : *Œuvres de Rude sous Louis-Philippe*) mes raisons de penser que la composition en précéda celle

et rattachée, pour le style, à ses ouvrages bruxellois. Dans un décor de portiques et de palais, le demi-dieu au torse nu, sur un trône, penche sa torche qui s'allume. Des merveilles naissent autour de lui, symbolisant la puissance de l'art à dompter la matière; làbas une cariatide supporte son fardeau d'architecture; ici le *Milon de Crotone* de Pierre Puget se dresse sur son socle, captif éternel. D'invisibles représentants de l'humanité, un berger, demi-nu, coiffé du pétase, une femme drapée, les mains jointes, s'extasient du feu inconnu jailli de la bouche du Titan. A l'envi travaillent les artistes. Un architecte prend, au compas, des mesures sur une tablette que lui présente un petit génie agenouillé; un autre amour sculpte à grands coups de maillet une tête colossale; une jeune femme joue de la lyre; un dessinateur, assis à terre, étudie d'après le vif; un peintre en tunique, sa palette à la main, auquel Rude semble avoir prêté son visage, revêt de couleurs, au mur du fond, une Victoire ailée tenant une couronne... Combien toutes ces figures composites, de laborieuse et classique convention, s'éveillent froidement! Depuis que l'élève de Cartellier a terminé son modèle, ses yeux ont commencé à s'ouvrir. Encore qu'il raisonne assez hasardeusement d'esthétique, son instinct le pousse toujours plus en avant; le sens de la vie et du mouvement le tourmente. Aussi réserve-t-il le meilleur de lui pour l'exécution du hautrelief du *Départ,* également, en 1835, aux mains des praticiens.

du *Départ des Volontaires.* Legrand date l'achèvement de l'ouvrage à 1835. — D'un billet de Mme Rude du 6 avril de cette année il appert que le sculpteur s'annonce au Palais-Bourbon *avec deux praticiens,* mais sans indication de ce qui l'y appelle. Ce ne peut guère être que le soin de son bas-relief.

On lui a accordé sept cent-vingt journées de tailleurs de pierre afin d'opérer, dans le bloc de Chérence, le refouillement initial. A présent, les masses inutiles sont abattues ; les sculpteurs font vivre ces corps héroïques dont les chairs palpitent davantage à chaque coup de ciseau. Le maître assiste à la graduelle apparition de son rêve. Presque tous les jours, il se confine à l'atelier de l'Arc, revêtu de la blouse des ouvriers, tâchant à faire passer en ses colosses lentement dégrossis quelque étincelle du feu de son âme. Bien des mois, l'effort se prolonge, — empli, à son propre aveu, d'inquiétudes et de joies. Ce que font ses rivaux le laisse en paix. Sa porte est fermée à tous. On ne jugera point son œuvre qu'il ne l'ait enflammée de sa passion, qu'elle ne tressaille et qu'elle ne crie. L'Arc de triomphe, de 1834 à 1836, est pareil à une ruche énorme où, dans leurs abris de planche et de verre, les statuaires font parler l'Histoire du siècle ; mais Rude seul la fait rugir. Là-haut, sur la plate-forme, l'acrotère s'arrondit, nu et morne. C'est l'unique partie du monument qu'on diffère de décorer. De tous les projets de couronnement soumis à M. Thiers, n'en a-t-on reconnu aucun digne de sonner la grande fanfare des triomphes de nos armées ? A-t-on reculé devant la dépense ? Hélas ! bien des labeurs humains, entrepris avec enthousiasme et longtemps continués, sont voués à rester ainsi sans conclusion ! Et, comme ces cathédrales, tant de fois séculaires, dont les tours attendent, de génération en génération, leur flèche hautaine, le solennel portique de l'Étoile se dressera, dans les lointains avenirs, sublime et inachevé.

XXII

L'inauguration de l'Arc de triomphe.

Nous sommes à la fin du printemps de 1836. La plus fourmillante activité règne aux chantiers. Blouet a formellement promis de livrer l'édifice le 29 juillet, pour être inauguré en grande pompe. A mesure que s'achèvent les sculptures, on démolit les échafaudages des praticiens et les groupes ou bas-reliefs s'enveloppent de grosse toile. Un seul sculpteur a menacé, un moment, d'être en retard : c'est Gechter, chargé d'un bas-relief de la bataille d'Austerlitz. Les architectes Rohaut et Blouet et les statuaires Marochetti, Etex et Rude, ont été délégués pour examiner son cas. Gechter a eu recours à un chef praticien disposant de trop peu d'ouvriers et usant d'un procédé mécanique acceptable, mais très lent. Il met bon ordre aux mauvaises volontés de son entrepreneur. Tout sera prêt à l'heure utile.

Ce n'est pas assez de hâter les derniers travaux du monument; il faut, d'urgence, régulariser les abords. Au mois de juin, on déblaie la place de l'Étoile, depuis tant d'années encombrée de matériaux; on trace une route en continuation de l'ancien boulevard de Passy; l'on improvise des chaussées; on pave l'enceinte de l'Arc et on la circonscrit d'un grand cercle de bornes en granit reliées par des chaînes de fer. Des consignes sévères ont été données contre les curieux qui affluent. Dans Paris, on ne s'entretient plus que de la fête prochaine. Il paraît que l'inauguration sera consacrée par une revue de la garde nationale et que, pour le reste, pas un genre de réjouissances ne fera défaut. D'étonnants préparatifs se font, à ce qu'on rapporte, en des ateliers spéciaux, dans les faubourgs. On peut compter sur des prodiges d'ingéniosité, sur de véritables prestiges...

L'annonce de la solennité a chauffé toutes les cervelles. M. Deville, « zélé pratisan de la monarchie de juillet », logeant place Dauphine n° 29, suggère à Louis-Philippe l'idée d'assigner à la barrière de l'Étoile le nom de *Barrière Napoléon*, « aucun endroit ne portant, dit-il, ce nom si national et *devenu, d'ailleurs, historique* (1) ». Le sieur Rousselet, officier de la garde nationale et propriétaire à Asnières, manifeste au ministre de l'Intérieur, comte de Montalivet, l'intention d'écrire des vers sur l'Arc de triomphe, « fidèle à son habitude de célébrer, au nom de la garde citoyenne, toutes les fêtes et les inaugurations de monuments que nous procurent la sagesse de notre Roi et son amour pour les Beaux-Arts (2) ». Plus audacieux encore, le sieur Bajot fait insérer au *Moniteur* un distique latin à graver au mur de l'édifice (3). Ainsi, dans tous les milieux, les imaginations se débrident. C'est un étrange concert, où domine, certainement, la note néo-bonapartiste, mais où l'éloge de Louis-Philippe revient, à tout propos, comme un refrain obligé.

Parmi le peuple, on est comme dans l'attente de

(1) Archives nationales, F¹³ 1031, lettre du 30 juin 1836.
(2) Archives nationales, *id.*, lettre du 18 juin 1836.
(3) « Surgit ad astra, giganteis onerata triumphis,
 Arx hæc, Martis opus : surgit comitante Philippo. »

grands événements heureux. Il semble que l'inauguration de l'Arc doive être le signal d'on ne sait quelles prospérités nouvelles. Le dimanche, des attroupements de promeneurs se forment autour des palissades, non encore arrachées, qui enserrent les chantiers gardés par des factionnaires, et des cris, parfois s'élèvent : « Vive Napoléon! Vive le Roi! » Au nombre des promeneurs souvent on a vu Rude, inconnu de la foule et causant avec sa femme, l'œil toujours fixé sur le pan de muraille où dort son œuvre. Depuis qu'il a donné au massif rendu vivant ses derniers coups de ciseau, des craintes l'ont assiégé. S'il s'était trompé! S'il était resté au-dessous de son but! S'il allait ne pas trouver en ses géants cette force d'action, cette ampleur d'enthousiasme qu'il a tout fait pour leur assurer! Le suffrage de ses confrères, tous émus d'admiration le jour où le haut-relief s'est dépouillé de ses échafaudages, ce suffrage ne lui suffit pas. C'est son propre témoignage qu'il lui faut, — et il doute de lui-même. Madame Rude, revenant plus tard sur ces souvenirs avec la douce mélancolie de la vieillesse, dira : « Je ne l'ai jamais vu si tourmenté. Lui, si calme d'ordinaire, il ne pouvait se tenir en place. L'Arc de triomphe l'attirait invinciblement et il me répétait d'un ton si triste, en longeant les Champs-Élysées : *Ce serait trop beau d'être capable de rendre ce qu'on sent! Il n'y a que cela d'enviable. Le reste ne compte pas...* J'osais lui parler de ses succès, de sa gloire. Il me répondait : *La gloire n'est due qu'aux maîtres. Je serais content si l'on disait de moi, quand je serai mort : C'était vraiment un honnête homme dans son art...* »

Enfin, le jour approche. De la place de la Concorde à la barrière de Neuilly, ce ne sont qu'ouvriers dressant un féerique décor. Près des chevaux de Marly, six colonnes triomphales, faites d'une mosaïque de lampions de couleur, se pavoisent, à leur sommet, de drapeaux tricolores. Jusqu'au rond-point des Champs-Élysées une colonnade s'allonge, toute mouvante d'oriflammes qui flottent et parée de guirlandes. Plus loin l'aspect change; des mâts blancs, annelés de rouge, servent d'appui aux cordons de lanternes colorées. Au carré Marigny plusieurs théâtres en plein vent s'installent et des estrades, çà et là, se disposent pour des orchestres de danse et d'harmonie. Dans les contre-allées les charpentiers montent de petites boutiques, au nombre de soixante-quatre, d'un arrangement coquet, légères et brillantes à voir, oriflammées, ornées de devises et d'attributs militaires et portant, chacune, le nom d'une victoire. Autour de l'Arc douze mâts peints et dorés s'érigent, avec huit colonnes rostrales enrichies d'écussons et surmontées de trophées d'armes, et huit candélabres en bronze, dont les feux embraseront la base du monument, tout dessiné en sa hauteur par des lignes de gaz. Au-delà, ce sera la foire bruyante et grouillante, exhibant à grand renfort de bruit, ses cirques, ses ménageries, ses bateleurs, ses géants, ses nains, ses sauvages, ses Turcs, ses monstres et ses phénomènes. A chaque fenêtre des drapeaux se suspendent, des lanternes s'accrochent. On n'aura jamais rien vu d'aussi éclatant, d'aussi varié, d'aussi joyeux.

Et la fête s'ouvre, au matin du 29 juillet, par des salves d'artillerie. Vers dix heures, à la fin de la revue de la garde nationale, soudain, au son strident des trompettes, les toiles frissonnent, de haut en bas du monument, comme déchirées par un vent d'orage, et tombent à la fois. Tel qu'une porte sacrée ouverte sur l'infini, l'Arc se dévoile, radieusement blanc, inondé de soleil. Une indicible acclamation retentit; des milliers de mains se tendent, agitant des chapeaux et des mouchoirs. Ajoutant encore à cet émouvant tumulte, des musiques militaires commencent à jouer des airs de la Révolution et de l'Empire. La foule, aux alentours, se presse et se renouvelle incessamment et, dans les interminables clameurs se répondant de tous côtés, ces deux cris se mêlent sans trêve : « Vive Napoléon ! Vive le Roi !... »

A qui veut des éclaircissements, les marchands offrent des notices, où l'on trouve l'histoire de l'édifice, la description des sujets sculptés et la liste des sculpteurs. Mais, en vérité, l'on s'inquiète bien aujourd'hui de ces choses ! On est tout à la patriotique ivresse et au plaisir. Plus volontiers on achète une médaille commémorative, aux profils superposés de l'Empereur et de Louis-Philippe, avec cet exergue : « *Dieu protège la France* » (1). Une médaille, cela se conserve comme une relique. Si l'on pouvait s'approcher, maintenant, faire le tour de l'Arc ! Non, il n'y faut pas songer. La houleuse cohue s'épaissit de minute en minute sur la place et dans les Champs-Élysées.

Par malheur, dans l'après-midi, des nuages passent, une ondée crève. C'est fait, ou à peu près, de l'illumination du soir et des bals en plein air. Grand ennui pour tout le monde. Pourtant, la nuit tombée, mille lumières s'allument aux fenêtres de la Ville et l'Arc se profile dans les ténèbres en traits de feu tremblants. A neuf heures, au pont de la Concorde, le feu d'artifice est tiré. Des bouquets d'étoiles d'or, de rubis, d'émeraude et de saphir s'épanouissent en plein ciel au bout d'une tige ardente. Des soleils tournent et flamboient... Que sais-je ? A

---

(1) Cette médaille est mise en vente à la Monnaie en trois modules. Elle porte au bas des portraits les deux dates : 1806-1836. (*Moniteur* du 28 juillet).

chaque détonation, à chaque tableau enflammé un murmure de satisfaction s'échappe des poitrines ; mais on ne s'attend pas à la pièce finale figurant un Arc de triomphe, tout en gemmes incandescentes, au-dessus duquel un aigle s'envole et se déroule cette inscription : *Aux Armées françaises.* Pour le coup les applaudissements font rage ; l'acclamation émerveillée ne se contient plus. Et, quand le portique de lumière s'efface déjà et rentre dans la nuit, l'aigle aux ailes éployées brille encore et semble planer majestueusement (1).

Le même soir, aux Tuileries, le roi a réuni, en un banquet, trois cents convives : à savoir, les officiers supérieurs de la garde nationale, les maires des douze arrondissements de Paris, le préfet de la Seine, les ministres, les maréchaux, magistrats, hauts fonctionnaires et dignitaires de la couronne. Pas un des collaborateurs de l'Étoile n'a été convié. Plusieurs discours sont prononcés où l'on proclame l'attachement de Sa Majesté aux principes de la Révolution, où on la glorifie d'avoir terminé la porte triomphale. Des œuvres d'art dont s'enorgueillit l'édifice, nul ne dit mot. Le roi se mêle aux groupes des vieux généraux de l'Empire, qui ont leur nom gravé sous les voûtes de l'Arc. Mais ceux qui ont fait l'Arc n'ont droit qu'au silence.

Rude, en cette journée, s'est confondu dans la multitude. Il a regardé son œuvre en face et, de bonne foi, s'est réjoui, car son dessein s'anime et vit aux yeux de tous. A-t-il rencontré son ancien camarade David d'Angers ? Il aurait pu l'entendre traiter son

---

(1) Sur la fête d'inauguration du 29 juillet 1836, voir les journaux de l'époque, le *Moniteur universel*, le *Temps*, etc.

XXIII

Loin de la foule.

Dix-huit mois avant l'inaguration de l'Arc de triomphe, une cruelle affliction a désolé le cœur de François Rude, toujours saignant de la perte de son fils : son ami Louis Roman est mort. J'ai déjà touché quelques mots de ce statuaire si fraternellement uni à notre Dijonnais et qui a été — l'on s'en souvient — la cause de son retour de Bruxelles. Roman a commencé, en 1834, quatre figures d'apôtres en bas-relief pour la Madeleine et une statue sur laquelle il fait fonds : *Caton d'Utique lisant le Phédon, au moment de se percer de son épée*. Mais quelle fatalité s'est jouée de ses espérances ! Un malaise lui est venu ; un mal secret le ronge. D'abord, il s'est raidi, brûlé d'une plus chaude fièvre de production à mesure qu'il s'épuise. Bientôt, le pressentiment de sa fin l'a tout angoissé. On ne résiste pas à un cancer à l'estomac — et telle est l'horrible maladie qui le tue. L'effroi de l'avenir est en lui pour les siens et, aussi, pour sa mémoire. Lui sera-t il seulement donné d'exécuter le modèle du *Caton ?*.. Il ne peut plus quitter son lit, il endure d'implacables souffrances. Rude lui a promis d'achever son œuvre fidèlement, dans l'esprit de l'esquisse arrêtée. Or, voici que les paupières du mourant se sont closes... (1).

(1) Papiers du peintre Navez, à la Bibliothèque royale de

On l'a enterré un matin d'hiver, le 13 février 1835. Le sculpteur Ramey fils, au bord de sa tombe, a prononcé les paroles d'adieux ; et Rude pleurait à grosses larmes en l'écoutant et regardant, dans la fosse, le cercueil où la première pelletée de terre, jetée par le prêtre officiant, venait de rouler avec un bruit sourd. Ce bruit navrant, après deux années écoulées et glorieuses, le maître croit encore l'entendre. Le souvenir de son « pauvre Roman » l'hallucine à tel point qu'il goûte une joie amère à travailler dans l'atelier du mort, 7, rue de l'Est. C'est là qu'il a étudié les derniers détails de ses modèles pour l'Arc (1) et revu pour l'exécution les quatre figures d'apôtres (*saint Simon, saint Paul, saint Jude et saint Mathias*), bas-reliefs commandés à son ami. C'est là, surtout, qu'il donne tous ses soins au *Caton d'Utique*. Les apôtres n'ont pas tardé à prendre place aux tympans des pendentifs d'une des coupoles de la Madeleine (2). Pour le *Caton*, pris et repris avec scrupule, il sera exposé au Salon de 1840, où l'on jugera que le grand artiste a mis, à réaliser la conception de son cher disparu, toute l'énergie de son talent et toute la piété de son deuil (3).

Le temps qui suit les agitations du chantier de l'Étoile nous montre le sculpteur inquiet, las, comme désœuvré, accablé de sujets de tristesse. Une lettre qui lui arrive, en 1837, lui révèle, brusquement, le secret de la vie de sa sœur Françoise et rien n'égale

---

Bruxelles. Lettre de Mme Rude du 15 février 1835.

(1) Archives nationales : listes des noms et adresses des sculpteurs employés à l'Arc de triomphe.

(2) La première coupole de la nef.

(3) Le *Caton*, placé d'abord dans le Jardin des Tuileries, est aujourd'hui au Louvre. Il porte, en guise de signature, l'inscription suivante : *Roman inchoavit, Rude amicus superstes peragebat*, 1840.

son bouleversement. Nous dirons plus loin comme il sied cette histoire amère. De Belgique, à la même époque, lui surviennent d'autres chagrins. Sa belle-sœur, Victorine Frémiet, mariée au peintre Van der Haert, a succombé, laissant une fille en bas-âge, la gentille Martine. Misérable nature que celle de Van der Haert, sur qui s'était, jadis, fondé tant d'espoir ! Placé à la tête de l'École des Beaux-Arts de Gand, il y végète, fainéant, sans courage, inutile, oublieux des dons qu'il a reçus, tombé dans le dédain des artistes, en attendant qu'il s'éteigne, indifférent à tous. Rude et sa femme voudraient au moins sauver leur nièce en la recueillant auprès d'eux et ils luttent contre la mauvaise volonté du père. Ce n'est qu'en 1839 que leur rêve peut, enfin, se réaliser. Martine est installée dans leur maison, blonde enfant, jolie, caressante, fine et gaie, encore que maladive. Elle emplit de son babillage l'appartement et l'atelier. Les malheureux, en qui l'image du pauvre petit Amédée reste à jamais vivante, se reprennent aux douceurs d'un amour tout paternel. Il semble qu'une pâle aurore se lève sur leur intimité si longtemps assombrie (1).

En devenant illustre, le maître n'a rien perdu de sa simplicité. S'il quitte, en 1838, l'humble logis du n° 66 de la rue d'Enfer, où nous lui avons rendu visite, c'est pour s'établir, presque en face, au n° 65 de la même rue, un peu plus grandement, mais aussi modestement. Pareil à son ancien atelier, le nouveau a pour plancher la terre battue. La tablette d'autrefois

---

(1) Lettre de Sophie Rude à Mme Moyne, du 20 juillet 1839. — Sur Van der Haert. Cf. Annuaire de l'Académie royale de Belgique, année 1854, notice d'Alvin.

supporte toujours les deux ou trois moulages d'antiques, le torse couché de l'Ilissus, la tête de cheval de Phidias ; mais nous y constatons également la présence des deux masques en plâtre du Génie et de la Patrie et du vieillard guerrier de l'Arc de triomphe. Dans un coin, sur une étagère basse, se rangent des esquisses sommaires, en terre crue, séchée et qui s'effrite. Vers le fond, c'est la table à modèle, sorte de caisse rectangulaire, montée sur des roulettes et, par places, au sommet de trépieds, se voient des ébauches, en cours de travail, soigneusement enveloppées de linges mouillés. En fait de meubles, un divan algérien, trois chaises de paille, deux escabeaux de bois, une table assez grande, où s'alignent quelques livres posés sur leur tranche et où se massent, en petits tas, des lettres, des croquis, des notes... Les lectures favorites du sculpteur sont toujours les *Maximes* d'Épictète, les *Grands hommes* de Plutarque et les *Métamorphoses d'Ovide,* les *Recherches sur l'histoire de la sculpture* d'Émeric David. Au mur, la grande baie se voile d'un ample rideau de serge grise, facile à manœuvrer. Un trait essentiel distingue cet intérieur d'artiste : l'absence de tout désordre (1). Rude est là, du du matin au soir, son éternelle pipe aux lèvres, les cheveux gris, la barbe limoneuse, se tenant à lui-même de longs discours, entrecoupés de bribes de chansons dolentes et, tout en écrasant entre ses doigts des boulettes d'argile, piétinant, se cambrant, se reculant, pour juger de l'effet de son œuvre, tour à tour, il exécute la réduction originale de son *Mercure*

(1) Voici, d'après les catalogues des Salons et les documents divers, les successifs ateliers de Rude. De 1827 à 1838 : rue d'Enfer, n° 66. De 1838 à 1852, même rue, n° 65. De 1852 à sa mort, toujours même rue, n° 61.

aux talonnières, promise à M. Thiers, le modèle de la statue du maréchal de Saxe, destinée au musée de Versailles, le second buste de Louis David, commandé par le musée du Louvre, la jeune fille drapée caressant un oiseau, relief en marbre demi nature, qui est sa contribution au tombeau de Cartellier. Je vais trop vite. Il nous appartient de regarder vivre celui dont le cœur s'écoute battre et dont la pensée tâche à s'éclaircir.

Le bon artiste n'est plus l'homme leste, rompu à tous les exercices du corps qu'il était à Bruxelles. En revanche, on voit s'accentuer, en ses gestes, en ses actes, son goût singulier de l'allure noble, du maintien rengorgé. Certain soir de jour de l'an, où Madame Rude, voulant l'égayer à tout prix, a réuni chez elle quelques amis avec qui, dit elle, on pourrait danser *en bonnet de coton*, Rude se divertit à détailler « des pas de théâtre comme sous l'Empire » (1). Ce « sérieux du corps » est souvent l'une des marques des natures plébéiennes haussées, par l'aisance, aux conditions de la petite bourgeoisie. Plébéien, Rude l'est, d'ailleurs, jusqu'en ses moëlles et le sera toujours. La supériorité du rang ou de la fortune, qu'il n'envie en aucun cas, l'éblouit, l'intimide. Constamment intéressant, presque éloquent, parfois, dans ses conversations avec ses intimes, vis-à-vis des étrangers il se réserve, il se replie, ne trouvant pas ses mots, ne sortant pas des questions banales..

Les gens de sa rue le connaissent et lui parlent familièrement quand il va, la cruche à la main, tirer de

---

(1) Lettre de Mme Rude à Mme Moyne, du 23 février 1838. Les détails sur l'intérieur de Rude sont empruntés aux correspondances et aux souvenirs de plusieurs de ses anciens élèves, principalement de M. Emmanuel Frémiet, son parent. Voir aussi la brochure déjà citée du Dr Legrand : Rude, sa vie et ses œuvres.

l'eau de la fontaine voisine ou quand il vient respirer l'air frais devant la porte de la maison, en faisant tourbillonner dans le sens du vent la fumée de sa pipe. Hors des centres populaires, on le sent dépaysé. Depuis des années, à la belle saison, ayant fréquemment mal aux nerfs, sa coutume est d'aller faire une grande promenade aux environs de Paris, le dimanche, avec sa femme. En 1840, il réfléchit qu'il lui serait excellent d'avoir, à portée de la ville, une maisonnette rustique où se reposer, chaque semaine, du samedi soir au lundi matin. De quel côté s'orientera-t-il en cette vue ? Du côté de la plus sauvage banlieue, la vallée de la Bièvre. Son choix se fixe bientôt sur une bicoque entourée d'un jardinet, entre Arcueil et Bourg-la-Reine, à Cachan, grossier village, habité de carriers et de blanchisseurs. On essaye de le détourner d'une résolution pareille. Pourquoi louer en tel endroit, si écarté, si périlleux peut-être ? Des Parisiens y auront à subir les tracasseries d'intraitables rustres ; il leur faudra, bon gré, mal gré, quitter la partie. « Bah ! dit Rude, nous verrons bien... » Et, de fait, il ne tarde guère à faire amitié avec ces indigènes farouches, blanchisseurs et carriers, au point de leur disputer, au café, la palme au jeu du billard. Le fils du poêlier de Dijon est resté, en se développant, fidèle à son origine : homme du peuple, foncièrement.

Mais, auprès de ces vulgarités frustes, il y a, en Rude, des délicatesses de plus en plus éveillées, de plus en plus profondes, qu'il voue à sa femme avec un culte de tendresse. Autant qu'aux premiers jours de son mariage, il voit en elle un être d'une essence supérieure qui l'inspire, qui le protège et lui a fait trop d'honneur en s'unissant à lui. On dirait, à l'observer en face d'elle, d'un colosse chargé de veiller sur une enfant et craignant, à chaque mouvement qu'il hasarde, de l'étouffer ou de la meurtrir. Il l'admire en toute chose. Pour rien au monde on n'obtiendrait de lui, sans son assentiment, la moindre détermination. Ces six mots : « Voilà ce que pense Madame Rude » coupent court à toute discussion en sa présence. Sitôt qu'il articule les syllabes de son nom, une visible fierté l'envahit. De temps à autre, le long des journées, il va lui rendre visite, soit dans l'appartement où elle s'occupe de Martine et s'acquitte bravement des soins du ménage, aidée d'une ouvrière du quartier, soit, de préférence, dans son étroit atelier de peinture. L'estime qu'il fait de son talent de peintre est toute sincère et très naïve en soi. N'a-t-elle pas reçu les leçons du grand David et les éloges du baron Gros ? Rude se plaît à le rappeler en mainte circonstance. D'ailleurs, mari et femme ont fait carrière côte-à-côte, la main dans la main. A Tervueren, où il sculptait Achille et Méléagre, elle peignait les Muses. A la Bibliothèque du duc d'Arenberg, où il animait le plafond, elle ornait de figures allégoriques les portes des armoires à livres. Lorsqu'ils sont venus à Paris, en 1827, elle avait apporté un portrait à mi corps de sa sœur Victorine, avec l'intention de l'exposer. Au dernier moment, le cœur lui manquait... Mais l'ami Roman a parlé et le portrait a figuré au Salon, remarqué de M. de Forbin et de plusieurs artistes. En 1831, Madame Rude envoyait au Louvre une *Sainte Famille à la Vierge endormie*. A l'exposition suivante, en 1833, tandis que le *Petit pêcheur* de son mari émerveillait les connaisseurs, son tableau des *Adieux de Charles Ier à ses enfants* lui valait une médaille de seconde classe. « Mon tableau a été compté comme un des meilleurs du Salon, écrivait-elle. Tout le monde s'étonne qu'on ne l'ait pas acheté. » Ce refus d'achat, de la part de l'Administration, a troublé Rude en sa joie de statuaire acclamé, honoré de toutes les récompenses, et jamais la satisfaction ne lui sera ménagée de voir une toile de Sophie achetée par l'État. L'idée ne l'effleure même pas de faire une démarche dans les bureaux en faveur de l'ancienne élève du peintre de l'Empereur, mais il ne peut s'empêcher de grommeler souvent qu'on est injuste... La vérité est que Madame Rude, femme excellente et vaillante, a, comme artiste, du savoir et de l'adresse sans tempérament, un dessin correct et timide, une facture plate, une couleur terne peu d'accord avec les sujets pittoresques qu'elle prétend traiter. Il lui est arrivé, nous l'avons dit, de signer de bons portraits, d'aspect froid, mais non sans caractère. Pour ses tableaux, ils ont généralement tout l'ennui de compositions romantiques rendues classiquement (1).

L'auteur du *Départ des Volontaires* n'a jamais eu l'ambition de l'argent. Tout ensemble éminemment désintéressé et très économe, il se voit, à la fin de 1836, en possession de douze cents francs de rentes, épargnés en grande partie sur le prix de ses travaux de l'Arc. Ayant le bras fort, une renommée faite et la certitude de gagner son pain, le petit capital qu'il s'est amassé garantira son indépendance. Il ne lui en faut pas plus pour se déclarer satisfait, à ceci près qu'il ne se réjouit de rien à la façon commune. C'est le tour de son esprit, son besoin, sa manie invétérée de justifier ses sentiments par des considérations philosophiques — et quel trait plus plébéien, encore, que cet abus de la raison démonstrative, constamment étalée !

(1) Nous avons donné en note, au chapitre XII, la liste de peintures les plus typiques de Madame Rude.

Un homme d'héréditaire culture a le coup d'œil prompt, discerne le vrai et le faux des choses et conclut d'un mot ; l'homme sans tradition a moins de souplesse, craint de s'égarer, se complaît à se prouver à lui-même et à prouver aux autres qu'il ne s'égare point. Écoutez s'expliquer Rude sur son propre désintéressement : son langage est le plus honnête et le plus noble, mais, sous un ton de parfaite bonhomie, rien de moins élémentaire. Il ne sait même pas résister à la tentation de mêler ses lectures à ses plus franches confidences du foyer. « Je n'ai pas rencontré, dit-il, de riches se jugeant assez riches, et l'on n'en a guère vu en aucun temps, s'il faut en croire les écrits des Anciens. Pourquoi souhaite-t-on des richesses, sinon pour arriver à cet état de contentement, au sentiment de la possession suffisante. Mais si tout homme, quelles que soient ses ressources, n'en a jamais assez à son gré, il est évident que le contentement ne dépend pas des richesses elles-mêmes. Puis-je donc hésiter entre les deux partis à prendre ? L'un consiste à vouloir acquérir une immense fortune. C'est, en soi, très difficile, je ne suis pas sûr d'y parvenir et je suis sûr que, si j'y parviens, je n'en serai pas plus avancé, puisque l'exemple de tous les siècles m'apprend que, plus on a, plus on veut avoir. L'autre parti consiste à me trouver tout de suite assez riche. Cela cause infiniment moins de tracas ; cela ne dérange rien à ma vie, au contraire, et j'ai des chances de bonheur, les exemples de modération dans la médiocrité étant, sinon fréquents, du moins authentiques. Eh bien, j'en grossirai le nombre, car le moyen m'a réussi, et je me trouve assez riche. S'il me tombait un million aujourd'hui, je ne ferais demain ni plus ni moins que ce que j'ai fait jusqu'à présent ; il n'y aurait rien de changé dans ma vie et personne ne s'apercevrait de l'aubaine, pas même moi. Il est vrai que cela me permettrait de soulager bien des misères. Seulement je n'envisage la question qu'à un point de vue personnel (1). »

Exempt de convoitise, Rude ne connaît pas, non plus, la jalousie. Qu'on l'interroge sur les œuvres de ses confrères, il loue d'abondance, ce qui lui paraît louable et, touchant le reste, se tait. Le moment n'est pas encore venu où, par une évolution très humaine, blessé de certaines iniquités, il ne se retiendra plus à dire, en mal comme en bien, ce qu'il pense (2). Ce qui domine en lui, c'est la mémoire pieuse des services rendus et l'attachement aux amitiés éprouvées. Il a sculpté, d'après le portrait peint par Prud'hon et d'après ses propres souvenirs, le buste du vieux Devosge, auquel il doit tant (3). Les bontés de Vivant Denon lui sont toujours présentes. Et comment oublierait-il l'indulgent et paternel Cartellier, qui l'a si bien soutenu et sur la tombe duquel il pose cette figurine de *Jeune fille à l'Oiseau* — *la Bonté*, — d'inspiration classique, mais de poétique intention (4)? Tout passe vite, en ce bas monde renouvelé sans trêve. Il

---

(1) D**r** Legrand, *loc. cit.*
(2) Je citerai, comme exemple de ses jugements, nets sans acrimonie, ses décisives paroles sur David d'Angers : « Il a eu de magnifiques inspirations ; il a trouvé pour dire ce qu'il voulait des conceptions poétiques et largement significatives ; mais toutes ces belles idées, il les a gâtées parce qu'il a trop négligé l'exécution... C'est un grand poète, si l'on veut ; ce n'est pas un grand sculpteur. » (Legrand, *loc. cit.*, p. 105.)
(3) Ce buste en marbre, commandé par Anatole Devosge avant 1832, terminé en 1836, est au musée de Dijon, ainsi que le portrait peint par Prud'hon (Voir au *Répertoire chronologique*).
(4) Au cimetière du Père-Lachaise : monument érigé à Pierre Cartellier par ses élèves en 1839.

s'éloigne déjà de la cinquantaine, ce Rude en qui nous sommes tentés de voir un jeune homme encore! Trente ans se sont écoulés depuis sa première arrivée à Paris, dans un tourbillon d'événements à peine explicables. Il a vu l'énorme apogée de l'Empire et son lamentable écroulement ; il s'est dévoué à l'exil par vertu du cœur ; il a subi le choc de révolutions précipitées, senti s'exaspérer le vent tragique qui ballotte, disloque et transforme les opinions, goûté des bonheurs traversés d'inquiétudes et payés d'amertumes, conquis l'illustration, gagné le repos, et il lui semble, au point où il en est, que ses orageuses destinées se sont accomplies comme dans une nuit de rêve.

De ses parents, des amis de sa jeunesse, presque tous sont morts. Le dernier, le plus cher de ses camarades, Louis Roman, n'a pas vécu au delà de sa quarante troisième année... A ses familiers d'hier, à Louis Dietsch, à Victor Jacotot, se sont adjoints les peintres Michel Drolling et Camille Bouchet et, en 1838, Jacotot le père. Avec Drolling, prix de Rome en 1810 et membre de l'Institut, dont il apprécie l'esprit et le caractère plus que le talent d'un fade académisme, Rude s'entretient de l'Italie, ou se laisse aller à des digressions démocratiques, car Michel a été, jusqu'en 1830, un des membres actifs de la Charbonnerie (1). En Bouchet, franc Bourguignon du village de Pourlans, près de Seurre, amoureux du pays natal, il aime la droiture allègre, le bon sens fort et réjoui. Le sculpteur et lui se promettent de faire

(1) Étienne Arago, ancien représentant du peuple, mort conservateur du musée du Luxembourg, qui fit partie de la Charbonnerie, de même que Drolling et Ary Scheffer, m'a raconté que Rude avait dû, un instant, être affilié à la légendaire société secrète, mais qu'on eut peur de ses attaches bonapartistes trop avérées.

ensemble, tôt ou tard, un voyage à Rome et ils se tiendront parole. Une recrue bien autrement typique du groupe a été Joseph Jacotot ou « Jacotot le père », l'inventeur de la fameuse Méthode universelle, revenu à Paris et fixé, précisément, rue d'Enfer (1). Cet exentrique savant, pédagogue aux façons visionnaires et possédé du démon de la mnémotechnie, disserte sans fin de ses innovations scolaires et vit une vie de dormeur éveillé. Sa conversation foisonne, au surplus, d'aperçus curieux, d'anecdotes intéressantes. Un nom entre tous revient sur ses lèvres : le nom de Gaspard Monge, né Bourguignon comme Rude, comme Bouchet, comme lui-même, et dont il a été le collègue à l'École polytechnique. Jacotot évoque le puissant mathématicien créant la géométrie analytique, soumettant l'espace au géomètre, développant ses théories devant ses élèves en termes frappants, avec des gestes imprévus, fuyants, imitant l'évolution des lignes. Le statuaire n'a fait, autrefois, qu'entrevoir son admirable compatriote ; il le voit apparaître, désormais, d'une si tranchante netteté, qu'il sera en lui de modeler sa statue, un jour, comme d'après le vif.

Une légende d'atelier, qui n'a rien d'invraisemblable, donne à croire que ces causeries ont eu, pour Rude, un important résultat pratique. En commentant les idées de Monge et en faisant application à la sculpture, Jacotot aurait insisté sur l'utilité des mensurations rigoureuses. Les mesures prises par à peu près trompent souvent l'artiste : il est plus logique et plus efficace de procéder scientifiquement. A l'aide du compas et du fil à plomb, on peut déterminer avec certitude les proportions des figures, leurs mouve-

---

(1) Il y devait mourir en 1840.

ments, leurs plans divers, et la main du statuaire sera d'autant plus libre qu'il se sentira plus sûr des données matérielles de son travail. Peut-être Jacotot avait-il, dès le temps de ses premières relations avec Rude, en Belgique, incliné son esprit vers les moyens de précision ; mais le sculpteur fera désormais de leur emploi raisonné sa règle absolue et la base même de son enseignement technique. Ces mensurations, essentielles à ses yeux, dériveraient donc, indirectement, des doctrines de Gaspard Monge. Ainsi, dans la nature, les semences jetées au vent tombent où le hasard les pousse et fructifient quand on s'y attend le moins.

XXIV

Rude, Louis Dietsch et Françoise Rude. Voyage de Rude en Italie.

Le 3 septembre 1837, Rude vient de descendre dans son atelier, comme à l'ordinaire, lorsqu'on lui remet une lettre aussitôt décachetée. Aux premiers mots, il pousse un cri : « Monsieur, vous ne vous étonnerez pas que je vous demande où se trouve Mlle Françoise Rude, votre sœur et ma mère. Les circonstances nous ont séparés dès mon bas âge, mais peut-être, aujourd'hui, me sera-t-il permis de la revoir... » Rude n'en peut croire ses yeux. Voyons ! Il a mal lu sans doute... D'où est partie la lettre ? — De Plombières-lez-Dijon. De qui est-elle signée ? — D'un certain Alexandre Rude. De qui s'agit-il ? — De la propre sœur de l'artiste, qui habite Paris. Non, décidément, nulle erreur n'est possible. Ainsi cette Françoise, humble, humiliée, taciturne, si craintive qu'elle a toujours l'air d'une coupable, cache véritablement une faute et, lui, son frère, qui n'avait pas l'ombre d'un soupçon, a pu sembler tout accepter, tout couvrir. Le sang lui monte au visage ; un flot de colère bouillonne en lui ; il froisse le papier, crispe ses poings, marche à grands pas, pris de la rage de faire un malheur, d'aller droit chez sa sœur, de se ruer sur elle. Madame Rude, entrant par hasard, ramasse la lettre jetée à terre, apprend la cause de cette fureur. — « Ah ! la misérable, la misérable ! crie le maître. Je la tuerai... » Doucement sa femme s'essaye à le calmer, sans le heurter de front, paraissant même abonder dans son sens, mais faisant parler la raison, invoquant des considérations atténuantes. D'abord, violence serait folie. Puis, qui sait si la pauvre Françoise ne mérite pas la pitié plus que le mépris? Quelque oubli qu'elle ait pu faire autrefois de son devoir, sa honte n'atteint qu'elle seule et la dignité de sa retraite lui doit être comptée. Elle ne fait jamais chez son frère que des apparitions brèves, presque muettes, travaille pour vivre, ne demande rien... Rude, peu à peu, se rassérène et, séance tenante, répond à l'inconnu qui porte son nom, le petit billet suivant, empreint du plus pur respect de soi-même :

« Monsieur, j'ai une sœur qui se nomme Françoise, mais je n'ai jamais eu connaissance, et même je ne me suis jamais douté de ce que vous me dites dans votre lettre. Je vous envoie donc l'adresse de ma sœur, comme vous le désirez. Vous ne serez pas étonné, Monsieur, si je m'abstiens de toute réflexion dans un cas semblable. Je vous salue.

« Mademoiselle Rude, rue des Martyrs, 28, au fond de la cour (1). »

Ayant écrit et fait partir ces quelques lignes, il se

---

(1) Lettre du 3 septembre 1837. — L'histoire de Françoise Rude est reconstituée, ici, d'après les lettres conservées par Alexandre Rude, à Beaune, les communications de M. l'abbé Garraud, curé de Prémeaux (Côte-d'Or), et parent de la famille Rude, les notes de M. Joseph Dietsch, de Dijon, et les renseignements fournis par des élèves et d'anciens amis du sculpteur. Alexandre Rude vivait encore en 1890, époque où il perdit son fils Louis Rude, camionneur à Beaune, âgé de 49 ans. Avec eux s'est éteinte la descendance du vieux « *maître pocher* » de Dijon.

sent quasi soulagé. Après tout, un fils a bien le droit de chercher sa mère ; on n'a pas à s'opposer à leur réunion et, tout ce qui convient, c'est de ne se point mêler de l'affaire. Cependant, à la première fois qu'il aperçoit Françoise, ses bonnes résolutions s'évanouissent. Impossible de se contenir. Les injures sortent à plein jet de sa bouche d'homme du peuple, blessé au plus vif de son honneur. Il a empoigné sa sœur par le bras, qu'il serre comme dans un étau, la secouant avec un emportement sauvage, l'invectivant à la face, les yeux agrandis par la colère, effroyablement hors de lui. Françoise, un moment interdite, a compris et s'est jetée à genoux... Oui, elle a eu tort de ne pas tout avouer à son frère, mais elle n'osait pas... la honte l'étouffait... elle souffrait trop... C'était à Dijon : elle avait vingt-cinq ans ; elle habitait rue Portelle, un réduit noir, seule, indigente après la dispersion de la famille, travaillant comme ouvrière où elle pouvait... Un commis de bureau est venu à elle, lui a promis le mariage... elle n'a pas su lui résister. Ses traits durs s'attendrissent, noyés de larmes, tandis qu'elle halète ses aveux. Madame Rude, en pleurs aussi et qui tremble de tous ses membres, s'est précipitée entre le frère et la sœur, le cœur déchiré, criant miséricorde. Mais Rude ne veut rien entendre. Que Françoise ne se hasarde plus en sa présence jamais... Il la chasse ignominieusement. Et quand elle s'est enfuie, plus morte que vive, l'affreuse scène se dénoue par une crise de nerfs dont il restera longtemps remué et par une sorte d'ébranlement de tout son être.

Françoise, suffoquée d'émotion, chancelant à chaque pas, a fini par regagner sa mansarde de la rue des Martyrs, qu'elle partage avec une vieille fille appelée Célestine, aussi pauvre qu'elle-même et à laquelle elle s'est attachée profondément. Elles vivent, toutes deux, en faisant des ménages aux alentours et leur grand sujet de conversation, c'est un héritage que Célestine espère bientôt recueillir en Angleterre. Pas d'autre intérêt à leur pénible vie que l'attente de cet héritage, disputé par plusieurs parents, mais à l'idée duquel elles se sont accoutumées. Ce serait la tranquillité pour elles, sinon l'aisance. Françoise pourrait, alors, rechercher ce fils à qui elle pense toujours, dont elle a, certainement, parlé à son amie. Que se passe-t-il entre elles quand la sœur du statuaire revient de la rue d'Enfer, pâle, brisée, les paupières bouffies, décomposée? On croit entendre celle-ci s'épancher en un de ces flux de paroles qui allègent certains chagrins. Célestine se sera indignée contre ce Rude, si brutal; mais un sentiment nouveau aura jailli presque tout de suite du cœur de Françoise : le sentiment de sa maternité recouvrée. Que fait son fils? Comment est-il? Elle voudrait lui dire, surtout, tout ce qu'elle a enduré, étant privée de lui. Lui écrira-t-elle? Attendra-t-elle un billet de sa main? Pendant qu'elle délibère, le billet arrive. Ah! c'est trop de joie! Peu importe que ce grand garçon de vingt-six ans lui marque de la réserve : il ne sait pas le fond des choses. Tout changera dès qu'elle lui aura fait sa confession. Lisons donc la lettre qu'elle lui adresse :

« Je suis votre mère et n'ai jamais eu l'intention de vous désavouer. Je vous ai donné le jour ; j'aurais bien désiré vous faire un sort heureux. Malheureusement, j'étais sans fortune et sans aucun espoir pour l'avenir. Immédiatement après votre naissance, je quittai Dijon pensant que, peut-être, ici je pourrais m'occuper plus avantageusement et pour vous et pour moi. J'étais en correspondance avec la sage-femme, à qui je devais envoyer ce que je gagnerais afin que votre nourrice eût plus de soin de vous. Votre père, malgré la promesse qu'il m'avait faite, m'abandonna, dix-huit mois après mon arrivée ici. La brave femme qui me donnait de vos nouvelles était morte; je n'ai plus su vers qui me tourner, n'ayant confié mon douloureux secret à personne. Depuis, j'ai vécu de mon travail ; ma position est la même que lorsque je suis arrivée, c'est-à-dire que je travaille pour subvenir à mes besoins. Écrivez-moi, mon cher enfant; parlez-moi de votre famille ; dites-moi quel est votre état et ce que vous faites à Plombières et croyez que mon bonheur sera d'avoir de vos nouvelles (1). »

On devine que la réponse à ces questions n'est pas longue à venir. Alexandre, bien élevé par ses parents nourriciers, a été placé par eux, à seize ans, comme apprenti jardinier, chez M. Belnot, horticulteur à Plombières-lés-Dijon. Excellent sujet, laborieux, intelligent, zélé à s'instruire, son maître l'a distingué au point de lui accorder en mariage sa propre fille, Sophie Belnot. Une fille leur est née, l'an passé : Jeanne Rude. La seule ombre à leur bonheur, c'est la santé de Sophie de plus en plus altérée depuis la naissance de Jeannette. Alexandre, à présent, n'a qu'un rêve : recevoir la visite de sa mère dans sa maison. Il la supplie si instamment, en termes si émus, de réaliser son cher désir que la pauvre femme en pleure des larmes de ravissement et qu'elle jure de se mettre en route au printemps revenu. Vers la fin d'avril 1838, en effet, bravant la perspective de deux jours entiers et une nuit de voyage, elle monte en diligence et, tout d'un trait pousse à Plombières. Son fils l'accueille, à la descente

(1) Lettre du 2 octobre 1837.

de la voiture, aussi tendrement que s'il l'eût toujours connue. Elle s'enchantait, d'avance, de la réunion : la douceur en surpasse tout ce qu'elle imaginait. Six semaines durant c'est au Paradis qu'elle croit vivre « parmi les anges du bon Dieu ». On ne sait qu'inventer pour la dorloter, pour la réjouir, et, de son côté, elle s'ingénie à montrer à tous son affection et sa gratitude. Pourquoi ne se fixerait-elle pas auprès de ses enfants? Certes, le projet a de quoi lui sourire ; mais elle a promis à Célestine de n'être pas absente plus d'un mois et demi. Célestine a besoin d'elle : elle ne peut la laisser plus longtemps. Au surplus, elle reviendra ; elle n'aura pas de meilleure pensée, aux jours de tristesse, que celle du prochain voyage. Plus tard même, si Dieu le veut, on s'arrangera pour ne plus se séparer jamais... Il semble, enfin, que tout l'avenir soit en floraison de joies.

Fidèle à sa promesse, Françoise a rejoint Célestine, toujours préoccupée de son héritage anglais, et elle a repris son train coutumier. Les lettres qu'elle écrit à Alexandre sont pleines de l'attendrissement de ses souvenirs et fourmillent de recommandations naïves et populaires à l'endroit de la petite Jeanne : « Ne l'étouffez pas à force de l'embrasser ou de lui donner à manger... Prenez garde à votre poêle, tandis qu'il est chaud ; l'idée d'un accident me fait frémir... » Croyant plaire à son fils, elle s'efforce de marier une jeune fille employée par M. Belnot, Mlle Justine, avec un vieux garçon qu'elle connaît, qui a une bonne situation dans un bureau et dont l'influence pourrait fort être utile à tous. Seulement, Mlle Justine ne veut pas renoncer à la Bourgogne et le mariage manque, au grand regret de Françoise, au vif désappointement du vieux garçon, qui se brouille avec elle, jugeant qu'elle s'est moquée de lui. Tout ce qui se passe à Plombières intéresse passionnément la mère d'Alexandre Rude. Elle veut être mise au courant des incidents les plus menus. Quel crève-cœur, pour elle, en 1839, de ne pouvoir aller tenir sur les fonds baptismaux sa seconde petite fille, qu'on baptise Marie ! Son fils, à quelque temps de là, se dispose à prendre à ferme une exploitation agricole, à Bonvaux, commune de Daix ; elle l'exhorte à la prudence. Les années sont mauvaises. Il est dangereux de s'engager au delà de ses moyens et elle ne saurait, quoi qu'elle fasse, lui venir en aide en cas de malheur…

A Londres, l'affaire de Célestine traîne en longueur, aux mains des gens de loi. On ne le liquidera jamais, ce maudit héritage déjà tout rongé de procédures. La vieille fille se met dans l'esprit qu'il lui importerait de passer la Manche, pour en finir, et elle persuade à Françoise de l'accompagner. Exaltées de leur perpétuel bavardage, grisées d'illusions, elles sacrifient leurs minces économies à payer la traversée ; elles débarquent en Angleterre, sans argent, sans appui, sans expérience. Le moindre embarras les confond ; tout leur est difficultés et périls. Pour comble d'infortune voilà le procès perdu. Adieu toutes leurs chimères ! Françoise, j'ignore comment, se fait rapatrier, brouillée peut-être avec son amie, et se retrouve à Paris seule et malade, littéralement sur le pavé. Ira-t-elle frapper à la porte de son frère ? Son amour-propre le lui défend. Avouera-t-elle à son fils sa détresse ! Sa délicatesse ne le lui permet pas. Que faire, pourtant ? Il faut vivre… Si délabrée que soit sa santé, on ne l'admettrait pas à l'hôpital, — et l'hôpital, du reste, n'est pas une solution. De guerre lasse, ne sachant que devenir, elle s'arme de courage et se présente chez les Dietsch.

Louis Dietsch, je crois l'avoir indiqué, est un homme de nature douce et bienfaisant d'humeur. Une chance heureuse, qui lui est récemment échue, le fait meilleur encore : compositeur religieux, il désirait depuis longtemps essayer ses talents au théâtre lorsque Léon Pillet, directeur de l'Académie royale de musique, est venu lui proposer d'écrire un opéra sur un livret de Paul Foucher : le *Vaisseau fantôme*. Pillet a acheté cinq cents francs la donnée de la pièce à un jeune musicien allemand, nommé Richard Wagner, qui publie des articles humoristiques dans la *Revue musicale* de l'éditeur Brandus, vit de petites besognes qu'on lui confie, compose des opéras, paroles et musique, et ne parvient pas à faire jouer une note de lui. On dit que plusieurs compositeurs ont eu connaissance de la version de Foucher et ont reculé devant le caractère « nébuleux » de la légende. Dietsch se déclare, à l'inverse, parfaitement satisfait. Pour rien au monde, en cette heure inespérée, il ne laisserait dans l'embarras la sœur d'un ami tel que Rude. Il s'efforce en vain de lui rouvrir le cœur de son frère ; le sculpteur, toujours irrité, va jusqu'à lui faire grise mine après sa démarche.

Sans en prendre souci, Mme Dietsch, en ce moment privée de servante, met à la disposition de Françoise, la chambrette inoccupée, afin qu'elle soit, provisoirement, abritée de misère et qu'elle se puisse rétablir.

Le refroidissement du sculpteur à l'égard du musicien ne dure pas ; mais, vis-à-vis de la mère d'Alexandre Rude, il se prolonge. On sait, rue d'Enfer, que la pauvre femme habite de nouveau la rue des Martyrs et qu'elle y fait des ménages, comme auparavant. Rude ne veut pas en apprendre davantage. Deux objets, au cours de l'automne de 1842, reviennent continuellement dans ses causeries : le *Vaisseau fantome*, qu'on répète à l'opéra et le voyage qu'il a résolu de faire en Italie au printemps, en compagnie de Camille Bouchet. Le 9 novembre a lieu, avec un demi succès, la première représentation de l'ouvrage de Dietsch, chanté par le ténor Mario et Mme Dorus. Il n'est possible aux Rude d'assister qu'à la seconde. Le statuaire, à l'Académie de musique, se sent, malgré tout, fort dépaysé. C'est à l'idée de son prochain départ que vraiment son âme s'exalte. Une sorte de rajeunissement s'opère en lui, qui le reporte à trente ans en arrière, alors que, lauréat du prix de Rome, il attendait, d'un jour à l'autre, son passeport officiel. De même qu'en 1812, il lit, il relit des livres sur la terre italienne, il s'enivre de souvenirs ; il veut tout voir, tout admirer, se sanctifier l'esprit à la vue des vénérés chefs-d'œuvre. Semblable au croyant qui part pour un pélerinage, il s'apprête aux pieuses extases en s'édifiant sur les moindres détails des villes qu'il visitera. Enfin, le 1er avril suivant, ayant conduit sa femme à Dijon, auprès de Mme Moyne, il se dirige vers la Péninsule, par Lyon, Arles et Nice, et le féerique chemin de la Corniche, touche Gênes, brûle Livourne, atteint Naples, redescend à Rome et à Florence, oblique vers Venise et rentre en France par le Simplon.

Camille Bouchet a relaté ce voyage de deux mois en des notes succinctes où Rude nous est montré au naturel, jouissant de ses impressions à la dérive et célébrant les Anciens à tout propos. A Arles, une femme assise, quenouille en main, lui arrache ce cri : « c'est la mère d'Ulysse ». A Nice, il s'émerveille de cette mer bleue « dont les anciens ont tant parlé », et il croit voir au lointain des vagues, se cabrer les « coursiers de Neptune » et glisser le « char d'Amphitrite ». A Naples, à Rome, il se passionne pour les antiques. Michel Ange le frappe, à Rome et à Florence, de ses allures grandes et tourmentées. Que pense-t-il des primitifs, de Mino de Fiesole, de Donatello...? Bouchet ne nous en instruit pas. J'imagine que, non accoutumé, à l'égal de ses contemporains, aux manifestations de sentiments et de mouvements excessifs, il entre insuffisamment dans l'intimité de ces maîtres. En revanche, les fades sculptures de Canova, si fameuses, au commencement de ce siècle, lui font horreur. Mais tout ce qui s'offre à ses yeux lui suggère des réflexions ou des rapprochements. En face des poudroyants horizons, il évoque Poussin, le peintre des lignes simples, et Claude Lorrain, le magicien des lumières dorées. Devant un buste de Dante, il se souvient d'Ary Scheffer, qu'il estime pour son désir du style et ses recherches d'expression. Je remarque que la peinture, en elle-même, l'attire médiocrement : il n'y fait compte que de la pure plastique et de la philosophie des tendances, également insensible au chatoiement des couleurs et à la beauté des morceaux modelés onctueusement comme dans une large coulée de pâte. Si la Chapelle Sixtine l'a fortement remué, c'est que Buonarrotti y a manié la brosse en statuaire. Sans relâche il revient sur les antiques en un langage où s'amalgament les leçons de Cartellier et les enseignements de François Devosge, lequel « eût fait de lui un grand artiste, dit-il parfois, si rien ne l'avait détourné de ses méthodes ». Ses exclamations coutumières témoignent de son amour de la vérité et du caractère, malheureusement trop détaché de la subtile pénétration des êtres, de l'observation des types en leur état familier : « C'est crânement étudié ! C'est vu fièrement ! C'est souple ! C'est noble !... » Pour invariable conclusion, il répète « qu'il faut suivre la nature et ne rien imiter, mais qu'il sied d'*emprunter aux grandes œuvres cette inspiration née de grandes choses senties et comprises* ». Le mélange des notions disparates au fond de son esprit toujours ingénu, la lutte qui s'y poursuit, à son insu, entre ses libres instincts et les traditions, se trahissent en toutes ses paroles. Au bref, l'Italie soulève en lui des poussières classiques, l'agite, l'émeut, l'amuse, l'induit à discourir et ne le change en rien.

Que de pays parcourus en quelques semaines et quels beaux récits au retour ! Le voyage sème la mémoire de visions qui tiennent du rêve. Mais Rude a retrouvé sa femme et réintégré sa maison. Les jours s'écoulent, les mois s'envolent. De la triste Françoise il n'est pas même question. Louis Dietsch, cependant, fait, un soir, à sa protégée une allusion discrète. Contre son attente, le sculpteur hoche la tête et ne bondit point. Alors, en grand secret, le musicien s'ouvre à Mme Rude, d'un dessein qu'il nourrit et, d'accord avec elle, sentant Rude humanisé, il va droit à ses fins. Françoise est gravement malade, sans ressource... Quels qu'aient pu être ses torts, il faut la secourir... « Je ne demande pas mieux, répond le maître, un peu troublé, car je ne peux oublier qu'elle est ma sœur. Voulez-vous vous charger de lui transmettre des secours ?... — Non, non, cela ne suffit pas, interrompt Dietsch. Vous vous devez à vous-même de lui faire place à votre foyer. Elle n'a que trop souffert ; oubliez tout devant ses souffrances... » Mme Rude se range au même avis : la cause est gagnée. On convient que Françoise s'installera chez son frère et qu'on fera litière du passé. Et Rude, en effet, embrasse sa sœur vieillie, flétrie, la santé ruinée, toujours timide et taciturne. Les amis de la maison prennent l'habitude de la voir, cousant dans l'embrasure d'une fenêtre, aussi effacée qu'il est en elle, et, pour ainsi dire, retirée en ses pensées. Son fils, là-bas, aux environs de Beaune, a sagement vécu. Le domaine qu'il a loué lui rapporte, bon an, mal an, des profits qui s'accumulent, sa famille s'est accrue d'un garçon nommé Louis, et il jouit de l'estime publique. Pourquoi sa mère ne vient-elle pas, suivant sa promesse, se fixer auprès de lui? Françoise, en lisant ses lettres, sourit douloureusement. Elle ne reverra plus ceux qu'elle aime. De jour en jour sa faiblesse augmente; la mort approche. Au mois de novembre 1846, une crise de cœur l'étouffe et, brusquement, elle s'éteint.

En la voyant étendue sur son lit étroit, dans son réduit, les yeux fermés par l'éternel sommeil, le maître qui l'a tant maudite pleure comme un enfant. De si longs souvenirs s'en vont avec elle! Il la veille durant la suprême nuit, il la veut ensevelir lui-même, songeant aux jours lointains où toute la famille se pressait autour du vieux poêlier, rue Petite Poissonnerie. Maintenant, tous sont morts, excepté lui... Françoise est là gisante. Combien durement elle a expié sa faute! Et il se repent de lui avoir été si cruel... Le malheureux ignore que son autre sœur, Christine, était pareillement tombée, jadis, sous les coups de fatalités semblables. Mais Christine et sa fille Pauline ont disparu depuis longtemps... Enfin, Rude pleure, pleure, pleure, tandis qu'un corbillard de pauvre porte le corps de Françoise à l'église Saint Jacques et au cimetière Montparnasse. Puis, comme ses amis le raccompagnent au logis, les dernières oraisons faites, il leur dit : « On doit avoir le courage de continuer sa vie à l'encontre des peines. Mes amis, allons travailler... »

XXV

Confusions esthétiques. — Tendances diverses. — Sculptures religieuses.

Nous avons fait halte au milieu de la vie morale et sentimentale de François Rude ; revenons à sa vie de producteur et analysons ses œuvres exécutées depuis l'achèvement de l'Arc de triomphe.

Il est puéril de vouloir enfermer les différentes manières d'un artiste en des périodes rigoureusement déterminées de sa carrière. Elles sont le résultat de l'entraînement normal de l'esprit soumis à des influences successives ; mais aucune évolution ne provoque, dans une organisation humaine, un si complet renouvellement que les anciennes tendances ne se réveillent plus. J'ai pris soin d'établir le fonds classique des idées de Rude : nous l'avons vu élargir ses horizons, s'entreprendre au mouvement, poursuivre l'expression vivante, sans qu'il ait pu se dérober tout à fait à l'idéal conventionnel. Ce qui le choque aux vraies œuvres académiques, c'est moins le ton abstrait de compositions que l'arbitraire du rendu. « Quoi que je veuille exprimer, dit-il, la nature seule m'en fournit les moyens et je ne peux rien emprunter qu'au monde visible. Je prends donc un modèle en chair et en os, je le plie autant que possible à mes intentions et je me mets au travail. Mieux je traduirai ce modèle, selon la conception propre que je me suis faite du sujet, plus j'aurai chance d'arriver du premier coup à la vérité corporelle et à la justesse de l'expression, qui est la transparence des états de l'âme. L'important est de savoir exactement ce qu'on veut faire avant de placer son modèle. Sinon l'on s'égare tout de suite, et plus d'espoir de se retrouver. » Rien de plus facile, à l'application, que cette théorie, fréquemment exposée par Rude à ses élèves, si la conception a réellement jailli de la vie et se peut identifier aux formes qu'on a sous les yeux; mais il n'en va pas de même si la pensée première est purement intellectuelle ou traditionnelle. En ce cas, il incombe, tout d'abord, à l'imagination de l'artiste de naturaliser et particulariser l'abstraction, de la réduire à un sens manifeste et quasi tangible, de l'incarner en des figures simples, vraies, intéressantes, neuves par l'intime spontanéité de leur allure agissante, si ce n'est par l'originalité de leur action même. Par malheur, l'initiative de l'invention est lente chez Rude, qui compose toujours par tâtonnements, avec des aspirations vastes et des idées mal définies. Lorsque son sujet, très précis, strictement humain, ne comporte point de métaphysique et qu'il n'a, pour l'embrasser intégralement, qu'à pousser droit au réel, il va plus loin que nul autre sculpteur. Que si la donnée se complique, ses instincts de réaliste et les doctrines reçues de ses maîtres font éclater leur division par le contraste entre ses arrangements tournés au convenu et sa facture inflexiblement véridique. Pas une de ces sculptures allégoriques n'échappe à ce tiraillement, appelé à s'accentuer au dernier point dans les deux statues de sa vieillesse: *Hébé* et l'*Amour dominateur*. Au rebours, ses sculptures iconiques ou statues portraits d'hommes illustres, où sa seule préoccupation est de restituer une personnalité en sa plénitude, seront d'une loyauté mâle et d'une frappante unité.

On tient généralement le haut-relief de l'Étoile pour le suprême aboutissement de l'art de Rude. C'est un jugement par trop sommaire. Il y a lieu de sortir, ici, des à-peu-près. J'ai dit que le magnifique groupe des *Volontaires* s'érige comme une démarcation à la limite de l'art classique, au juste point d'où s'élance un art nouveau. Quelque chose meurt en cette œuvre et quelque chose y prend naissance. La matière dure a tressailli, la pierre a connu la fièvre humaine, la voie est ouverte à la sculpture active : faits indiscutables et considérables à tous égards. Seulement, de cet emportement passionné, d'ailleurs superbe, à l'expression profonde et spécifiée des types concrets, à la synthèse caractéristique de notre existence, à l'interprétation à la fois nette et libre de nos façons d'être et de sentir, à la ferme définition plastique de notre humanité moderne envisagée avec la rectitude des Grecs formulant, en présence d'eux seuls, leur antique humanité, un grand pas reste à faire. Rude s'est renforcé en son goût des modelés serrés ; il n'a pas tout à fait renoncé à la métaphysique de l'école, — sauf en ce qui concerne les statues-portraits. Plus il va, plus il s'attache à l'exactitude, à la perfection des morceaux ; il émancipe ou réforme la pratique de son art ; il ne voit pas absolument clair en ses pensées. Coup sur coup, ou pêle-mêle, on voit sortir de son atelier d'incomparables bronzes à d'héroïques ressemblances, tels que ses statues de Monge, de Ney, de Bertrand et de Godefroi Cavaignac, d'ingénieuses figures pittoresques traitées en effigies réelles, telles que son *Maréchal de Saxe* et son *Louis XIII enfant,* des groupes sacrés plus sages qu'originaux, tels que son *Baptême du Christ* et son *Crucifix entre la Vierge et*

Saint Jean et de pauvres thèmes mythologiques, tels que l'*Amour dominateur* et l'*Hébé*. En dépit de ses révoltes de sincère indépendant, son destin est d'associer, d'une bonne foi indéniable, deux esthétiques opposées, de même qu'il unit, en sa naïve confession politique, deux opinions en désaccord. Encore un coup, autant qu'on s'évertue, on ne rompt jamais tout à fait en visière ni à son éducation, ni à ses souvenirs, et plus d'un se flatte d'avoir changé de doctrine qui n'a fait que subir la tyrannie d'idées contradictoires bizarrement juxtaposées.

En 1834, nous ne l'avons pas oublié, Rude menait de front l'exécution du bas-relief classique du Palais-Bourbon : *Prométhée animant les arts,* et celle du haut-relief de l'Étoile. Certes, le *Départ* lui était plus à cœur que le *Prométhée*, mais son esprit ne s'était pas éclairé à tel point que l'allure conventionnelle de ce dernier ouvrage parût bien vivement lui déplaire. De 1837 à 1840, nous le voyons modeler pour M. Thiers — et non sans plaisir — la réduction de son *Mercure*, parfaitement conforme à l'original, s'occuper de sa statue de *Maurice de Saxe* à laquelle nous allons venir, sculpter la petite figure en marbre, de style néo-antique, du tombeau de Cartellier et travailler à l'œuvre posthume de Roman. Sauf le *Maurice de Saxe,* dont la tendance est spéciale, toutes ces compositions sont d'ordre classique. S'il était obsédé le moins du monde d'un idéal net de sculpture expressive, intimement moderne, on en verrait passer quelque chose, en des choix de motifs et de types relevant de la vie et dûment particularisés. Il n'a même pas donné un pendant, sous ce rapport, à son *Pêcheur à la tortue*. Revêtir des abstractions d'une forme mouvementée, d'exécution très magistrale, lui suffit. C'est dans sa facture, de plus en plus patiente et pénétrante, non dans le concept souvent peu profond, que se dénote son effort de réformateur. Ses chefs-d'œuvre ne débordent cet étroit programme que par la vertu de l'instinct, par l'inconsciente force d'un tempérament aux prises avec des sujets qui lui conviennent.

Veut-on entrer plus avant dans l'étude du cerveau de Rude? Montrons combien les semences germent longtemps et obscurément en lui. M. Thiers, en quittant le Ministère, voulant le dédommager de tant d'heures perdues, lui a commandé la statue en marbre, plus grande que nature, du maréchal de Saxe, à placer, parmi d'autres figures historiques, au château de Versailles. Plusieurs mois le statuaire a hésité. Il s'agit de la glorification officielle d'un grand seigneur d'antan, chef de guerres galamment menées, armé, vêtu de pied en cap, et le nu seul l'attire. Néanmoins, l'observation de Cartellier lui revient en mémoire : « On pourrait tirer bon parti en sculpture de l'ancien costume français ». Cartellier ne s'est pas contenté d'émettre cet avis : il a osé sculpter Joseph Bonaparte en costume chevaleresque de connétable. La pensée de Rude s'enhardit par degrés. Pourquoi ne se hasarderait-il pas, à l'exemple de son maître, mais à sa propre façon, à tailler en marbre un maréchal de France du vieux temps? Il a bien été chargé, en 1829, d'exécuter pour le musée de marine un buste du navigateur La Pérouse et il se rappelle avoir chiffonné là quelques bouts d'étoffe à la Caffieri. En somme, une statue de Maurice de Saxe sérieusement traitée ne manquerait pas d'un certain intérêt, même après les interprétations du personnage par Pigalle (1). Voilà l'artiste

(1) Statue du comte de Saxe entrant au tombeau, par Pigalle,

gagné à l'idée d'une représentation à costume, à l'encontre de ses coutumières théories. Aussitôt, il s'entoure de documents, cherche et trouve un modèle de la stature, de la prestance et, approximativement, de l'air du maréchal, et le pose devant lui, debout, en demi-cuirasse, en cuissards de parade, le bâton de commandement à la main. Une fois son parti pris, rien ne l'arrête. Son héros sera sur un terrain de bataille, à portée des boulets, près d'une fascine de tranchée, mais calme, affermi en la solennelle attitude de ceux de sa dignité, comme présidant à une éternelle victoire. Il aura de l'élégance et de l'autorité, une physionomie tout ensemble volontaire et voluptueuse, des traits nobles dans un visage plein, un corps bien pondéré en son ampleur, et dont on sente l'élasticité sous le bombement de la cuirasse et le drapement des étoffes. Il s'agit de rendre sensible, par ce mélange d'apparat hiérarchique et de franchise individuelle toute patricienne, le caractère entier de l'ancienne aristocratie militaire. La technique se fait insinuante jusqu'au dernier raffinement. La tête pense, les mains se délient, le costume est légèrement et librement porté, la figure nous frappe de son aplomb solide et de sa native distinction, dans son expression de circonstance. A chaque matière exprimée répond un judicieux travail, rendant l'animation des chairs, la dureté et le luisant du métal, le lustré de la soie... Au résultat, pas ombre de petitesse : tout est particulier d'attaque et large de fini. L'œuvre se présente à nous typique, vive, spirituelle, brillante (1). De cette veine pittoresque

à Saint-Thomas de Strasbourg ; buste du même, attribué à Pigalle, au Musée du Louvre.

(1) Cette statue, placée à Versailles en 1838, est actuellement au Louvre. — La même année, Rude était compris dans une com-

baptismale que lui verse le Précurseur en s'exhaussant du genou sur une roche et en étendant le bras. Un ange, agenouillé à droite, une aile éployée, une aile abaissée, vêtu d'une robe italo-antique, regarde le Christ d'un banal regard de componction. Le Christ, à peu près nu, soutient de son bras gauche un pan de lourde draperie qui fait masse sur le ventre et glisse le long de la jambe. Aux reins de Saint-Jean-Baptiste une peau de mouton se noue en tunique et dans sa main restée libre oscille la sacramentelle croix de roseau. Le rendu des nus est d'une incontestable maîtrise, mais, par ses dispositions banales et sa pauvre expression, l'œuvre appartient à l'ordinaire imagerie d'église. Le défaut de proportion entre la figure principale et les deux autres est choquant, quoique voulu. Ce n'est point par des disproportions que l'art moderne doit parler aux yeux et suggérer des pensées hautes. Sur quelques exemples anciens et classiques, vénérables même, que se soit appuyé Rude pour l'artificiel grandissement de son Christ, l'intention expressive, dépourvue de sens naïf, s'entache de puérilité. De la physionomie de Jésus, paupières mi-closes, visage à barbe courte, encadré de longs cheveux frisés, divisés exactement au sommet du crâne, je dirai seulement qu'elle est fade et poncive. La figure de l'archange

d'Avray, près Paris. D'un court billet de Rude, déposé aux archives du Musée du Luxembourg et où le maître réclame « un quatrième à-compte » sur le paiement de son œuvre, il résulte que le travail était en bon train au mois de mai 1838. Je n'ai retrouvé aucune pièce établissant la date et le prix de la commande. — Un état de dépenses « faites ou à faire à la Madeleine » en 1839, mentionne l'achat de blocs de marbre pour plusieurs statues ou groupes et, notamment, le *Baptême du Christ*. Le même devis prévoit en détail la construction du piédestal de marbre blanc qui doit le supporter (*Archives nationales*, F^{13} 1154). — D'après le docteur Legrand, le maître livrait son ouvrage en 1841.

DE FOURCAUD.

adorateur, aux yeux coulissés, de la pire mièvrerie, les bras nus croisés sur la poitrine, la robe plissée par un double lacet, a traîné et traîne partout. Je ne trouve à retenir que la tête du Précurseur où perce un soupçon d'attendrissement sincère. Le grand statuaire, pour tout dire, n'est ici qu'un grand praticien.

Dix ans plus tard, il ne sera pas beaucoup plus heureux en composant, pour le maître-autel de Saint-Vincent-de-Paul, de Paris, le groupe du Christ en croix entre la Vierge et Saint-Jean. L'Homme-Dieu vient d'expirer; sa tête penche en avant, couronnée d'épines, ombrée de longs cheveux ruisselants et son corps, délivré des contractions de l'agonie, n'a pas encore perdu sa moite souplesse. A droite, la Mère de douleur, debout, la tête noyée de l'ombre épaisse de ses voiles, se tient immobile, désolée, les yeux fixés à terre, en ses draperies pesantes. Désolé, immobile, à gauche, se tient saint Jean, le disciple bien-aimé, jetant sur le Maître un douloureux regard. Rude en modelant cette tête, s'est souvenu d'un jeune homme qu'il affectionnait, Bernard Chazalette, de Nuits, mort à sa vingt-deuxième année et l'on ne s'étonne pas d'y reconnaître un signe de tendresse. Malheureusement, nous avons vu l'arrangement de ce groupe, totalement, en vingt ouvrages similaires; ces expressions nous sont connus; nous savons ces jets de draperie par cœur. Le talent du statuaire est immense; mais c'est surtout sa facture qu'il nous fait admirer dans ce *Calvaire*. Au vrai, celui-là seul a raison de ressusciter une fois de plus des drames pareils à celui du Golgotha qui, par une disposition imprévue et significative ou une accentuation inspirée, se sent en état d'en faire sortir une nuance d'impression non éprouvée encore. La plus simple trouvaille inattendue de sensibilité, un profond sentiment personnel exprimé d'original rendent une œuvre d'art mille fois plus durable et plus respectable que le prestige d'une science infinie réduite à elle-même (1).

François Rude a tout à redouter de l'abstraction et le destin veut que ses habitudes l'y poussent quand sa nature l'en détourne. Idéaliste aux vues brouillées, réaliste qui se restreint à l'observation et à l'exécution de morceaux, maître ouvrier, libre et grand artiste par intermittence sous l'action de ses instincts, génie de transition tourmenté de l'âpre désir du définitif et y arrivant quelquefois comme en de sublimes aventures, il ressemble à un navire sans gouvernail assuré, errant sur la mer et, selon le vent, cinglant avec la même confiance vers le port ou vers les récifs. Il a en lui du Claus Sluter et il tremble d'être infidèle aux « Anciens ». L'absolue soumission aux formes matérielles, dont il a fait sa loi, n'est qu'un moyen que ses incertitudes transforment en but. De l'agissante réalité, inépuisable en richesses neuves, qu'il dépend de chacun de découvrir et de s'approprier en ouvrant les yeux à la vie extérieure, il ne voit, le plus souvent, que ce qui s'en peut

(1) D'après une lettre de Mme Rude à Mme Moyne, l'esquisse du *Calvaire* était prête avant l'été de 1848 et Rude se disposait à ébaucher la figure du Christ en croix, haute de 2 mètres. Au rapport de M. Guitton, élève du grand artiste, celui-ci chargeait d'abord un autre de ses élèves, Lecavelier, de préparer le morceau ; mais il renonçait tout de suite à la collaboration. L'exécution du groupe a duré cinq ans (1848-1852). Nous savons par l'Inventaire des œuvres d'art de la Ville de Paris que le modèle fut payé 36 000 francs, et 35 000 francs la mise en bronze, confiée à Eck et Durand. Une copie en marbre de la tête et du torse du Christ a paru à l'Exposition universelle de Londres, en 1852 et, quoique d'intérêt secondaire, a été recueillie au Musée du Louvre. Commencée sous les yeux de Rude, elle n'a été terminée qu'après sa mort par les soins du sculpteur Paul Cabet. Le beau bronze de Saint-Vincent-de-Paul s'est vu dépouiller, vers 1898, de sa patine noire originale et déplorablement empâter de dorure.

transporter, à l'état de combinaison, au fond d'un atelier, sur une table à modèle. Pour conclusion, parmi les malentendus entre lesquels il flotte, il produit tour à tour, par tradition, des œuvres savantes d'une force un peu vaine, et, par ressauts de son tempérament, quelques inoubliables chefs-d'œuvre. Et finalement, s'il est permis de saluer dans une catégorie de ses ouvrages, le suprême aboutissement de son art, nous ne saurions hésiter. Ce qu'offre de plus affranchi, de plus pur de méprises, de plus pénétré et de plus décisif la production de Rude tout entière, c'est le groupe de ses monumentales *statues-portraits,* la figure tombale de *Godefroi Cavaignac,* les statues de places publiques de Gaspard Monge, du maréchal Ney et du général Bertrand.

XXVI

Recherches iconiques. Le buste de Dupin aîné. Le Louis XIII adolescent.

J'ai anticipé sur les années en m'arrêtant au *Calvaire* de Saint-Vincent-de-Paul, achevé seulement en 1852. Revenons donc logiquement en arrière. Au printemps de 1838, Rude a sculpté un buste d'une énergie singulière auquel se rattache une anecdote curieuse impossible à garantir, mais non dénuée de vraisemblance : le buste de Dupin ainé. Une discussion se serait élevée, un soir, entre sculpteurs, touchant le portrait en statuaire : « Il y a des têtes, aurait dit l'un des interlocuteurs, qu'un statuaire épris de son art, n'acceptera à aucun prix. — Vous vous trompez, aurait répliqué Rude. Le statuaire incapable de saisir en artiste la ressemblance d'un homme n'est qu'un maladroit. — Accepteriez-vous, par exemple, de faire le buste de Dupin aîné ? — Je ferais sa statue si la fantaisie m'en prenait. » (1) Le maître, en tenant ce langage, obéissait à sa complexion de lutteur, mais l'entreprise, à coup sûr, n'était pas au-dessus de sa puissance. N'avait-il point, par deux fois, taillé en marbre le visage de

---

(1) Guitton, qui fut souvent l'hôte du maître, m'a dit plusieurs fois avoir entendu ce trait de sa propre bouche C'est de Guitton que je tiens aussi les détails sur les relations de Rude et de Dupin.

Louis David avec sa bouche contournée et sa joue monstrueuse? Selon la légende que je rapporte, il serait allé à la suite de cet entretien, demander à Dupin, la permission de le portraire. L'historiette a, au moins, le mérite de nous peindre Rude au vif, s'affranchissant de tout esprit d'école, dans un sursaut de son esprit indépendant.

Ce n'était pas, en tout cas, une facile tâche que de fixer intimement et de quelque élévation de caractère la physionomie du plus caricaturé des hommes d'État. André Dupin passe à bon droit pour un des types les plus complets de la laideur bourgeoise de son époque. Cormenin nous décrit à petites touches malicieuses sa face « couturée, tachetée, hachée, plissée ». La tête est comme mal dégrossie, le front bombé, les yeux creux, le nez rond, les lèvres charnues, la mâchoire énorme. Qui n'a vu, en mainte image drôlatique, ce personnage massif, habillé d'habits trop larges, en redingote trop longue, en pantalons trop courts, chaussé de formidables souliers à triple semelle, plutôt boulonnés que cloués? On rit volontiers de ce rustaud quand on ne l'entend pas, mais il n'a qu'à parler pour prendre sa revanche. Sa figure s'éclaire du pétillement de ses yeux gris, son masque change d'expression de phrase en phrase, il n'est pas un des plis mobiles de son épiderme qui ne soit spirituel. Le genre de verve qui le distingue associe la bonhommie à la dialectique, la gaieté sarcastique à la passion populaire. Même dans les grands sujets, il a des comparaisons tirées de choses communes et qui portent coup. Ses convictions ne durent jamais bien longtemps. On le sait de cette famille d'esprits toujours gagnés aux opportunités de chaque heure; mais tant qu'il a foi dans une cause, mieux que personne il la soutient. Tout de suite, Rude est conquis à ses manières. Un souvenir, plus que tout le reste, motive et consacre cette sympathie : Dupin a été le défenseur du maréchal Ney devant la Cour des pairs. Le rôle du prince de la Moskowa au retour de l'île d'Elbe et son passage à Dijon sont toujours présents à la mémoire de l'artiste. Comme à tous ceux de sa génération, la mise en jugement, la condamnation, le supplice du héros de la retraite de Russie lui ont laissé une ardente indignation au cœur. Tandis que l'ancien avocat pose devant lui, il lui fait raconter par le menu les circonstances du procès, l'attitude de Ney, ses derniers moments ; il est tout vibrant à ces récits tragiques. Peut-être la première idée du monument expiatoire à ériger sur le lieu même de l'exécution a-t-elle jailli en ces conversations. Il est permis de croire que Dupin n'a pas été étranger, plus tard, à la commande donnée à Rude. En tout cas, fait ou non par gageure, le buste du législateur aux gros souliers a valu au portraitiste des satisfactions dignes de lui.

Au Salon de 1838 figure le modèle en plâtre. J'ai vainement cherché dans les brochures et les articles de critique du temps l'opinion des salonniers sur ce buste dont le sculpteur paraît légitimement fier. A peine la tradition de l'atelier a-t-elle gardé, en dehors du souvenir des entretiens de l'artiste et du modèle au cours des séances d'étude, la réminiscence d'un certain mot assez plaisant attribué à Thiers : « Rien qu'à voir cette tête, aurait dit le politicien, on devine que le personnage porte de gros souliers ferrés. » Aussi bien la double notoriété de Dupin et de Rude empêche de penser qu'on n'a point pris garde à l'œuvre. Il est impossible que pas un connaisseur épris de vérité n'ait admiré cette interprétation vivante pleine de particularités, cette expression toute plébéienne, forte de narquoiserie, de gaillardise et de sceptique finesse mal dissimulées sous l'air de dignité composée, quelque peu théâtrale, d'un orateur écoutant son adversaire en présence d'un nombreux public. De petites rides nerveuses plissent le front au-dessus des yeux ouverts à fleur de tête et très conscients de leur rôle dans la comédie du masque. Les ailes du nez rond et charnu se dilatent ; les lèvres épaisses ne se serrent point. On sent qu'à l'improviste la parole va détendre les traits, transformer dix fois cette laideur intelligente et mobile. Le cou est énorme, dégagé sous une sorte de robe de chambre fermée, très bas, sur la poitrine, d'une écharpe trop savamment nouée en arbitraire cravate. Aux épaules s'élargit un manteau de fourrure aux frisures rases de peau de mouton. Il faut s'abstraire de l'arrangement lourd et conventionnel du costume. Le visage témoigne non seulement d'une maîtrise d'exécution sincère, mais encore d'un sens physionomique profond, avec une largeur presque antique. Dupin est si content de ce portrait qu'il en veut avoir un exemplaire en marbre et Rude l'estime assez pour en retenir dans son atelier le plâtre original (1). Si, dorénavant, durant dix années, le sculpteur se tient à l'écart du Salon, il appert que ce n'est pas par rancune d'un insuccès : c'est pour des raisons spéciales qu'on verra plus loin et qui se rapportaient à la constitution du jury et aux relations de Rude avec l'Académie des Beaux-Arts.

Le maître, sur ces entrefaites, a fixé l'attention d'un amateur illustre doublé d'un archéologue érudit, mem-

---

(1) Ce plâtre, passé de l'atelier de Rude à l'atelier du sculpteur Soitoux, a été acquis, à la mort de ce dernier, par le musée d'Angers. Une seconde épreuve bronzée du même buste est venue de l'atelier de P. Cabet au Musée de Dijon.

bre de l'Académie des inscriptions et qui réunit tous les arts dans un commun amour : le duc Honoré de Luynes. Ce vrai grand seigneur, en qui le goût et la connaissance des anciens chefs-d'œuvre n'a point créé de préjugés contre les talents nouveaux, use de son immense fortune pour mener une haute vie intellectuelle, se partageant, comme un autre Caylus, entre d'obstinées recherches d'érudition, de longs voyages en Orient, des publications importantes et la restauration de ses châteaux. De son manoir de Dampierre, situé, non loin de Versailles, au plus frais endroit de la verte vallée de Chevreuse, il entend faire une demeure de choix, où l'art triomphe en toute chose. L'architecte Duban y préside aux travaux d'amélioration et d'aménagement, d'un soin raffiné. Dans la salle centrale, Ingres doit peindre l'*Age d'or* et l'*Age de fer* compositions, qu'il oubliera, malheureusement, inachevées sur la muraille. On y installera, un jour, après l'Exposition universelle de 1855, l'*Athena Parthenos*, somptueusement, sinon sûrement restituée par Charles Simart, en ivoire, en argent, en bronze et en pierrres précieuses, d'après la description de Pausanias et le fameux camée d'Aspasios. Rien de trop parfait pour cette résidence princière ouverte, ainsi qu'un temple, aux beaux souvenirs. Pour l'instant, le duc se rappelant les bienfaits dont Louis XIII honora sa race, médite de décorer un salon de la statue de ce roi, représenté tout jeune. A quel artiste demander ce portrait d'évocation dont une estampe du *Manège royal* de Pluvinel lui a suggéré l'idée et qu'il souhaiterait analogue à l'*Henri IV enfant* de Bosio, mais d'un travail plus délicat, et fondu en argent ? Rude lui semble désigné par sa statue de Maurice de Saxe et il prie Duban de lui confier son projet.

Un autre accueillerait d'un élan de joie pareille ouverture ; Rude avouera plus tard ses hésitations. La réussite de son *Maréchal de Saxe* ne l'a pas convaincu, au fond, qu'on ne déroge pas à sculpter des personnages ajustés et parés. De semblables entreprises sont des complaisances ou des paradoxes plus ou moins ingénieux. Mieux vaudrait ne céder jamais à l'occasion et ne sacrifier sous aucun prétexte l'héroïque nudité aux contingences du costume. Volontiers il s'écrierait comme David : « Je ne suis pas fait pour reproduire des bottes et des décorations. » Néanmoins, la maxime de Cartellier « qu'on pourrait faire quelque chose du vieux costume français » lui revient encore à l'appui du désir du duc de Luynes. Par surcroît, l'image de Louis XIII jeune, instruit par un écuyer des règles de l'équitation, gravée au livre de Pluvinel, éveille en lui une typique vision. Il rendra le royal adolescent, la cravache à la main, libre de souci, en une attitude élégante et cavalière et ce sera, proprement, une synthèse de sélections aristocratiques. Bref, le 6 décembre 1840, ayant pris son parti, nous le voyons transmettre à Duban la lettre suivante, qui précise les conditions acceptées :

« Monsieur, je me charge avec plaisir du travail que vous voulez bien me confier ; et je serai heureux si les soins que j'apporterai à son exécution peuvent satisfaire M. le duc de Luynes. M. le Duc ne me doit aucun remerciement ; c'est moi qui lui devrai de la reconnaissance pour m'avoir donné à faire une jolie figure, et surtout pour m'avoir procuré l'occasion de connaître plus particulièrement, Monsieur, un artiste aussi distingué que vous.

« *Je me charge de faire pour la somme de dix mille francs le modèle d'une figure représentant le roi Louis XIII, âgé de seize ans, dans le costume qui m'a été indiqué. Ce modèle devra être grand comme nature et en plâtre, terminé autant que possible.*

« J'ai l'honneur d'être, avec la considération la plus distinguée, Monsieur, votre serviteur très humble. — F. Rude (1). »

(1) Pièce publiée par Eugène Müntz : *Bulletin de l'art ancien et*

Patient et mystérieux à sa coutume, Rude conduit son œuvre sans la montrer, sans en parler. Voici le jeune prince tel qu'il l'évoque : cambré sur le côté droit, la jambe gauche un peu avancée, au bout des doigts de la main droite tenant une gaulette qui vient rayer le sol, la main gauche à la hanche, très négligemment. Ses grandes bottes s'évasent légèrement à mi-cuisses ; de riches broderies coupent de leurs arabesques, en bandes régulières, le pourpoint qui moule son corps et le haut-de-chausses bouffant. Une rayonnante collerette de dentelle en éventail se roidit et se chiffonne tout ensemble autour du cou. De souples écharpes pendent des épaules comme des ailes. Sur la poitrine court, en sautoir, un long ruban. Point d'arme, si ce n'est une petite épée en verrouil. L'âge du jeune homme ? — Seize ans, ou guère davantage. Il reste encore de l'enfance en ses traits, en tout son aspect. Coiffé d'un feutre à grands bords sans ornement, posé à droite et d'où ses cheveux se déroulent en boucles soyeuses, il regarde vers sa gauche. Je ne sais quelle douceur craintive s'alanguit au fond de ses yeux. Le sourire ne saurait être que furtif sur ses lèvres, molles en leur saillie. Ses mains, d'une mobile finesse sous le gant à manchette, ont plus de grâce que de force et, quoiqu'on le voie sainement constitué, tout trahit en lui l'indolence d'une nature d'avance énervée, ni vivace, ni volontaire. La statue est d'un modelé large et subtil, minutieusement accompli. N'y trouvant plus rien à faire, le sculpteur, si sévère à soi-même, se

---

moderne, année 1900, p. 5. Notre confrère n'a point dit où elle se trouve ; mais son authenticité est évidente et rendue plus frappante encore par la révélation du Marché relatif à l'exécution en métal.

décide, au mois de février 1842, à la présenter à ses amis avant de la livrer au fondeur (1).

La légende s'est si bien emparée de l'histoire de ce *Louis XIII* que les plus fausses anecdotes se sont accréditées. Tous les biographes ont raconté, par exemple, que la somme originairement promise à Rude ne s'élevait qu'à six ou à sept mille francs, mais que le duc de Luynes l'avait cru devoir, après coup, porter à dix mille, en reconnaissance du merveilleux accomplissement. Le document, transcrit ci-dessus, a mis à néant l'assertion courante. A l'égard de la fonte de la statue en argent fin, exécutée par les soins de Richard, Eck et Durand et dans leur fonderie célèbre, des chiffres différents, mais tous également invraisemblables, ont été répandus. Nous connaissons aujourd'hui la vérité, grâce à la découverte du contrat de prix-fait, communiqué, en 1901, au Congrès des Sociétés d'art des départements et dont j'ai eu entre les mains l'original authentique. Cet acte est si explicite, coupe court si nettement aux erreurs et nous renseigne si positivement tant sur l'état de perfection du modèle fourni par le sculpteur que sur le fait de sa réalisation en métal, qu'il me paraît indispensable de l'insérer, à cette place, en son entier (2).

(1) Cf. Note du 27 février 1842, dans la revue l'*Artiste*. Le rédacteur de la note a vu lui-même le modèle achevé dans l'atelier du statuaire.

(2) Document provenant de l'ancienne maison Richard, Eck et Durand, produit *en original* par M. F. Lorin, de Rambouillet, séance du 28 mai 1901 du Congrès des Sociétés d'art. (Cf. Réunion des Sociétés des Beaux-Arts des départements, vingt-cinquième session, p. 208 et suivantes). M. Lorin a le tort, dans son introduction, d'admettre la tradition dûment controuvée d'une augmentation du prix convenu avec Rude par un acte de subite générosité du châtelain de Dampierre. On s'en est strictement tenu aux conventions.

« Nous soussignés, Richard, Eck et Durand, fondeurs et fabricants de bronzes, demeurant à Paris, rue des Trois-Bornes, n° 15 ;
« Après avoir examiné attentivement le modèle d'une statue de Louis XIII adolescent, fait pour M. le duc de Luynes, par M. Rude, statuaire, et avoir reçu toutes les observations de ce dernier concernant la plus parfaite reproduction de la dite statue.

« Nous nous engageons envers M. le duc de Luynes, représenté par M. Duban, architecte, à fondre en argent la dite statue, haute de un mètre soixante-dix centimètres, y compris la plinthe, à la réparer et à la monter avec tout le soin possible, à la rendre en tout point parfaitement conforme au modèle en plâtre qui nous a été livré à cet effet ; en un mot, à ne la regarder comme terminée qu'après l'entière approbation du statuaire qui en surveillera l'exécution, et l'acceptation de M. le duc de Luynes.

« Il est bien entendu que la dite statue en argent sera privée de toutes pièces de rapport destinées à boucher soit des manques dans la fonte ou autres défauts.

« L'extrême perfection de toutes les parties du modèle devront exclure tout travail de ciselure, il ne sera exécuté sur la fonte que le travail nécessaire pour le réparage et faire disparaître les coutures.

« Il nous sera payé pour la façon de fonte, réparage et montage la somme de douze mille francs.

« La dite statue sera livrée complètement terminée à M. le duc de Luynes le 1er janvier 1843, faute de quoi, M. Richard et Cie s'engage à perdre cinq cent francs par chaque mois de retard sur le prix de douze mille francs, stipulé ci-dessus.

« Les conditions d'exécution ci-dessus exprimées étant complètement remplies et la reproduction exacte de l'original étant obtenue au gré de M. Rude et de M. le duc de Luynes, si M. Rude jugeait indispensable de demander sur le métal quelque travail additionnel qui ne figurât pas sur le modèle fourni à M. Richard et Cie, ce travail serait l'objet d'une indemnité dont le montant serait stipulé ultérieurement sur l'estimation de M. Rude et de M. Duban.

« Le titre du métal employé à la fonte de la dite statue sera celui des monnaies françaises. Cette condition est de rigueur ; il a été expressément convenu que le titre du métal ne pourrait varier de plus de cinq millièmes, soit en plus, soit en moins ; en un mot, il sera accordé au fondeur la facilité qu'accorde la Monnaie au fabricant de métaux précieux pour la différence du titre de l'argent. Faute de satisfaire à cette condition, l'œuvre pourra être refusée.

« Il pourra y être apposé le contrôle de la Monnaie, aux frais de M. le duc, s'il le juge convenable.

« Chacune des parties dont se composera la statue devra être essayée par un expert au fur et à mesure de la fonte, et un certificat constatant le titre de l'argent sera remis à l'architecte soussigné.

« L'épaisseur du métal ne devra pas excéder 0,002 pour les parties les plus minces ; les parties les plus fortes auront 0,005, sans préjudice toutefois à la solidité nécessaire.

« La quantité de métal employée sera reconnue par le poids de la statue toute terminée, sans que les fondeurs puissent rien réclamer au sujet de la perte produite par l'évaporation ou le réparage, cette perte ayant été évaluée dans le prix alloué pour la façon.

« Les sommes nécessaires à l'acquisition du métal ou des lingots nous seront remises par M. Grindel, intendant de M. le duc de Luynes, sur les bons de l'architecte, au fur et à mesure que les besoins de la fonte lui auront été démontrés.

« Le prix de façon stipulé plus haut nous sera payé après le complet achèvement de la statue et son acceptation par le statuaire et M. le duc de Luynes.

« L'excédent de l'argent fourni pour la fonte sera remis à M. Grindel en numéraire, immédiatement après la dernière pièce fondue. Il est entendu que M. Richard et Cie ne pourront prétendre à aucun bénéfice sur le métal d'argent qui sera employé pour l'exécution de la dite statue.

« Fait double à Paris, le vingt-deux mars mil huit cent quarante-deux.

« Signé : L. Richard, Eck et Durand. — Félix Duban, au nom de M. le duc de Luynes. »

Tandis que les bons artisans, suivant la foi du traité, s'acquittent de leur tâche, Rude s'accorde le plaisir de cette promenade en Italie en compagnie de Camille Bouchet qui nous est déjà connue. Au retour, déférant à un nouveau désir du noble amateur de Dampierre, il compose et modèle un piédestal, conçu pour être fondu en bronze et enrichi de plaques de marbre et pour porter la royale figure. Ce support n'est, par malheur, ni d'une invention grande, ni d'un très beau goût. On n'y retrouve ni la pureté classique du style de Duban, qui en a, probablement, fourni les profils, ni la ferme simplicité de l'art de Rude, cette fois plus préoccupé de richesse et cherchant à concilier je ne sais quels souvenirs florentins, en lui récents, et des données décoratives du xviie siècle. Qu'on se représente un massif évasé vers la base, rattaché au soubassement quadrangulaire par une large moulure avancée, feuillagée, garnie d'oves à ses rebords. Aux quatre angles incurvés sont assis quatre génies grêles, en des attitudes allongées, tenant dans leurs mains les attributs de la puissance royale. Chacune des faces principales se rehausse, en saillie, d'un côté des armes du roi, de l'autre du blason du connétable, enguirlandés et surmontés d'une plaquette de marbre, où se lisent, ici, l'inscription commémorative, là, le nom du sculpteur, expressément gravé à cet endroit sur l'ordre du duc de Luynes. Au-dessus de la tablette incrustée se modèle une tête de génie ailé sans caractère ; en bas, entre les figures angulaires et les écussons des motifs végétaux stylisés dépourvus de signification viennent garnir le nu du métal. Le décor se complète, sur les faces latérales, par deux médaillons : le profil du favori de Louis XIII et le timbre héraldique de sa lignée. Nous ignorons le prix payé à Rude pour cette composition pompeuse et factice, mais d'exécution très étudiée, qui a dû faire l'objet d'une convention spéciale. Seul le contrat de marché avec les fondeurs nous est arrivé. Je juge inutile, ici, de le reproduire intégralement, à cause de ses nombreux emprunts de termes aux stipulations précédentes. Il nous apprend, en substance que l'ouvrage sera « du bronze de la meilleure qualité », sans ciselure en raison de « la perfection du modèle », réduit au réparage strictement inévitable et soumis, en cours de labeur, à la même surveillance de garantie de l'artiste que la statue. La rémunération en est fixée à dix mille francs, payables en trois versements, — trois mille francs le 30 janvier 1843, autant le 27 février, et le surplus à la livraison du grand socle entièrement terminé, le 1er avril. En cas de retard, les fondeurs subiront une diminution de paiement de cent cinquante francs par semaine de sursis (1). Ce minutieux prix-fait, en date du 1er décembre 1842, constate, en outre, que, ce jour même, le statuaire a envoyé le premier morceau de son modèle à la fonderie. En raccourci, moins de quatre mois plus tard la figure d'argent s'est érigée sur son support de bronze. On aurait bien voulu, autour du maître, voir le *Louis XIII* publiquement exposé à Paris. Le duc, avare de son trésor, s'est refusé à la laisser déflorer par les yeux de la foule. En la mémorable Exposition, organisée au Palais-Bourbon, en 1876, au profit des émigrés d'Alsace et de Lorraine, pour la première fois, la vue en a été permise à tous. Depuis, l'image n'est jamais descendue de son piédestal, au fond de sa solitude close comme une prison. Puissent, un jour, de favorables occurrences l'introduire au Louvre qui l'attend ! Tout proche il serait facile d'accrocher la modeste gravure du livre d'équitation de Pluvinel dont elle est sortie. Rien ne mettrait en plus nette évidence la force de pénétration que communique à un grand artiste, jusque dans le domaine des interprétations historiques, la constante observation du réel. L'estampe ne va pas au delà d'une sommaire indication ; la statue nous rend la plénitude d'une vie individuelle, retrouvée, ressentie, définie.

Un dernier souhait au duc de Luynes, en cette même année 1842, fait entrer au château de Dampierre un buste de la main de Rude : à savoir, le portrait du

---

(1) Contribution de M. Lorin, de Rambouillet, au Congrès de 1901. *Loc. cit.*, pp. 210-211. — Documents provenant de l'ancienne fonderie Richard, Eck et Durand.

connétable, en costume d'apparat. Dans la salle où le roi bienfaiteur aura bientôt son monument, l'héritier du bienfait tient à payer aussi sa dette envers le gentilhomme élevé au premier rang, vrai fondateur de sa race. Le statuaire a reçu la mission de le représenter tel, à peu près, qu'il devait être au mois d'avril 1617, alors que le renversement du maréchal d'Ancre lui livrait le pouvoir. Je ne sais si des documents iconographiques d'accent suffisamment expressif se sont rencontrés. A coup sûr le bronze est d'une technique remarquable ; mais on n'y saurait saluer qu'une secondaire effigie d'histoire. Il faut à Rude quelque chose de plus à traduire qu'une tête de courtisan. Quelle émotion aurait pu naître en lui ou quelle curiosité s'exciter à pétrir une effigie théâtralement honorifique ? La probité de l'artiste s'est appliquée ; aucun rayon n'a jailli.

Aussi bien chaque journée qui s'écoule se marque d'un âpre effort. La fatigue physique commence à peser, par intervalles, sur le vieillissant sculpteur en qui les préoccupations et les peines morales ont suscité des troubles nerveux, des étouffements, des désordres du cœur. A partir de 1844, les crises deviennent plus rebelles aux soins, et plus fréquentes. En dehors de sa production, cependant, un groupe d'élèves, venus à lui en des conditions que relatera notre prochain chapitre, lui a créé d'imprévus et de croissants devoirs. La paix habite le cher logis intime, où grandit, — trop frêle ! — la petite Martine, caressante et gazouillante. Pour distraction, l'été, les parties du dimanche à la maisonnette de Cachan. Il advient, au début de l'automne, que la famille accepte l'invitation des Moyne et goûte deux ou trois semaines délicieuses au pays de Bourgogne, à Chambolle, près Chambertin. A Paris,

DE FOURCAUD.

à la tombée du soir, Rude a pris l'habitude de se promener devant sa porte, entouré de ses amis et célébrant avec eux, à perdre haleine, la grandeur de l'art et le génie des Anciens ; mais, insensiblement, Drolling, les frères Scheffer et leur camarade Etienne Arago font glisser les entretiens des rêves de l'esthétique au progrès de la démocratie. L'auteur du *Départ des Volontaires* recouvre, à les entendre, les ferveurs de sa jeunesse. Comme contrepartie, l'on a les récits bonapartistes d'un vieil officier de la Garde, d'un grenadier de l'Ile d'Elbe, amené par Camille Bouchet. Les lyriques souvenirs du capitaine Noisot rétablissent, chez Rude, l'équilibre entre les tendances républicaines et l'impérialisme libéral de 1814. Ses confusions d'idées sont tenaces ; nous en aurons bientôt pour preuves les deux monuments naïvement similaires et dissemblables, modelés simultanément dans l'atelier de la rue d'Enfer : *le tombeau de Godefroi Cavaignac* et *le Réveil de Bonaparte*. Enflammés d'idéal et de politique, nos causeurs arpentent sans fin, jusqu'au crépuscule, les trente mètres de trottoir qui s'étendent de la rue du Val-de-Grâce à une certaine blanchisserie, ornée, en façade d'un mascaron de bronze vomissant un jet de la source d'Arcueil. Les gens du quartier sont familiarisés à ces visages. Ils ne prennent plus garde aux chimériques et enragés promeneurs.

XXVII

Rude chef d'atelier.

Depuis les beaux jours de son atelier d'élèves à Bruxelles, Rude n'a pas eu l'occasion d'utiliser au profit de la jeunesse ses qualités éprouvées de démonstration technique. Il n'en est pas moins resté attentif aux pratiques de la pédagogie. L'enseignement officiel appartient à l'Académie, dont les Ramey, les Nanteuil et autres « romains », ont charge de propager les doctrines. Rude ne se gêne guère pour critiquer leurs leçons traditionnelles, basées sur le respect de formules convenues. L'art, à son avis, ne saurait être indéfiniment lié à des conventions relatives, dominé par d'immuables canons, dès là que les manières d'être des individus et des sociétés se transforment sans cesse. Si l'on reconnaît à chaque homme le droit de penser à son gré, il lui faut reconnaître aussi le droit d'observer librement les choses et de tirer de ses observations telles conséquences qu'elles comportent ; — par suite, de rendre sans ambiguïté ce qu'il a vu, suivant la particularité de sa vision. Une éducation doit être tenue pour abusive et funeste qui étouffe, sous d'inflexibles disciplines, l'originalité de l'artiste, au lieu de mettre simplement l'élève à même de comprendre la réalité, en laquelle toute expression se découvre. Pour réagir contre de tels principes, les indépendants se sont groupés, il est vrai, autour de David d'Angers ; mais les façons de ce maître ne sont pas, non plus, pour satisfaire pleinement le philosophe de la rue d'Enfer. David, dans ses conseils aux jeunes gens, est trop enclin à la littérature : il suscite en eux le sentiment lyrique plus qu'il ne les rompt aux difficultés du métier. Ce n'est pas le rôle d'un professeur de faire de ses écoliers des poètes ; sa tâche se restreint à développer leur sincérité aux prises avec les éléments du réel, à faire entrer en leur esprit simultanément la science et la religion de la vérité, à leur assurer, par un long exercice, la possibilité de tout aborder sans embarras. Un maître qui s'adresse trop à l'imagination de ceux qu'il enseigne finit par leur imposer sa personnalité, comme s'il n'avait pas mission de les former à traduire leurs impressions propres, non les siennes. L'abus est manifeste, le danger tout aussi grand qu'à l'Académie. Selon Rude, un chef d'atelier est un directeur de travail, point du tout un prophète. Il ouvre les yeux à ses disciples, leur apprend à regarder, à démêler des caractères, puis à les fixer en traits sûrs. L'instinct de l'art est-il en eux ? Cet instinct fera le reste. Sinon, personne n'y pourra rien.

Or, les dispositions du statuaire étant connues, David d'Angers, en passe de figurer en médaillons toutes les célébrités d'Europe et contraint à de nombreux voyages, renonce, en 1842, à son magistère. Ses élèves, dans l'alternative de se disperser ou de choisir un nouveau maître, ont, sur sa recommandation frappé à la porte de Petitot, qui n'a pu les accueillir. Devant son refus, c'est à Rude qu'ils s'adressent (1). Le grand artiste est d'autant plus surpris et

---

(1) David, dans une lettre à son ami Pavie, d'Angers, datée du

honoré de leur démarche qu'il vit, notoirement, en médiocres termes avec l'auteur de la statue de *Philopœmen*. Toutefois, avant de se rendre à leur désir, il leur expose ses idées de la sorte : « Il est inutile, mes amis, que nous laissions s'établir entre nous des malentendus. Vous me saurez gré de vous parler sans détour. Je dois, d'abord, vous prévenir que je n'entends pas l'office d'un chef d'atelier à la manière de tout le monde. D'ordinaire, lorsqu'un groupe de jeunes gens se place sous la direction d'un maître, le maître attend de ses élèves la popularité, de même qu'ils attendent de lui la protection. Ce compromis vulgaire peut nuire à l'éclosion des talents, il ne lui est jamais favorable et je n'en veux, pour mon compte, à aucun prix. Vous

19 juin 1842, raconte comme il suit, sur un ton de grande amertume, la fin de son enseignement : « Après vingt-deux années de tendre et constante sollicitude, mes élèves viennent de me quitter. Afin que mes absences ne nuisent pas trop à leurs études, j'avais prié M. Husson de leur donner ses conseils. Ils m'ont demandé un autre maître. Je les ai recommandés d'abord à M. Petitot, qui a refusé, puis à M. Rude qui a accepté. Ils ont, aussitôt, écrit une lettre de remerciement signé de tous à ce dernier, et je suis rentré dans ma solitude. Pourquoi auraient-ils eu quelques égards envers un homme qui leur avait donné ses leçons gratuites, qui en avait sauvé plusieurs de la conscription, aidé certains autres de sa bourse lors des concours du prix de Rome, qui leur avait prodigué ses consolations quand ils étaient malades ? En étant polis, je ne dis pas reconnaissants, ils n'eussent pas été les enfants de ce temps d'égoïsme et d'ingratitude. Je sais bien qu'ils me reprochent de ne leur avoir donné ma voix dans les concours qu'à mérite égal avec leurs concurrents, de l'avoir toujours réservée aux élèves des autres maîtres lorsque ceux-ci le méritaient mieux que les miens. Je sais bien qu'ils peuvent me dire que les autres maîtres n'ont pas montré toujours tant de scrupule, mais ma conscience m'est trop chère pour la sacrifier en aucune occasion, et ma vie prouvera que je ne suis pas républicain de nom seulement » (*David d'Angers et ses relations littéraires*, par Henry Jouin — Paris, 1890, p. 178). David se trompe : ses élèves ne lui ont reproché que ses continuels déplacements qui l'éloignaient d'eux. Ils ne l'abandonnèrent pas ; ils se virent bien plutôt abandonnés par lui.

me donnez, en recourant à moi une marque de haute estime, une preuve de confiance qui me touche bien vivement : cela me suffit. Je redoute des coteries jusqu'à leur suffrage ; je fais de mon mieux pour me contenter moi-même. Soyez assurés que je n'ai pas besoin d'éloges de convenance ou de complaisance. De deux choses l'une : mes œuvres valent qu'on les loue — et j'accepte, en ce cas, avec gratitude et avec plaisir la louange spontanée ; — ou elles ne le valent pas — et, en ce cas, visent à m'élever plus haut, je n'ai que faire d'approbations factices, de nature à m'égarer. Voilà pour ce qui me concerne. Quant à vous, mes amis, à supposer que vous deveniez mes élèves, dites-vous bien que je n'aurai jamais ni le crédit, ni le goût de vous pousser, par système, vis à-vis du public et de l'Administration. Je ne suis pas membre de l'Institut, et je ne le serai probablement jamais, ce qui vous montre mon isolement. Sans compter qu'il se pourrait que mon aversion, très souvent exprimée, pour les théories académiques, vous fût imputée à crime. Je n'envoie plus au Salon, de crainte d'être refusé comme Barye, comme Du Seigneur, comme Maindron, comme tous ceux qui se détournent des chemins battus. Combien il me serait pénible de vous voir exclus de l'exposition à cause de moi ! D'autre part, fussé-je en situation de vous favoriser, je ne vous dissimule pas que je m'en ferais scrupule, car toute faveur est un manquement à la justice, laquelle est supérieure à tout. Hors de l'atelier, je serai votre camarade, votre compagnon dévoué, mais, où que ce soit, ne faites fonds sur ma bonne volonté pour vous ménager un passe-droit quelconque. J'ai une devise qui me plaît : « A chacun selon ses œuvres, » et je m'y tiens. Cela dit, s'il vous faut, pour vous diriger en vos études, un homme droit, amoureux du vrai, sympathisant à vos efforts, aussi désireux que vous-mêmes de voir s'accuser votre tempérament individuel et parfaitement résolu à écarter de vous toute influence extérieure, fût-ce la sienne, prenez ma main : je suis cet homme-là. Le meilleur enseignement est celui qui donne aux élèves les plus grands moyens d'émancipation et leur fait contracter les habitudes d'esprit les plus personnelles. Mon idéal de professeur serait tout uniment de vous mettre en mesure de vous passer de moi. Donc, je vous invite à réfléchir. Vous connaissez mes conditions. Il dépend de vous d'y acquiescer ou de vous tourner vers un autre statuaire (1). »

Deux jours après, les jeunes gens réitèrent leur démarche en une lettre qui sera l'un des titres d'honneur de sa carrière : « Les élèves de l'atelier David, y est-il dit, tous convaincus qu'il n'y a que M. Rude pour continuer ce que leur maître a fait jusqu'à ce jour, viennent le prier de nouveau de les accepter pour élèves. Ils déclarent, en outre, à M. Rude, que les paternelles et bienveillantes observations qu'il leur a faites dans un esprit de sollicitude extrême, les ont vivement touchés, mais qu'après les avoir suffisamment mûries, ils persistent à ne vouloir d'autre maître que lui. En conséquence, ils s'empressent d'assurer M. Rude qu'ils ne cesseront de faire chaque jour des efforts pour mériter de plus en plus de précieux conseils, et le prient de recevoir l'expression de leur profond respect et de leur inaltérable reconnaissance. »

Les positions ainsi définies, tout s'est réglé immé-

---

(1) Rude, jusqu'à la fin de sa vie, aimera toujours à rappeler sa réponse aux délégués de l'atelier David. La lettre des élèves insistant pour qu'il se fasse leur maître est du 14 juin 1842. Le Dr Legrand en a publié le texte (Legrand, *loc. cit.*).

diatement et à souhait. On a loué deux ateliers au-dessus l'un de l'autre, rue d'Enfer, n° 74. Y est admis quiconque s'est fait agréer par le maître sur la présentation de quelques morceaux et contre l'engagement de travailler avec suite. La cotisation se limite aux frais indispensables, sans aucune rémunération pour le professeur. Rude n'omet pas un seul jour de venir corriger les figures. Son enseignement, essentiellement pratique, se fonde sur l'interprétation rigoureuse du modèle vivant. Le profond réalisme des Grecs lui est un article de foi, et c'est de l'antique qu'il se réclame à tout instant, mais pour prendre exemple du sens naturiste des anciens et nullement, à faire des académistes, pour provoquer l'imitation de leurs statues. Sous ce rapport, le livre d'Emeric David lui semble digne d'être lu, médité et commenté journellement. « Ayez-le toujours près de vous, dit il ; c'est la Bible des sculpteurs. » Fréquemment, il pose en regard au modèle sur le fameux torse de l'Ilissus, du Parthénon, qu'il admire par dessus tout, et, comparant le marbre à la réalité, il s'écrie : « Voyez ce merveilleux torse : il a l'air d'avoir été exécuté d'après cet homme que voici. C'est beau, c'est sublime parce que c'est supérieurement naturel. On ne s'élève pas plus haut que la nature : les Grecs sont là pour vous le prouver. Faites comme eux : choisissez votre modèle, cherchez votre mouvement et n'ayez peur de rien. Copiez ce qui est devant vous. Inutile, en commençant, de tenir compte des détails. Attachez-vous à saisir l'ensemble; prenez de grands points ; marquez bien les masses ; les minuties viendront plus tard. L'essentiel, c'est que vous soyez vrais du fond à la surface et que cela saute aux yeux. Laissez aux impuissants la manie d'*arranger*, d'*embellir*. Craignez aussi l'artifice pittoresque, l'adresse superficielle qui pense à tout autre chose qu'à la forte construction d'une figure. Sculpter, c'est dessiner en ronde-bosse, suivant les trois dimensions. Si votre dessin n'est pas absolument net en tous les profils du modelé, votre sculpture est mauvaise. Vous pouvez vous rendre compte du degré de netteté des lignes, le soir, à la chandelle, en éclairant votre statue et votre modèle par derrière, de façon à voir se découper, comparativement et point par point, la série des silhouettes tournantes. Tout chef d'œuvre est une concentration de réalité faite par un artiste qui sait voir — par un maître. Sans consulter la nature à tout coup, je défie les plus habiles de ne pas tomber dans le *déjà fait*. Ce n'est que par l'observation continue du réel qu'on est vraiment sûr de soi et affranchi des formules. Pour plus de sûreté en votre travail, ne balancez pas à vous servir de moyens mathématiques, tels que le compas pour les mesures et le fil à plomb pour l'équilibre des poses. On ne peut être trop précis. Accepter l'à peu près ou l'incorrection comme procédé expressif, c'est folie. La vie n'est jamais *incorrecte*. Dans ses convulsions même, elle a sa statique et sa logique qu'il faut comprendre et pénétrer. Un homme qui lance une pierre, un danseur qui pirouette, un cheval qui s'enlève au galop, si violente que soit leur action, ont un centre de gravité qui les gouverne et un rapport constant de proportions. Comment arriverez-vous à l'expression vraie en méconnaissant les données positives ? Quelles que soient vos aspirations, il importe que la nature soit tout pour vous. »

Cette doctrine de haut bon sens, qui fut, à bien des égards, celle des Grecs, mais qui est souverainement assimilable à l'esprit de toutes les époques et où reparaît beaucoup des traditions de François Devosge, n'a, dans le tour que lui donne Rude, qu'un malheur : elle se tient à la pure matérialité de l'art, — par quoi l'enseignement du sculpteur se note d'étroitesse. On ne ranime pas une école épuisée en ne réformant que sa technique, non plus qu'on ne rend habitable une vieille maison délabrée par la seule restauration de ses façades. Une esthétique est insuffisante qui se limite aux principes et aux méthodes de reproduction matérielle et ne fait aucune lumière sur les appropriations intellectuelles des formes et sculpturales des idées. Ce n'est pas tout de mettre aux mains des disciples le compas et le fil à plomb avec l'ébauchoir et la gradine : il faut ouvrir leurs yeux à la vue du monde. Nous sommes, nous entendons être réalistes ; mais qu'allons-nous réaliser ? Vous nous proposez de rendre la vérité comme les Grecs : expliquez-nous, au moins, la portée de ce conseil. Que Rude nous apprenne à sculpter, nous en sommes heureux. Nous voudrions, seulement, qu'il daignât nous renseigner simultanément sur les caractères des conceptions accessibles à la sculpture. N'y a-t-il pas à s'inspirer de nos mœurs et de nos types, de notre histoire héroïque et de nos travaux familiers ? Les modernes ont, comme les anciens, des traits originaux, des aspects particuliers d'humanité susceptibles d'être résumés par la statuaire ? Devons-nous, en rejetant les formules surannées d'exécution, nous attarder, pour le fond, aux thèmes banalisés, aux fictions abstraites, aux invariables allégories ? Autant de questions sur lesquelles le maître évite de s'étendre autrement qu'en généralités. David d'Angers encourait le reproche d'entretenir les jeunes esprits en une sorte d'exaltation lyrique ; Rude encourt celui, non moins juste, de se trop désintéresser, dans son enseignement, des signifiances morales. Afin de ne troubler personne au point de départ, il néglige de qualifier les voies diverses où l'on peut s'engager et il en résulte pour tous un certain trouble. Ce n'est pas lui qui inviterait ses élèves à toujours observer l'allure des passants dans la rue, des ouvriers dans leurs chantiers. Il les tient despotiquement devant le modèle accrédité, bornant leur horizon aux quatre murs de l'atelier où il les claquemure. Comme professeur, la vérité plastique lui importe seule ; le mode et le degré d'expression dépendent de chaque tempérament. On l'interroge, parfois, touchant les indications expressives ; il répond en termes vagues : « Tournez et retournez votre sujet, regardez de près la nature, et, encore une fois, construisez vos personnages avec le plus grand soin. *Qui sait bien construire arrive facilement à exprimer ce qu'il veut. La sculpture va, nécessairement, de l'imitation exacte des formes à la recherche de la beauté et, quand elle en est là, — mais seulement alors, — elle peut songer à rendre des passions et des pensées.* » — Mais comment choisir son sujet ? Où le prendre de préférence ? Est-il bon de lire les poètes ? Vaut-il mieux feuilleter les historiens ? — « Gardez-vous, dit Rude, de chercher, dans les poètes et les historiens, des sujets *traités par eux* ; n'y cherchez que l'inspiration de sujets qui vous soient propres. Vous vous diriez quelquefois, au milieu d'une lecture : *Voilà un tableau tout fait.* Eh bien, s'il est tout fait, ne le faites pas. Partout où la mise en scène est indiquée, abstenez-vous ; vous glisseriez infailliblement à la vignette. Dégagez le sens profond, la moëlle de ce que vous lisez, et ensuite traduisez librement... » Vous trouvez ces considérations bien générales et réclamez des éclaircissements et des exemples : mais l'artiste de répliquer en souriant : « Je suis ici pour vous apprendre à sculpter, et non à penser. Si vous n'avez pas d'idées, je le regrette, mais c'est à chacun d'en avoir... » Et, tout de suite, il ajoute, en considération des maximes de Jacotot : « Vous croyez peut-être aux coups de génie, aux illuminations soudaines. Laissez cela. Il n'y a rien de pareil. N'attendez rien que de l'honnêteté, de l'observation et du travail. *Les intelligences sont égales et l'on peut ce qu'on veut.* »

On ne tirerait jamais au clair la psychologie d'un homme comme Rude si l'on perdait de vue un seul instant ses origines ouvrières. En tout son développement, il est resté plébéien et artisan, homme de métier sans rival, esthéticien embarrassé, aux tendances naturelles obscurcies par les préjugés courants. Une très consciente et très logique orientation intellectuelle suppose, en général, une éducation régulière, sans lacunes, sans hasards, affinant progressivement un jeune esprit, lui dévoilant les rapports des choses. Faute de lumières intérieures, anciennes en nous, nous éclairant du même jour la diversité des phénomènes, la plus native indépendance s'exerce plus ou moins à faux. Plus on voit distinctement le lien ou l'opposition des concepts, mieux on s'arrache pratiquement aux inconséquences. Les instincts bourguignons de Rude ont triomphé dans son style sans déraciner de son entendement l'artificiel idéalisme classique. Il n'admet que l'exécution concrète et il ne considère comme grandes que les données abstraites où sa simplicité perd pied. La forme qu'il aime et le fond qui le flatte ne se souffrent donc ensemble que par une licence inaperçue de lui, pour nous flagrante. S'il pouvait consulter, à travers les siècles, le grave imagier Claus Sluter, le maître flamand, dont la gloire fut et reste bourguignonne, lui recommanderait de s'alléger le cerveau de nuages philosophiques, l'inclinerait à des applications plus justes de théories vraies en elles-mêmes, l'inciterait, surtout, à marcher sur les traces des Grecs avec moins de paroles, mais en faisant, en tout, pour son pays et son époque ce qu'ils ont fait pour les leurs et à regarder de plus près, en leurs milieux d'activité, les bonnes gens qui vivent, qui subissent les présentes nécessités, qui peinent et se tourmentent. Il lui rappellerait qu'ayant à sculpter, pour la Chartreuse de Champmol, les prophètes hébreux, il ne s'abîmait pas, lui, en méditations creuses, mais s'abandonnait à son émotion transcrite par son art en figures à jamais et totalement véridiques et ne prétendait pas traduire l'humanité entière d'après des modèles d'atelier. En vue d'infuser à ses œuvres la vie plénière, l'artiste doit se mêler à ses semblables, résorber leur âme en soi, s'imprégner de leurs mœurs. Les statues antiques, admirées à bon droit, répondent à de trop lointaines civilisations, à des idées trop effacées pour nous livrer tout leur secret. Leur sens spécifique et social ne nous apparaît, le plus souvent, que sous un voile. En les prenant pour incessantes inspiratrices, nous nous détachons du monde vivant; nous ne sommes ni anciens, ni modernes; nous nous induisons nous-mêmes en équivoques, habiles virtuoses, raisonneurs hasardeux, sculpteurs de corps humains et non sculpteurs d'hommes. Rude n'a été, de toute évidence, intégralement supérieur que lorsque les circonstances l'ont forcé, contre ses penchants d'école, dans ses statues de personnages célèbres, à se soustraire aux conventions métaphysiques autant qu'aux plastiques. Pour n'avoir pas compris la souveraine destinée de l'art, qui est de manifester, non des matérialités quelconques ou des idées générales plus ou moins arbitraires, mais la vie même, en ses types et ses caractères les plus significatifs directement saisis, il a dû, comme un ouvrier devant des apprentis, prôner la parfaite exécution au détriment des facultés créatrices. Ses élèves savent excellemment *construire* une statue ; ils ont des procédés scientifiques, des pratiques contrôlées, une sincérité d'imitation sans faiblesse et, novateurs de désir, ils se circonscrivent aux thèmes de tradition.

Mais quoi ! Si l'enseignement de François Rude a remis en honneur la technique de vérité, n'a-t-il pas préludé, du même coup, à l'évolution interne de la statuaire ? De l'habitude des formes exactes et des mouvements justifiés, on vient, par force rationnelle, au sentiment des expressions sans emphase. Ne faisons donc pas au maître un reproche excessif d'un point de vue étroit de pédagogie, trop bien expliqué par l'esprit de son temps. Ses qualités ne sont qu'à lui et il imprime à la sculpture française une impulsion salutaire. Les progrès sont lents à se produire quand ils exigent un complet renouvellement des doctrines. C'est déjà beaucoup d'avoir donné le branle et restauré la probité du métier, car il appartient, réellement, à chacun de créer son art. Dix ans et plus l'artiste prodigue son expérience à des jeunes gens de bonne foi, dociles à ses paroles, désintéressés, à son exemple, des faciles succès et qui le consolent, par leur attitude, de ses propres déboires. Son peu de crédit loin de les détourner de son chemin les blesse comme une injustice et ajoute à leur respect. Le jury du Salon fait malice d'exclure leurs envois au Louvre ; ils prennent courageusement leur parti d'une hostilité constatée par la critique (1). Une seule défection a, durant ces dix années, affligé le dévoué maître : la brusque dispari-

(1). Cf. Thoré, Salon de 1846.

tion de son atelier d'un sujet d'élite, choyé entre tous, Jean-Baptiste Carpeaux, mordu de l'ambition des lauriers officiels. Mais, par un cas singulier, Carpeaux, transfuge de la rue d'Enfer, tiendra plus que personne du sculpteur de l'Arc de triomphe et, dans sa fière originalité, sera son vrai continuateur.

Les relations de Rude avec ses élèves ne se bornent point, du reste, aux heures du travail. Sa porte ne leur est jamais close; il va, chez eux, le dimanche, voir leurs essais particuliers et, chaque lundi soir, son petit logis se met pour eux en fête. Ces réunions, d'abord quelque peu débraillées et bigarrées, désespèrent Mme Rude, effarouchée de certaines mises excentriques, capes romantiques à l'espagnole et feutres à grands bords, et, plus encore, de certaines façons tumultueuses. Son tranquille puritanisme réprouve des allures bohèmes auxquelles, par un dernier retour du goût plébéien, son mari serait indulgent. A force de persévérance, elle réussit à se faire un salon mieux à son gré, où le ton se relève avec les Emmanuel Frémiet, les Guitton, les Franceschi, les Lhomme de Mercey, les Christophe. Seulement ces lundis d'artistes tendent à ressembler fort aux ordinaires soirées de bourgeois. On y déploie de la cérémonie; on y joue aux petits jeux; on y fait, à l'occasion, tourner des tables; Martine Van der Haert et les demoiselles Jacotot y exécutent d'assez fastidieux morceaux de piano à quatre mains, appris, dit on, par la fameuse méthode mnémotechnique; on y sert, à dix heures, la réglementaire tasse de thé. N'était la conversation toujours dirigée contre les « pontifes du jury » et les « fabricants de sculptures à la mode », l'ennui gagnerait tout le monde. Mais comme on vous drape à tout coup les Petitot et les Ramey! Duret n'est pas épargné.

David d'Angers (qui le croirait?) reçoit de fréquents horions. Quant à Pradier, l'élégant et mièvre Pradier, son nom n'est prononcé qu'avec horreur. Rude, par intervalles, coupe les attaques trop vives d'un narquois : « Ah ! mes amis, vous allez bien loin ! » et conclut, invariablement, avec un bon gros rire : « Après tout, plaignons ces gens-là. Ils se croient des artistes et ils ne savent même pas regarder le modèle. » Pour faire diversion à ces bavardages, Mme Rude recourt à la danse. Une polka s'annonce sur le piano, ou bien un quadrille ; et les jambes de s'agiter... En un clin d'œil, on fait de la place en reculant les meubles, en déménageant la salle à manger. Le pauvre vieux sculpteur, qui se souvient du passé, s'amuse de ces tapages. Rien ne le fâche comme l'obligation où le met, quelquefois, de suspendre ses lundis sa maladie de cœur ou la mauvaise santé de sa nièce. La pensée de ses élèves lui est chère de plus en plus, — si chère qu'elle le poursuit même en Bourgogne, dans le bref congé qu'il s'y accorde, en septembre, et qu'il lui tarde, à cause d'eux seuls, de rentrer à Paris.

Gaspard Monge, bronze (1846-1848). Beaune (Côte-d'Or).

XXVIII

Le « Réveil de Bonaparte » dit le « *Napoléon de Fixin* ».

Les journées de Rude, en pays bourguignon, ne sont guère consacrées qu'au repos, à la promenade, à la causerie, au bienfait du grand air. On ne cite qu'un morceau modelé au cours de ses vacances : le buste de son ami, le docteur Mercier, improvisé à Dijon, en 1840, pour rompre la monotonie d'une semaine de mauvais temps. La maison de campagne des Moyne est à Chambolle, sur la côte de Chambertin, dans un site privilégié d'où l'on embrasse du regard la vaste plaine dijonnaise mosaïquée de petites vignes, de cultures vertes, de champs dorés, de bruns labours, d'herbages veloutés. A droite et à gauche, aux pentes des collines, moutonnent les grands clos glorieux, nourris des plus riches sucs de la terre. Des bois aux sombres verdures couronnent les escarpements. Çà et là quelques villages arborent, dans la perspective, leur clocher carré, imbriqué de tuiles rouges et jaunes. En face de soi, l'on a Dijon, arrondie mollement au pourtour d'une éminence et découpant, sur le bleu du ciel, son orgueilleux donjon ducal, ses tours, ses flèches, ses dômes. Les massifs estompés des Vosges, du Jura, des Alpes, se profilent à l'horizon. Aux arbres des jardins et des terrasses, l'ombre et le soleil tremblent parmi les feuilles ; le gazouillis des oiseaux, le susurrement des insectes troublent le silence à peine ; le charme des fécondités infinies persiste jusque dans l'apaisement des choses, au déclin de l'été. « C'est ici, écrit Madame Rude, Chambolle-le-Paradis ». A quelqu'un qui lui demande ses projets, Rude répond : « Je n'ai pas de projets à Chambolle. Je m'y laisse vivre, *je m'y écoute rêver.* Il y a deux hommes en moi : l'un qui se dépense comme un feu qui brûle et que j'oublie à Paris ; l'autre qui se recueille comme un arbre sous la sève du printemps, et c'est celui-là qui vient en Bourgogne. Vos vignes, au mois d'avril, s'occupent-elles des raisins qu'elles auront en automne ? Elles aspirent, simplement, le sang du terroir, elles bourgeonnent, elles verdoient. Les raisins pousseront à l'heure marquée. Je fais comme vos vignes. Je songe, je me souviens, je sens reverdir ma jeunesse. La nature fait œuvre en moi en attendant que je sois ressaisi par mon art. » En ses humeurs contemplatives, il voit peu de monde, se garant des importuns, s'enveloppant d'intimité. Seul, dans le voisinage, l'ami Noisot lui est d'agréable compagnie. Nous avons déjà rencontré Noisot sur le trottoir de la rue d'Enfer ; il nous agrée d'envisager moins sommairement le personnage étrange, dont le nom va s'associer au nom du maître dans une entreprise imprévue, étonnant témoignage des sentimentales incohérences du temps.

Noisot est un Bourguignon d'Auxonne, ancien capitaine des grenadiers de la garde impériale, choisi pour accompagner son maître à l'île d'Elbe et réduit à la demi-solde après les Cent-Jours. Sans fortune, il a commencé par demander un indispensable supplément de ressources à un petit talent de dessinateur et de peintre qu'on voulait bien lui reconnaître. Un modeste héritage lui a permis de se retirer, à deux pas de Chambolle, au bourg de Fixin, où il vit de peu, dans une fièvre perpétuelle, uniquement possédé du regret de son empereur. Camille Bouchet l'a présenté à Rude à l'époque de la translation des restes de Napoléon aux Invalides, et Rude, je le rappelle, s'est pris d'une vive sympathie pour cet original très noble et très bizarre. Au physique, c'est l'absolue personnification du légendaire officier de l'empire, passé à l'opposition en 1815. De taille ordinaire, sanglé dans sa redingotte comme dans un uniforme, la tête émergeant d'une cravate épaisse serrée à plusieurs tours, il conserve de son mieux l'allure raide et militaire en dépit d'un tempérament nerveux, plein d'agitation. Deux yeux clairs d'oiseau de proie jettent des feux en ce visage d'halluciné aux favoris courts, à la moustache forte et roulée, à la barbiche inculte, surmonté de cheveux drus, ramenés en avant, pour ainsi dire à l'ordonnance. Hors la gloire de Napoléon, tout lui est indifférent. Il parle du grand Corse du ton d'un lévite louant son Dieu, avec des larmes, avec des extases, avec des adorations, avec des éclats de haine contre ses ennemis qu'il nomme : *les vrais ennemis de la France*. Que dis-je ? On l'entend l'appeler : *le Christ moderne*. Noisot s'évoque à nos yeux comme un homme d'impression plutôt que de raison, un Don Quichotte, un maniaque, un mystique de la vie civile, un homme un peu ridicule et parfaitement honorable, passionnément attaché à son idée, fidèle à ses amis, aussi généreux qu'ardent, tenant du prêtre, du prophète, de l'artiste et du déclassé. Au total, un type rare.

Aux vacances de 1845, l'inconsolable grenadier fait visiter au sculpteur quelques arpents de terre qu'il a pu acquérir. L'endroit est fort sauvage, haut situé, au delà de Fixin, au-dessus d'une gorge échancrée en des couches de sol rougeâtre ou jaune, arides à merci. Y compte-t-il bâtir une maison ? — Non pas. — Quel est donc son dessein ?

Au lieu de répondre le vieux soldat abaisse, d'un geste, les regards de Rude sur la splendeur du paysage déroulé à leurs pieds. Quelle vue ! Le panorama de Chambolle, agrandi, transformé, merveilleux comme un Eden, étalé comme un champ de victoire ! Dans la plaine démesurée, un étang luit, des bois assombrissent la terre, des chemins s'allongent et s'entrecroisent, des villages s'égrènent, il monte des fumées légères des toits épars. La vie est partout diffuse. Voici Dijon. Voilà, dans la poudroyante clarté des lointains, les montagnes violacées. Ce point vermeil, dont les horizons s'éblouissent, c'est le Mont Blanc. On n'a plus simplement l'aperçu d'une contrée : l'immensité vous déborde. Serait-ce par pure fantaisie de promeneur que Noisot s'en est assuré la propriété ? — Il n'en est rien. Les deux hommes sont assis sur un tertre, fixant distraitement l'étendue. Tous deux, au fond du cœur, portent une mélancolie. Rude est depuis longtemps sans commandes, tenu à l'écart par l'administration et, dans le fond de son âme, il ne s'en console pas. Un député de la Côte-d'Or, M. Saunac, lui a offert, dernièrement, de s'entremettre en sa faveur. Quelle humiliation, d'avoir à se laisser recommander quand on a son talent et son caractère ! Pour le vétéran, pas une de ses pensées qui ne revienne à Napoléon. « Comprenez-vous, mon cher Rude, dit-il brusquement, qu'il n'y ait pas, dans mon pays, un tableau, une figure, un monument, qui rappelle à mes yeux *mon empereur*. — Celui que j'ai connu si grand et dont j'aurais voulu partager les deux exils ! » A cette exclamation le sculpteur s'étonne : « Mais où voyez-vous la place d'une statue ? — Ici même, au lieu où nous sommes en face des Vosges et du Jura, en face de l'Italie, dominant les villes et les champs de la Bourgogne. — Eh bien, comptez sur moi, mon cher Noisot, *je vous ferai un empereur* (1). »

C'est donc pour y glorifier le « Prométhée de Sainte-Hélène » que le bonhomme a acheté ce sommet abrupt. Dans un discours public, prononcé plus tard, en présence du statuaire, il affirmera que Rude avait de longue date, médité d'élever un tombeau au grand capitaine (2). Je mentionne cette allégation sans m'y arrêter autrement. Ce qui est certain, c'est que, dès son retour à Paris, le maître s'est occupé de son œuvre. L'absence des travaux à exécuter est, évidemment, pour beaucoup dans son empressement, mais il faut faire la part aussi de ses enthousiasmes bonapartistes si prompts à se rallumer. Noisot fera l'appropriation de l'enclos et paiera les frais du bronze. Rude se charge de composer et de modeler la statue gratuitement.

Toutefois, devant sa première esquisse (3), un scrupule naît en lui. Il y représente Napoléon mort, demi nu, allongé sur un roc, gardé par son aigle. Cette composition tourne droit contre ses intimes sentiments. L'aigle éployant ses ailes auprès du cadavre, n'est-ce pas, en réalité, le symbole de l'Empire survivant à

---

(1) Cf. sur Noisot les différents discours prononcés à Fixin et à Dijon à l'occasion du monument de Fixin, le 19 et le 21 septembre 1847, dans les journaux de Dijon : *Journal de la Côte-d'Or, Courrier de la Côte-d'Or* et *Spectateur*.
(2) Discours de Noisot à l'inauguration du monument.
(3) Conservée au parc de Fixin, dans la maison du garde.

l'empereur tombé ? En Bourgogne, en causant avec le vétéran de Fixin, tout lui avait semblé naturel. A Paris, il n'en va plus de même. Comment accorder son admiration pour Bonaparte et ses convictions républicaines, réchauffées au contact des Scheffer, des Drolling, des Étienne Arago ? Ainsi que dans son projet pour le couronnement de l'Arc de triomphe, il s'attache à distinguer entre le César couronné à Notre-Dame et le général de la République, entre Napoléon despote et Napoléon vainqueur des ennemis. Dans sa conception laborieuse, le monument devient, peu à peu, une allégorie du réveil éternel de la liberté et de la victoire. A force de subtils sous-entendus et aux dépens de la simplicité sculpturale, il arrive à contenter son esprit. Son Bonaparte, enseveli captif sur un écueil, se réveillera libre à la lumière, rajeuni par la mort, ses chaînes brisées, son aigle foudroyé à ses pieds, son épée intacte à portée de sa main guerrière. Pareille imagination le séduit à tel point qu'il la réalise sans désemparer. On voit son modèle achevé dans son atelier, au moment du Salon de 1846, et l'œuvre est si fort au goût de l'époque que le critique Thoré s'écrie : « Le tombeau de Fixin pourra bien valoir le tombeau des Invalides » et lui consacre cette description curieuse :

« Le Napoléon de Rude est couché sur le roc de Sainte-Hélène et enveloppé de son manteau comme d'un linceul. Il semble se réveiller de la mort dans l'immortalité. La tête est belle et radieuse ; la draperie est simple, modelée à grands plans, qui laissent transparaître le forme du corps. C'est une apothéose pleine de conviction, comme une promesse de résurrection future. Peut-être, quelque jour, en passant par la Bourgogne, apercevrez-vous le mausolée de Napoléon sur un tertre entouré de cyprès et vous songerez aux deux généreux patriotes qui ont entendu symboliser la France et son empereur belliqueux (1). »

Il va de soi que la politique n'est pas étrangère au mouvement d'attention que la statue provoque. On sait les progrès de la légende impérialiste, sous le règne de Louis-Philippe, parallèlement à la poussée du socialisme. Si une révolution nouvelle n'est pas loin, un nouvel Empire nous est aussi réservé et les deux doctrines vont de pair, désormais presque en harmonie, jusqu'au jour où elles s'entrechoqueront. Thoré a parlé du *Réveil de Napoléon* avant même que le modèle fût sorti de l'atelier de la rue d'Enfer. Plusieurs journaux y reviennent, l'année suivante, quand il a été coulé en bronze par les soins des fondeurs Eck et Durand. Transcrivons, d'ailleurs, pour indiquer la note générale des appréciations, le passage suivant d'un article de *La Presse* : « Nous étions sûrs que le monument funéraire de Napoléon recevrait de M. Rude une forme originale et imprévue, une idée poétique. C'est une apothéose, mais non pas sur le thème banal et dans le moule insipide où toutes sont jetées. Celle-ci a sa nouveauté et sa hardiesse : c'est la transfiguration de la mort et le premier tressaillement de l'immortalité. Moment suprême où le héros renaît, où son cadavre, divinisé, resplendit sur la tombe même ! Moment d'un vague sublime qu'on croirait insaisissable à l'art, intraduisible par le sculpteur et que M. Rude a saisi et traduit avec une clarté et une grandeur d'impression égales !... (2). »

Mais ce n'est pas à travers les documents de publi-

---

(1) Thoré : Salon de 1846. (Les *salons de Thoré*, édit. 1870, p. 3567).
(2) *La Presse*, article du 14 septembre 1847.

cité que je prétends montrer l'œuvre célèbre. Allons à Fixin. Gravissons l'âpre chemin de la gorge pierreuse. Une allée d'arbres verts nous conduit à la grille d'un parc, au-dessus de laquelle ces mots s'inscrivent : *Parc Noisot*. A gauche, une tour ronde surmontée d'une hampe de drapeau, un bastion crénelé en pierre sèche, des fortifications en miniature. On ne peut s'empêcher de sourire de ces puériles approches combinées par l'ancien grenadier. Quelques pas encore : escaladons ces degrés taillés dans la terre forte. Un cercle d'arbres verts, à mi-côte, jette une ombre solennelle. Entrons dans ce cercle magique. C'est ici.

Le monument se compose d'une statue couchée de grandeur naturelle, supportée par un piédestal rectangulaire. Du personnage, la face seule apparaît à découvert. Tout le reste est drapé, d'un caractère mystérieux, énigmatique. Jamais œuvre ne se recommanda de plus d'intentions cachées. Il importe que nous nous dérobions au plus vite au mirage d'une mise en scène théâtrale, et, premièrement, pour bien juger que nous avisions à préciser les choses. Sur un rocher volcanique baigné par les flots, tout cannelé de prismes de basalte, le vaincu de Waterloo s'est endormi du dernier sommeil. Son vaste manteau de campement lui fait comme un suaire. Soudain, l'heure de la résurrection a sonné. Bonaparte s'éveille, affranchi des lourdes chaînes qui le chargeaient et qui se sont rompues. Son corps se soulève lentement sur le coude droit ; son bras s'étend pour écarter le linceul. Rajeuni et reposé par la mort se démasque le visage, le front coupé d'un grand pli sous ses lauriers symboliques, le nez busqué, les lèvres aux nerveuses commissures, les yeux fermés, mais prêts à se rouvrir au jour. La vie, sensiblement, reprend possession du cadavre. Elle coule dans ses veines ; elle frissonne le long de ses muscles ; le héros va se dresser en pied. A mesure que la draperie glisse émergent le plastron, les épaulettes, l'uniforme de colonel des grenadiers. Sous les plis du manteau, vaguement s'étire le bras gauche ; la jambe droite s'ébranle vers la terre. Ce n'est pas croire le prodige accompli ; c'est la seconde où s'accomplit le prodige. Mais si magnifiquement que puisse se relever le grand homme, plus jamais ne volera son aigle au-devant de ses pas. L'aigle gît pour les siècles, les serres crispées, les ailes défaillantes, ses plumes ébouriffées autour de son cou, secoué par les lames qui battent le récif. A l'insigne capitaine de ressaisir son épée et de vaincre, comme naguère ; l'oiseau impérial ne renaîtra point, car l'Empire est condamné.

Rude n'a rien épargné pour échapper aux équivoques. En rajeunissant le dur guerrier, il atteste son dessein de rendre hommage exclusivement au général de la République. Ce n'est pas assez ; auprès de Napoléon, dans l'ombre même de son manteau, il pose, non seulement le petit chapeau traditionnel et l'épée glorieuse, mais encore une couronne civique, où se lit, sur chaque feuille de chêne, le nom d'une des étapes de l'armée d'Italie : Rivoli, Lodi, Campo Formio, Arcole. Vrai statuaire bourguignon, les accessoires lui sont des moyens de se faire entendre. On ne saurait nier au thème ainsi traité une vision poétique intéressante en sa singulière et, certainement, abusive ingéniosité. L'œuvre cause même, dans son cadre pittoresque, une impression austère, quasi religieuse, mais dont, à la bien prendre, l'honneur revient en grande partie aux souvenirs évoqués et au prestige du site. Noisot a fait de cette solitude une sorte de lieu sacré où plane la songerie. Un soir, parmi les arbres verts, les hêtres et les noisetiers du parc, empli d'une sourde tristesse, il n'advint de lire les admirables pages des *Mémoires d'outre tombe,* en lesquelles Châteaubriand juge Napoléon. J'eus la sensation d'un indicible éplorement fatidique autour de moi, comme s'il eût passé dans les feuillages des souffles venus de Sainte-Hélène. Des abords de la statue, je redescendis vers le bastion. Le soleil, déjà très bas, ensanglantait le ciel et je me remémorai, devant cette plaine, tous les champs de carnage où le conquérant chevaucha. Il inonda de sang l'Europe entière ; par lui plus de larmes coulèrent qu'il ne roule d'eau dans les torrents ; il déchaîna contre lui, en malédictions, la réaction des souffrances humaines. Pourtant, il a enflammé de purs enthousiasmes ; des cœurs de braves ont battu pour son génie en même temps que pour la France, et l'émotion de ces fidèles, tels que Noisot, nous gagne parfois et défend sa mémoire. Je l'aime mieux à Fixin qu'aux Invalides. A Fixin, son image me fait penser à ceux qui s'armaient pour le pays. Aux Invalides, je reste épouvanté des visions énormes de son orgueil.

... Loin de nous ces propos étrangers au bronze de Rude. On ne subit qu'un instant la surprise de l'idée et les suggestions de décor ; il faut qu'on en vienne à considérer le monument en soi-même. Dès lors, la critique réclame ses droits. Au point de vue du sujet, l'intelligence du spectateur, trop sollicitée par l'énigme de l'ensemble et les interrogations des détails, ne tarde pas à demander grâce. J'ai analysé la conception, d'un lyrisme si raisonné et si arbitraire, si réduit de formes et si compliqué d'insinuations qu'un commentaire est de rigueur. Pourtant, une statue héroïque doit se comprendre sans exégèse. Nous impose-t-elle un effort d'intention comparable au labeur d'un déchiffrement d'hiéroglyphes? Il est douteux qu'un passionné sentiment jaillisse pour nous de ses excès d'intellectuelles combinaisons. L'illustre auteur du *Réveil de Bonaparte* aurait pu, néanmoins, disposer des lignes hardies, nous frapper d'une harmonie foncièrement sculpturale? Point! Le lourd monument se présente en une masse à peine équarrie, sans dégagement de profils, sans vie plastique spontanée. Nous y notons l'étrange préoccupation des pensées et la pauvreté des aspects : la recherche aiguë d'une expression intermédiaire entre la mort et la vie dans la tête de Napoléon et la relative faiblesse du modelé de cette tête ; la superbe exécution de la draperie aux grands plis bourguignons, la puissante tournure de l'aigle déchu et mort et le je ne sais quoi d'étriqué de l'effet total. Encore un coup, l'aspiration est neuve, mais le maître, sacrifiant plus que de raison à la littérature, a, contre son ordinaire, oublié d'être un grand sculpteur. Ses contemporains l'ont récompensé en criant au chef-d'œuvre d'avoir naïvement flatté leur sentimentalisme politique. Impossible de s'expliquer autrement l'exorbitante popularité de cette statue hasardeuse et le récit des fêtes organisées pour son inauguration nous le démontrera d'absolue clarté.

Ces fêtes inauguratives prennent, en effet, les proportions d'un événement national. Le retentissement en éclate par toute la France et le voyage de Rude en Bourgogne, à cette occasion, marque, dans sa carrière une triomphale date. Ce n'est pas son mérite qui le hausse au pinacle ; c'est la toujours croissante exaltation du culte napoléonien patronné par la monarchie de juillet, accepté par la démocratie en train de saper le trône. L'avenir, en cette fin de règne, germe dans la contradiction. La figure de l'empereur personnifie, pour chacun, des aspirations différentes et, du même coup, des esprits, nourris du plus classique idéal, s'émerveillent de la moins classique, — disons mieux, de la moins plastique des statues.

Le dimanche 19 septembre 1847 est le jour choisi pour la solennité de Fixin. Dès le matin, par le chaud soleil qui se lève, la multitude afflue sur les routes, chantant à l'envi des refrains de circonstance, la *Redingote grise* et le *Petit Chapeau*. Pour éviter les accidents, on a consigné les voitures à la porte du village. Dans la maison de Noisot, le cortège se constitue. Le vétéran a revêtu son uniforme de grenadier, où brille, au plastron, la médaille de Sainte-Hélène avec la croix d'officier de la Légion d'honneur. Autour de lui se pressent les notabilités du département, le préfet de la Côte-d'Or, le maire de Dijon, des généraux, des magistrats... A tous, il présente le statuaire, timide comme toujours et gêné des hommages.

Au coup de dix heures, les inaugurateurs se mettent en marche, au milieu des acclamations. D'aucuns font la remarque que les fonctionnaires et les généraux sont en habit civil pour montrer que leur présence n'est qu'officieuse ; mais qu'importe ? Il y là trois cents hommes de la garnison de Dijon, des détachements de l'artillerie de Beaune et d'Auxonne, des piquets de gendarmes, la musique du 13e régiment de ligne, sans parler des pompiers des communes voisines et de la fanfare de l'ancienne garde nationale dijonnaise. Sur le passage, la foule innombrable fait la haie, la colline est noire de monde. Des cris s'élèvent sans discontinuer : « Vive le Roi ! Vive Napoléon ! Vive Noisot ! Vive Rude !... » Le maître s'avance au bras de son ami, boutonné dans sa redingote, son feutre à la main, si ému qu'on voit des larmes perler le long de ses joues et de sa grande barbe déjà toute blanche. Arrivé devant la statue, Noisot en fait tomber le voile ; ces mots se lisent au piédestal : « *A Napoléon, Noisot, grenadier de l'île d'Elbe, et Rude, statuaire* ». Les musiques sonnent ; les cris redoublent, mêlés à des tonnerres d'applaudissements. Mais le vieux soldat réclame le silence. Il raconte, à larges traits, l'histoire de l'œuvre, « bénit la main royale qui a fait rentrer en France les restes de *son Empereur* », refuse pour lui tout éloge et, rapportant l'honneur entier à Rude, conclut en s'écriant : « Plaçons une fleur, une branche de chêne sur la tête du sculpteur, du moderne Phidias à qui nous devons ce chef-d'œuvre... Nous le confions a l'amour national, au patriotisme énergique des Bourguignons. Et si, un jour, les ennemis de la France, les barbares, les vandales, osaient, encore une fois, tourner leur front contre nous, au cri de *Paris ! Paris !* en défendant notre patrie, nous défendrions le monument de Rude que nous nous découvrons aujourd'hui. »

Une interminable ovation sanctionne ces naïves paroles. Les fanfares font rage ; on entonne *la Marseillaise,* et le cortège redescend vers le bourg. Aussitôt commence le divertissement populaire. Des tentes, des abris de feuillage sont dressés de toutes parts et des jeux installés. On mange, on boit, on rit, on danse. Plus de dix mille paysans sont accourus. Quelqu'un rapporte une anecdote attendrissante, bien digne du temps de Charlet et de Béranger. Un menuisier de Dijon, nommé Cornillot, a remis à Noisot une vieille croix de la Légion d'honneur et lui a dit : « Mon père était un réquisitionnaire de quatre vingt-douze, entré au 10ᵉ bataillon de la Côte-d'Or. Il a fait toutes les guerres de la République et de l'Empire et, quand il est mort, pauvre officier retiré, il m'a laissé sa croix, comme à l'aîné de ses enfants, en me recommandant d'en faire le meilleur usage. Je vous prie de l'accepter. » N'est-ce pas comme la suite de la lithographie si répandue jadis : *La mort du vieux soldat ?*

En même temps, un banquet réunit, à l'ancien château de Fixin, l'élite de l'assistance. Plusieurs toasts y sont portés, tous bizarrement caractérisques par la forme et le fond. M. Nault de Champlouis, par exemple, s'exprime ainsi : « Je propose de boire au génie de l'art et au génie de la reconnaissance, dont l'alliance féconde a produit un chef-d'œuvre consacré à un grand homme. A notre moderne Phidias qu'un autre Alexandre aurait seul admis à retracer son image. Au grenadier de l'île d'Elbe, courtisan de l'exil, qui a conquis le droit de décerner à l'Empereur cet hommage d'un pieux dévoûment et d'une fidélité inaltérable. A Rude, à Noisot. » Ce langage, bourgeoisement emphatique, prête à sourire. Écoutons, maintenant, le toast dynastique du général Boyer : « Je bois au Roi, restaurateur des des Arts et vengeur de Napoléon ; au Roi qui a créé le musée de Versailles et ramené en France les cendres de l'exilé de Sainte-Hélène. » Époque déconcertante où le pouvoir royal, miné par les sociétés secrètes, cherche à confisquer à son profit la religion bonapartiste, à l'encontre des républicains, et croit y parvenir ! Louis-Philippe estime sa couronne hors d'atteinte parce qu'il l'a posée, aux Invalides, sur le cercueil de César. Il a donné l'essor à l'aigle, du haut de l'Arc de triomphe, et, pareil au sculpteur de Fixin, il se persuade que l'aigle est mort...

La nuit est venue. Des lanternes tricolores égaient le parc et le ciel se déchire de fusées. Ici, la fête se termine ; mais elle aura son épilogue à Dijon, après demain, avec un banquet offert à Rude.

Et voici, en effet, dans la salle de Flore, à l'Hôtel de Ville, cent cinquante convives, du premier ban de la cité, entourant le fils du forgeron de la rue Petite-Poissonnerie, salué, à son entrée, par Anatole Devosge, le fils du maître de son adolescence, directeur à son tour de l'École des Beaux-Arts. Les noms des artistes dijonnais les plus accrédités du siècle, s'alignent sur les murs, en des cartouches dorés, encadrés de verdure. Des noms de statuaires : les Renaud, les Petitot, les Ramey, les Bornier. Des noms de peintres aussi : les Prud'hon, les Naigeon, les Gagneraux !... Au centre de la salle, deux ouvrages de Rude sont exposés : son plus ancien essai, le buste de Monnier, le graveur des États de Bourgogne et le portrait, plus récent, de François Devosge. Les verres se lèvent à la mémoire de de ce dernier, « initiateur d'un Prud'hon et d'un Rude », aux santés de « son digne fils qui le continue », de Noisot et de Madame Rude, absents de la la réunion. Mais c'est à la vie, aux œuvres, et au caractère du sculpteur que tous se font une joie de rendre justice et chacun, louant le statuaire, croit devoir payer son tribut à l'ombre de Napoléon. « Laissez-moi, dit l'un des orateurs, vous signaler l'unité de la noble existence de M. Rude. Il lui était réservé d'ouvrir et de clore une incomparable épopée. Son *Départ des volontaires* était une introduction sublime au récit de nos guerres nationales. Il vient de sculpter le dernier chant de l'immortel poème, en un *Napoléon* sans diadème, sans manteau impérial redevenu comme le chef des patriotes de quatre-vingt-douze. » Un autre cite le mot du poète : « Tenez, parlons un peu de l'Empereur ; cela nous fera du bien. » Rude est si tremblant d'émotion que pas une phrase ne sort de ses lèvres. Son passé, sa lointaine enfance, ce qu'il a souffert, ce qu'il a tenté, ce qu'il a aimé tourbillonne en lui. On le reconduit, sanglotant, place du Palais, chez le docteur Mercier, dont il est l'hôte. Là, nouvelle démonstration d'honneur : des musiciens viennent jouer sous ses fenêtres, escortés d'une foule en transport. Pour résister à une telle apothéose, il ne faut rien moins que la vigueur de sa raison.

Sa ville natale l'ignorait, naguère, ou ne voulait pas le connaître. Depuis le mois de février 1832, où son ami Moyne le pressait de concourir pour le projet d'un monument aux combattants de juillet et où il demandait, en termes justement fiers, que le monument lui fût commandé sans concours, il ne s'était jamais agi de lui confier le moindre travail en Bourgogne. L'annonce de sa détermination d'ériger à Fixin une statue de Bonaparte a suffi à le rendre glorieux parmi ses concitoyens. Dès le mois de janvier 1846, les habitants de Beaune ont traité avec lui pour doter leur principale place d'un bronze de leur Gaspard Monge et, en novembre, la municipalité dijonnaise a décidé, en principe, de lui demander un ouvrage (1). Après l'inauguration du parc Noisot, il est sur le pavois. Et par quoi s'explique l'extraordinaire popularité de sa dernière œuvre, si discutable à nos yeux ? — Par ceci, simplement, qu'elle répond aux latentes passions du moment et qu'elle a pour objet l'Empereur.

Je dis : « latentes passions ». On ne se doute pas

---

(1) La délibération du Conseil municipal dijonnais, portant, sans stipulation de prix ni indication de sujet, qu'une statue sera demandée à Rude, est du 11 novembre 1846. Dans sa réponse au maire, le 9 décembre suivant, le sculpteur promet de travailler pour la ville dès qu'il aura terminé la statue de Monge, antérieurement commandée par les Beaunois (Registres du Conseil municipal de Dijon : 1846, n° 3004).

que le bonapartisme n'existe pas seulement en l'air et à l'état sentimental, qu'il est, à l'état de forme politique, dans l'attente vague de beaucoup de Français. La plupart se jugent, en fait, aussi éloignés d'un nouvel Empire que d'une nouvelle République. Rien de mystérieux comme l'action d'une légende pénétrant l'âme des masses, la disposant, par des sollicitations longtemps incomprises, aux événements futurs. Qu'on lise, à ce propos, le significatif article, publié, le 25 septembre 1847, par le *Spectateur de la Côte-d'Or* :

« *La semaine dernière, la fête de Fixin et les banquets qui l'ont accompagnée ont apporté de l'animation à tout le pays. L'empereur Napoléon est devenu plus que jamais l'objet de conversations et de jugements divers.*

« *Heureusement, c'est surtout le grand capitaine, le profond législateur, le vainqueur du désordre qu'on vante et qu'on admire ; mais on ne désirerait pas vivre sous le despotisme impérial. Oui, malgré le prestige éclatant des conquêtes de Napoléon, la France ne voudrait pas voir se renouveler désormais le gouvernement impérial avec son joug de fer et ses triomphes sanglants, suivis de terribles revers. L'histoire napoléonienne est une page exceptionnelle qu'on ne lit pas sans orgueil patriotique, mais dont une nouvelle mise en action serait impossible.*

« *De notre temps, la conquête pacifique des libertés des cultes, des personnes, de l'enseignement, de la presse, exige aussi des labeurs persévérants, moins sanglants et plus méritoires. Pour lutter au profit de la liberté et de la justice, pour surveiller la marche du gouvernement, pour étudier les besoins intellectuels et matériels du pays, il faut aussi du courage, car les abus sont plus* nombreux que n'étaient les cosaques. C'est donc à cette guerre légale et constitutionnelle que les Français vraiment patriotes doivent consacrer toute leur énergie...

« La France pourrait sans tirer l'épée et par la seule valeur intellectuelle et morale de ses enfants, remporter plus de gloire et plus d'avantages que par cent victoires. Depuis bien des siècles on sait que les Français sont courageux et que, lorsqu'ils sont unis, il est dangereux de les attaquer. Ce qu'il nous reste à prouver au monde, c'est que nous connaissons la stratégie constitutionnelle ; c'est que, fortifiés derrière les droits du citoyen, nous ne capitulons plus devant le despotisme ; c'est que, par la publicité, par les pétitions, par les votes, en tout lieu comme en toute circonstance, nous sommes en état de montrer quelle différence existe entre l'esclave d'un pouvoir barbare et l'habitant d'un pays civilisé. »

Ces déclarations ont pu être écrites à l'occasion d'une statue ; elles nous font sentir le degré d'inclairvoyance où l'on vit en tout point. La démocratie monte; dans peu de mois, elle aura précipité le trône de Louis-Philippe et nul ne paraît avoir le pressentiment de ce qui s'apprête. On affecte de ne pas craindre le despotisme, on jure de ne plus capituler devant lui et, cinq ans plus tard, Napoléon III établira son règne. Les stratégies politiques ne servent à rien. Les idées se développent, en dehors des volontés humaines, comme un ruisseau se change en torrent, en rivière et en fleuve, et balaye tous les obstacles. De jour en jours, elles vont à leurs fins, elles transforment irrésistiblement nos destinées. Vaines fumées que les paroles des politiciens troublés et des troublants philosophes ! Au service des malentendus, on est comme roulé d'aventure en aventure à travers des brouillards. L'art même ne rompt avec les formules que pour se perdre aux inquiétantes subtilités et, ni des parties de grand talent, ni les enthousiasmes issus des préjugés des contemporains ne sauraient sauvegarder longtemps des œuvres ambiguës, conçues maladivement, d'un intérêt spécieusement intellectuel et médiocrement plastique, comme le monument de Fixin (1).

(1) D'après le *Spectateur*, les frais de la fonte, du piédestal, de l'appropriation de l'emplacement et de la construction du fortin, supportés par Noisot, auraient atteint la somme de onze mille francs.

XXIX

Le tombeau de Godefroi Cavaignac.

On dirait que le hasard est commis à souligner les illogismes de Rude, quelque soin qu'il prenne à les justifier. Tandis que l'on fondait son *Réveil de Bonaparte,* il achevait une statue d'esprit bien différent dont j'ai, présentement, à dire l'histoire : à savoir, l'admirable figure tombale du républicain Godefroi Cavaignac. Les deux œuvres conçues à peu d'intervalle, exécutées de front, dans le même atelier, s'inspirent, en apparence, d'une idée commune et par le fait, dérivent d'influences opposées. Au mouvement bonapartiste correspond la première ; la seconde au mouvement carbonariste. C'est le triomphe de la démocratie que prétend exprimer le bronze du parc Noisot, mais c'est, au fond, à la victoire du césarisme qu'il fait appel. Tout au rebours, le monument à Cavaignac honore la démocratie pure, visant au définitif triomphe de la République, en la mémoire d'un de ses chefs les plus respectés et les plus regrettés. On tâche inutilement, par des sophismes, à réconcilier les deux aspirations : bon gré, mal gré, elles se combattent. Mais Rude ne sent pas la contradiction pour nous évidente et ceux-mêmes, autour de lui, qui en peuvent avoir la notion ne s'en effarouchent point. Nous ne sommes que trop fixés sur les malaises sociaux où ces confusions ont leur source. Hâtons d'ajouter que, saisi, cette fois, par la simplicité d'une donnée qui porte en elle-même naturellement son idée et sa forme et n'exige aucun effort de rhétorique, le sculpteur crée un chef-d'œuvre au sens absolu du mot.

Ce fut, parmi les républicains, une vive émotion, le 5 mai 1845, quand la nouvelle se répandit de la mort de Cavaignac. En peu d'années il avait su prendre, dans le camp démocratique, une situation dirigeante, que son talent de publiciste, son énergie, son activité, sa droiture et sa bonne grâce agrandissaient toujours. Son éducation politique s'était faite à Bruxelles, où son père, ancien conventionnel, comptait au nombre des exilés de 1815; mais, instruit de la Révolution par les révolutionnaires, le jeune homme avait accepté leur idéal en répudiant leur goût d'éloquence classique et leur pompeux philosophisme. Entre les indécisions générales, il reconnut clairement son but; il y marcha par tous les chemins qui s'offrirent, écrivant, parlant, conspirant, ne redoutant ni les procès, qui font éclater les idées, loin de les réduire, ni la prison, dont on ne manque pas de sortir plus connu et mieux trempé. Un de ses écrits s'intitule : « Plan pour mettre la France dans une voie progressive au lendemain d'une révolution victorieuse. » Son intelligence s'y accuse en ferme et précise autorité. Il ne s'abusait pas, d'ailleurs, sur grand'chose, ayant coutume de regarder de haut. Qui ne se rappelle cette phrase, si souvent citée, de ses *Souvenirs de Bruxelles* : « Il y a deux sortes de révolutionnaires : ceux qui produisent les révolutions et ceux qu'elles produisent. Les premiers sont sacrifiés par elles et les autres avilis. » Mais il ne devait être, pour sa part, ni avili, ni sacrifié. A quarante cinq ans la mort l'enlevait, un triste soir, à son poste de combat, après une maladie longue et cruelle. Sur le lit funèbre où il reposait, entouré de ses compagnons en larmes, le peintre Jeanron et Etienne Arago moulèrent ses traits amaigris. La pensée d'un tombeau à lui ériger naissait d'elle-même. Une souscription publique fut ouverte par un Comité dont les Scheffer et Drölling faisaient partie. Malheureusement, l'argent n'abonda guère. En 1846, le Comité désespérant du résultat financier, se demanda chez quel sculpteur il rencontrerait le désintéressement nécessaire à l'entreprise. David d'Angers courait le monde, mais on avait Rude sous la main. Rude consentirait peut-être à se charger de la statue. Etienne Arago reçut la mission de l'aller pressentir.

Quatre mots d'explication suffisent ; le statuaire a tout compris. « Pourquoi parler d'argent ? dit-il. Vous désirez que je fasse le mausolée de Godefroi Cavaignac: je le ferai pour rien. J'ai un peu connu son père, jadis, en Belgique ; j'ai eu l'occasion de le voir lui-même et je sais ce qu'il valait. Il ne m'en faut pas plus. Je suis heureux d'avoir été choisi pour lui sculpter un tombeau. — Laissez-moi, cependant vous répéter, mon cher Rude, que le montant de la souscription peut couvrir à peine les frais matériels... — Et moi je vous répète, mon cher Arago, que j'entends expressément donner mon travail. Mieux encore, s'il est utile que je contribue aux dépenses de mes deniers, répondez sans hésiter : combien dois-je souscrire ? » Étienne Arago s'éloigne, touché au vif d'un tel détachement du lucre ; et Rude, en exécutant son allégorique Napoléon de Fixin, commence à s'occuper de la statue de Cavaignac (1).

(1) Renseignements fournis par Étienne Arago.

La composition ne le tourmente pas longtemps. Godefroi Cavaignac a été enterré à l'entrée du cimetière de Montmartre, sans isolement ambitieux et, pour ainsi dire, dans la foule des morts. Une simple dalle marque sa sépulture. Il importe de se souvenir de son caractère digne et réservé, d'éviter toute conception théâtrale, de consacrer naturellement et pieusement l'intimité de sa tombe. C'est donc une figure tumulaire sans apparat, ou, selon le terme de nos ancêtres, un « gisant », qui répondra le mieux à sa destination. Rude suppose le cadavre déjà roidi, étendu de son long sur le marbre, les pieds serrés, enveloppé dans son linceul, dont on vient, seulement, de rejeter le pan qui recouvrait le visage et les épaules. La tête posée, sans nul soutien, sur un coin du suaire, s'incline légèrement vers la gauche, émaciée, exsangue, effrayante en sa définitive inertie. Pour la réaliser, le maître se sert du masque moulé par Jeanron ; mais en copiant ce profil busqué, ce front large et bossué, mal essuyé de la moiteur suprême, dégagé des cheveux plats repoussés en arrière, ces yeux en saillie dans leurs orbites creuses, sous les paupières transparentes, cette lèvre à la moustache de soldat, taillée en brosse, où le dernier souffle a passé, ces joues hâves, ce menton net, plaqué de courte et fruste barbe, quelle force d'émotion il en sait tirer ! La mort a pu rendre quelque sérénité à la physionomie du héros ; elle n'en a pas effacé des traces de douleur. Cet homme, tombé au fort de la lutte, a gardé, en expirant, l'angoisse de la victoire indécise. C'est à l'éternelle immobilité qu'il semble voué plutôt qu'au repos éternel. De ce suaire à grands plis, sous lequel bombe son corps, le bras droit s'écarte ; la main rigide s'est glacée auprès des deux armes symboliques, la plume du polémiste et le sabre guerrier. Le spectateur éprouve une pitié profonde à l'aspect de cette dépouille humaine, désertée par la vie et frappée du signe de ce qui fut ardemment vivant, pensant, conscient de l'effort, supérieur à la souffrance. Rude a trouvé ici l'un de ces thèmes où l'artiste, pour tout dominer, n'a qu'à s'absorber dans l'intensité du réel. Toute la beauté d'une telle œuvre émane de sa vérité intime et poignante. L'imagination l'eût obscurcie ou refroidie. On n'a que faire d'allégorie ou d'insinuations littéraires quand la donnée même peut parler si haut.

Quelques semaines de labeur et la figure nue a été modelée. Rarement le maître a procédé plus vite et plus à coup sûr. Il dispose ensuite, la draperie sur un mannequin et confie l'exécution du linceul à l'un de ses élèves préférés et dont il retouche avec soin, ou plutôt refait le travail (1). L'ouvrage terminé, il grave de sa main sur l'argile fraîche, en guise de signature : « Rude et son jeune élève Christophe »; puis, aux premiers jours de juin, il admet certains privilégiés à voir le modèle, déjà prêt pour le fondeur. Bientôt les Parisiens apprennent par les gazettes que la sculpture nationale compte une grande affirmation de plus. « Dans de pareils morceaux, lisons-nous au *National*, la médiocrité se prévaudrait de l'idée politique pour se passer de l'art. Il n'en est pas ainsi avec M. Rude... Cavaignac est couché sur son monument, comme un athlète fatigué qui étend ses membres et laisse retomber sa tête pour toujours... C'est un portrait d'une ressemblance austère, d'une vérité idéale... On s'arrête fasciné, exalté, attendri, devant cette humanité que

---

(1) Je tiens ces détails de Christophe lui-même. (Voir au Répertoire chronologique : *La statue de Godefroi Cavaignac*.)

n'étouffe pas le linceul et qui nous parle dans la mort avec tant de majesté et de candeur... Mais ce n'est pas seulement une œuvre belle de simplicité et de sentiment : c'est une œuvre savante et sévère, composée et traitée avec tout le scrupule et tout le génie de l'art. La symétrie monumentale de la ligne est tempérée par d'heureuses ondulations. La figure entière s'ordonne amplement et les plis du linceul dessinent les parties qu'il recouvrent. Le nu et la draperie se partagent et ne scindent point la forme ; le nu est d'un serré, d'une beauté large, d'un nerf saillant, et aussi la draperie est, par elle-même, un travail précieux (1)... »

Le public lit ces choses avec son indifférence ordinaire, entraîné par d'autres courants. Eck et Durand fondent la statue en bronze, mais on ne la porte pas au cimetière et des années s'écoulent, battues d'orages politiques, sans qu'il en soit même question. Ce n'est qu'à la fin de 1856, sous le second Empire, que le chef d'œuvre, achevé en 1847, occupe enfin sa place. Point d'inauguration officielle, amplifiée de discours. Le gouvernement impérial ne tolère pas que ses ennemis se groupent et manifestent. On vient donc au tombeau de Cavaignac individuellement, sans bruit. Il s'imprime quelques entrefilets dans les journaux, témoin cette appréciation de *la Presse* : « Les draperies souples et fermes sous lesquelles se devinent les membres roidis par la mort, la tête osseuse, volontaire, énergique, donnent au monument un caractère saisissant et terrible. La réalité ainsi comprise, rendue avec cette puissance, arrive à une poésie austère, presque sauvage. » (2) Mais le jour où se publient ces lignes,

---

(1) *National* du 8 juin 1847, article signé des initiales Pr. H.
(2) *La Presse* du 29 février 1856.

au lendemain du scellement de la statue, le sculpteur n'est plus là : il y a quatre mois qu'il est mort.

La figure tombale de Godefroi Cavaignac est devenue, en son passionné naturisme et sa douloureuse expression, l'un des types les plus émouvants de la statuaire réaliste. Le critique Paul Mantz y voyait le point culminant de la carrière de Rude et, pour la tragique profondeur, il avait, certes, raison. Je ne sais qu'un homme pour avoir osé décrier ce mâle bronze : c'est David d'Angers, dans ses petits papiers d'impressions et de notes, taxant la conception de mesquine, estimant l'imposant linceul « drapé en plis cassés et pauvres », interjetant par surcroît, que le général Cavaignac ne fut guère content de l'effigie de son frère (1). Nous n'avons pas à nous arrêter à ces propos. Le chef-d'œuvre s'est défendu magnifiquement devant la postérité et lorsque, à l'Exposition centennale de 1889, un moulage en plâtre l'évoqua parmi les plus célèbres sculpteurs du xixe siècle, on se rendit compte que notre école n'a rien produit de plus fièrement sincère, de plus noblement fort.

(1) David d'Angers, par H. Jouin. — Pour le caractère tout bourguignon de l'interprétation du suaire, comparer avec le linceul du gisant de Jacques Germain, bourgeois de Cluny, mort le 23 septembre 1424, au musée de Dijon.

XXX
La statue de Gaspard Monge à Beaune.

Cette année 1847 est de tout point favorable à Rude. Son *Bonaparte* de Fixin a dû aux circonstances un éclat dont son amour-propre a bénéficié et son *Cavaignac* est une œuvre transcendante. Lui qui tremblait, deux ans auparavant, de rester sans commandes a, maintenant, quatre statues à exécuter : l'une, sans sujet désigné encore, commandée par l'État le 4 novembre 1845, à la requête de M. le député Guillaume Saunac et qui sera sa *Jeanne d'Arc*; la seconde, devant représenter Gaspard Monge, commandée par les habitants de Beaune au mois de janvier 1846 ; la troisième, pour laquelle il choisira le sujet d'*Hébé enlevée par l'aigle de Jupiter*, acquise d'avance par délibération du conseil municipal de Dijon, le 11 novembre de la même année ; la quatrième, commandée en octobre 1847 par un comité de gardes-nationaux, en mémoire du maréchal de Lobau, successeur de Lafayette, en 1830, au commandement de la Garde-nationale (1). Le plus pressé de ces quatre ouvrages est, de beaucoup, la statue de Monge, dont Rude

(1) Georges Mouton, comte de Lobau, général de l'Empire, maréchal de France sous Louis-Philippe, né à Phalsbourg en 1770, mort à Paris en 1838.

a déjà fait l'esquisse et qu'on le prie instamment d'achever au plus tôt. Les scrupules anciens du maître, touchant la valeur esthétique des figures modernes, se sont peu à peu dissipés. C'est d'ailleurs une joie pour lui d'évoquer ce grand Monge, ce Bourguignon féru jusqu'à la mort du juste amour et de l'orgueil de sa province, que les incessantes conversations de Jacotot, lui ont rendu exactement vivant et présent. Il se consacre donc immédiatement à son modèle. La statue du maréchal de Lobau viendra plus tard — *s'il y a un plus tard*, ainsi qu'il a la malice de dire. Dans le fait, la sympathie de l'artiste n'est pas exempte de réserve pour ce soldat de l'Empire, qui a mitraillé les bonapartistes, un jour d'émeute... avec des pompes à incendie. Le projet, d'ailleurs, n'aboutira point. La révolution de 1848, y mettra bon ordre.

Les origines de la statue de Gaspard Monge méritent d'être connus. L'illustre mathématicien, né à Beaune en 1746, y avait fait ses études si complètement qu'au sortir du collège, il relevait minutieusement le plan de la petite ville. Tout jeune sa science l'avait mis hors de pair et l'incroyable diversité de ses aptitudes le poussait à de grands emplois, vite signalés par ses hauts services : professeur à l'École d'artillerie de Mézières, directeur général des fonderies de canons, contribuant plus que personne à la création de l'École polytechnique, ministre de la marine et des colonies en 1792, membre de l'Institut d'Égypte, renouvelant la géométrie descriptive, jetant les bases de la géométrie analytique, inventant d'admirables procédés pour la fabrication de la poudre et des engins de guerre. En 1811, tous les honneurs le comblaient. L'empereur l'avait fait comte de Péluse, sénateur de Liège, grand-officier de la Légion d'honneur, propriétaire d'un majorat en Westphalie, et l'Académie des sciences reconnaissait en lui l'une de ses lumières. Au milieu de sa gloire, il n'oubliait pas, sa ville natale : elle lui doit, notamment, sa bibliothèque publique, des améliorations scolaires et le développement de ses institutions de charité. Le maire, Jean-Baptiste Edouard, son admirateur et son ami, fit décider, à cette époque, que son portrait peint aux frais de la municipalité, par le portraitiste beaunois, Jean Naigeon (1), serait placé dans la salle du chapitre. Naigeon représente le comte de Péluse « sortant de son cabinet pour se rendre au Sénat ». Il exposa son œuvre au Luxembourg, un jour de réunion des sénateurs, et Louis David inscrivit même à la craie, au revers de la toile, cette appréciation flatteuse : *On ne peut mieux*. Le tableau était accroché à Beaune, le 21 septembre 1812, et inauguré en cérémonie. A cette occasion, Monge, ou plutôt le comte de Péluse, adressait au maire une lettre sentimentale d'où je détache ces lignes : « Je n'ai jamais pensé sans attendrissement à la ville de Beaune ; non seulement elle est le lieu de ma naissance, mais c'est dans ses établissements que j'ai reçu toute mon éducation et c'est aux exemples habituels de franchise et de loyauté que ses bons habitants n'ont cessé de me donner, que je dois quelques sentiments honnêtes que je n'ai jamais abandonnés. » On voit par là qu'on peut être un grand homme et s'exprimer fort puérilement, mais assurément, la satisfaction de Monge perce sous ses paroles (2).

(1) Il ne faut pas confondre ce Jean Naigeon, de Beaune, avec son homonyme Jean-Claude Naigeon, de Dijon, qui fut le camarade de Prud'hon et l'ami du baron de Joursanvault.
(2) Cf. la notice sur le portrait de Monge, conservé à l'Hôtel-de-Ville de Beaune, par P. Esdouhard. Dijon, 1888.

Voilà donc un hommage formel rendu par les Beaunois à leur glorieux savant. Mais les destins de l'Empire s'épuisent ; plus d'un blason qu'il avait doré se dédore et la disgrâce vient à ses serviteurs. Sous la Restauration, le comte de Péluse est déchu de ses dignités, rayé même des cadres de l'Institut. Ce coup inattendu accable le pauvre Monge, qui végète trois années encore et meurt le 20 juillet 1818. Un service funèbre à sa mémoire est célébré, en l'église de Notre-Dame-de-Beaune, par les soins du conseil municipal ; le lendemain, l'oubli commence. Le fameux portrait, relégué dans une décharge, finit par revenir aux héritiers de Monge. Il ne faut point déplaire au nouveau gouvernement. Toutefois, après 1830, nos prudents Beaunois se ravisent. Les Bourbons de la branche aînée sont par terre : on peut sans se compromettre, redemander la peinture de Naigeon à ceux qui la détiennent et lui donner une place d'honneur à l'Hôtel-de-Ville, où toutes les illustrations du pays ont déjà leur image : Carnot, Gaudelot, l'historien de Beaune, J.-L. Bouvet, le sculpteur, le baron de Joursenvault, l'érudit amateur d'art qui protégea Prud'hon... Monge a tout au moins droit de figurer dans ce cénacle.

Pourtant cette réparation ne semble pas suffire. Plusieurs ont parlé de l'érection d'une statue. La question se pose décidément en 1838, à l'instigation de la *Revue de la Côte-d'Or et de l'ancienne Bourgogne* (1). Une crise municipale en fait, malheureusement, ajourner la solution. On se contente d'assigner le nom de Monge à la vieille *Rue Couverte* où le géomètre naquit. Les choses traînent en longueur, comme délaissées. De

---

(1) Journal hebdomadaire publié à Beaune. Cf. le numéro du 5 mars 1838.

1843 à 1845, la *Chronique de Bourgogne* provoque, il est vrai, et reçoit des souscriptions, mais sans que le moindre effort sérieux se tente. En 1845, enfin, le conseil municipal prend le parti de former une commission de quinze membres, recrutés par moitié dans ses rangs et, pour le reste, composée de notables de la ville. Dès lors, tout s'active et, moins de deux ans après, les fonds du monument dépassent vingt-cinq mille francs (1). .

Je multiplie les détails pour montrer combien une pareille entreprise est toujours difficile et lente à l'aboutissement. Le choix même du statuaire soulève certaines oppositions et les partisans de Rude ont à déjouer une intrigue, impossible désormais à tirer au clair. Il ressort en tout cas, d'une lettre de l'artiste qu'à la date du 24 janvier 1846, que la commande lui a été régulièrement transmise, qu'il l'accepte et qu'on l'a prié de fournir tout de suite un projet et un devis à présenter au ministère, sans doute afin d'obtenir une contribution de l'État (2). Pour le fond son

(1) Exactement 25 000 fr. 90. Je dois ces renseignements à l'obligeance de M. Ch. Aubertin, le consciencieux historien des Rues de Beaune.

(2) Voici les passages intéressants de la lettre d'acceptation de Rude : « Monsieur, j'ai reçu votre lettre par laquelle vous m'annonciez que la commission venait de décider que je serais chargé de l'exécution de la statue de Monge. Grâce à vous, Monsieur, à votre conscience toute patriotique, l'intrigue a échoué dans cette affaire. Je me sens bien heureux et très honoré d'être chargé de transmettre à la postérité les traits de notre illustre compatriote... Je viens de voir M. Michaud, comme vous me l'aviez recommandé... Il m'a demandé un projet et un devis pour être présentés au ministre... Je remercie M. Joigneaux d'avoir dévoilé l'intrigue et parlé pour moi. Recevez, etc.

« Paris, 24 janvier 1846 ».

Ce document autographe est la propriété de M. Henry Jouin, secrétaire de l'École nationale des Beaux-Arts.

programme se fixe à des vues hardies. Ce n'est pas le comte de Péluse, le sénateur, le dignitaire impérial, l'académicien qu'il personnifiera dans son bronze : c'est le savant pratique, c'est surtout, le professeur à l'École polytechnique, aux traits mobiles, à la gesticulation imagée, dessinant les idées, ponctuant les paroles. Son Monge n'aura rien du caractère officiel cherché par Naigeon : il sera intime, spontané, tout livré à son action intérieure. En deux mots, on saluera « Monge faisant son cours de géométrie » (1).

Mettons-nous, dès à présent, en face de la statue. Le grand mathématicien est debout, âgé de quarante-huit à cinquante ans, coiffé « à l'oiseau royal » avec rouleaux et catogan, en habit des dernières années du xviiie siècle, ouvrant sur un gilet long échancré du bas, en culottes et chausses collantes. Sur son épaule gauche un ample manteau est jeté, qui descend à gros plis jusqu'à terre et se relève, à droite, sur un petit pilier carré, orné d'arabesques et d'inscriptions et supportant une pièce de géométrie solide. Le corps pèse sur la jambe gauche, la droite un peu avancée et s'infléchissant. Il est sensible que le professeur développe un ardu problème ; sa physionomie accuse une profonde contention d'esprit. Les muscles du front jouent sous l'épiderme ; les sourcils épais se froncent ; le regard fixe suit les déductions dans l'espace ; les lèvres lentes articulent les phrases d'une netteté délibérée. Et quel geste inouï, unique pour accompagner le discours ! Un geste qui hausse le coude droit et laisse retomber la

---

(1) Dans sa lettre du 9 décembre 1846 au maire de Dijon, Rude écrit : « Je termine en ce moment la statue de Monge. » En réalité, il ne pouvait terminer que l'esquisse. La grande statue n'a été commencée que beaucoup plus tard, l'année suivante. Le souvenir des élèves de l'atelier en fait foi.

Jeanne d'Arc écoutant ses voix, marbre (1845-1852).
Musée du Louvre.

main, quatre doigts repliés, l'index sans roideur, traçant en l'air une sorte de spirale, tandis que la main gauche étendue, sortant de la draperie qui glisse, si mule comme une base au chimérique tracé. Un geste fugitif, inconscient d'homme qui pense en s'expliquant et dont l'action réflexe commente machinalement la pensée. On n'a plus l'impression d'une immobile statue ; on a l'évocation pleine et entière d'un certain type de l'humanité, d'un être nettement original, bienveillant, doux et fort, qui se concentre dans l'analyse scientifique et en fait jaillir d'utiles enseignements. La statuaire antique n'a rien à démêler avec ce chef-d'œuvre, ni la statuaire du moyen âge. Tout ici est foncièrement moderne, avec un accent bourguignon très prononcé. Chaque détail nous ramène à la réalité par une idée ou un souvenir. Ce solide géométrique en en forme de départ de voûte, posé sur le pilier, nous est comme un symbole de la science se pliant aux nécessités de la vie. Ces inscriptions, gravées en des cartouches aux quatres faces du même appui, nous rappellent les essentiels titres d'honneur de Monge et précisent encore le sens du monument : « *Géométrie descriptive — Géométrie analytique — École polytechnique — Fonte des canons.* » Rude ne croit jamais avoir condensé assez de signification dans ses œuvres. « Il faut, dit-il, enfermer dans le moindre espace possible le plus d'idées qu'on peut sur son sujet. »

Certes, on ne pousserait pas impunément cette théorie à l'extrême. L'important, c'est de beaucoup dire, mais l'indispensable, c'est d'être clair. Nous avons déjà vu le grand sculpteur enclin à grossir la part des intentions et nous le verrons, à la fin de sa carrière, passer toute mesure en ce sens. Mais où trouver une statue plus intelligible, plus naturelle et plus expressive que ce portrait de Monge ? Si quelque chose s'y laisse critiquer, l'excès intellectuel n'y est pour rien. J'y regrette l'arrangement purement décoratif du manteau, traité en perfection, mais qui étoffe artificiellement la silhouette et qu'un mouvement du bras gauche ferait glisser à l'instant. Cette draperie, que le statuaire reproduira dans son *Général Bertrand*, de Châteauroux, est comme un legs de Cartellier.

L'érection du bronze, est annoncée pour le mois d'octobre 1848. En attendant, l'œuvre étant terminée, le maître, depuis quinze ans étranger au Salon de l'Académie, se décide à l'envoyer au Salon libre de la République. Tant s'en faut qu'elle y soit, en général, regardée sérieusement. La plupart des journaux n'y font même pas allusion. La *Revue des Deux-Mondes* lui consacre quelques lignes d'un esprit contestable : « Que dire du Gaspard Monge de M. Rude ?... De grâce, Messieurs les statuaires, songez moins à l'homme, à sa lourde figure, à son affreux costume et préoccupez-vous un peu plus de l'art, car, dans ces représentations de personnages plus ou moins célèbres, l'art seul peut vous tirer d'affaire (1). » Je ne rencontre une note équitable et digne d'être retenue que dans *Le National* : « M. Rude a fait couler en bronze une figure colossale, à culottes courtes et souliers à boucles, vêtu à la française et coiffé à *l'oiseau royal*, mais peu de sculpteurs pourraient en risquer autant. Le caractère, ici, sauve tout par sa vivacité et sa profondeur... Ce geste parlant, cette tête pétillante de clarté et d'idées, toute cette figure démonstrative et tressaillante fascine. C'est le génie, c'est l'action ma-

(1) Article du 15 mai 1848, signé F. de Lagenevais (Blaze de Bury).

gnifique de la personne qui relève l'étrangeté, la familiarité de la forme et de la pose (1). » Il est triste, en raccourci, qu'un si neuf chef-d'œuvre soit si peu compris dans sa rare portée !

Au centre de la place d'Armes de Beaune, on construit le piédestal en marbre de Prémeaux. La place est curieuse et pittoresque, de plan triangulaire, encadrée de hauts toits bruns, flanquée de l'élégant beffroi de l'ancien Hôtel-de-Ville. Le logis natal de Monge est là-bas. Combien de fois le grand homme a passé à l'ombre de ces vieilles murailles ! Son souvenir y survit ; sa statue y fera merveille. Mais diverses circonstances ont motivé l'ajournement de l'inauguration. L'hiver s'écoule et le socle est toujours vide, derrière son rempart de planches. Une nuit du mois de mai 1849, il y a foule aux alentours. C'est le bronze qui arrive. Les ouvriers le déchargent et le dressent en quelques heures, puis l'enveloppent de toiles et, de nouveau, il n'en est plus question. Jusqu'à l'été, même silence. Enfin, au mois d'août l'on semble se réveiller : la fête aura lieu le dimanche 2 septembre. Ce jour-là retentissent, au point du jour, vingt et un coups de canon. Rude est à Beaune depuis l'avant-veille. A toutes les fenêtres flottent des drapeaux. Des corps de troupes, venus de Dijon, défilent musique en tête, précédant le préfet de la Côte-d'Or, le premier président de la Cour d'appel, des membres de l'Institut, des ingénieurs, des élèves délégués de l'École polytechnique. Tout le pays est sur pied, en liesse. On acclame le nom de Monge devant sa maison, enguirlandée et pavoisée. Sur la place d'Armes, qui sera dorénavant la place Monge, une estrade reçoit les autorités. Le

(1) Article du 14 avril 1848, sous les initiales Pr. H.

voile de la statue s'abat et la figure apparaît, fière et tranquille, auréolée d'un beau rayon de soleil.

Le maire de Beaune, Henry Welter, prononce un discours. A son tour, le baron Charles Dupin prend la parole au nom de l'Académie des sciences. Un autre académicien, Jouvard, rappelle les travaux de Monge durant l'expédition d'Égypte, où il fut son compagnon. On entend alors M. Michaud-Monait, président de la commission du monument et ancien maire. Et, comme il est écrit qu'on n'échappe point à l'obsession du *Bonaparte* de Fixin et des aspirations bonapartistes, M. le premier président Muteau couronne la cérémonie par cet emphatique « hommage au sculpteur » :

« Que l'éclat de cette fête réveille un autre grand homme que tu as confié naguère à la religion d'un ami fidèle. Que le bronze de Fixin tressaille au bruit de nos applaudissements ! Que Napoléon, soulevant son manteau d'airain, reconnaisse en cette statue le témoin de ses premières gloires, et que le nom de Rude, à jamais attaché à la mémoire des deux génies, ranimés par son talent, soit transmis, avec les leurs, à la postérité ! »

Laissons, après cela, les rues s'illuminer et la journée se clore par un banquet à l'Hôtel-de-Ville. Nous n'avons écouté que trop de toasts et vu que trop de lampions s'allumer. Que si l'on a curiosité de savoir la véritable impression des Beaunois sur le chef-d'œuvre, elle s'indique assez clairement dans ce passage d'une brochure de l'époque : « *Peut-être eût-il mieux valu représenter Monge en créateur d'une science nouvelle, en homme d'initiative, d'inspiration. Rude a compté, comme à Fixin, sur sa verve et sur son intelligence pour ennoblir ce que sa conception, d'ailleurs non vulgaire, avait de stérile* (1). » Les bourgeois de Beaune ne sont donc qu'à demi satisfaits. Il leur eût fallu un Monge lyrique, la tête aux astres, surnaturel, et on leur impose un Monge fort de sa simplicité.

Seulement, les faux jugements s'en vont en fumée et les chefs-d'œuvre durent. La statue du puissant géomètre est l'effort le plus neuf et l'une des plus décisives manifestations de notre sculpture iconique moderne. On ne lui connaît d'égale sur aucune place publique. Plus une voix ne s'élève pour la discuter et, sur le coin de terre où elle s'érige, la chanson du carillon qui tombe, de quart d'heure en quart d'heure, du vieux beffroi gracieusement profilé, chante vraiment l'honneur de Rude.

(1) Notice sur la statue pédestre de Gaspard Monge, dans la ville de Beaune, par Joseph Bard, de l'Académie de Dijon, 1849. — Sur l'inauguration, cf. *La Tribune*, journal de Beaune, mois de septembre 1849, et les *Rues de Beaune*, par Ch. Aubertin, Dijon, 1888. — La statue mesure $2^m,65$. Je n'ai, malheureusement, trouvé nulle part le prix attribué au sculpteur sur les fonds de la souscription.

XXXI

Rude et le Salon.

L'œuvre dont nous venons de nous entretenir a figuré au Salon de 1848. A dater de 1838, le maître avait résolument déserté l'Exposition. Pourquoi n'y voulait-il plus paraître? Pourquoi y est-il tout à coup rentré? Cette double question me conduit à parler de l'organisation du Salon et des rapports des artistes en général, et de François Rude en particulier, avec le jury.

L'Exposition des Beaux-Arts, sous la monarchie de Juillet, dépend uniquement de l'administration de la liste civile. Celle-ci délègue au jugement des envois l'Académie des Beaux-Arts ou quatrième classe de l'Institut, composée de peintres, de sculpteurs, de graveurs, d'architectes et de musiciens, votant ensemble et sans appel. Les académiciens sont convoqués individuellement, au nom du roi, et non collectivement, en tant que corps académique. Par le fait, le pouvoir les constitue moins en jury qu'en tribunal secret, irresponsable, omnipotent, examinant, acceptant, repoussant les œuvres en vertu d'une façon de droit divin. Telle est l'absence de garantie en faveur des artistes, que cinq ou six membres de l'Institut se sont révoltés et, ne pouvant protester, s'abstiennent : ainsi Ingres et David d'Angers. Abstention notoirement inutile, du reste, car il suffit de neuf membres présents pour délibérer.

On ne peut dire que les hommes de grande valeur manquent à la quatrième classe, mais elle appartient presque en entier aux idées arriérées, alors que l'école française est en effervescence et tente de sortir des chemins battus. Aussi l'aréopage se rend-il odieux aux chercheurs par son éclatante intolérance. Les délégués de la Liste civile ferment impitoyablement les galeries du Louvre à tout ce qu'ils ne comprennent pas — c'est-à-dire à tout ce qui porte un cachet de nouveauté. À quoi bon pousser des cris ? « Il est impossible, écrit Gustave Planche, que M. Blondel, peintre nul, approuve la peinture de M. Delacroix, peintre à défauts, mais peintre éminent. » Théophile Thoré écrira de même : « M. Bidault, le paysagiste, n'est pas compétent pour juger Decamps, ni M. Abel de Pujol pour juger Diaz, ni M. Ramey pour juger Duseigneur. » Lorsque Planche envisage le rôle des architectes et des musiciens dans le jury, l'indignation le prend : « Ce jury, dit-il, échappe à la haine par la bouffonnerie. Le sort des peintres et des sculpteurs est entre les mains des musiciens et des architectes. Pourquoi ne pas les charger aussi, de temps en temps, des travaux du Conseil d'État ? » Si les colères des jeunes artistes sont enflammées, on le devine. Quel moyen de faire cesser de si déplorables errements ? Le critique que je viens de citer émet un avis, à ce sujet, dès 1836, dans la *Revue des Deux-Mondes* : « Il n'y aura pas de justice possible tant que le jury ne comprendra pas dans son sein toutes les nuances de l'opinion : à savoir l'opinion conservatrice représentée par l'Institut ; l'opinion radicale, représentée par les novateurs, et l'opinion libérale et modérée représentée par la presse et les salons. » Quatre ans plus tard, ce même Gustave Planche, outré de la partialité de la quatrième classe, se fait l'écho des artistes exaspérés et conclut : « Il y a un moyen bien simple d'imposer silence à toutes les plaintes : c'est d'admettre indistinctement tous les ouvrages présentés et, pour circonscrire l'exposition dans des bornes raisonnables, on ne permettrait pas aux peintres et aux statuaires d'exposer plus de deux ouvrages. En dehors de ce système, on ne peut s'attendre qu'à des iniquités. » Mais la Liste civile laisse les abus aller leur train, si monstrueux soient-ils.

Penche-t-on à croire que les artistes exagèrent leurs griefs ? Nous n'avons qu'à donner un aperçu des tables de proscription annuelles. En 1836, on a refusé une *Scène d'Hamlet* d'Eugène Delacroix, un *Roi Lear* de Louis Boulanger, un *Portrait* de Champmartin, une *Marine* de Paul Huet, des paysages de Marilhat et de Théodore Rousseau, le *Charlemagne* du sculpteur Préault, et les *Lutins*, groupe en marbre d'Antonin Moine, dont le modèle en plâtre avait été acheté par l'État au Salon de 1831. Autant d'individualités méconnues, grandes ou intéressantes ! Autant d'œuvres au moins curieuses condamnées à n'être point vues !

En 1837, Jean Gigoux reste sur le carreau avec son *Antoine et Cléopâtre,* Riesner avec sa *Niobé,* Barye avec ses groupes en bronze de sujets de chasse, « *pièces insuffisamment exécutées,* paraît-il, et *tenant de l'orfèvrerie plus que de la sculpture* ». Refusés encore les paysages de Th. Rousseau. Refusés bien d'autres ouvrages estimables. « Il y a ici plus que de la sévérité, de l'injustice et de l'ignorance volontaire ou involontaire, lisons-nous dans la *Revue des Deux-Mondes*. Il y a du ridicule et de la honte. » Et la *Revue des Deux-Mondes* ne se trompe pas.

Un paysage de Corot, figure, en 1844, dans l'hécatombe. L'an d'après, une toile de Delacroix est sacrifiée, pêle-mêle avec des toiles de Paul Huet, de Chassériau et de Riesner, et l'on a obtenu ce beau résultat d'éloigner du Salon les Ary Scheffer, les Rousseau, les Dupré et les Barye.

Rude, jusqu'ici, n'a pas été touché personnellement, ayant la prudence de ne rien envoyer. En 1846, l'aimable jury va trouver un biais pour l'atteindre. Cette année-là, les principales victimes se nomment Decamps, Diaz, Corot et Gudin, Duseigneur et Maindron. Seize élèves de Rude ont essayé de forcer les portes du Louvre : ils sont repoussés en bloc. La persécution est manifeste. Comment se persuader que pas un des seize morceaux présentés avec l'approbation du maître ne méritât d'être soumis au public? Théophile Thoré a éclairci ce scandale. Il a vu de ses yeux « une *Vierge* de M. Blanc, un *Enfant prodigue* de M. Montagni, un *Saint-Pierre* de M. Franceschi, un *Ange funèbre* de M. Capellaneau, « annonçant des études sérieuses et un bon sentiment de la forme et du style ». Le statuaire de l'Arc de triomphe n'a nulle peine à discerner que c'est à son enseignement que l'on s'attaque. En vain la fidélité de ses disciples et la netteté de ses convictions soutiennent-elles son courage ; son chagrin est profond et il ne le dissimule à point.

D'ailleurs, au lieu de s'atténuer, les rigueurs du jury redoublent, s'il est possible, en 1847. Corot, Chassériau, Maindron et dix autres indépendants ont des envois rejetés. Le mécontentement arrive à son comble. Les uns réclament énergiquement le droit de choisir leurs juges par voie d'élection. Les autres vont plus loin et prônent la constitution d'un Salon libre où la censure ne s'exercera que pour la sauvegarde des mœurs. C'est une agitation ardente et qui se prolonge plusieurs mois. Mais déjà la quatrième classe de l'Institut est invitée à procéder à l'examen des œuvres proposées en vue de l'exposition de 1848. Rien ne sera changé, malgré tout, aux pratiques adoptées. Or, subitement, la Révolution l'emporte ; la République est proclamée et l'on décrète la liberté du Salon. Le jury de la Liste civile n'a qu'à précipiter sa fuite (1). Nous aurons bientôt à insister sur ces faits. Une commission, issue du suffrage universel des exposants, sera simplement chargée du rangement des toiles et des statues. Le vote a lieu le 5 mars, à l'École des Beaux-Arts. Rude est acclamé président du scrutin pour la section de sculpture. Quelle surprise ! A côté des vieux noms académiques, des noms nouveaux sortent de l'urne, en quantité, Eugène Delacroix, Decamps, Corot, Jules Dupré, Théodore Rousseau, Ary Scheffer, du côté des peintres, seront les collègues d'Abel de Pujol. Les statuaires élisent Rude en première ligne et, après lui, passent ensemble, Barye, David d'Angers, Maindron même et des traditionnistes comme Petitot (2). Tant de joie vient au maître du succès des

---

(1) Les brochures publiées sur les expositions de 1835 à 1848 et les Salons des journaux et des revues abondent en renseignements sur les rapports des artistes et du jury. Voir, en particulier, les Salons de Gustave Planche et de Thoré.
(2) Il est bon de transcrire, d'après le *Moniteur*, le procès verbal de cette élection, en ce qui touche la sculpture :
« Le 5 mars 1848, les artistes sculpteurs, réunis dans une salle du Palais des Beaux-Arts, après avoir constitué leur bureau en nommant MM. Rude, président, Nanteuil, vice-président et Valois, secrétaire, ont procédé à la nomination de la commission de classement. Le scrutin a produit le résultat suivant :
« Membres titulaires : MM. Rude, Jouffroy, Barye, David d'Angers, Dantan aîné, Pradier, Toussaint, Debay fils, Maindron, Petitot, Daumas. — Membres suppléants : MM. Dumont, Feuchère, Nanteuil, Brian, jeune. »
A partir de ce moment, nous voyons Rude élu en tête des membres du jury — par exemple aux Salons de 1849 et 1850 — avec

libéraux qu'il se décide sur le champs à exposer son Monge.

Le Salon de 1848 est resté légendaire pour son étonnant chaos. On y a vu, dans la plus drôlatique incohérence, de belles œuvres et de grotesques essais. Cette expérience de la liberté illimitée de l'artiste a fait, heureusement, renoncer au faux principe. Néanmoins, le régime de l'arbitraire est fini. A l'avenir, les jurys seront élus en totalité ou en partie, mais de façon à réserver, en tout état de cause, des garanties aux intéressés. On n'a plus à craindre pour un mouvement d'art les invincibles entraves d'un tribunal officiel. La cause des indépendances est gagnée et Rude est réconcilié avec l'exposition affranchie.

de fortes majorités. Cf. *Catalogues des salons annuels, élection du jury*. Il fera partie de la grande commission des récompenses à l'Exposition universelle de 1855.

XXXII

Rude et l'Académie.

J'ai montré François Rude en face du Salon ; il ne sera pas hors de propos d'indiquer de même sa condition vis-à-vis de l'Académie. Nous le savons, de longue date, âprement hostile à l'académisme, encore qu'il ait dans l'esprit et dans le talent de profondes empreintes classiques. Nous avons vu, d'autre part, l'Institut jeter le blâme sur son enseignement, comme par représailles, en barrant l'accès du Louvre à ses élèves. Entre ses adversaires et lui une incompatibilité radicale a tout l'air de régner. En réalité, par une nouvelle contradiction des plus humaines, le maître nourrit l'ambition de siéger parmi les académiciens et le corps académique l'écarte avec de belles révérences.

Au temps où Roman était de ce monde, on l'entendait sans cesse répéter à son ami : « Tu vaux mieux que pas un de nous ; tu es un grand artiste ; mais ce n'est pas assez d'être fort : il faut être adroit. Tu feras toujours de belles œuvres ; apprête de loin ta candidature à l'Institut. Quand on est bien résolu à y arriver, on y arrive. Regarde-moi : je ne suis pas un aigle ; je n'ai pas le quart de ton mérite. Sais-tu pourquoi je suis académicien? Parce que je n'ai rien négligé pour l'être. Cela ne vous améliore en rien, cela ne vous gâte

point ; on ne s'en porte ni mieux ni plus mal ; on n'en a
ni une idée de plus, ni un défaut de moins : seulement
on est un personnage. Tu souris... et tu as tort. Être un
personnage, c'est toujours utile dans la vie, ne serait-ce
que pour les autres. L'homme ordinaire se fait de sa
situation une draperie qui dissimule à peine sa petitesse,
mais l'homme supérieur y est mieux placé pour se
faire écouter et propager les grandes choses. A quoi
servent, je te prie, les grandes choses sans retentissement ? Personne n'y croit. Rude, je te donne un bon
conseil ; arrange-toi pour être de l'Institut. » Roman
est mort trop tôt pour introduire son camarade dans le
cénacle. Rude, en son invariable modestie, considérait son entrée à l'Académie comme une très lointaine
éventualité. On l'a vivement engagé, en 1835, à briguer la succession de Roman. Il s'y est obstinément
refusé pour des raisons diverses et disparates. D'abord,
il ne pense pas avoir assez fait. Ensuite sa répugnance
est insurmontable à s'asseoir dans le fauteuil d'un
ami pleuré comme un frère. Et puis, à quoi bon ?

Mais à mesure que se développent ses tendances
anti-académiques, s'accroît, inversement, son désir des
palmes vertes. Qu'il n'en convienne pas, qu'il s'imagine même, de très bonne foi, n'y point viser, il n'importe ! C'est là qu'il en vient. Bientôt tout en lui s'accommode à cette pensée, même son indépendance. Ne
pourrait-on devenir académicien et continuer à s'appartenir ? N'y aurait il pas grand avantage et grand
honneur à prouver, tout ensemble, à l'Académie et au
public que, dans nulle circonstance et dans aucun milieu, un homme bien trempé n'abdique ? Une fois en
ce chemin, Rude pousse en avant. Son haut-relief de
l'Arc de triomphe a porté coup. D'estimé qu'il était,
la grande œuvre l'a rendu célèbre. Au premier vide fait

par la mort aux rangs des immortels, on n'aura pas de peine à lui persuader de poser sa candidature.

Le 4 juin 1838, le vide se produit : Ramey, le père, est mort. Rude aussitôt de se mettre en campagne. Quoique toute démarche de solliciteur lui coûte, il s'est convaincu qu'aucun sentiment de dignité n'impose de s'enfermer chez soi et qu'on peut aller sans faiblesse au devant des suffrages. L'illustre artiste frappe donc aux portes qu'il suppose devoir s'ouvrir et se voit partout courtoisement accueilli. Au jour de l'élection, le 21 janvier 1839, la liste présentée par la section de sculpture classe les concurrents dans cet ordre : Duret, Raggi, Rude, Auguste Dumont, Foyatier et Lemaire, sans compter Laitié, Marochetti et Despretz, ajoutés par l'Académie. Rude n'a pas grand'chance d'obtenir l'avantage à cette première épreuve. Le candidat agréable est Dumont. C'est Dumont que l'on nomme.

Jusqu'en 1843, rien de nouveau dans la Compagnie. L'auteur du *Départ des volontaires*, très mortifié de son échec, affecte la plus froide indifférence aux honneurs académiques, le plus incisif mépris pour les œuvres de presque tous les académiciens. Cortot étant mort le 12 août 1843, il refuse catégoriquement de solliciter sa place, malgré les instances de Duret, son frère d'armes et de succès au Salon d'il y a dix ans. Duret, depuis l'exposition, où son *Danseur napolitain* a été mis en parallèle avec le *Petit Pêcheur* de Rude, n'a jamais omis une occasion de marquer au maître bourguignon la plus touchante déférence. Rude ne répond à ses invites qu'en le pressant lui-même de mener activement sa candidature et, de fait, le fauteuil de Cortot est dévolu à Duret.

Deux ans après, au mois de juillet 1845, la succession du baron Bosio est ouverte. Notre révolté s'humanise. David d'Angers se déclare en sa faveur, mais l'issue de l'élection le préoccupe. « Je porte Rude, écrit-il, la veille du scrutin, le 12 septembre, à son ami de jeunesse Victor Pavie. Je crains bien qu'il ne soit pas nommé parce que c'est l'homme qui a le plus de droits. » Le sculpteur de *Philopœmen* ajoute ces paroles significatives : « C'est une grande absurdité de permettre aux corps savants de se recruter eux-mêmes, toutes les médiocrités s'entendent pour écarter les hommes de talent. *Je me suis prononcé avec énergie pour Rude et me voilà avec de nouveaux ennemis irréconciliables. MM. les candidats ne me pardonneront jamais mon vote pour cet artiste, mais je préfère l'animosité d'autrui à un acte de faiblesse* (1). » Voici la liste de ces candidats telle que la section de sculpture la fait connaître : Lemaire, Rude, Seurre aîné, Simart, Jouffroy, Dantan aîné. Trois autres noms sont ajoutés d'office en séance plénière : Jaley, Despretz et Foyatier. Lemaire recueille dix-huit suffrages sur trente-deux bulletins; Rude en a dix; Foyatier un seul. Lemaire est élu. Pour rien au monde Rude ne s'exposerait désormais à pareille aventure !...

Il ne s'offrira plus au choix de la compagnie, soit ! mais on l'y présentera et Duret lui ménage, à cet endroit, une honorable surprise. C'est au mois de juillet 1852, un peu avant l'élection du successeur de Pradier. En tête de la liste des candidats, Rude figure, encore qu'il n'ait ni écrit un mot, ni fait un pas pour poser sa candidature. Plusieurs académiciens s'étonnent de cette dérogation aux usages constamment suivis. Alors

---

(1) Lettre publiée par M. H. Jouin : David d'Angers et ses relations littéraires.

Duret — la tradition le rapporte en toute vraisemblance, — fait valoir au nom de la section qu'une mesure exceptionnelle se légitime quand on se trouve en présence d'un exceptionnel mérite. Le principe admis et l'application acceptée, on dresse la liste des concurrents : Rude, Simart, Seurre aîné, Jouffroy et Jaley, complétée, suivant la coutume, en réunion générale et à simple titre d'encouragement, par les noms de Despretz, Dantan aîné, Cavelier, de Bay et Toussaint. La journée s'annonce bonne pour notre statuaire. Toutefois, au premier tour de scrutin, quinze voix vont à Simart, tandis qu'il n'en rallie que quatorze et que les six dernières se donnent à Seurre aîné. Le second tour rend l'espoir aux partisans de Rude : il monte à dix-sept suffrages ; Simart descend à quatorze et Seurre à quatre. Une voix de plus, au troisième tour, et la victoire est à lui. Quel vent souffle à cette minute ? Il n'y a plus que seize voix pour Rude et qu'une seule pour Seurre aîné, et l'heureux élu, c'est Simart (1).

Une lettre de Sophie Rude à Mme Moyne nous fait assister à cette déconvenue : « Tu as su, ma chère Cécile, ce qui vient de se passer à l'Institut. C'est d'autant plus curieux que Rude ne s'était pas même présenté. L'Académie des Beaux-Arts, sortant de ses règlements et de ses habitudes, le porte premier candidat ; Rude répond à cet honneur par les politesses d'usage entre gens bien élevés. Mais voilà qu'au grand étonnement de seize artistes, les premiers de l'Institut, dit-on, pour le talent et la loyauté, à l'étonnement

---

(1) Élection du 24 juillet 1852. Le détail des diverses élections où Rude a été candidat est emprunté aux procès-verbaux de l'Académie des Beaux-Arts. J'ai relevé aussi d'accidentels pointages de voix au *Moniteur universel*.

CALVAIRE, bronze (1848-1852). Église Saint Vincent-de-Paul, Paris.

tout aussi grand du public et même à l'indignation générale, on nomme M. Simart. Comme tout Paris s'est occupé et s'occupe encore de cette affaire, on veut savoir ce que c'est que le nouvel académicien. La réponse est : *Je n'en sais rien, je n'ai jamais rien vu de lui.* Tu dois penser que nous avons pris cette affaire comme toutes celles du même genre. Nous savons par expérience qu'il ne faut guère compter sur certaines choses entre les mains de certains hommes. Nous n'avions rien demandé ; nous sommes gros-Jean comme devant (1). »

Il est à peine utile de faire remarquer les exagérations d'un tel récit et l'artifice du détachement dont Mme Rude y fait parade. Au vrai, Paris ne s'est guère soucié de cet épisode, triste assurément, des mœurs académiques. Simart, pour n'être pas absolument illustre, n'est pas, non plus, absolument obscur. L'amertume d'une profonde et incurable désillusion perce à chaque ligne de la lettre qu'on vient de lire et c'est là le sentiment de Rude autant que de sa femme. Une dernière fois, le 11 décembre de cette même année 1852, le nom du maître paraît dans une bataille académique, pour l'attribution du fauteuil de Ramey fils. Seurre, Jaley, Jouffroy, Bonnassieux et de Bay sont mis avec lui sur les rangs, ainsi que Cavelier et Dantan aîné, candidats supplémentaires. Je n'ai découvert aucun pointage dans les journaux du temps. Je sais seulement que Seurre lui a été préféré et que Rude hausse en vain les épaules ; il ne se console pas.

« Que me veulent ces gens là ? dit-il à ses élèves. Je n'ai rien à démêler avec eux. Ils n'ont qu'à me laisser tranquille. Je vis avec la vérité ; ils vivent avec la con-

(1) Lettre communiquée par M. Bichot à Moyne, de Dijon.

vention. Nous ne nous entendons pas; nous ne sommes pas faits pour nous entendre. Je n'ai qu'à les plaindre ; je n'ai pas à leur en vouloir. » Nous ne nous trompons pas à ces charitables ironies : une blessure s'y va cachant. Admirons une fois de plus les illusions dont se paie notre misérable nature humaine! Le véhément, l'implacable ennemi de l'académisme, ne se tient pas du dépit de ne pouvoir être académicien!...

XXXIII

En mil huit cent quarante-huit.

D'inévitables digressions, provoquées par l'enchaînement des idées, nous ont, de nouveau, contraint d'anticiper sur l'ordre chronologique. Hâtons-nous d'y revenir. Au mois de février 1848, une révolution s'est faite, de laquelle ont, certainement, profité les artistes et qu'ils ont, presque tous, acceptée d'enthousiasme. Il est dans notre plan d'étudier l'œuvre de François Rude en ce nouvel état de choses, inspiré de principes qui lui sont chers. Les relations de la République de Février et du monde des arts valent bien, d'ailleurs, qu'on s'y appesantisse. L'histoire de nos mœurs, au XIXe siècle, n'a pas de chapitre plus singulier.

Nous n'avons pas vu que le personnel des ateliers, à de rares exceptions près, ait beaucoup sacrifié, sous le règne de Louis Philippe, à la politique active. Drolling le fils et les Scheffer ont trempé sans bruit dans le carbonarisme; le peintre Jeanron, assez inoffensif, appartient à la classe des tribuns d'estaminet; David d'Angers, comme Rude, manifeste ses sentiments républicains et ne se range pas au nombre des vrais militants. Si l'on sent, chez les artistes, des aspirations libérales, elles sont discrètes et de petit comité. On tient à vivre en paix avec le pouvoir, dispensateur des commandes, arbitre des récompenses; on ne laisse percer sa mauvaise humeur qu'à l'égard du jury de la Liste civile. Ce qui a fini par développer l'instinct de révolte parmi les sculpteurs et les peintres c'est à n'en pas douter, le continuel déni de justice du Salon. Aux approches de 1848, le mouvement réformiste, les récriminations sociales, formulées au dessert des banquets d'opposition, la revendication même du suffrage universel ne secouent pas leur indifférence. Ils en veulent à la Liste civile, non au ministère et à M. Guizot. Donner l'assaut à ce bourg pourri de l'art officiel qu'est l'exposition du Louvre, voilà leur vœu par excellence. Ce n'est qu'à la longue, à force de colères rentrées et de stériles protestations qu'ils se prennent à espérer d'un bouleversement général le coup de main dont ils ont besoin. Jeanron fait de ce point de vue son thème favori dans tous les colloques de circonstance. Un mois avant la chute de la monarchie, des conciliabules d'artistes et de critiques exaspérés ont lieu, régulièrement, à l'hôtel Pimodan, en plein quartier du Carrousel, chez le curieux et délicat Jules Boissard, peintre, poète et musicien, atteint de la maladie du dilettantisme, affolé de paradoxe et de raffinement (1). En un vieux salon de style Louis XIV, aux boiseries rehaussées d'or, à la corniche décorée de peintures mythologiques, nos discuteurs s'échauffent, assis sur des fauteuils et des canapés anciens couverts de tapisseries aux nuances passées, reproduisant des chasses d'Oudry ou de Desportes. Au-dessus de la cheminée en marbre séranco lin, un éléphant doré soutient une tour de guerre éventrée d'un cadran d'horloge à chiffres bleus. De ce noble milieu transformée en tabagie, partent des théo-

(1) Sur Jules Boissard, cf. Théophile Gautier : *Notice* en tête des Œuvres complètes de Baudelaire.

ries subversives touchant la démocratie et l'art et toute sorte de mots d'ordre à l'intention des camarades. Comment déloger l'oppressif jury de sa citadelle bastionnée ? En attendant qu'on y parvienne, on éveille des échos révolutionnaires, on se passionne à combiner des règlements pour les Salons futurs. Boissard, si spirituellement subtil, doit s'égayer, au dedans de soi, de toutes ces balivernes. Amusettes, ces levées de boucliers ! Distractions de vieux écoliers, ces complots aboutissant à des grimoires ! Nous savons déjà que les jurés de la quatrième classe de l'Institut vaquent, dès maintenant, à leur office, au nom du roi, en vue de la prochaine exposition. Pense-t-on que la faconde de Jeanron lui-même les puisse troubler sur leurs chaises curules ?... Eh bien, les sceptiques en seront, cette fois, pour leur scepticisme, démenti par les événements. La logique des faits s'exerce immédiatement partout d'une énergie pareille. Le roi plie bagage ; l'administration de la Liste civile est dispersée. A la porte, le jury en train de siéger au Louvre ! Tout le reste est connu. Le Salon ne dépendra que des artistes : il s'organisera aux Tuileries et les ateliers saluent la République avec transport.

Ce brusque changement de régime s'est accompli, pour ainsi dire, dans le temps que met un cavalier à tomber de cheval. Ouvrons nos fenêtres et regardons la rue : on n'a pas idée de l'étrangeté du spectacle. Blouses, guenilles, tuniques de la garde nationale, redingotes longues de bourgeois, se mêlent en des cortèges de victoire. Les barricades sont encore debout ; les fumées des fusillades se sont évanouies à peine ; il vient de se jouer une tragédie. Des passants braillent des chansons ; des enfants, dans les parages du Carrousel, traînent un buste de Louis-Philippe au bout d'une corde avec de grands éclats de rire ; on se heurte à des ivrognes armés jusqu'aux dents, exaltés ou goguenards, criant : « A l'Hôtel-de-Ville! » La bamboche suit la bataille ; une immense gouaillerie sort des pavés. A l'Hôtel-de-Ville, pendant ce temps, on s'attendrit aux incessants dithyrambes de Lamartine, célébrant sur tous les tons l'amour universel, l'humaine fraternité et les bienfaits d'une République qu'il a tout fait pour éloigner. Jamais événements ne se présentèrent avec des caractères simultanés plus déroutants et plus divers, terribles, pittoresques, grossiers, lyriques, ironiques. Les artistes, dont un fort petit nombre a fait le coup de feu, ne se tiennent pas d'aise devant cette allure fantaisiste de la Révolution. On a entendu, le 23 février, le romancier réaliste Champfleury, ameuter le peuple près du pont des Saint-Pères. Le même jour, Baudelaire s'est promené par les rues, une carabine sur l'épaule. Le lendemain, après le sac des Tuileries, Honoré de Balzac a trouvé moyen de s'introduire en la salle du trône dévastée et il y mène sa rêverie au milieu du tumulte, tandis que Mérimée et le comte Léon de Laborde, travestis en gardes nationaux, procèdent au sauvetage des objets d'art.

De toutes parts s'agitent des artistes. Le sculpteur Garraud, de Dijon, s'empare de la direction des Beaux-Arts en signifiant au directeur, l'honnête Cavé, qu'il ait à « f.... le camp à la minute ». Le 26, dans la cour du Louvre, paraît un homme de haute taille, solide et commun, les cheveux embroussaillés, la lèvre hérissée d'épaisses moustaches, en houppelande marron et le fusil au bras. C'est Jeanron, qui vient, militairement, prendre la place de M. de Cailleux à la tête des Musées. Comme on se défie des milices, on appelle des peintres, des sculpteurs, des graveurs, des architectes à protéger les galeries et on leur aménage un poste où ils boivent, fument, clabaudent, battent les cartes, dissertent, prophétisent, se disputent, se divertissent avec extravagance. Rien n'égale les journées de corps de garde pour l'incohérence des propos. « Dressons en trois jours l'inventaire des collections, propose le gros Ziégler. » — « Courons embrasser Lamartine à l'Hôtel-de-Ville, beugle Couture. » L'esthétique et la politique se confondent, du matin au soir, en des motions coquecigrues, pour la plus grande gloire de la liberté. En cette façon de carnaval, les nerfs, trop tendus, se détendent (1). On n'a, du reste, que de bonnes nouvelles à se communiquer. Le critique Thoré devient un personnage influent et son action ne peut être qu'heureuse. Le ministre de l'Intérieur, Ledru-Rollin, va reconstituer l'administration des Beaux-Arts suivant un esprit libéral. David d'Angers s'est vu confier la mairie de l'arrondissement de Saint Sulpice; il sera demain député du département du Maine-et-Loire. Les artistes, à l'avenir, défendront leurs droits sur tous les terrains. Il semble qu'un nouvel âge d'or se prépare.

La République, il faut le dire, ne néglige rien. Point de semaine où ne s'imprime au *Moniteur* quelque « Appel aux artistes », quelque projet pour l'enseignement, quelque rapport sur les moyens d'honorer l'Art à Paris ou en province. Désormais, l'État n'entend se réserver que la gestion matérielle des expositions. Dans tout jury, une part des jurés pourra être désignée par le gouvernement; il appartiendra aux intéressés de nom-

---

(1) Sur l'attitude des artistes en 1848, cf. Ph. de Chennevières, Souvenirs d'un directeur des Beaux-Arts, 3ᵉ partie : Le Louvre en 1848.

mer le plus grand nombre. Des privilèges sont accordés à l'Institut, mais restreints et contrebalancés : celui, par exemple, d'être représenté toujours dans les commissions importantes. Pour les commandes de travaux, le pouvoir, tout en maintenant son droit de les attribuer directement, annonce son intention de les donner le plus possible au concours. S'il charge Chenavard de décorer les murailles du Panthéon d'une immense suite de compositions résumant l'Histoire humaine(1), il met au concours une figure peinte et une figure sculptée de la République, une allégorie pour les coins des Monnaies, une figure emblématique à placer en tête des actes publics. Les littérateurs sont invités, en même temps, à élire deux d'entre eux pour siéger dans la commission officielle de souscription aux livres sur l'art. La sollicitude administrative doit s'étendre à tout.

D'autres raisons ajoutent à la popularité du nouveau régime auprès des artistes. Le désir d'apaisement qui est dans leurs âmes généreuses s'enchante aux discours modérés des hommes du gouvernement, à leurs constantes exhortations à la tolérance. Lamartine, inépuisable de belles harangues, entonne trois ou quatre fois par jour le cantique de la paix sociale. On n'a garde d'oublier les services rendus à la démocratie par les bonapartistes, ces alliés d'hier des républicains. Le 18 mars, un décret décide « qu'*un monument sera érigé au maréchal Ney, sur la place même où il a été fusillé* ». Les circonstances ne permettront pas de réaliser ce projet de si tôt : il n'importe! L'effet est produit. Le 19 mars, la ville de Bourbon-Vendée est au-

---

(1) Les cartons de Chenavard, jamais exécutés sur les murailles, appartiennent aujourd'hui au Musée de Lyon.

torisée, sur sa demande, à reprendre son nom de Napoléon-Vendée, lequel se recommande « de souvenirs glorieux ». Le 22 juillet, quand le statuaire Joseph Brun aura sommé l'Assemblée nationale de faire disparaître l'Arc de triomphe les deux groupes d'Etex, la *Résistance* ou *Mil huit cent quatorze* et la *Paix* ou *Mil huit cent quinze*, sous prétexte que l'un rappelle « *la défaite et la mort de nos frères à la voix des tyrans* » et l'autre « *une paix honteuse* », David d'Angers absoudra, du haut de la tribune, « l'écriture des faits accomplis ». Les mots de réconciliation, d'union, de fraternité sont dans toutes les bouches. C'est à la fraternité qu'on dédie de grandes fêtes populaires, d'un appareil tout classique, comme celle du 21 mai, dont Charles Blanc a conçu le décor : « Le centre du Champ-de-Mars sera marqué par une statue de la République française, de huit à dix mètres de hauteur, assise sur une large base régulière, disposée en gradins, sorte de forum en hémicycle où l'on accèdera par quatre escaliers. A l'entrée de ces escaliers, des lions de proportions colossales, surmontés d'un emblème de fraternité, porteront les armes de la ville de Paris et des principales villes de France. Les drapeaux des travailleurs seront réunis en un vaste et imposant faisceau autour du socle du monument, en sorte que la République se dressera au milieu de ce groupe, symbole de force, d'union et de travail (1). » Le soir d'une autre fête, au retour du feu d'artifice, on fait cortège à Ledru-Rollin jusqu'au ministère et, là, il ne peut s'empêcher de prononcer une allocution mystique et idyllique qui lui vaut d'interminables acclamations : « Tout à l'heure, dit-il, monté sur la plate-forme de

---

(1) *Moniteur officiel* du 26 avril 1848.

l'Arc de triomphe, je contemplais avec émotion, du haut de ce monument élevé à nos gloires, les grandes scènes déroulées sous nos regards. Tout à coup un ac-en-ciel a brillé ; j'ai senti mes paupières s'humecter à la vue de ce signe d'union et de concorde et j'ai cru y reconnaître une sanction divine de notre immortelle, de notre évangélique devise : *Fraternité*! (1) » Des effusions de bonne foi, des réjouissances pour faire diversion à des révoltes d'appétits, à des souffrances cachées et à des émeutes, telle est exactement la note de la période de 1848.

On pense bien que Rude partage les sentiments de ses amis, sinon tout à fait leurs ivresses. Sa nature équilibrée par l'âge répugne aux exagérations. C'est faiblesse, alors qu'on est vainqueur, de se griser de son triomphe. Il ne s'agit plus de mourir en combattant et en criant ; il s'agit de vivre en travaillant, de glorifier la République en des œuvres, en des actes, non en des bavardages et des chansons. Un deuil de famille, plein de douloureux ressouvenirs, rend encore le labeur plus nécessaire au maître, et plus doux le silence. Son beau-père, Louis Frémiet, est mort, à Mons, le 9 janvier dernier. De l'ouvrage, il en a tout autant qu'il en désire. L'État lui a commandé, naguère, une statue à laquelle nous viendrons bientôt : *Jeanne d'Arc écoutant ses Voix*. A la ville de Paris, il doit le *Calvaire*, destiné à l'église Saint-Vincent-de-Paul et que nous avons été amené à décrire, par avance, en regard de ses autres compositions religieuses. La ville de Dijon attend toujours de lui une figure en marbre pour son Musée : il médite à son intention *Hébé et l'Aigle de Jupiter*. Pour répondre à un désir d'Anatole

(1) *Moniteur officiel* du 23 avril 1848.

Devosge, l'idée d'un *Amour dominateur du monde* lui est venue. Quelque joie qu'il éprouve des récentes transformations politiques, il s'absorbe donc, plus fervent que jamais, dans la sculpture. Et voilà qu'à l'improviste, à la veille des élections générales, des Dijonnais le veulent avoir pour candidat. Son premier mouvement est de se récuser; mais on insiste, on lui fait un devoir de se laisser mettre en avant et, non sans appréhension, il rédige cette lettre d'acquiescement, insérée au numéro de début d'un journal créé à Dijon : la *République* :

Paris, 30 mars, 1848.

« *Amis! la proposition que vous me faites, au nom de mes compatriotes démocrates, m'honore autant qu'un républicain puisse être honoré, les circonstances sont telles que, pour charger un homme de si grands intérêts, il faut que cet homme ait toute votre confiance. Vous avez mis la vôtre en moi ; je vous en remercie. J'ai l'orgueil de dire que vous ne vous êtes pas trompé quant aux opinions politiques; mais cela suffit-il ? Si vous me dites : oui, je m'offre à vous sans réserve, corps et âme.*

« *Je crois qu'il est inutile de vous envoyer ma profession de foi puisque vous m'avez choisi. Je vous dirai seulement que je suis démocrate radical. Je n'ai jamais compris toutes ces mesures si élastiques, en politique surtout : je n'en veux pas. Toutefois, j'ai accepté avec admiration les bases fondées sur la tolérance, exposées par le gouvernement provisoire, après notre glorieuse Révolution.*

« *Je vous serre la main fraternellement.* — Rude (1). »

(1) Journal *La République*, de Dijon, n° 1, 12 avril.

Ce manifeste, très évasif sous sa nette apparence, ne semble pas avoir produit grande impression sur les électeurs. Toutes les confusions d'idées, déjà si souvent relevées et expliquées en Rude, s'y accusent à plein. Celui qui a donné, parallèlement, un monument à Bonaparte et un tombeau à Godefroi Cavaignac, rejette les nuances de politique indécises ou, d'après son bizarre qualificatif, *élastiques* ! Il se réclame, du même coup, de la démocratie radicale et de la tolérance ! On ne s'étonne pas que sa candidature soit médiocrement prise au sérieux. Au rapport du Dr Legrand, elle serait écartée définitivement sur l'intervention du préfet de la Côte-d'Or et par ce motif que « Rude n'est pas assez instruit ». En l'absence de documents positifs, une seule remarque est permise. La *République* a publié la déclaration de principes de l'artiste sans un mot de commentaire et pas un journal, ni dans le moment, ni par la suite, n'y fait la plus légère allusion. En serait-il ainsi pour l'entrée en ligne d'un candidat efficacement patronné par un groupe? Tout nous porte à croire qu'on a lancé un simple ballon d'essai.

L'une des typiques préoccupations des hommes de 1848 vise l'enseignement civique et l'organisation de belles solennités scolaires. Jean Reynaud, président de la haute commission des études scientifiques et littéraires, a tracé ainsi le programme des fêtes, appelées, pense-t-on, à frapper utilement les jeunes esprits : « Chaque école, précédée de sa bannière, viendra présenter des champions et tous, après avoir reçu des mains du ministre, non point une couronne, symbole d'une vanité que la République condamne, mais un rameau fleuri du printemps, préluderont à leurs disputes intellectuelles par un banquet de frères (1). »

(1) *Moniteur universel*, 22 avril.

Tout d'abord, doit avoir lieu la réunion des salles d'asile, au Panthéon. Au milieu d'une assemblée d'enfants, on juge bon qu'il soit érigé une République gigantesque et l'on en demande la figure décorative à François Rude. C'est déjà la fin de mai : le sculpteur n'a devant lui que quatre semaines. En un jour de verve, il a modelé une colossale tête de femme, coiffée du bonnet phrygien. Des ouvriers, sous sa direction, échafaudent une armature proportionnée qu'on garnit de plâtre ou qu'on drape d'étoffes de laine rigidifiées par un enduit. La déesse apparaît debout, tranquille, protectrice, étendant sa pique sur une ruche d'abeilles, emblème du travail. Est-ce très beau ? Nous ne voyons rien dans la donnée que d'assez commun ; mais le colosse n'est pas plutôt affermi sur son piédestal que les ateliers nationaux se soulèvent et que l'émeute gronde dans la rue. Aux coups de canon dont le Panthéon est la cible, la figure chancelle et s'écroule. Rude ne sera jamais même indemnisé de ses frais. Encore les néfastes journées de juin n'ont-elles détruit qu'une charpente habillée, une simulation vulgaire de statue. Elles eussent aussi bien anéanti un chef-d'œuvre. N'ont-elles pas fait couler le sang des hommes en ruisseaux ?...

C'est pourquoi le bon statuaire commence à se désabuser, non de ses convictions, ni de ses aspirations, mais de sa croyance au règne prochain de la justice et de la raison sur la terre. Depuis son retour de Belgique, on s'acharne toujours, sans avancer. Deux dynasties ont été renversées, la démocratie est maîtresse, tout s'est renouvelé, on s'agite encore, et l'on continue à souffrir. Les gens courent aux changements comme les malades se tournent fiévreusement d'un lit dans un autre avec la vaine espérance de trouver le repos. Que de loyaux efforts trompés! Quels avortements des plus généreuses initiatives! Les formes de gouvernement sont des façades plus ou moins somptueuses et bien ordonnées, derrière lesquelles s'abritent les immuables fatalités humaines. Notre faible nature s'épouvante à se ressaisir, éternellement, en face d'elle-même et de ses incurables misères, en toute condition imaginable, et se traîne sans cesse entre ses illusions et ses regrets. Nous avons entendu les doléances de Sophie Rude un peu après la chute de Charles X ; écoutons, maintenant, ses lamentations en pleine ère démocratique : « Les affaires publiques sont tellement embrouillées qu'on n'en saurait parler. Bien des gens qu'on aurait cru honnêtes se fourvoient, pour ne rien dire de plus. On a l'air de retourner à ce qu'on a renversé, et le pauvre peuple attend avec patience et, toujours, supporte ses maux avec courage, tandis que bien des riches égoïstes se désolent tout haut, à écœurer tout le monde, car ils ne manquent de rien, sinon de quelques superfluités. Honte à ceux qui oublient qu'à leurs côtés on manque de pain! Comment cela finira-t-il? Nul ne peut le savoir (1). »

Hélas! Cela ne finira pas : telle est l'implacable destinée sociale. Le vrai sage comprend seul les satisfactions théoriques et s'en peut contenter ; mais le définitif avènement de la République est lointain encore. Le prince Louis-Napoléon, élu député à la faveur de son nom et sous le couvert de ses déclarations républicaines, s'élève, à travers les crises renaissantes, au premier poste de l'État. A la distribution des récompenses, après le Salon de 1849, les artistes l'accueillent d'une

---

(1) Lettre à Mme Moyne sans date, mais, assurément, postérieure aux journées de juin.

froideur marquée. Pourtant, le sort est inéluctable : un second empire se proclamera bientôt, auquel se rallieront les lassitudes, les découragements de la plupart. A quoi bon prévoir ? A quoi bon résister ? Rude se réfugie dans le calme de son foyer et les joies de son art qui vivifie la matière. Sa nièce Martine, quand il revient de l'atelier, le réjouit de son espiègle jeunesse en lui réchauffant le cœur. Avec elle et Mme Rude, il s'en va, selon sa vieille habitude, se promener, par les beaux dimanches de soleil, du côté de la Bièvre. La campagne est si douce, si parfaitement étrangère aux troubles de nos passions ! Elle reverdit, elle refleurit, chaque hiver passé. Elle nous enveloppe de sa sérénité féconde... Et le vieux maître sent au plus vif de soi combien l'art est pareil à la terre inépuisable en sa germination. Par dessus nos déchirements, sa sève monte, ses fleurs s'ouvrent, ses fruits mûrissent !...

XXXIV

La Jeanne d'Arc du Luxembourg.

Au mois de novembre 1845, durant la passe difficile où il se débattait, il nous souvient que François Rude a dû au patronage de M. Guillaume Saunac, député de la Côte d'Or la commande d'une statue que nous allons lui voir exécuter. Une première démarche du membre de l'Assemblée est restée sans réponse. Le député, fort de sa situation dans la droite constitutionnelle, fait remettre au ministre de l'Intérieur une note ainsi conçue : « M. Saunac rappelle avec instance à M. le Ministre sa demande en faveur de M. Rude(1)... » On n'a rien à refuser aux représentants de la majorité. La recommandation tombe d'ailleurs, le mieux du monde, à l'heure où l'Administration avise à compléter la série de statues de femmes illustres entreprise pour la décoration des terrasses du Luxembourg. Au dernier Salon ont, justement paru, les figures de Marguerite de Provence, par Husson, de Marie de Médicis, par Cailhouet, d'Anne de Bretagne, par Debay, d'Anne d'Autriche, par Ramey. Ce n'est pas la faute des bureaux si ces médiocres ouvrages ont été quelque peu malmenés par la critique. D'autres statuaires, peut-être, seront plus heureux avec d'autres héroïnes. Puisque

---

(1) Les pièces officielles citées dans ce chapitre sont conservées aux Archives de la Direction des Beaux-Arts.

Le Maréchal Ney, bronze (1852-1853).
Place de l'Observatoire, Paris.

Rude sollicite une commande de l'État, on l'associera à cet ensemble décoratif. Le 4 novembre, l'arrêté ministériel est signé. Sept jours plus tard, on avertit l'artiste qu'il est chargé de sculpter en marbre, pour le jardin du Luxembourg, et moyennant un prix de douze mille francs, une figure non déterminée encore. Le directeur des Beaux-Arts ajoute même, en guise de conclusion, cette phrase éminemment comique à l'adresse du sculpteur de l'Arc de triomphe : « M. le Ministre aime à penser que vous apporterez à ce travail tous les soins nécessaires pour justifier la haute confiance de l'Administration. »

S'est-on mis d'accord tout de suite sur le sujet de *Jeanne d'Arc écoutant les Voix* ou a t on différé de s'entendre ? Je ne puis douter qu'on ait différé. Le moyen d'admettre, en effet, dans une sorte d'oubli administratif, que l'artiste ait fait passer, avant une commande si instamment provoquée, son *Réveil de Bonaparte*, son *Godefroi Cavaignac*, son *Gaspard Monge* ? Ce n'est que le 22 mars 1848 qu'il déclare son modèle en cours d'exécution en réclamant un premier acompte sur le prix convenu. Pour la première fois mention est faite de la donnée dans le Rapport de l'inspecteur général des Beaux-Arts, J. Garraud, écrit à cette occasion et grandement élogieux pour l'œuvre. Lorsqu'il s'agit d'attaquer le marbre, nouveaux retards. Le sculpteur a découvert, chez Derville, commissionnaire en pierre et marbre au quai Jemmapes, le bloc « blanc-clair » qui lui est indispensable. Plusieurs mois s'écouleront avant que les bureaux se décident à le faire livrer au praticien (1). Au bref, de

---

(1) Ce bloc, mesurant 2^m,66 de longueur, 1^m.15 de largeur et 0^m,90 d'épaisseur — soit 2^{mc},7531 — est vendu à l'État à raison

DE FOURCAUD.

délai en délai, nous voici au Salon de 1852, où la statue s'expose enfin et où on la juge.

On me pardonnera l'aridité de ces détails. Il est bon de se rendre compte des petites misères à travers lesquelles s'accomplit l'œuvre d'art. De l'instant joyeux où l'artiste a vu sa conception éclore comme une fleur, au jour où son rêve s'offre aux yeux de la foule, glorieusement incarné dans le marbre ou le bronze, de très longs mois, de lentes années se succèdent, aigrissant les hautes anxiétés de mille contrariétés exaspérantes. Le modèle a été pris et repris ; on le sent à son point ; on brûle de le réaliser pour les siècles. Le fondeur n'a pas reçu l'ordre d'allumer ses feux ; le marbrier n'est pas autorisé à fournir le bloc ; la somme d'argent attendue, essentielle à la continuation du travail n'est pas versée. On court au ministère ; les formalités se multiplient ; les employés sont négligents ; le temps se passe et l'on enrage. A force de tenacité, on a gain de cause : un chef de bureau feuillette le dossier et finit par tracer ces quatre mots sur un papier blanc : « Ancienne affaire à régulariser. » Alors tout se régularise. Mais pourquoi tant d'ajournements quand la vie est si courte et l'art si jaloux ?

Le témoignage des anciens élèves de Rude nous apprend que pas un de ses ouvrages ne lui a coûté de peine à l'égal de sa *Jeanne d'Arc*. Il n'avait point d'abord, attaché au sujet grande importance. En lisant l'histoire de la Pucelle, il s'est passionné. Qu'est ce que la Bonne lorraine ? Une obscure jeune fille, une naïve paysanne à qui des Voix mystérieuses ordonnent de s'armer en guerrier et de sauver son pays. Elle filait sa

---

de 800 francs le mètre cube : 2 202 fr. 50. Il est mis à la disposition de l'artiste le 31 janvier 1849.

laine, elle gardait ses moutons, elle vaquait aux soins du ménage, elle priait, elle chantait, lointaine et paisible, ignorant tout des orgueils du monde. Les Voix qui lui ont parlé en sa solitude lui ont mis au cœur tant de virilité, suggéré de telles éloquences qu'elle ira partout, plus forte que les plus forts, sa bannière au poing, entraînant les hommes au combat, relevant surnaturellement la « douce France ». Avec quelle puissance d'émotion ont dû retentir en elle les paroles divines, d'elle seule entendues ! Sa candeur de vierge en a tressailli de surprise avant qu'en ait vibré son âme héroïque. Comment exprimer cette indicible vocation ? A une certaine hauteur de vue, Jeanne d'Arc est plus qu'un personnage de nos annales ; c'est la propre figure de la Patrie se ressaisissant aux heures de détresse. Le sentiment profond de sa vitalité ranime ses énergies, dissipe ses désespoirs. François Rude voudrait ardemment traduire ces choses. Ni composition d'apparat, ni concession à l'élégie. La Jeanne dont il a le tourment, c'est la paysanne s'éveillant guerrière, quittant son labeur journalier parce que l'œuvre du salut s'impose, prête à redevenir paysanne, un jour. Par malheur, des influences romantiques lui faussent promptement sa donnée. Il s'embarrasse des soucis d'un pittoresque de bric à brac et tombe, sous prétexte de synthèse historique aux plus déroutantes inventions. Une seule idée se soutient énergiquement en lui : l'idée de la visionnaire. Pour le reste, il s'éloigne si complètement de l'idéal populaire qu'il ne songe même pas à se rapprocher de l'humble rusticité d'un type de « pastoure ». Le type vivant dont il s'aidera le plus ne sera pas autre, en effet, que celui de sa nièce, la blonde et peu rustique Martine Van der Haert.

La jeune fille, en casaque lacée, sa longue robe retroussée sur sa cuisse gauche par un cordon auquel son chapelet s'emmêle, se tient debout à nos yeux. Un premier appel l'a troublée ; elle a fait un pas comme pour se reprendre et, brusquement, irrésistiblement, elle a été immobilisée à sa place. Tout à l'heure, elle n'était pas sûre qu'on l'appelât ; maintenant elle est envahie par le mystère. Les Voix ont clamé ; des mots sacrés courent dans l'air ; sa tête se dresse d'un si soudain mouvement vers la droite que les cheveux, coupés en rond au dessous de la nuque et serrés autour du front par un mince cercle de métal, se rejettent tout de l'autre côté. La main droite, en même temps, se hausse presque au niveau de l'oreille, par un geste inconscient qui semble chercher à saisir les sons lointains. Où sont les êtres qui lui parlent, et quels sont-ils ? Elle n'en a cure. Ils lui parlent, elle les entend : cela suffit. Est-ce un miracle ? C'est à quoi elle ne pense guère : elle écoute, voilà tout. On sent au gonflement de la poitrine que le cœur se ralentit et se dilate et que la respiration est suspendue. Les lèvres se sont entr'ouvertes ; un léger frémissement élargit les narines ; il y a du vague aux regards ; la physionomie se concentre en un émoi sans égarement, sans épouvante. Elle ne voit rien ; elle ne raisonne pas ; elle appartient aux Voix ; elle est pénétrée d'un fluide inconnu. Jeanne se trouve déjà investie de sa mission ; la clairvoyance et la force se font en elle pour la remplir. Son pied gauche, sous la jupe qui se relève, apparaît symboliquement chaussé de fer ; les pièces de son armure sont amoncelées auprès d'elle et sa main gauche étendue se pose instinctivement sur le casque.

La statue s'apparente à celle du maréchal de Saxe par un certain ajustement de cadre militaire et au *Réveil de Bonaparte,* par la subtilité psychique. Elle est étrange, pleine de défauts, mais, à quelques égards, frappante et très neuve. Ce qu'on en peut dire pour l'éloge et pour le blâme, je le dirai plus loin. Mais n'oublions pas, présentement, que nous sommes au Salon de 1852 et commençons par nous informer de la première impression des critiques.

Cette impression est presque unanimement favorable — et même un peu mieux. Delécluze, au *Journal des Débats,* et Chassin, au *Nouveau Journal,* ne voient pas à l'Exposition un second morceau de ce mérite. Chassin fait ressortir à son point de vue, l'originalité du concept : « Jeanne d'Arc, ordinairement représentée la hache à la main, en amazone, en *Virago,* a été comprise par M. Rude d'une toute autre manière. Il en a fait une sainte, une Vierge. Il l'a placée debout, le corps droit, un bras sur son harnois de bataille, l'autre élevé comme celui d'une femme qui écoute attentivement un bruit vague, les Voix d'en haut. Pensée calme et mystique qui nous plaît. Peut-être l'intention est-elle un peu difficile à saisir ; mais, quand on a regardé quelques minutes, on s'imagine ainsi la Vierge de Vaucouleurs, l'héroïne d'Orléans, la victime de Rouen, et, au lieu d'une Pallas chrétienne et française, ce qui est commun, on a devant soi toute une légende, toute une époque de notre histoire, ce qui est réellement beau. »

Delécluze s'extasie devant « la beauté, la grandeur, l'individualité du visage » et ne peut assez louer « les formes souples, puissantes et virginales de ce corps entouré d'un simple vêtement qui obéit avec tant de grâces au mouvement de la figure». Dans la *Revue des Deux-Mondes.* Gustave Planche adresse à Rude ce singulier reproche d'avoir montré *avec trop de précision* la partie supérieure du corps, mais déclare la tête « vraiment héroïque », l'œuvre « sérieusement inspirée » et conclut par ce raccourci auquel on ne saurait souscrire : « Depuis le *Petit Pêcheur napolitain*, l'auteur n'a rien produit d'aussi digne d'attention. » Un autre critique, J.-J. Arnoux, juge l'action réelle et saisissante : « Jamais, dit-il, on n'a écrit d'une façon plus lisible cette sorte d'inspiration que l'imagination prête à Jeanne d'Arc, écoutant les ordres du Dieu qui la suscite. » Le statuaire Louis Auvray fait ressortir les difficultés du sujet et vante le geste du bras droit qui complète si bien l'expression de la face, tandis que l'allure du corps et le mouvement de la main gauche indiquent que la prédestinée « va revêtir l'armure et voler au combat ». Des doutes sont venus, au contraire, à Maxime Du Camp sur la qualité plastique du thème. La statue de Rude lui paraît fort belle, encore que le visage soit « commun », mais il n'admet pas qu'une « attitude suspensive, une déformation de traits, puissent traduire ce phénomène tout intérieur qui est l'inspiration ». Le maître, à son avis, a posé un problème que son œuvre, en dépit d'une rare valeur technique, « permet de résoudre contre lui ». Personne, au surplus, ne méconnaît la force d'une exécution poussée jusqu'à la sensation de la vie. En toutes les appréciations se répètent des mots de ce genre : richesse du modelé, chairs palpitantes, draperies superbes, délicatesse exquise des mains... C'est une rumeur d'universelle louange, telle que n'en a provoqué, jusqu'à ce jour, aucune des œuvres du statuaire. Un seul publiciste fait dissonance dans le concert en taxant la trop fêtée *Jeanne d'Arc* de « laide figure qui semble gauchement jouer à la balle ». Cet écrivain nourri d'atticisme étudie le Salon de 1852 à la *Gazette de France* et se nomme Thénot (1).

Ainsi le marbre de François Rude a été brillamment salué à son apparition. Commandé pour l'ornement des jardins du Luxembourg, il y est demeuré longtemps exposé aux intempéries. Maintenant le musée du Louvre le possède ; mais à l'admiration de jadis, a succédé une extrême froideur. Je n'ai pas dissimulé la bizarrerie de l'aspect. Il faut passer outre au démodé et au guindé des détails de mise en scène pour envisager l'essentiel caractère. Le *Bonaparte* de Fixin nous fait assister à la transfiguration d'un mort en qui descend le souffle sacré. La *Jeanne d'Arc* échappe aux inventions arbitraires et nous fait assister à la réelle et instantanée transformation d'une créature hallucinée. C'est la première fois qu'un sculpteur a tâché à rendre un état tout ensemble violent et flottant de l'âme humaine, motivé par la souveraine exaltation des puissances nerveuses. D'une poignante vérité physiologique Rude tire une poésie intense, dédoublant pour ainsi dire, l'être transfiguré. Pourquoi faut-il que l'artiste, en cette figure qu'illumine un rayon du génie le plus moderne, ait poussé plus loin l'ingéniosité des sous-entendus et subi, en même temps, la mode des illusions de « couleur locale » du romantisme ?

Ce qui est émouvant, c'est le drame intime exprimé par la physionomie, par le geste, par les multiples signes de l'extase visionnaire, grandement observés, minutieusement et fermement rendus. Ce qui est excessif, c'est la prétention du sculpteur de nous faire comprendre, non pas simplement le phénomène intérieur qui, positivement transparaît, mais encore la transfor-

(1) *Gazette de France* du 8 juin 1852.

mation de la bergère en guerrière. N'y a-t-il pas, par exemple, une insigne puérilité à nous montrer son pied et sa jambe revêtus de fer sous sa jupe savamment drapée? Pour le faux goût de l'époque, je l'aperçois dans le choix du type, dans le composite de l'ajustement et la disposition des accessoires. Rude, en fait, n'a pas évoqué une paysanne : il nous présente une romantique *damoiselle* aux traits délicats visiblement inspirés de ceux de sa nièce, aux mains effilées, à la chevelure ondée, coquettement entretenue et ceinte d'un léger cercle d'or ! L'ajustement lui-même a été conçu d'après une toilette de Martine : corsage lacé sur la poitrine, chemisette froncée montant jusqu'aux clavicules et là, strictement coupée en rond. Est-elle d'une pastoure, aussi, cette jupe longue, avec son beau retroussis sur une seule hanche? La rusticité n'est pour rien ici. Rude a cru prendre le chemin de Domremy ; il a été ingénument la dupe d'un mirage théâtral. Au magasin des accessoires, fréquenté des peintres « moyen-âgeux » il a même emprunté cette pyramide de pièces d'armes, surmontée d'un casque au panache frisé, digne de certaines illustrations de son compatriote Lécurieux dans l'*Histoire des ducs de Bourgogne*. Et voilà quels éléments factices, quasi surannés dès le principe, nous gâtent cette œuvre si neuve en soi, si humaine, si française, où luit, je le répète, un éclair de génie (1).

(1) Les douze mille francs du prix convenu pour la *Jeanne d'Arc* ont été payés à Rude en cinq termes : un acompte de 3 000 francs en vertu d'un arrêté du 8 juin 1848 ; trois acomptes de 2 000 francs, en vertu d'arrêtés du 8 décembre 1849, du 15 juin 1850 et du 14 septembre 1851 ; enfin le solde de 3 000 francs, en vertu d'un arrêté du 8 mars 1852. (Archives de la Direction des Beaux-Arts.)

XXXV

La statue du général Bertrand, à Châteauroux.

« Rude travaille en ce moment à la statue du général Bertrand. Ce sera un bel ouvrage, intéressant et poétique comme tout ce qu'il fait. » C'est Mme Rude qui donne cette nouvelle à Cécile Moyne, huit jours avant l'ouverture du Salon de 1852, où paraissent le *Calvaire* de Saint-Vincent de Paul et la *Jeanne d'Arc* (1). La statue a été commandée, il y a trois ans, par la ville de Châteauroux, en des circonstances inattendues. Rude, selon sa méthode, a longuement cherché sa composition et arrêté ses pensées sans en rien dire. Quand on le voit ébaucher, dans son atelier, une figure imposante, d'allure monumentale, de mouvement énigmatique, ses amis s'étonnent, ayant ignoré jusqu'à la commande. Voici donc ce qui est advenu.

Le général Henri-Gatien Bertrand, comte de l'Empire, aide de camp de l'Empereur, grand maréchal de son palais, compagnon de ses deux exils, confident de ses souvenirs et témoin de son agonie, avait reçu de ses mains son épée et son testament pour les porter en France. A son retour de Sainte-Hélène, sa mission remplie, il élut domicile en sa ville natale, Châteauroux, d'où ses compatriotes, fiers de son rayon de

(1) Lettre du 25 mars 1852.

gloire dans l'éblouissante épopée, honorant surtout en lui la fidélité au malheur, l'envoyèrent siéger en leur nom, à partir de 1831, aux Assemblées législatives (1). Lorsqu'il mourut, au mois de janvier 1844, le colonel Bricqueville soumit aux Chambres la proposition de lui accorder une tombe aux Invalides — vœu qui devait se réaliser trois années plus tard, en vertu d'un décret royal — et, tout ensemble, les habitants de l'Indre résolurent d'ériger sa statue dans leur chef-lieu. Des sommes considérables tombèrent aussitôt dans la caisse du comité chargé de recueillir les souscriptions et qui accepta, dès l'abord, les offres du statuaire Marochetti. Mal lui en prit, car l'œuvre improvisée fut jugée peu ressemblante et, finalement, dut être refusée. L'artiste protesta, suscita mille difficultés. On avait fait marché avec lui pour trente mille francs. Le frère du général, Bertrand-Boislarge, soucieux de dérober une mémoire vénérable à ces aigres querelles et d'écarter l'image déplaisante, parvint à tout aplanir en achetant personnellement la statue et la relégua dans son parc, au château de Touvent, en Berry, aujourd'hui propriété des archevêques de Bourges (2).

(1) Henri-Gatien Bertrand, général du génie, député de l'Indre en 1831, est né à Châteauroux, le 22 mars 1773 ; il y est mort le 31 janvier 1844. La translation de ses restes aux Invalides a eu lieu en 1847.

(2) Documents conservés à la mairie de Châteauroux ou communiqués obligeamment par M. Eugène Dugourd. Un double comité de souscription nationale a été formé sous la présidence honoraire du maréchal Gérard et sous les auspices du prince de Joinville « premier souscripteur ». La section de Paris comprend, en majeure partie, des officiers généraux ; celle de Châteauroux, des notables, fonctionnaires et membres du Conseil général de l'Indre, etc., présidés par le préfet, Ferdinand Leroy. Par délibération du 9 mars 1844, la Municipalité vote une participation de 6 000 francs. Même somme pour la contribution de l'État. Le chiffre total où s'est élevée la souscription nous est inconnu. L'ac-

Cependant il faut choisir un nouveau sculpteur. C'est toujours grande affaire, pour un Comité, de fixer ses préférences ; à plus forte raison, au lendemain d'un mécompte. Le nom de Rude met tout le monde d'accord. On est en 1849. Le maître a signé le fameux *Bonaparte* de Fixin ; nul n'est mieux désigné pour faire revivre le plus dévoué serviteur de Napoléon. Je n'ai pu découvrir les conditions pécuniaires qui lui sont faites ; mais rien n'autorise à supposer qu'on ait rabattu pour lui des trente mille francs promis à Marochetti. Au résultat, le modèle achevé est livré, dans l'été 1852, aux fondeurs Eck et Durand chargés de le couler en bronze. Au printemps de l'année suivante, la statue est exposée quelques jours, au milieu de la cour du Louvre, par spéciale faveur. Pas un témoignage ne nous est resté, par malheur, touchant l'effet de l'œuvre. L'inauguration n'a lieu, à Châteauroux, que le 2 juillet 1854. Inutile d'ajouter que la ville, à cette

cusé de réception à Marochetti de sa lettre de proposition est du 14 décembre 1844. Diverses lettres de 1844, 1845 et 1846 font mention de la commande et du prix stipulé de trente mille francs, bas-reliefs du piédestal compris. L'examen du projet par la commission de Châteauroux a eu lieu le 17 octobre 1845. Une sous-commission est chargée, à la fin de l'année suivante, d'aller à Paris inspecter l'ouvrage à peu à peu terminé ; son Rapport, concluant au refus, a été déposé le 14 février 1847. Le 8 janvier 1850, le préfet de l'Indre informe le Comité que Marochetti s'est désisté de ses prétentions et qu'il va falloir désigner un autre artiste, et c'est le 10 avril de la même année qu'on traite définitivement avec Rude. Celui-ci, ayant terminé son modèle le 18 mai 1852 et l'ayant soumis à l'approbation de la famille Bertrand, convoque les commissaires dans son atelier avant le 1er juin, jour où son plâtre sera remis au fondeur. — La statue de Marochetti, érigée à Touvent, représente le héros en tenue de campagne de général de division, bottes, culotte courte, habit à la française ; nu tête, la main gauche appuyée sur son épée, la droite tenant un rouleau de papier en partie déroulé, posé sur un tronc d'arbre. On lit sur le socle : « *Marochetti, sculpt,,* 1845, *fondu par Eck et Durand,* 1846. »

occasion, est toute en joie. On voit d'ici les pavoisements, la réunion des autorités civiles et militaires, la multitude poussant des acclamations. L'empereur Napoléon III est représenté par le comte de Montebello; le ministre de la guerre par le général Schramm. Parmi les invités officiels, les yeux cherchent en vain l'illustre statuaire : Rude, retenu à Paris par sa santé et ses travaux, a prié qu'on l'excusât. Il y a des discours et des fanfares, des salves d'artillerie et des acclamations. Le soir, banquet, feu d'artifice, danses populaires : on n'a rien omis. Cette journée a coûté au Conseil de ville dix mille francs sonnants, inscrits à son budget (1).

Laissons se dissiper la foule et approchons de la statue. A l'extrémité d'une allée d'arbres, dite l'avenue de Déols, est une sorte de tribune, élevée de trois marches et ceinte d'une grille, dominant comme un promontoire, la petite place Sainte-Hélène, formée par la rencontre de deux rues en contrebas. Au fond se dresse un vieux corps d'église, triste et noir, auprès d'une construction banale, servant de caserne à la gendarmerie. A gauche, un mur d'enclos, verdi de mousse, percé d'une porte basse, masque un très vaste et très ancien hôtel au pignon aigu. Pour compléter le décor, quelques maisons grises, d'humble apparence, — plusieurs composées seulement d'un rez-de-chaussée. C'est un lieu de silence, un asile morne, qui sent la province lointaine. Le bronze du général Bertrand se silhouette devant nous en cette mélancolie.

François Rude, en ses constantes réflexions, en est venu à se formuler une large théorie de la statuaire

---

(1) Délibération du 10 juin 1854. Voir aussi, sur la fête de l'inauguration, les journaux de l'Indre (juillet 1854).

iconique. A son avis, un sculpteur commis à dresser en pied un personnage d'histoire manque à sa vraie tâche s'il en fixe la ressemblance dans une attitude convenue. On attend de lui qu'il l'évoque dans une action définie, à la fois réelle et symbolique, synthétisant sa vie et son âme, faisant saillir d'un coup les qualités pour lesquelles on l'admire et comment on le doit juger. Ce qui l'a frappé par dessus tout chez le général Bertrand, ce n'est pas son talent militaire : c'est l'inaltérable fidélité de son cœur. Quel moyen a-t-il trouvé d'extérioriser cette pensée par les ressources de la plastique? Il a figuré son héros au moment où il débarque en France, après la mort de Napoléon, l'épée d'Austerlitz et les dernières volontés du maître dans les mains. Le navire qui vient de l'apporter nous laisse voir un nom et une date inscrits sur son bordage : « *Sainte-Hélène*, 1824 », et la borne à laquelle il s'amarre est gravée de ce seul mot : « France ». Il n'en faut pas plus pour préciser le souvenir.

Maigre, de haute taille, la physionomie empreinte de religieuse tristesse, le général s'avance vers nous sur la frêle planche qui lui sert de passerelle et qu'il fait ployer en marchant. Son pied gauche a déjà touché le sol : il ne semble pas en avoir conscience. L'épée du capitaine, à demi enveloppée d'une écharpe de ceinture, pose sur ses deux mains étendues comme sur un coussin et, de sa main gauche, par surcroît, il tient la feuille de papier déroulée du testament impérial. Ses yeux s'absorbent en une contemplation attendrie de telles reliques. La pitié se mêle au fond de son âme martiale, au regret incessant, au sentiment de l'irréparable malheur. C'est la fin du long devoir courageusement accepté, doucement accompli.

Le costume est celui des généraux de l'Empire :

habit brodé ouvrant sur un gilet échancré du bas en triangle, culottes serrées, bottes montant jusqu'aux genoux. Les vêtements faits à la particularité du corps, ne se creusent ou ne se brident que de plis simples, sans affectation de pittoresque. Même lorsqu'il doit habiller ses figures, Rude les prépare toujours, suivant l'usage, à l'état de nudité, pour ne rien livrer au hasard (1). Le détail, ainsi s'incorpore à l'ensemble au profit de l'intime unité. Un seul pan de draperie, au bronze de Châteauroux, trahit l'artificiel arrangement : à savoir, le grand manteau jeté sur l'épaule gauche et recouvrant à moitié l'emblématique navire. J'ai déjà signalé un pareil manteau « à la Cartellier », à Beaune, sur l'épaule de Gaspard Monge et je n'ai pu regarder sans une sorte de crainte la lourde cape, prête à tomber. Ces draperies qui n'ont d'autre but que d'amplifier les lignes d'un ensemble devraient être exactement posées et naturelles. Si elles jouent un rôle trop exclusivement décoratif et semblent, en outre, gêner le personnage, elles arrivent, par la force des choses, à gêner le regard du spectateur.

Non plus que pour la statue de Monge, nous ne reprocherons au statuaire d'avoir trop demandé, pour celle de Bertrand, à l'intelligence publique. On ne saurait la bien comprendre, il est vrai, sans être au courant de l'événement qu'elle commémore, mais nul n'est censé ignorer l'histoire de son siècle et c'est le moins qu'on fasse allusion aux épisodes à caractère en des monuments consacrés à leurs héros. L'artiste n'excède son droit, à cet égard, que s'il glisse aux spécu-

---

(1) Nous avons, sur ce point, les témoignages des élèves de Rude et un Rapport d'inspecteur des Beaux-Arts qu'on retrouvera plus loin, attestant qu'il a vu la statue du maréchal Ney, dans l'atelier de la rue d'Enfer, à l'état d'*académie nue*.

lations intellectuelles où la plastique n'a que faire. Ici, moyennant une brève explication initiale, tout est clair Nous avons devant nous le débarquement du général apportant de Sainte-Hélène son dépôt sacré. Le fait même du débarquement se spécifie par l'indication schématique du navire, par ses amarres et sa passerelle volante, par les deux mots inscrits : *Sainte-Hélène — France*. Le lieu de la scène déterminé, la pure plasticité garde ses droits intacts et les fait valoir. Une critique méticuleuse conduit à remarquer que la figure, marchant sur un plan légèrement incliné en avant, a l'air de manquer d'aplomb et que, sous un certain profil, le lourd manteau, déployé à gauche, déjette l'allure au lieu de l'assurer. On s'étonne, d'autre part, de la forme par trop conventionnelle et classique du vaisseau, en si complète opposition avec le réalisme de tout ce qui l'entoure. A quoi bon ce gros câble tressé, comme moulé sur nature, pour retenir ce bateau mesquinement fictif? Mais ces défauts s'effacent dans la fière et touchante solennité de l'expression. La statue du général Bertrand est une sculpture historique d'une ferme originalité, marquée du sceau héroïque, étrangère aux esthétiques du passé, totalement française (1).

(1) La statue de Châteauroux mesure trois mètres de hauteur. Aux quatre faces du piédestal, en marbre blanc veiné, donné par l'État, des inscriptions reproduisent les états de service du général Bertrand et deux lignes détachées, à la base, constatent que l'œuvre du Comité a duré de 1846 à 1853.

XXXVI

La statue du maréchal Ney, à Paris.

A peine venait-il d'achever le modèle du bronze de Châteauroux, en 1852, que Rude eut à s'occuper d'une autre statue d'histoire dont il avouait avoir rêvé dès longtemps : la statue du maréchal Ney. J'ai dit plus haut, à propos des entretiens du sculpteur avec Dupin aîné, tandis qu'il modelait son buste, que dès ce moment, le désir de l'œuvre a dû fermenter en son esprit. Il était certain que l'on dresserait, tôt ou tard, un monument d'expiation au malheureux prince de la Moskowa, victime de circonstances fatales desquelles on ne fit pas compte et jugé au nom de la politique. Le sort voulait que les persévérantes réclamations de l'opinion publique en faveur de la mémoire du condamné de 1815 eussent au moins cet aboutissement (1).

L'exécution de Michel Ney avait causé en France, une indignation profonde, une populaire douleur, un inexprimable deuil militaire. Norvins a écrit avec justesse : « Toute l'armée prit pour elle le coup qui avait frappé son héros. » Néanmoins, tant que dura la Restauration, la force et la discipline continrent l'explosion des colères. Il faut arriver jusqu'à la Révolution

---

(1) Michel Ney, duc d'Elchingen, prince de la Moskowa, maréchal de France, né à Sarrelouis, aujourd'hui en Prusse Rhénane le 10 janvier 1769, fusillé à Paris, le 7 décembre 1815.

de 1830 pour voir traduire en actes ce mouvement qui courait partout pour la réhabilitation du maréchal. Le 12 novembre 1831, on discutait à la Chambre, une pétition des habitants de la Moselle, ses quasi compatriotes, demandant que ses restes fussent transférés au Panthéon et qu'il lui fût érigé un monument aux frais de l'État. « Ce n'est pas un tel honneur qu'exige avant tout, la mémoire du maréchal, s'écriait Dupin : c'est la révision du procès, l'annulation de l'injuste et illégal jugement qui le flétrit encore. On a violé, contre Ney, la lettre formelle d'un traité stipulant l'amnistie générale ; on a entravé la liberté de la défense... » La Chambre votait le renvoi de la question au Conseil des ministres, immédiatement, sans restriction (1). Comme pour sanctionner ce vote, le roi, huit jours après, élevait Joseph-Napoléon Ney, prince de la Moskowa, fils aîné du maréchal, à la dignité de pair de France (2), mais la maréchale veuve et ses quatre enfants, aspirant à une réparation plus directe, faisaient parvenir à Sa Majesté une requête solennelle en réhabilitation du mort. Cette requête, examinée en conseil royal, valait bientôt à la famille une réponse infiniment honorable, quoique concluant à une fin de non-recevoir et dont voici la substance : « Le gouvernement de Louis XVIII, en déférant à la justice le maréchal Ney, couvert par une convention en règle, a manqué à la foi jurée. La réhabilitation du condamné est acquise en fait. Malheureusement, les conditions particulières de notre législation ne permettent pas de lui donner une forme judiciaire. » Le jeune prince de la Moskowa s'efforçait en vain d'obtenir une plus effec-

---

(1) *Moniteur officiel* du 13 novembre 1831.
(2) Ordonnance royale du 19 novembre 1831, au *Moniteur*.

De Fourcaud.

tive satisfaction. Jusqu'en 1837, il refusait de s'asseoir aux bancs des Pairs, ne voulant disait-il, paraître au Luxembourg qu'après avoir gagné à jamais la cause de son père. Il ne passa outre à sa résolution que par la conscience qu'il lui serait plus aisé, dans l'Assemblée haute, de poursuivre sa tâche filiale et de rendre, en même temps, à l'ordre public, des services dignes de lui (1).

Passé 1831, nous voyons le nom du maréchal Ney mêlé, à plusieurs reprises, aux débats parlementaires, et la sympathie générale s'attacher à sa mémoire de plus en plus. En 1832 M. de Salverte propose à la Chambre d'ouvrir les caveaux du Panthéon à la dépouille de quelques hommes illustres ; Pagès requiert que Michel Ney soit compris dans le nombre. La proposition est retirée par son auteur, mais l'amendement de Pagès a été approuvé de tout le pays (2). Armand Carrel, cité devant la cour des Pairs, pousse ce cri : « L'exécution du maréchal Ney fut un abominable assassinat. » Le général Exelmans intervient au plus fort du tapage : « Oui, je suis de l'avis de M. Carrel : *l'exécution du maréchal Ney fut un abominable assassinat* (3). » Autre incident en 1846, encore à la Chambre des Pairs. Le duc Pasquier a fait allusion à la condamnation de Michel Ney et prononcé le mot de *dégradation* ; le prince de la Moskowa, absent de la séance, lui répond le lendemain, avec une véhé-

(1) Voir le texte de la *Requête* : Dupin aîné, *Réquisitoires*, t. III, à l'Appendice, et les explications présentées par le prince de la Moskowa, à l'Assemblée législative (séance du 18 juillet 1851).
(2) La proposition Salverte, déposée le 20 novembre 1831, est venue en discussion le 8 février suivant. Cf. *Archives parlementaires*, p. 360, Procès-verbaux, 3, p. 519, au Palais-Bourbon et *Moniteur officiel* du 9 février 1832.
(3) Cour des Pairs : procès d'Armand Carrel, au *Moniteur*.

mence indignée : « On a osé parler de *dégradation*. Ah ! les ennemis de mon père, Monsieur le duc, ont bien pu le tuer, mais le dégrader... jamais (1) ! » Désormais, il suffit d'évoquer devant une assemblée le drame de l'avenue de l'Observatoire pour soulever des orages. Quelle passion déchaînera Victor Hugo, par exemple, le jour où combattant un projet de la revision de la Constitution, en 1851, il lancera aux royalistes cette retentissante apostrophe : « Prenez garde au Luxembourg ; n'allez pas tous de ce côté, vous finiriez par y rencontrer le spectre du maréchal Ney (2). » Le procès, somme toute, est moralement, sinon légalement, en grande voie de cassation.

Mais ce n'est pas dans les seuls milieux politiques qu'on se souvient du « Brave des braves ». Dès 1837, lors de l'ouverture du Musée de l'Histoire de France au château de Versailles, on salue avec plaisir, dans la galerie des maréchaux, son portrait peint, par Langlois ; dans un des vestibules, un exemplaire en plâtre de son buste, sculpté par Houdon ; et, dans une des salles de l'Empire, le tableau très connu de Meynier qui le représente « remettant aux soldats du 76ᵉ régiment les drapeaux français retrouvés à l'arsenal d'Insprunck » (3). Le condamné de la Restauration est,

(1) Chambre des Pairs, séances des 19 et 20 juin 1846.
(2) Assemblée législative, séance du 17 juillet 1851.
(3) Donnons quelques détails sur les trois œuvres relatives au maréchal Ney, au Musée du Château de Versailles. Le portrait original de Langlois a été, de longue date, enlevé de la salle des maréchaux et remplacé par une médiocre copie, signée de Bataille, peintre et conservateur adjoint du Musée, mort en 1880. Le buste de Houdon, en plâtre, a été moulé sur le marbre exposé par le grand sculpteur au Salon de 1804 et qui se trouvait, en 1870, dans la salle des maréchaux, aux Tuileries. Pour le tableau de Meynier, souvent reproduit par la gravure, il fut peint en 1805 et parut, pour la première fois, au Salon de 1808. Il contient une

par là, réintégré d'office parmi nos gloires nationales. David d'Angers, de son côté, fait entrer la figure de Michel Ney dans la série de ses médaillons expiatoire (1) et livre au public une médaille à l'effigie laurée du héros et un médaillon ressuscitant la victime, la main sur son cœur en face du peloton d'exécution, en face de la longue civière. L'heure approche où l'idée d'un monument, émise naguère par les pétitionnaires de la Moselle sera officiellement reprise. C'est un vœu général si manifeste que, trois semaines après la révolution de février, le gouvernement provisoire y fait droit par un décret d'un laconisme saisissant, dépourvu de tout préliminaire : « Un monument sera élevé au maréchal Ney sur le lieu même où il a été fusillé (2). » Pas un mot de plus, et cela suffit.

Je me trompe : cela ne suffit point. Le *Moniteur officiel*, nous apprend que Lamartine, à l'occasion de ce décret, a reçu, à l'Hôtel-de-Ville, une députation de vétérans de la Grande Armée et d'habitants de Sarrelouis, ville natale du vainqueur d'Elchingen. En leur nom, le vieux colonel Deniset lit une adresse aux « Citoyens gouvernants » où s'implique la persistante énergie du sentiment des foules : « C'est vivement émus que d'anciens soldats de la République et de l'Empire viennent, avec des enfants de Sarrelouis, toujours restés nos frères par le cœur, vous apporter l'ex-

---

bonne figure du maréchal, qu'on a lieu de supposer exécutée d'après nature. Rude a certainement vu ces trois ouvrages.

(1) Cette série comporte les médailles des frères Bandiera, les patriotes italiens, des quatre sergents de La Rochelle, de Labédoyère, du maréchal Ney, des massacrés de Galicie et des frères Foucher. La médaille de Ney est de 1846. Cf. H. Jouin ; *David d'Angers et ses relations littéraires*, p. 265-67.

(2) Décret du 18 mars 1848, déjà cité.

pression de leur profonde reconnaissance, pour l'hommage que vous rendez au *Brave des braves... Il vous appartient de compléter la réhabilitation en signant un décret qui déclare à la France, à l'Europe entière, nul de toute nullité, dans son effet moral et politique, le jugement du 7 décembre 1815, comme inique et infâme.* » Lamartine répond à cette adresse par des fauxfuyants sonores et de belles phrases à la gloire de l'illustre soldat (1). Encore un coup, Michel Ney ne sera jamais réhabilité que par l'érection d'un bronze.

Il est de tradition qu'on a pensé tout de suite à confier l'œuvre au sculpteur de l'Arc de triomphe. Même un Rapport de Romieu, directeur des Beaux-Arts en 1852, l'affirme positivement (2). Bien que cette pièce soit postérieure de quatre ans à la décision du Gouvernement provisoire et que pas un document de 1848 ne témoigne du fait, je le tiens pour très vraisemblable. Il est possible aussi que le principe d'une statue du maréchal à l'instant de sa mort ait été, d'abord, adopté : rien n'est plus conforme à la pensée du décret. Seulement l'argent manque, les besoins s'accroissent, les crises se succèdent. On remet à des jours meilleurs la réalisation du dessein. De 1848 à 1850, personne ne s'y est plus attaché, en somme — hors le statuaire.

Le logis qu'il habite, rue d'Enfer, est tout voisin de l'avenue de l'Observatoire, à deux pas du coin sinistre où le condamné s'abattit. Sa songerie le ramène sou-

---

(1) 27 mars 1848. Cf. *Moniteur* du 28.
(2) Rapport de Romieu à M. de Persigny, ministre de l'Intérieur, en date du 25 mars 1852 : « Lorsqu'il fut question d'ériger le monument de 1848, il fut décidé que la statue du maréchal Ney serait en bronze *et que l'exécution en serait confiée à Rude, l'un de nos statuaires les plus distingués.* » (Archives de la Direction des Beaux-Arts.)

vent vers l'endroit tragique ; jamais il n'y passe sans se souvenir et, chaque fois qu'il se peut étendre, dans la conversation, sur l'horrible fin de Michel Ney, il est intarissable. Les moindres détails lui sont connus par les récits de Dupin. Son ami Etienne Arago l'a, de plus, accointé au concierge de l'Observatoire, l'un des rares témoins de l'exécution et qui a aidé à transporter le cadavre à l'Hospice de la Maternité. Il sait jusqu'aux minutes affreuses de l'épilogue ; il se passionne à évoquer l'ombre ensanglantée du vaillant homme. « S'il avait voulu être sauvé, dit-il, un moyen s'offrait à lui : Sarrelouis, sa ville d'origine, venant de nous être arrachée. Mais non ! Il entendait rester Français, fût-ce pour mourir. Quand les fusils s'abaissaient déjà pour le foudroyer, il cria : *Vive la France !* C'est un trait sublime — d'un sublime sans précédent... » A ses élèves, le maître raconte volontiers, et toujours d'une pareille émotion, la matinée suprême du *pauvre grand bonhomme* : « Ney, cette nuit-là, avait dormi tout habillé comme à la veille d'une bataille. A cinq heures, il était debout. On introduisait la maréchale avec ses quatre enfants et sa sœur, et les deux femmes poussaient des cris déchirants pendant que le maréchal, parfaitement calme en apparence, prenait les quatre enfants sur ses genoux, à tour de rôle, et leur donnait des conseils. Huit heures du matin... Allons ! c'est fini. Il faut mourir... Le Brave des braves est vêtu de sa grosse redingote de drap, d'une culotte noire, de bas de soie ; il se coiffe de son chapeau de feutre, tout tranquillement, comme s'il allait se promener, et s'avance de son pas ordinaire, oh ! sans aucun trouble, entre deux lignes de soldats qui ont honte... Une voiture de place l'attend là-bas, dans le jardin même. Où le conduit-on ? — Sans doute dans la plaine de Grenelle, où l'on a fusillé Labédoyère. — Pas du tout. A mi-chemin de l'Observatoire, la voiture s'arrête. C'est ici. Ney sursaute malgré lui et regarde... Ici où ailleurs, qu'importe? Le temps est froid, la terre est dure, il y a dans l'air une brume glacée. Personne aux environs. Deux trois passants paraissent et disparaissent, frileux, pressés. Le piquet de fantassins semble être venu là pour faire l'exercice. Cette voiture qui s'en va n'éveille pas de soupçons. Qui diable se douterait que l'on s'apprête à fusiller comme cela, un maréchal de la Grande Armée?... Voilà qu'il se dirige vers les exécuteurs, et les salue, aussi paisible, aussi simple que s'il eût été dans la cour de son hôtel. On veut lui bander les yeux... Ah! par exemple, il se révolte : « Oubliez-vous, Monsieur, que j'ai l'habitude depuis vingt-cinq ans, de regarder en face les boulets et les balles! » Au front du peloton, il dit, d'une voix qui ne tremble pas : « Je proteste devant Dieu, devant la Patrie, devant l'Europe, contre le jugement qui m'a condamné. J'en appelle à la postérité, aux hommes, à Dieu. Vive la France! » Là-dessus, les fusils s'arment avec un cliquetis et s'épaulent. Ney ôte son chapeau et se frappe la poitrine en criant : « Soldats, droit au cœur! » Trente coups partent dans un seul bruit. L'homme est tombé, la face contre terre. Vite, à grandes enjambées, les soldats se retirent ; on voit, à travers la brume, l'escouade se rapetisser, en masse noire. Encore dix minutes : plus rien... Silence complet. Le cadavre est apporté, sur un brancard, à la Maternité, où les médecins l'examinent et où les sœurs de charité l'entourent de prières, à genoux. Il a onze balles dans le corps, le pauvre maréchal : une au bras, une au cou, trois à la tête, six à la poitrine... Il en est tout criblé... Et dire que cela s'est fait en quelques secondes, à cinquante mètres de cette maison !... Dire qu'on a tué comme un chien un héros couvert de gloire et qui avait été si grand dans la retraite de Russie !... C'est à faire se dresser les cheveux (1) !... »

Hanté de ces violentes images, il n'est pas surprenant que Rude ait conçu une œuvre de deuil, de réparation amère. Peut-être a-t-il fait, dès cette époque, la légendaire esquisse décrite en ces termes par Charles Poisot : « Le maréchal s'y montrait en petite tenue militaire, le bonnet de police de l'Empire à ses pieds, la tête nue. Il allait commander le feu pour la dernière fois. Sa main gauche écartait la longue houppelande et le doigt étendu vers le cœur, indiquait la place aux balles (2). » En tout cas, lorsque, en 1850, le prince Louis Napoléon, président de la République, et son ministre de l'Intérieur, Ferdinand Barrot, jugent à propos de réveiller la question, le thème est acceptée d'office, probablement à l'instigation de Dupin, alors président de l'Assemblée législative. Barrot, dans son rapport au Chef de l'Etat, définit nettement, malgré des atténuations de langage, le caractère de l'œuvre d'expiation méditée par notre sculpteur : « Ce monument, en raison de son sujet même, doit être d'un aspect sévère et d'une grande simplicité. C'est bien l'esprit de la loi puisqu'elle a désigné, pour son emplacement, le lieu désert où le maréchal Ney reçut la mort, sans autres témoins que ses exécuteurs. Vous

(1) Ce récit m'a été fait isolément, mais en termes identiques, par Étienne Arago et par Guitton, s'efforçant l'un et l'autre de rendre jusqu'à la mimique de Rude. Il est, du reste, absolument conforme à l'histoire.
(2) Cette esquisse, dont on a si souvent parlé, appartenait au docteur Max. Legrand qui l'a léguée au musée de Dijon (1903). Voir, pour la description de Poisot *Mémoires de l'Académie de Dijon*, année 1857 : Notice sur François Rude.

n'avez pas voulu, Monsieur le Président, que le monument de celui que l'Empereur appelait le *Brave des braves* fût considéré comme la marque publique d'un irritant souvenir, mais seulement comme le signe d'une réhabilitation proclamée déjà par le cri de la conscience publique. Il fallait écrire quelque part l'expression de ce regret qu'avaient ressenti tant de cœurs, et il convenait de le faire à l'endroit même où le maréchal était tombé. *Le monument représentera le maréchal montrant sa poitrine et ouvrant son cœur à la mort...* (1). »

A la fin de ce document, revêtu de l'approbation présidentielle, le ministre annonce qu'il a jeté les yeux, pour l'accomplissement du projet, « sur un de nos plus grands statuaires ». Nul doute qu'il ne s'agisse de Rude, car je découvre, aux archives de la Direction des Beaux-Arts, un billet de l'artiste au directeur Romieu, en date du 16 avril 1850, où il est fait allusion à un entretien qu'ils ont eu ensemble touchant l'emplacement de la statue (2). Les choses, au demeurant, continuent à traîner. Diverses modifications sont, pourtant, à l'étude et l'on paraît incliner, peu à peu, à l'idée d'un bas relief où serait reconstituée la sanglante scène. Jusqu'au printemps de 1852, rien de plus. A ce moment, M. de Persigny, devenu ministre de l'Intérieur, fait, en feuilletant le dossier et en lisant le rap-

(1) *Moniteur officiel* du 20 février 1850.
(2) Ce billet, du 16 avril 1850, est un rendez-vous donné à Romieu, place de l'Observatoire, afin de s'entendre sur le choix du terrain que l'on pourra disposer « très facilement et à peu de frais » pour la statue. La première phrase indique sans ambages que Rude est, d'ores et déjà, le sculpteur choisi par l'administration : « *Monsieur le Directeur, depuis que j'ai eu l'honneur de vous voir, j'ai visité bien souvent l'emplacement que vous m'avez désigné pour y élever une statue à la mémoire du maréchal Ney.* »

port de Barrot, des remarques de conséquence. Le monument, tel qu'on l'a imaginé, venge la mort du maréchal sans glorifier sa carrière. C'est là pour lui une grave erreur. En outre, on a trop compté sur les ressources ordinaires affectées aux travaux d'art et de plus en plus insuffisantes. Il écrit donc au chef de l'État : « J'estime que le monument du maréchal Ney ne doit pas être considéré comme l'expression d'une réhabilitation tardive, mais qu'il doit être aussi une sorte d'hommage à la mémoire d'une de nos plus grandes gloires militaires. Il faut donc, tout en conservant à la composition le caractère simple et sévère arrêté dès le principe, lui donner une importance plus en rapport avec l'illustration du personnage et, à cet effet, remplacer le bas-relief de la mort du maréchal par une statue du prince de la Moskowa en costume militaire. C'est dans cette pensée que l'œuvre a été définitivement conçue. *Elle représente le héros sur un piédestal portant cette seule inscription :* « *A la mémoire du maréchal Ney* (1). »

Cette fois, l'impulsion est sérieuse. Un décret du 22 mars met à la disposition du ministre un crédit de 50 000 francs, dont 20 000 pour la statue et le reste pour le piédestal. Le 27 mai, Rude et Alphonse de Gisors, architecte du palais du Luxembourg, sont chargés, par arrêtés ministériels, l'un de l'architecture et de la construction, l'autre de l'exécution de la statue. Il est prescrit au sculpteur de figurer le maréchal en costume militaire, dans la proportion de 2^m,70 de hauteur, plinthe comprise, et de faire couler son modèle en bronze sur le prix alloué. Le maître, préparé

---

(1) Rapport de M. de Persigny au prince président, le 22 mars 1852.

depuis quelque temps, à l'abandon de ses premiers programmes, y renonce de bonne grâce. Voici son remerciement à M. de Persigny : « J'accepte sans réserve les conditions que vous m'imposez. Je ferai tout mon possible pour m'élever à la hauteur du sujet et mériter l'honneur que vous voulez bien me faire (1). »

Est-ce d'après la maquette initiale de Rude sur le thème nouveau que Gisors a dessiné la statue dont il surmonte son projet de socle, soumis, sur ces entrefaites, au Conseil des bâtiments civils? Il se peut, le grand artiste n'ayant jamais été l'homme du premier jet. Tête nue, le regard à gauche, le corps sur la jambe droite, la gauche avancée au bord de la plinthe, une main à la garde de l'épée, l'autre retombant le long de la cuisse et froissant le gant d'ordonnance : c'est un général quelconque. Le large ruban de la Légion d'honneur, coupant, en sautoir, les chamarrures du plastron, n'imprime pas à l'œuvre plus grand caractère que le vaste et pesant manteau déroulé de l'épaule gauche, — toujours le manteau de Monge et de Bertrand. Si Rude est l'auteur de cet arrangement, il n'a pas eu tort d'en chercher un autre. Mais il n'a pas tardé, par bonheur, à rencontrer l'inspiration. Les chroniques des batailles impériales retentissent du cri de Ney : *En avant! En avant!* C'est Ney fanatisant le soldat, le sabre au poing, clamant la charge, que Rude va tirer du bronze. Il ne rappellera point, comme il le voulait hier, l'outrage de sa mort : il résumera, dans une saisissante attitude, la gloire de sa vie.

Au mois d'octobre 1852, le modèle est fort avancé,

(1) Billet du 1ᵉʳ juin 1852. Ces divers documents appartiennent aux Archives de la Direction des beaux-arts, dossier du monument au maréchal Ney.

au moins comme dessous. Rude a, selon son droit, demandé un acompte; on envoie l'inspecteur des Beaux-Arts, J. Pasqualini, vérifier l'état de l'ouvrage : « *La statue, qui n'est encore qu'une terre glaise, est bien modelée,* écrit ce fonctionnaire au style peu châtié, *mais elle n'est pas encore costumée ; elle est entièrement nue. Ce travail consciencieux et savant est à peu près au tiers de son exécution.* » Le mois suivant, avertissement de Rude à l'administration que la figure achevée sera prochainement remise au fondeur. Il devient urgent d'obtenir de la commission municipale de Paris la concession d'un terrain circulaire de neuf mètres de circonférence et d'accélérer l'établissement du piédestal. Malgré les bonnes volontés, des lenteurs se produisent. Ce n'est que le 4 mars 1853 que la Ville de Paris concède la place; ce n'est que le 14 mai que l'architecte en peut prendre possession. Rude assiste en curieux à l'édification du massif où posera son bronze. Les ciseleurs d'Eck et Durand donnent la dernière façon à sa statue. Le 7 décembre, trente-huitième anniversaire de la mort de Ney, aura lieu l'inauguration. Déjà l'on arrive aux derniers jours de novembre. Sera-t-on prêt? Gisors se multiplie à stimuler le zèle des entrepreneurs. Enfin, le 4 décembre, voici le héros debout sur sa plate forme. Il reste à dresser des tribunes, à improviser les décorations de circonstance. Charpentiers et tapissiers, peintres et serruriers se hâtent ensemble. Au fond, une grande estrade officielle ; à droite, à gauche, deux autres plus petites, pour la famille et ses invités particuliers. Partout, des drapeaux, des banderoles. Ensemble l'architecte et le sculpteur, vaquent aux derniers préparatifs, au milieu des coups de marteau qui se répondent. Il est décidé que la cérémonie aura un caractère religieux.

Là-bas sera un chœur d'église, chantant le *De profundis,* et l'archevêque de Paris viendra donner l'absoute solennellement, au pied de la statue, environné d'un clergé nombreux. En cet autre point se tiendront les musiques militaires, dont les harmonies éclateront sitôt que le ministre de la Guerre aura fait apparaître le bronze, jusque-là voilé. Les orateurs prendront place devant le monument. Et ce sera pour François Rude une belle journée.

Elle a donc rejailli du sol même qui absorba le sang de la victime, la gloire du héros d'Elchingen. Hourrah pour le *Brave des braves*! C'est bien lui qui marche vers nous d'un pas résolu, brandissant son sabre de la main droite, empoignant, de la gauche, le fourreau qui battait sa cuisse. Les grandes bottes éperonnées plissent sur ses jambes; il a mis pied à terre pour conduire une attaque, et il va, il va, le bras haut, criant de tous ses poumons, foulant des canons démontés, des bois d'affûts brisés, sans rien voir. Telle est la vigueur de son élan que son épaulette ressaute en l'étirement furieux du bras droit, que sa dragonne fouette l'air, que les basques de son habit se soulèvent, que le pan de sa ceinture vole, que son grand cordon de la Légion d'honneur flotte à ses reins. Tout participe à la véhémence de l'action. Une vie farouche emporte cette figure et la pénètre de pied en cap. Sur la tête violemment levée, tournée du côté gauche, le chapeau à plumes se renverse, presque en bataille. Quelle animation dans ses traits! Quelle puissance dans son cri! Ce n'est pas en vain qu'on a parlé à Rude du « bras de Ney », du « cri de Ney ». Il nous a fait comprendre l'entraînante magie du geste. Il nous a fait, pour ainsi dire, entendre le formidable : *En avant!*

Je sais que cette bouche ouverte a souvent provoqué

des étonnements et des critiques. David d'Angers la blâme acerbement, et Proud'hon plus encore, dans son livre du *Principe de l'Art*. Le cri du génie de la Patrie, à l'Arc de triomphe, le cri du maréchal Ney se ruant à un assaut, au carrefour de l'Observatoire, ou plutôt, d'une acception générale, *le cri*, ce signe de la plus intense émotion humaine, serait absolument indigne de la statuaire... J'avoue ne pas bien saisir l'indignité. Reconnaissons, si l'on veut, que l'art calme, de force concentrée, est, en soi, l'art supérieur ; mais sera-t-il possible de tout y ramener? Devrons-nous éviter l'expression ardente des ardentes passions? Est-il indispensable de renier les débordants caractères de la vie moderne ? Les volontaires de Quatre-vingt douze, s'enrôlant pour la défense du pays en danger, n'étaient point de sang-froid et ne pouvaient pas l'être à l'heure de l'effervescence. Ney, jetant ses soldats contre l'ennemi comme une trombe humaine, ne pouvait se contenir. La bouche crie éperdûment parce que l'organisme entier se surmène et s'exalte. Comment supposer une pareille tension de muscles, une surexcitation semblable de tout le système nerveux, une si extraordinaire explosion de la volonté communicative sans que la gorge se dilate et que, bon gré, malgré, il s'en échappe des clameurs ou des râlements? Fermez les lèvres de bronze du maréchal, tout, dans son impérieuse allure, paraîtra grimaçant et artificiel. On ne s'abandonne pas à un tel effort pour faire passer son âme en d'autres âmes en restant muet comme un terme. Ce serait contradiction. Peu nous importe, au surplus, que l'antiquité ait voulu ses grandes figures plus pondérées, plus eurythmiques. Nous prenons les nôtres comme l'existence nous les fournit. Ni la Grèce, ni Rome n'ont connu les fièvres qui nous brûlent, et cet état d'embrasement intérieur où l'homme moderne aspire à se répandre en tous ceux qui l'entourent et les fait communier d'enthousiasme en sa propre action. Il appartient à chaque artiste de rendre, selon son art, toutes les conditions de la vie, qu'elles aient ou non des antécédents antiques.

Ce que le sculpteur doit sauvegarder en tout sujet, c'est la silhouette caractéristique. Or, la statue du maréchal Ney est, indéniablement, sculpturale au premier chef. Sous tous les profils les formes de détachent expressivement, sans confusion, quoique avec ensemble. Que si l'on vient à une minutieuse analyse, on est frappé de la significative perfection des moindres détails. Rien n'a été sacrifié à l'audace du mouvement; toutes les parties de l'œuvre sont traitées d'après l'observation, d'une magistrale franchise. C'est bien Michel Ney que nous avons sous les yeux, non point un comparse jouant son rôle. L'intimité de l'homme perce sous l'héroïque personnalité. Nous le sentons foncièrement spontané, enivré de fougue et de bravoure. Un profond maineur d'esprits gouverne jusqu'à ses excès. Ney s'élance sans calcul, par urgence intérieure de pousser en avant et besoin de s'extérioriser. Ses membres tressaillent, secoués par l'irrésistible activité nerveuse, et s'accusent sous les habits en se distendant. Dépouillez le de ses vêtements, son corps, étudié par Rude, n'a rien de classique, au sens convenu. On n'en ferait pas le corps d'un Achille ou d'un Ajax. La construction, la nervosité, l'agitation fiévreuse dénotent un type moderne. D'un seul mot, le maréchal est une force d'irruption, et non de conception. Il se précipite la tête haute comme ferait un autre tête baissée. Ses prévisions sont secondaires et ses déductions étroites. Il est plus grand soldat, au fond, que grand chef de guerre.

Mais le 7 décembre est arrivé. Par ordre supérieur, des ouvriers déploient devant le bronze, en manière de voile, un immense drap mortuaire de velours noir, coupé d'une large croix d'argent. Il sied que le deuil parle au début de cette cérémonie douloureuse avant d'être triomphale. Aux environs du carrefour de l'Observatoire se massent, au matin, des détachements de tous les corps de l'armée de Paris, comme pour les funérailles des maréchaux de France. Un pâle rayon traverse le brouillard d'hiver, — ce brouillard qui fut le premier linceul du condamné. De minute en minute, la foule s'épaissit; à midi, l'on a peine à dépasser le jardin du Luxembourg. On entend de loin la croissante rumeur, dominée par les cris des petits marchands de feuilles imprimées : « Achetez la vie et la mort du grand maréchal Ney ». Bientôt, dans l'enceinte réservée, les gradins se garnissent. Une heure sonne ; des vivats s'élèvent à distance, qui redoublent en se rapprochant; on salue le passage du prince Napoléon, représentant l'Empereur. Son Altesse, en uniforme de général de division, prend place dans la tribune centrale. Envisageons l'assistance : on n'aperçoit que croix et chamarres, personnages officiels en habit brodé, magistrats en robe rouge, militaires brillants d'or. Auprès du monument se tient, très entouré, visiblement ému, le prince de la Moskowa avec ses frères, le duc d'Elchingen et le colonel Edgard Ney et son neveu Michel, fils du duc d'Elchingen. Parmi les généraux se signalent Canrobert, Montebello, de Lourmel, Espinasse... Les ministres sont groupés avec le grand chancelier de la Légion d'honneur, le gouverneur des Invalides, les présidents des Chambres, les grands officiers de la Maison impériale, des diplomates français et étrangers... Cette délégation, portant une couronne

L'Amour dominateur du Monde, marbre (1848-1857). Musée de Dijon.

d'immortelles, acclamée au dehors, accueillie, à son entrée, d'un murmure de sympathie, est celle des habitants de Sarrelouis, toujours fidèles. Point de bruit : les conversations se font discrètes comme à l'église. Devant cette statue drapée en catafalque, le recueillement est naturel (1).

Un roulement de tambours, long et assourdi, annonce l'archevêque de Paris, Mgr Sibour, en chape noire, en mitre blanche, suivi d'un cortège de prêtres revêtus d'ornements de deuil. Les soldats, sur son chemin, présentent les armes. Tout le monde s'est levé. Le chœur sacré entonne le *De profundis*, le prélat psalmodie les saintes paroles de l'absoute. Au chant du verset : *Requiem æternam dona ei, Domine*, sanglotent, soudain, le prince de la Moskowa et ses frères, remués de tant de souvenirs. Ce n'est point ici, cependant, l'acte de réparation décisive qu'ils voudraient pour la mémoire de leur père. Ces prières ne sont que consolantes; ces hommages ne s'adressent qu'à l'héroïque soldat. On a rouvert sa tombe de condamné pour en faire sortir sa gloire, mais on n'a pas anéanti, avant de la refermer, la cruelle condamnation. Elle est dans son cercueil; elle y sera toujours.

Haussons-nous au-dessus des malentendus et des passions politiques, des thèses de parti et des sentiments populaires. Quand les ministres de Louis-Philippe ont argué de l'état de notre législation pour refuser à la maréchale et à ses enfants la révision du procès, ils ont pris un biais afin de ne pas tout dire. Quand Lamartine, au nom du Gouvernement provi-

---

(1) Sur l'inauguration, j'ai consulté les journaux de l'époque, les documents d'archives de la Direction des Beaux-Arts, la correspondance de Mme Rude, la lettre à Mme Moyne, du mois de janvier 1853, et tous les témoignages contemporains.

De Fourcaud.

soire, a décliné l'idée d'un décret cassant la sentence de la Cour des Pairs, il a laissé voir une impossibilité de réhabilitation formelle. Le procès de 1815, au point de vue du droit contingent et de l'équité, demeure entaché d'inexpiables vices : nul n'en disconvient. Par malheur, le fait matériel qui le remplit ne saurait être justifié en principe. Certes, Ney s'est trouvé, au retour de l'Empereur, en des circonstances inouïes. A-t-il agi par subit affolement, ou dans le but raisonné d'épargner à son pays la guerre civile? On s'attarderait inutilement à le rechercher ; mais, chargé par Louis XVIII de combattre le revenant de l'île d'Elbe, ayant accepté cette mission en termes non équivoques, il ne pouvait sans crime se rendre au conquérant à la première sommation, sans même essayer de lui faire obstacle. Que l'on invoque à son bénéfice l'atténuation des conjonctures, son manquement à sa parole n'en est pas moins réel et c'est ce qu'en aucun temps, sous aucun régime, on ne légitimera. La société doit réprouver les incorrections haineuses de la poursuite; elle doit déplorer très amèrement l'effroyable rigueur, pleine de rancune, dont on a usé vis-à-vis d'un héros ; mais il n'est pas en elle de laver la mémoire d'un maréchal de France d'une trop authentique trahison. Voilà pourquoi la réhabilitation plénière de Ney ne sera jamais prononcée. Les poignantes occurrences où il s'est brisé coupent court à nos indignations; le drapeau de sa mort lui vaut notre pitié; sa gloire éclatante fait oublier sa défaillance que, pourtant, elle n'efface pas. Tout ce qui a été écrit contre cette vérité n'est que déclamation pure. Ney glorieux a sa statue; Ney malheureux a eu la consolation d'une prière ; Ney coupable reste au tombeau.

C'est fini des chants et des psalmodies mortuaires.

Le drap noir tombe dont le monument se masquait ; l'homme de guerre surgit aux yeux, en la magnifique furie de son allure. Acclamations, fanfares, salves d'artillerie éclatent ensemble et tout le peuple, jusqu'au Luxembourg, y fait écho. De nouvelles sensations nous surviennent en même temps que nos pensées changent de cours. Où est le brouillard qui s'étendait au ciel, tout à l'heure, traversé d'un rayon si pâle? — Tandis que nous regardions la terre, un beau rayon l'a dissipé. Maintenant, le ciel se dore, les arbres défeuillés se découpent dans la lumière joyeuse et dessinent leur ombre sur le sol clair. Devant la statue, le maréchal Leroy de Saint-Arnaud, ministre de la Guerre, réclame le silence, son rouleau de papier à la main. En petites phrases courtes et hachées d'ordre du jour, il passe en revue les hauts-faits de Michel Ney. Va-t-il s'arrêter au moment terrible ? Point. Il tâche à pallier la faute, mais il l'avoue : « En présence des divisions de la Patrie, dit-il, l'âme du maréchal Ney se troubla comme s'étaient troublées, jadis, les âmes de Condé et de Turenne. Comme ces grands hommes, il a eu des torts; plus qu'eux il les a expiés. Aussi la postérité oubliera-t-elle sa faiblesse passagère et lui appliquera-t-elle le mot de Bossuet sur Condé : *Il parut alors avec ce je ne sais quoi d'achevé que les malheurs ajoutent aux grandes vertus...* »

Saint-Arnaud s'est tu ; Dupin se lève et parle à son tour. L'attention est profonde. C'est sur le terrain juridique que se place, d'abord, l'ancien avocat du maréchal. Non, le jugemement qui frappa le Brave des braves ne fut point juste. Pour rejeter les immunités qui le couvraient, pour avoir raison même de sa gloire, on ferma la bouche à ses défenseurs. L'illustre accusé protesta sur l'heure. Ses fils, une dernière fois, relèvent sa protestation à la face du ciel, sur le lieu de son supplice, au pied de sa statue. Par degré l'orateur s'échauffe : « Vous avez entendu le chef de l'armée vous rappeler, au nom du Gouvernement, les exploits du maréchal. Chacun de vous, en l'écoutant, s'est dit, au fond de son cœur : *Voilà, pourtant, le guerrier que la réaction a sacrifié ! Voilà le bras dont elle a privé la France !* Hélas! que ne s'est-on souvenu des belles paroles de Bossuet, que je joins à celles que vient de citer M. le ministre de la Guerre : *Tout est surmonté par la gloire de son nom et de ses actions immortelles...* Il était réservé au neveu de l'empereur de réparer l'outrage... Honneur aux hommes que l'on évoque ainsi de la tombe et qui se redressent devant la postérité, au milieu des cérémonies de la religion, aux acclamations de leurs concitoyens et, comme le maréchal Ney, *dans l'attitude du commandement!* »

Le vibrant discours s'accorde trop bien au sentiment de l'auditoire pour ne pas être ponctué et couronné d'unanimes applaudissements. Personne n'a nommé le vieux sculpteur, mais le bronze proclame son nom. Perdu dans un coin de tribune, il s'est senti tout inondé d'une mâle joie. Ce qu'il avait rêvé de faire, il l'a fait. Ce monument où revit le vainqueur d'Elchingen, le sauveur des derniers martyrs de la retraite de Russie, le soldat français par excellence, il l'a érigé de ses mains. A des idées qui lui sont chères il a donné, encore, cette consécration durable. A l'inerte matière, il a imposé, de nouveau, le sceau de notre humanité. D'autres sont des modeleurs d'apparences humaines, nues ou vêtues ; il communique, lui, à des formes de marbre ou de métal, vraiment faites à notre image, la vraie flamme de notre vie. Ce n'est pas uniquement par l'exactitude des costumes qu'il est moderne ; c'est par sa compréhension même de la réalité. Et, lorsque les troupes, avant de s'éloigner, défilent devant la statue, il lui semble que le maréchal Ney se ranime pour les guider lui-même, en ce carrefour funèbre où il commanda le feu de sa propre mort (1).

(1) La statue du maréchal Ney a été payée à Rude en trois versements : 2 000 francs en vertu d'un arrêté du 20 octobre 1852 ; 3 000 francs en vertu d'un arrêté du 13 septembre 1853, et 15 000 francs, pour solde de tout compte, le 18 décembre de la même année. Les frais du piédestal ont dépassé de 7 000 francs le devis total de Gisors. A cet excédent se sont ajoutés les frais de la cérémonie d'inauguration, supportés par l'État et s'élevant à 9 500 francs. La liquidation de toutes les dépenses a été faite au mois de mars 1854, sur un décret du 25 février autorisant un virement de fonds entre les crédits pour le tombeau de l'Empereur aux Invalides et pour le monument du maréchal, inscrits au budget de l'exercice de 1853. Le monument du carrefour de l'Observatoire a coûté, avec les honoraires de l'architecte et la fête inaugurative, 66,950 francs.

XXXVII

Le soir de la vie de Rude.

Ceux qui ont vu Rude vers sa soixante-huitième année se souviennent du merveilleux équilibre qui s'était fait en lui. Sa physionomie très douce, ses façons lentes, son parler grave, cette immense barbe blanche et soyeuse de Père éternel inondant sa poitrine, ce recueillement de joie intérieure reflété sur ses traits, le rendaient semblable à un patriarche assuré en la pleine possession de soi-même. L'effondrement de la République l'avait, un moment, affligé, mais la résurrection de l'Empire lui laissait le droit de penser que l'esprit révolutionnaire vivait toujours et il ne demandait, à vrai dire, qu'à conserver ses idées à l'écart. En s'apercevant que l'avènement de Napoléon III mettait les partis en des situations nouvelles, séparant les Bonapartistes des Républicains, si longtemps leurs alliés, et rapprochant, au contraire, les royalistes des irréductibles partisans de l'organisation républicaine, je ne sais quel scepticisme l'avait envahi. Il se consolait du spectacle de la politique par cette déclaration fréquemment répétée : « J'ai été, je suis, je reste un démocrate convaincu ; mais je suis un sculpteur et je fais de la sculpture. » Aucun inquiet désir ne le travaillait plus. Sa conscience ne lui reprochait rien et il n'aspirait plus qu'à terminer dignement sa carrière, loin du tapage, l'ébauchoir et le ciseau à la main.

Mais ce n'est pas seulement de sa philosophie ou de son art que lui vient cette sérénité suprême, non exempte d'une part de lassitude ; un fait d'ordre intime l'a, récemment, enveloppé de bonheur. Depuis plusieurs années, l'avenir de sa nièce lui était un souci. Il avait prodigué, en son éducation, toutes les délicatesses de son âme. Il la voyait caressante, instruite, fine, jolie ; sa santé même, si fragile, s'était un peu affermie à force de soins. Le vieux maître avait pour elle mille paternelles coquetteries, allant jusqu'à s'occuper de sa toilette, se plaisant à lisser du doigt ses cheveux d'un blond pâle, disposés en épais bandeaux. A cinq ou six reprises, l'espoir de la marier lui avait tourné la tête, mais, chaque fois, la déception était venue. Martine, avec toute sa grâce espiègle, épouvantait les amoureux par sa complexion maladive. Lhomme de Mercey, Christophe, Emmanuel Frémiet, sur qui Rude avait jeté les yeux, s'étaient dérobés tout de suite. La pauvre Martine comptait vingt-six ans sonnés. Miséricorde se perdait. Et, tout à coup, peu de jours avant l'inauguration de la statue de Ney, elle s'est trouvée mariée le mieux du monde et le sculpteur s'est écrié en présence de ses amis : « Ma foi, maintenant, tout va bien. Je puis mourir... »

L'histoire est des plus élémentaires. Rude, vers 1834, avait eu pour élève un jeune homme de Nuits, nommé Paul Cabet, auquel sa sympathie était allée naturellement à cause de son origine bourguignonne, de son facile caractère, de sa docilité, de sa régularité studieuse (1). Il s'était plu, de bonne heure, à se faire

(1) Cabet (Paul-Jean-Baptiste), né à Nuits (Côte-d'Or), en 1815, mort en 1876. Débuta au Salon de 1835 avec le buste de Paillet. Principales œuvres : Fontaine décorative à Odessa (Russie) ; *Jeune voyageur aux tombeaux des Thermopyles*, statue marbre

aider par lui dans ses propres ouvrages, lui confiant, par exemple, l'ébauche des draperies. Cabet était sincère, soigneux de son travail, un peu froid d'imagination, très influencé du style de son maître. Malheureusement, ses opinions politiques l'associèrent à certaines menées dont la police du gouvernement de Juillet prit ombrage tant et si bien que le jeune artiste jugea prudent de passer à l'étranger. Plusieurs années, il vécut en Russie, où il sculpta nombre de bustes à Saint-Pétersbourg et où il enrichit la ville d'Odessa d'une fontaine monumentale. Au bout de ce temps, fort calmé d'idées et pourvu d'agréables économies, on le vit rentrer à Paris, s'installer dans le voisinage du grand sculpteur et reprendre à ses côtés son ancienne existence. Au mois d'octobre 1852, Rude ne jurait plus que par ce disciple attentionné entre tous. A tout coup, sous tous prétexte, il l'envoyait chercher, et Cabet d'accourir. Nul besoin d'ajouter que le bon maître, enclin à regarder ses amis avec les yeux du cœur, n'a pas tardé à lui reconnaître un talent du premier ordre. Cabet achève, à cette époque, le modèle d'un *Dénicheur d'oiseaux* : « Avez-vous vu cela, dit Rude à ses élèves? Allez le voir vite, c'est un chef-d'œuvre. Cabet me dépassera... » Constamment il l'emmène dîner au logis, entre sa femme et sa nièce. Un soir, il lui semble que Martine a quelque penchant pour l'hôte familier... Pardieu ! Il a trente-huit ans ; il est de belle mine ; son accent bourguignon n'a rien de choquant... Voici le mari qu'il faut à l'aimable fille. Mme Rude s'enchante du projet ; Martine y

(Salon de 1846) ; *Dénicheur d'Oiseaux*, marbre (Exposition universelle de 1855) ; le *Réveil du printemps*, marbre (1871) ; *Mil huit cent soixante et onze* (plâtre) ; la *Résistance*, marbre, monument érigé à Dijon après la guerre et détruit en 1876, etc.

acquiesce en rougissant. Dès le lendemain, Rude fait ses ouvertures à Paul Cabet sans ombre d'embarras. « Voyons, Paul, parle-moi franchement : n'as-tu pas songé à te marier? — Pourquoi cette question ? — C'est que j'ai un parti pour toi. Que penses-tu de ma nièce? — En vérité, j'avais déjà jeté les yeux sur Mlle Martine. — Eh bien, mon garçon, tope-là. Tu fais ta demande, ce soir, et vive la joie ! Au mois prochain la noce. » L'accord n'est pas plus malaisé à conclure à la maison qu'à l'atelier. Paul Cabet écrit à sa famille, à Nuits, pour réclamer les pièces nécessaires. Sophie Rude s'adresse à M. Van Roort, tuteur de Martine, à Bruxelles, et à Feignaux, l'élève le plus dévoué de Rude en Belgique, afin d'accomplir les formalités internationales exigées par la loi. Les bans sont publiés le même jour à Paris et à Saint-Josse-Ten-Noode. « Faites toutes choses à votre gré, a dit le maître. Je souscris à tout à condition que je n'aie pas à me déranger de ma sculpture avant la fête. » Son office se borne, en effet, à conduire Mlle Van der Haërt à la mairie du Panthéon, le 6 novembre, pour le mariage civil, et à Saint-Jacques-du-Haut-Pas, le lendemain, pour le mariage à l'église; puis à présider un repas de vingt-cinq convives introduits et rangés, Dieu sait par quel miracle, en son étroite salle à manger. Mais on n'a jamais vu un homme si rayonnant de bonheur.

Une lettre de Mme Rude nous fait assister à la cérémonie religieuse, dans la vieille église du Haut-Pas, ce matin-là, flamboyante de soleil... « Tous nos amis, toutes nos connaissances, tout ce qui nous porte intérêt nous entourait avec tant de bienveillance, tant d'émotion même que nous en étions fiers. L'entrée de cet homme à barbe blanche, illuminé de cette expression que donne le génie mêlé à la joie du père qui voit l'avenir de son enfant assuré, l'entrée de cet homme vénérable conduisant une jeune fille, toute parée d'étoffes blanches et de fleurs d'oranger, image de la pureté de son âme, a fait sensation. Notre ami, M. l'abbé Noël, qui a fait faire à Martine sa première communion, a voulu lui donner aussi la bénédiction nuptiale. Il a prononcé un discours bien touchant. Tout ce qu'il a dit de Rude était superbe. Il aime tant Martine, il a tant d'affection pour nous que son émotion l'a obligé à s'arrêter souvent. Les Dietsch étaient à l'orgue. Mme Dietsch et sa fille, douées de si belles voix et de si beaux talents, ont chanté de la délicieuse musique, composée par M. Dietsch qui les accompagnait. Au dire de tous les assistants, jamais mariés ne furent environnés de plus d'amour. En rentrant à la maison, j'ai remercié Dieu, car j'avais vu le jour que je désirais voir... (1) ».

Le jeune ménage a pris un appartement sous le même toit que les Rude. Rien de changé dans les habitudes de la famille, ou seulement dans celles du sculpteur. Chaque jour, après l'inauguration de la statue de Ney, Martine descend auprès de son oncle qui modèle son buste d'un soin de joaillier. Dès qu'elle ouvre la porte, il déroule les linges mouillés dont s'enveloppe l'ébauche et, durant plus d'une heure, tandis qu'elle babille, lui, tirant quelques bouffées de sa pipe, souriant, regardant, se reculant pour mieux voir, accentue la rondeur du front, allège les cheveux abon-

---

(1) Lettre de Sophie Rude à Feignaux, novembre 1853 (Collection de Mme Prinz, née Feignaux, à Bruxelles). Les détails sur le mariage de Martine sont tirés de la correspondance de Mme Rude avec Feignaux et avec Mme Moyne ; des communications de M. l'abbé Garraud, curé de Prémeaux (Côte-d'Or) et de M. Joseph Dietsch, de Dijon, etc.

dants gracieusement ondulés, tombant sur les deux
oreilles en masses égales et s'enroulant au-dessus de la
nuque, adoucit le contour des yeux à fleur de tête,
surplombés de sourcils bien arqués, mais peu fournis,
fait saillir les pommettes, affine le nez à l'arête inégale,
aux ailes mobiles, éveille au bord des lèvres comme un
sourire tendre. Le long cou, d'une chair molle de
blonde anémique, se dégage de l'échancrure du
corsage taillé en rond à la naissance de la gorge et des
épaules. Une jaquette de drap à grand revers, passe-
mentée de galons rayés de petites stries, encadre la
soie du gilet de la robe, bridée par une multitude de
boutons ciselés. Par dessus la jaquette et ses revers
passe, assez singulièrement, une ronde collerette de
dentelle, minutieusement rendue. Après l'amincisse-
ment de la taille s'indique la jupe aux plis francs,
carrément coupée et posant sur le socle. Point de bras :
le portrait a l'originale disposition de quelques bustes
de la Renaissance, sans bras aussi, arrêtés au niveau
des hanches ou des cuisses et comparables à des demi
statues. Rude entend pousser au dernier point son
travail. Il reprend continuellement et en détail tous
les morceaux avec une insistance, un désir d'achève
ment dont rien ne peut donner l'idée. La parfaite trans-
cription du visage ne lui suffit pas; il s'évertue à rendre jusqu'aux moindres froissures de la soie, aux plus
minces rayures du galon et des boutons. « Quand je
fais le portrait de ma nièce, répète-t-il, je ne vise pas
à l'art héroïque ; je m'efforce de la représenter comme
elle est, sous les atours qui sont les siens. Je ne veux
pas que ce buste ressemble à aucun autre. En le montrant à ses enfants, plus tard, la petite pourra leur dire :
*Oui, c'est bien ainsi que j'étais. Mon vieux bonhomme
d'oncle, qui m'aimait comme un père, a mis là-dedans*

l'habileté de sa main, la sincérité de ses yeux, et, surtout, la tendresse de son cœur. Vous riez à me voir ciseler tous ces boutons... Parbleu ! ce sont les boutons de ma nièce et cela m'amuse, moi, de les traiter en lapidaire. J'ai caressé le modelé de sa figure autant que je l'ai pu. Voyez donc les méplats du menton, les finesses du cou et des joues... Mais, que diable ! Mme Paul Cabet n'est pas une déesse quelconque : c'est une bonne petite femme du temps présent... » Si l'on serappelle les anciens scrupules de l'artiste, abordant, comme malgré lui, le genre iconique, on mesurera le chemin qu'il a parcouru (1).

En cette même période, Cabet a entrepris un buste du maître « dans sa vérité de tous les jours ». Rude pose en brave homme, simplement, sagement, s'offrant tel qu'il est, tel que ses amis le connaissent. Ses traits s'accusent en force sous la mobilité de l'épiderme, le regard est bienveillant. Du côté droit du crâne penche le coutumier bonnet grec ; l'ample et limoneuse barbe s'étale sur le gilet à deux rangs de boutons ; la redingote se rejette en arrière. C'est le sculpteur aux franches minutes de causerie. Le long des séances, le puissant modeleur ne peut s'empêcher de venir, à chaque instant, imprimer son coup de pouce à l'œuvre. Au début, il reproche à Cabet de lui prêter un air « trop historique »; ensuite, d'adopter une facture mièvre « comme s'il s'agissait d'une femmelette ». A plusieurs reprises, il prend le malin plaisir d'écraser une boulette d'argile sur quelque partie déjà très avancée et de la refaire à son goût, en riant. Tout le monde est d'ac-

---

(1) Le curieux et précieux buste en marbre de Martine Van der Haërt-Cabet est entré au Louvre, par legs de Françoise Faber, née Cabet, fille du modèle, morte le 6 janvier 1881.

cord, en fin de compte, que le beau portrait, d'un style serré, sérieux et sobre, où il se survit si loyalement avec son signe au bord de la paupière gauche et qui décore aujourd'hui son tombeau, est, pour une notable part, son personnel ouvrage (1).

Un autre portrait se voit dans son atelier : le buste de James de Montry, naguère représentant de la Côte-d'Or, victime du choléra à Cologne, en 1849. Une souscription s'est ouverte à Dijon, pour lui ériger un monument au cimetière de la ville. La tête du mort a été consciencieusement étudiée, par un élève de Rude, le jeune sculpteur Armand Blanc, mais le maître s'est chargé de la parfaire et il tient parole. Ne nous persuadons pas, toutefois, que le statuaire de Michel Ney ne s'adonne plus qu'à de menus travaux. Le gouvernement lui a commandé deux statues en pierre, destinées avec beaucoup d'autres, à couronner les nouvelles galeries extérieures du Louvre, proche le Carrousel : *Nicolas Poussin* et *Houdon*. En voici les modèles, au tiers de la grandeur d'exécution, déjà moulés en plâtre. Poussin, debout, drapé dans sa cape et la tête inclinée, tient assez banalement son crayon, de la main droite, et, de la gauche, son album (2). Houdon, sans manteau, en petit costume d'avant la Révolution, s'accote à une colonne et porte, en sa main, une réduction de son *Écorché*. Hélas ! nous devons avouer que ces ima-

(1) Le modèle en plâtre de ce portrait appartient au Musée de Dijon. Il en a été fait trois exemplaires en bronze, l'un placé, au cimetière Montmartre, sur le tombeau de l'artiste, le second décorant, à Dijon, la façade de sa maison-hôtel ; le dernier érigé, dans le parc Noisot, à Fixin, à quelques pas du *Réveil de Napoléon*. En outre, un exemplaire en marbre figure au Musée de Versailles.

(2) Le Musée de Dijon possède le modèle en plâtre du *Poussin*, au tiers de la grandeur d'exécution, ainsi que la petite maquette du *Houdon*.

ges convenues n'ajouteront rien à la gloire de François Rude. Ce sont, enfin, deux compositions importantes, élaborées presque en secret. La première, promise à la municipalité de Dijon, est un groupe d'*Hébé et l'aigle de Jupiter*; la seconde, conçue pour Anatole Devosge, personnifie *l'Amour dominateur du monde* (1).

Après ce que nous venons d'envisager et ce que nous venons d'entendre, ce retour de l'artiste à la mythologie a de quoi nous étonner. Sans balancer, il nous répond : « La mythologie est ce qui nous accorde tous. Je ne sais rien de plus fécond ni de plus auguste. En considérant, aujourd'hui, l'ensemble de mes productions, je regrette de n'y avoir pas fait une meilleure place à la beauté éternelle, supérieure à toutes les idées courantes, qui sont, presque toujours, des préjugés. Je suis arrivé à mon âge, au soir de ma vie, sans avoir seulement sculpté un beau corps de femme ? Voilà donc où peut conduire l'oubli des anciens dieux ! David avait raison: l'art a une autre mission que de simuler des bottes et des épaulettes... » (2) Est-ce bien le même statuaire qui parle ainsi et qui se laisse aller, devant le buste de Martine, à de si touchantes expansions ? Par une étrange anomalie, il rêve de

---

(1) Anatole Devosge avait été dès sa jeunesse le collaborateur de son père dans l'œuvre d'enseignement et, en cette qualité, il avait donné des leçons à Rude commençant. Celui-ci, dans une lettre qu'on lira plus loin l'appelle « *son ancien professeur* » (Voir p. 403). On conserve au musée de Dijon un dessin de l'élève d'après un tableau d'Anatole : *le Dévouement de Cimon* (Voir *Répertoire chronologique*, § I). — Un lien de parenté existait, en outre, entre les Devosge et les Fremiet par les Mounier et Mme Rude nommait Anatole *son oncle*. Rude avait fait précédemment pour Devosge fils le buste en marbre de François Devosge. — Sur ses relations avec l'artiste dijonnais voir l'histoire de ce buste, *Répertoire chronologique*, § V, pp. 463 à 465.

(2) Témoignages de Guitton et de Franceschi, élèves de Rude.

renouer, par dessus ses chefs-d'œuvre de vivante expression et avec ses inappréciables ressources techniques, aux conventions de sa jeunesse. Lui qui a donné de si beaux exemples de l'interprétation des réalités humaines les plus nouvelles, des types les plus caractéristiques de la récente histoire, il déplore de n'avoir pas été plus fidèle aux formules d'abstraction. Le labeur de ses dernières années, — de ses années crépusculaires, — va s'appliquer à mettre une idéologie vaine à la place de la vérité observée, à réduire les droits du réel au seul respect des formes du modèle d'atelier, à sceller ses contradictions, tant de fois constatées, d'une contradiction suprême. Il croira se vouer à la beauté pure, et son esprit, invinciblement troublé, l'entraînera, devant la nature même, aux plus obscures subtilités intellectuelles. Tant de talent d'indépendance, de bonne foi, de vertu maîtresse, une si forte volonté d'émancipation, une si nette richesse de moyens, eussent mérité une plus claire conscience des hautes fins de l'Art. Mais Rude, en son soir qui tombe, porte la peine des tiraillements d'un âge historique combattu entre le souvenir du passé et la confiance en l'avenir et les robustes efforts d'un tel artiste profiteront surtout à la génération de demain.

XXXVIII

Hébé et l'aigle de Jupiter. — L'Amour dominateur du monde.

Il y a près de sept ans que la municipalité de Dijon a fait une démarche auprès du statuaire pour en obtenir un ouvrage quand le vieil enfant de la Ville met son plâtre aux mains du praticien. Les registres des procès-verbaux du Conseil et les pièces d'archives conservées à la Mairie du chef-lieu de la Côte-d'Or, nous font connaître les relations, parfois orageuses, du maître avec ses compatriotes. Avant l'année 1846, il ne paraît pas que les Dijonnais se soient jamais enorgueillis de sa valeur. L'Administration communale s'est bornée, naguère, à lui exprimer, par précaution de conscience, son souhait d'acquérir une copie, (ou plus exactement une épreuve moulée), de son *Petit Pêcheur napolitain,* et Rude a décliné ses offres, à ce moment, pour cette raison qu'il se réservait de doter, un jour, sa patrie d'une œuvre originale (1). Ce n'est guère qu'à l'annonce de l'érection d'un monument à

---

(1) Ceci ressort d'un passage de la lettre du maire de Dijon à Rude, le 30 novembre 1846. J'avertis que, sauf avis contraire, tous les textes cités dans ce chapitre sont empruntés au Registre des procès-verbaux du Conseil municipal, ou aux lettres en minutes ou en originaux consultées à la mairie de Dijon.

Bonaparte signé de son nom, qu'on a commencé, parmi les Bourguignons, à s'entretenir de lui. Les habitants de Beaune l'ont sollicité, comme on sait, de pétrir une statue de leur Monge ; il ne sied pas à ceux de Dijon de se désintéresser de sa gloire qui les rehausse. A la séance du Conseil municipal du 11 novembre 1846, un membre de l'assemblée, non nommé au procès-verbal, assume en conséquence, dans ces termes, l'initiative d'une proposition inspirée du sentiment public : « Rude est né parmi nous ; il fut l'élève de notre École des beaux-arts. On le classe au nombre des statuaires français les plus remarquables. Son noble caractère et son grand talent honorent son pays natal. Demandons-lui de traiter pour nous, quelque sujet à son gré ; nous acquitterons une véritable dette en même temps que nous enrichirons notre Musée d'une œuvre éminente. » Cette motion, accueillie par des applaudissements, est votée sur l'heure à l'unanimité. Le 30 novembre, le maire, Victor Dumay, transmet à l'artiste une copie de la délibération en ajoutant : « Le Conseil vous prie de vouloir bien composer à votre loisir un groupe ou une statue à placer au Musée. Désireux de laisser toute liberté à votre génie, il ne fixe ni le thème, ni les dimensions, ni le genre, ni le délai, ni la quotité de la rémunération. Il tient simplement à avoir une œuvre digne de vous et de l'ancienne réputation de notre École et de notre Ville. Je vous demande en son nom, après avoir pris tout le temps que vous jugerez nécessaire, de m'adresser le programme auquel vous vous serez arrêté et d'y joindre une esquisse. Et, pour que nous puissions prendre à l'avance les dispositions utiles, vous m'obligerez également en m'indiquant aussi les mesures, la matière, l'époque approximative de l'achèvement, le chiffre des frais d'exécution et le montant

De Fourcaud.

de vos honoraires (1) ». Il serait difficile de s'expliquer d'un plus courtois langage, et plus délicatement empreint de respect. Le maître y est sensible comme il est juste. « L'unanimité du Conseil municipal m'honore et me rend heureux, répond-il le 9 décembre, car j'y vois plus que de l'estime pour mon talent… Je termine en ce moment, la statue de Monge (2). Aussitôt après, je m'occuperai de votre esquisse et j'y joindrai le prix que vous désirez savoir. » Je crois fort qu'il n'a point tardé à élire le sujet d'*Hébé*, mais, absorbé par ses travaux, il n'en ouvre pas la bouche. Le bronze de Gaspard Monge se dresse, depuis longtemps, au centre de la place d'Armes de Beaune que ce mutisme n'est pas rompu. Bien plus, sur ces entrefaites, son ami Anatole Devosges lui a fait accepter d'enrichir son cabinet d'une statue, telle qu'il la voudra faire et qu'il entend léguer au musée de Dijon, et Rude marque plus de déférence à son ami qu'à la Ville. A la fin de 1848, Devosge a reçu communication d'une esquisse de la figure : *l'Amour dominateur du monde*, accompagnée d'une longue épître explicative. A la Mairie, on n'entend parler de rien. La négligence de Rude est, vraiment, un peu forte. Je ne peux l'attribuer qu'à un accès de morgue artistique, survenu en lui et qui lui fait tenir les magistrats municipaux pour des inférieurs. Cette bizarre compréhension de la dignité, de source toute plébéienne, perce dans ce passage de sa lettre du 7 mai 1851 au maire de Dijon, alors que, Devosge étant mort, on s'est hasardé à réclamer des éclaircissements de l'artiste : « Le modèle du groupe

---

(1) Minute conservée à l'Hôtel-de-Ville de Dijon.
(2) Nous avons déjà établi qu'il ne peut s'agir que de l'étude de composition ou modèle préparatoire.

d'*Hébé*, commencé depuis plus d'une année et auquel j'ai travaillé sans relâche, n'est pas encore à son point. D'ici à peu de temps, je compte vous en soumettre une maquette. Je souhaite que cette composition soit de votre goût. *Quant à celle destinée au cabinet de M. Devosge, les dispositions lui en étaient connues, car je lui avais envoyé une esquisse en plâtre qu'il avait approuvée complètement. De même que le Conseil communal, il m'avait laissé libre de choisir le sujet, mais c'était mon ancien professeur, c'était un artiste distingué et je n'aurais pas voulu passer outre sans m'être assuré de son assentiment.* »

Le 8 décembre 1850 Anatole Devosge a rendu l'âme. La clause prévue de son testament (1) confère à la ville la propriété de la statue, commandée par lui moyennant une somme de douze mille francs. On a, de la sorte, deux fois barre sur le sculpteur, mais il ne s'en inquiète guère. Le nouveau maire, Louis André, le supplie de mener de front les deux ouvrages. Rude ne prétend pas agir autrement ; seulement il entend jusqu'à la fin rester juge de ce qu'il doit faire. Il a révélé à l'improviste l'état d'avancement de son *Hébé*, dont nul ne se doutait. Des conditions matérielles du travail, pas un mot. Brusquement, le 1ᵉʳ juillet 1851, il mande au maire que le modèle en terre est à peu près terminé et qu'il importe de se procurer un beau bloc

---

(1) Le testament d'Anatole Devosge est du 20 mars 1849. — Rude se défend, dans une lettre du 7 mai 1851, de sacrifier l'un des deux ouvrages à l'autre. Il déclare avoir travaillé d'abord à l'*Hébé*, à cause de la priorité de la commande, mais l'exécution en marbre de ce groupe sera beaucoup plus longue que celle de l'*Amour* et il ne pourra, par suite, envoyer les deux compositions à la fois. Ces explications ne justifient qu'imparfaitement l'attitude du sculpteur vis-à-vis de la Municipalité. Par contre, la Ville aura bientôt vis-à-vis de lui des torts plus graves (Cf. *Répert.* p. 495 et suiv.).

de marbre de Carrare « de la qualité la plus ferme ». Son ami Numa Moyne s'est chargé de présenter au Conseil municipal une petite réduction du groupe, en cire. Il semble, à ne rien cacher, que cette pseudo-maquette vienne un peu bien tard. Touchant la donnée, le sculpteur condescend à fournir cette explication sommaire : « Comme je n'avais qu'à faire une œuvre d'art, j'ai pris mon sujet dans la mythologie, en évitant qu'il pût prêter à aucune allusion politique et tâchant qu'il fût essentiellement sculptural ». Là-dessus, il daigne aborder le chapitre du pécuniaire : « Je demande, pour exécuter ce monument, la somme de trente mille francs. Les acomptes se feront en quatre années, y compris celle-ci. L'exécution en marbre durera trois ans. Je travaille à mon modèle depuis quinze mois. Si l'on préférait fournir le marbre, je ferais le groupe pour vingt-quatre mille francs, et, si l'on voulait retrancher le piédestal, quoique je le considère comme le complément obligé de la composition, la somme serait réduite à vingt mille... »

A la lecture de cette lettre, les autorités dijonnaises se récrient. Depuis quatre ans et demi que l'affaire est en train, l'artiste en use par trop cavalièrement avec sa ville natale. Le prix qu'il fixe est excessif. Plusieurs protestent contre l'oubli qu'il a fait de soumettre en temps opportun à l'approbation de la municipalité son sujet, son programme, son devis, selon les conditions préliminaires. Finalement, six mois s'écoulent sans même qu'il lui soit répondu. Nouvelle lettre de Rude, le 15 janvier 1852 : son groupe est moulé en plâtre et la question du marbre n'est pas encore tranchée. Nouveau silence des Dijonnais. Au bout de trois mois, le 16 mars, le maître reprend la plume et, cette fois, de très méchante humeur. La maladroite bouderie de ses compatriotes lui rend l'avantage en égalisant les torts, et il en profite : « Je ne dois renoncer à ma tâche que lorsque le Conseil aura rapporté son ancien arrêté que j'ai entre les mains et qui me charge de faire, pour le Musée de Dijon, une statue ou un groupe à mon choix. Mais, malgré ma commande, malgré mon travail de deux ans, dites-moi que le Conseil municipal en 1846, a agi inconsidérément et que vous ne pouvez tenir ses engagements : c'est une affaire finie. Je ne suis pas du tout disposé, en dépit de mon droit, à forcer la ville de Dijon à recevoir mes ouvrages malgré elle ». A ce degré d'acuité les dissentiments sont pareils aux cordes trop tendues qui cèdent ou se brisent. Tout s'arrange comme il lui plaît. L'ombrageuse édilité se radoucit. On s'en remet au maître du soin de faire venir d'Italie le bloc de marbre à sa convenance. Le chiffre de trente mille francs est définitivement admis (1). Il n'est même pas question de modifier le piédestal. Enfin au mois de janvier 1852, le praticien peut donner ses premiers coups de ciseau. Un an après, Mme Rude, enchantée, écrit à Cécile Moyne : « *Hébé* a déjà dans le marbre une figure charmante. Cette matière si belle

(1) D'après les conventions intervenues entre Rude et la ville, ces 30 000 francs doivent être payés en trois versements égaux : le premier à la livraison du bloc, le dernier à la réception à Dijon des deux ouvrages destinés au Musée. Le bloc, acheté par l'artiste, 7 500 francs, est apporté dans son atelier le 29 novembre 1852. Sept mois après, le sculpteur réclame le prix du marbre et le Conseil municipal vote la somme d'achat (15 juin 1853). Ce n'est pas le compte de Rude à qui l'on a promis 10 000 francs. Sur sa réclamation, le complément de 2 500 francs est également voté (séance du 11 août). Les 12 000 francs convenus pour l'*Amour dominateur* doivent être payés par la succession d'Anatole Devosges. La ville n'a pas à s'en occuper. La mort du maître, au cours de l'exécution en marbre des deux figures, n'a rien changé à ces marchés, pour lesquels Mme Rude a été substituée aux droits de son mari (Documents des Archives municipales de Dijon).

prête encore de la grâce à ce joli corps ». Parallèlement, le sculpteur parachève son modèle de *l'Amour*. C'est le temps précis où le mariage de Martine et le succès de la statue de Ney comblent les vœux du vieillard et l'assoupissent en cette extraordinaire sérénité dont j'ai parlé et qui caractérise ses années suprêmes. Son esprit détaché de la politique, las du bruit social et des tourbillons de l'histoire humaine, n'aspire plus qu'à l'art pur ou, pour mieux dire, revient à l'art abstrait.

Au fond, nous ne prenons plus le change aux apparences : un tel changement ne répond pas à un agrandissement d'idéal, à un renouvellement de manière. Ce n'est pas un épanouissement ; c'est un arrêt. Le hautain statuaire de Cavaignac, de Monge, de Bertrand et de Ney, l'admirable éveilleur de la vie de l'Arc de triomphe, le grand possédé du démon de la vérité moderne, le patient rêveur qui a tant cherché à extérioriser nos idées et nos âmes, vieilli et fatigué désormais, se dément lui-même. Son esthétique incertaine, où toute lumière est venue de l'instinct, retourne vers le passé. On remarque dans ses entretiens la croissante obsession des souvenirs de sa jeunesse. Le nom de François Devosge est si constamment sur ses lèvres qu'il ne peut résister au désir d'entreprendre de lui un nouveau buste, plus serré, plus amoureusement étudié, s'il est possible, que celui d'autrefois. Il se rappelle aussi Cartellier, « sculpteur un peu trop négligent des particularités de la forme, mais artiste grave ». On l'entend proclamer sans cesse que « la mythologie est le plus sûr et le plus noble asile assuré par les hommes à la beauté, » mais il n'en dégage que des symboles confus. Le sens des faits et des gestes humains le cède pour lui à l'expression d'idées quintessenciées, artificielles. Nous allons constater à quel excès il arrive, en ce point, dans son *Amour dominateur*. Un seul besoin de réalité lui demeure irréductible : le besoin de copier minutieusement le modèle vivant immobilisé devant lui. Le malheureux ne s'aperçoit pas qu'il retombe, avec sa conscience et sa force d'exécution, à l'art d'atelier, à l'art de jadis.

Qu'est-ce que ces statues d'*Hébé* et de l'*Amour*, où il voit « son testament artistique ? » L'*Hébé* nous montre une jeune femme drapée d'un pan d'étoffe qui glisse le long de son corps, la chevelure parée de fleurs, ceinte au front d'un diadème de reine antique serti de rangs de perles. L'aigle de Jupiter vient boire l'ambroisie à sa coupe d'or. : elle écarte de son mieux l'oiseau divin, dressé sur ses serres, le saisissant de sa main gauche aux plumes d'une de ses ailes et, de la main droite, élevant aussi haut qu'il est en elle, la patère olympienne, ciselée de feuilles de vigne et de grappes de raisin, posée sur ses cinq doigts comme une corolle sur sa tige. L'aigle en se débattant, étend son aile restée libre et l'enveloppe ainsi que d'un manteau frissonnant. Il y a dans l'invention plus de mièvrerie que de grâce, sans profondeur, ni grandeur vraie. Comme pour accentuer son retour en arrière, Rude a supprimé les prunelles des yeux de la déesse. Au piédestal, lourdement amplifié de volutes latérales, se lisent des noms de poètes grecs et de poètes latins : Homère, Hésiode, Pindare, Ovide, Virgile, Catulle... Oh ! le glacial ouvrage, à l'encontre de ses prétentions, et tout conventionnel, en dépit de la science de l'exécutant et du précieux des détails !

Pour l'*Amour dominateur du monde*, nous avons à nous référer d'abord à la lettre de Rude à Anatole Devosge en lui adressant le projet sous forme d'esquisse en plâtre. Elle rend sensible l'étrange chaos qui se fait dans le cerveau, toujours populaire, dès que l'observation ne le régit plus. Les complications intellectuelles auxquelles c'est le défaut de l'artiste de s'abandonner, dépassent ici toute borne : « *Vous verrez, dit-il, par cette maquette, que je place l'esprit au milieu de la matière. Cette petite figure allégorique que nous appelons Amour et que les Grecs regardaient comme le plus ancien des dieux, ce génie préside au rapprochement des sexes et féconde toute la création. Je pense à figurer l'eau tout autour de la terre ; les oiseaux représenteront l'air ; le feu sera le flambeau. Je tâcherai de décorer, sans prétention ni confusion, la terre et l'eau : des poissons, des coquillages pour celle-ci ; sur le promontoire, des fleurs, de petits reptiles, enfants de la terre.*

« *Tout ce que je vous dis là ressemble à un véritable gâchis, mais je crois qu'en s'inspirant des Grecs on peut venir à bout de tout cela. J'ai bon espoir. La stérilité serait un non-sens. Si je pouvais mettre le génie créateur au milieu de toute la création, je le ferais ; mais, en figurant les quatre éléments fécondés, cela doit suffire. J'ai une idée qui m'est venue depuis : ce serait un grand serpent se mordant la queue. Ce serpent ferait le tour de la plinthe et la décorerait. Ce serait finir cet ouvrage par la représentation de l'éternité, et l'unité, principe de toute composition, y serait observée...* (1) »

En vérité, voilà bien de la métaphysique et, peut-être, sans cette dissertation ne se fût-on pas avisé d'autant de belles choses. Cette lettre remonte aux derniers mois de 1848. Rien ne justifie mieux nos dires sur le

(1) Lettre partiellement insérée au Catalogue de l'Exposition universelle de 1855 et citée par le Dr Legrand.

persistant combat, en Rude, des instincts et des traditions. Les circonstances, en l'obligeant à produire des œuvres en désaccord avec les traditions, ont débridé ses instincts sans effacer son imagination des mirages d'un faux idéal d'école. Il a sincèrement et radicalement rompu en visière à l'exécution académique ; il n'est nullement convaincu que les conceptions d'une mythologie factice, de totale abstraction, ne soient pas les plus dignes, sinon les seules dignes du grand art. Si tôt qu'il descend au fond de lui-même, ce doute flagrant l'assaille. Ouvrier sans égal, les « Anciens » dont il parle sans cesse, l'émeuvent de leurs qualités plastiques, mais il ne comprend assurément pas leurs idées ; il vit sur des suppositions étendues par ses rêves obscurs et complexes d'homme du peuple médiocrement instruit, s'exagérant ses notions de philosophie, de poésie et d'esthétique et s'enflant pour en tirer un large parti. Son éducation incomplète et mal dirigée lui a fait perdre sa simplicité : il y a conflit permanent entre sa primitive nature et ses tendances acquises. La nature de Rude a tout dominé, notamment dans sa statuaire iconique ; mais l'intime désir qui l'a possédé, à travers toute sa vie, c'est de se ménager des loisirs pour faire des statues « à l'antique », de travail libre et d'académique pensée. Et comment s'y tromper lorsque, depuis son *Mercure aux talonnières* et son *Petit pêcheur*, ayant pour la première fois, la faculté de choisir ses thèmes, nous le voyons vouer son magistral talent aux amplifications d'*Hébé* et de l'*Amour dominateur* ? Que dis-je ? Il donne ces statues pour son « testament d'artiste ».

L'*Amour* de Rude est représenté sous les dehors d'un éphèbe nu, pourvu d'ailettes frémissantes, le front ceint d'une bandelette, assis sur un roc entouré d'eau. La tête levée il regarde à sa droite, les yeux très ouverts, comme dilatés et, d'ailleurs, sans prunelles. De sa main gauche, ramenée sur son genou, il tient une torche; la droite reste pendante, prête à saisir derrière lui, l'arc et les flèches suspendus à une aspérité du rocher. Une des jambes s'allonge et le pied baigne dans la vague; l'autre se replie, faisant place à deux colombes en train de se becqueter, se rengorger et battre des ailes. A terre, nous distinguons cent chosettes indiquées : des épis de froment, des feuillages, des fleurettes, de petites fougères, des coquillages, un crabe. Au premier aspect, la figure est maniérée, la tête est banale, la pureté de la technique ne rachète pas la pauvreté de l'impression. Au second examen, une intention de l'auteur se met en lumière. On devine l'Amour guettant sa proie, on définit le jeu de sa main à partir de l'arc et coutumière de faire voler la flèche à l'improviste. Tout le reste des sous-entendus symboliques échappe à qui n'en est pas averti et laisse l'initié même à peu près indifférent. Les yeux sans prunelles veulent être enveloppants et sont vides. Nous ne méconnaissons, certes, ni la souplesse du modelé du corps, ni la nerveuse finesse des jambes. Hélas! Rien n'empêchera que cette statue soit froide et nous attriste. Le ferme outil de Rude s'y atteste; le génie de Rude en est absent. C'est fait du cher grand maître qui a, par la résistance de ses dons natifs et populaires, par l'emportement de ses élans et la probité de son labeur, régénéré l'École française! Il ne verra même pas l'achèvement lapidaire de ses deux derniers grands ouvrages, où des malentendus, résultant de l'éducation de sa jeunesse, ont réussi à l'enserrer. Il va mourir.

XXXIX

La mort de Rude.
(3 novembre 1855.)

Les praticiens, lentement, arrachent du marbre les formes de l'*Hébé* et de l'*Amour dominateur*. Sur une selle, à l'endroit le plus clair de l'atelier, est le portrait de Martine, taillé dans un bloc aussi blanc que l'albâtre et auquel le statuaire, épris de délicatesse, le ciseau et la râpe à la main, ajoute sans cesse un raffinement. Nous sommes en 1854 : on est tout aux apprêts de l'Exposition universelle promise pour l'année prochaine. Que rencontrera-t-on du maître de la rue d'Enfer à la section des Beaux-Arts? — Son *Mercure aux talonnières*, son *Jeune pêcheur à la tortue* et le buste de sa nièce. Ni l'*Hébé*, ni l'*Amour* ne seront encore en état d'être exposés. Inutile que Rude pense à ses autres ouvrages. Le *Louis XIII enfant* du duc de Luynes ne pourra quitter le château de Dampierre, non plus que le *Maréchal de Saxe* le palais de Versailles; le *Cavaignac* serait repoussé de l'administration impériale; les statues de place publiques sont sur des places publiques... Eh ! tant mieux, après tout ! Heureux l'artiste dont les œuvres ont un sort fixé ! Aussi bien Rude tient-il pour son vrai morceau d'exposition le haut-relief de l'Arc de triomphe que chacun peut voir à toute heure et qui éclate au soleil.

Si l'on excepte un instant de presse pour la terminaison de la statue de Poussin, attendue par l'architecte du Louvre au mois de janvier 1855, la vie, rue d'Enfer, est tout au calme. Le bonhomme François, chantonnant, fumant sa pipe, mais souvent malade, n'a que de menus travaux en train : le buste de François Devosge qui s'achève, le modèle en terre du portrait de Pagnerre, l'ancien secrétaire général du gouvernement de 1848, destiné à être coulé en bronze pour son tombeau, et une petite allégorie assez classique de l'*Historien*, imaginée en vue d'être offerte à Villiaumé, l'un des historiens de la Révolution française. Cette allégorie, soit dit en passant, n'est pas sans satisfaire le sculpteur. Il se sait gré d'avoir imaginé ce philosophe assis sur la margelle du puits de la Vérité, écrivant sa page entre la déesse nue qui approche de lui son miroir et le génie de l'Indépendance, qui lui présente l'encrier. Les témoignages d'estime ou d'admiration qu'on lui prodigue le font s'épanouir d'aise. Lorsqu'il est désigné pour faire partie du jury d'admission près l'Exposition universelle, il éprouve une joie de débutant. Je note sans insister tous ces traits où se marque, plus ou moins l'affaissement de l'âge. Rude, à soixante-dix ans, est, soudain, comme accablé. Sa sensibilité devient excessive, parfois presque enfantine. Il a, tour à tour, des allures pontifiantes, d'incroyantes timidités, des naïvetés d'impressions indicibles. La nature dépense nombre d'années à former un homme et peu de temps suffit à le déformer, comme un voyageur parvenu, à force d'énergie et de patience, au sommet d'une montagne, est précipité en un clin d'œil du versant opposé.

Depuis longtemps, la santé du sculpteur est précaire. On lui connaît des étourdissements produits par les pulsations désordonnées de son cœur. Il a aussi les bronches fragiles et le moindre rhume s'accompagne pour lui de suffocations, de douleurs et d'accès de fièvre. Toute l'année 1855, l'état général ne fait que s'aggraver. Les malaises, les lassitudes, les oppressions, les troubles nerveux redoublent de fréquence. Au sortir des longues séances du jury d'admission, plusieurs fois il est pris de défaillances subites. Dans ses conversations, il lui advient de s'interrompre tout court, affreusement blême, la bouche ouverte, la respiration comme suspendue. Il n'y prend pas garde, il ne permet pas qu'on le soigne. En même temps, toutes ses émotions s'exaltent au delà du vraisemblable. Les éloges dont il est l'objet à l'Exposition le rendent tremblant. Le jour où il apprend que le jury des récompenses, par quarante-sept voix sur cinquante, lui a décerné la première des médailles d'honneur de la sculpture, on lui voit une crise de larmes. Sa nièce, Mme Cabet, met au monde une petite fille qui se nommera Françoise et de laquelle il sera le parrain : seconde crise de sanglots. Encore qu'il conserve communément l'apparence très mesurée, quasi méthodique, ses nerfs se dérèglent tout à fait et son cœur se démonte.

Nul ne se doute, pourtant, de sa fin si proche. On doit baptiser sa petite nièce le dimanche 4 novembre ; il se fait une fête de tenir l'enfant aux fonds baptismaux. Or, voici, d'après le Dr Legrand, la fatale progression de son mal. Le mardi 30 octobre, Rude assiste au dîner officiel offert par le ministre de l'Intérieur aux membres du Jury. Souffrant pendant le repas, il regagne le logis le plus tôt possible. Mme Rude, ayant entendu s'arrêter la voiture et ne voyant pas paraître son mari, ouvre la porte et l'aperçoit assis sur une marche de l'escalier. Il a été pris d'une oppression foucroyante et n'a pu avancer, mais cela n'a duré qu'une minute. Le médecin, appelé le lendemain matin, trouve un peu de bronchite, conseille le repos au lit.

Le vendredi 2 novembre, la percussion de la poitrine décèle, à droite, un soupçon d'épanchement. On applique, dans la soirée, un large révulsif. Le samedi, Rude se réveille en plein bien-être, demande un potage, cause gaiement, fume une pipe et parle de se rendre à son atelier. Brusquement, une quinte de toux lui fait changer de visage. On court en toute hâte chez le le Dr Bassereau. Rude, essayant de répondre à Paul Cabet, pose sa main sur son cœur : « J'ai des douleurs par là. » Ses bras et ses jambes, d'un mouvement saccadé, se projettent en avant, tandis que son corps se renverse sur son fauteuil. Il pousse un faible cri : « Ah ! » et murmure deux ou trois mots inintelligibles. Dix heures du matin viennent de sonner. François Rude a cessé de vivre.

Mme Rude s'est jetée sur le cadavre, qu'elle veut rappeler à la vie. Mort ! Rude ! Non, cela n'est pas possible... Il faut qu'on le sauve. Le médecin est revenu. S'il pouvait opérer une réaction, car la pauvre femme se refuse à croire au dernier soupir !... Hélas ! c'est fini. Aucune science ne ranimerait cette flamme à jamais éteinte. Cabet pleure à tête perdue ; Mme Rude s'affaisse aux pieds du corps, convulsive, étranglée d'une sorte de hoquet, les yeux secs... Un quart d'heure s'écoule en cet état de désespoir. Alors se ressaisit la femme énergique. Avec l'aide de son neveu, elle rapporte le mort dans son lit ; de ses propres mains, elle fait sa toilette funèbre, abaisse ses paupières, dispose une croix de bois noir sur son cœur. Martine, encore loin de ses relevailles, doit tout ignorer de l'horrible perte.

Par l'ordre de Mme Rude, l'abbé Noël, mandé de la

paroisse, est introduit pour réciter une prière. Auprès du lit, deux cierges brûlent et quelques grains d'encens fument dans un plat. Un blême rayon de soleil se glisse, à travers les jalousies closes, en cette chambre désolée. Rude, sur sa couche suprême, a l'air de dormir. Ses traits, contractés un moment, se sont empreints de cette paix inaltérable, mystérieuse beauté de la mort.

La nouvelle, immédiatement répandue, suscite, parmi les élèves et les amis, une véritable stupeur, un sincère chagrin parmi les artistes. Des feuilles de papier blanc, à la porte de la maison, se garnissent de signatures, en témoignage de respectueuse sympathie pour la veuve du grand sculpteur. A la première heure, un vieil admirateur de Rude, son voisin de la rue Saint-Jacques, l'architecte, peintre et graveur Jean-Baptiste Delestre, a offert à Cabet ses services. Ary Scheffer, Louis Dietsch et Mme Dietsch accourent aussitôt. Le dimanche soir arrivent, du fond de la Bourgogne, le fidèle Noisot et Camille Bouchet, jaloux de veiller le cadavre de leur ami, la nuit d'avant les funérailles. Noisot voudrait élever une tombe au maître bourguignon, là-bas, au parc de Fixin, où s'abrite l'hallucinante image de Bonaparte ressuscité. On a peine à lui faire comprendre que le sage esprit de Rude ne se fût accommodé ni d'une telle étrangeté, ni d'une telle apothéose. C'est demain, lundi, à dix heures du matin, qu'un corbillard de cinquième classe emportera le cercueil à l'église Saint-Jacques, puis au cimetière Montparnasse, où celui qui faisait si haut parler les pierres sommeillera jusqu'à la fin des temps, non loin de sa sœur, auprès de son fils....

Humble est la cérémonie religieuse. Néanmoins, Dietsch n'a pas voulu que la musique ne fût pas associée au regret de tous. Aux termes des règlements paroissiaux, les chants de la liturgie mortuaire sont seuls de mise au convoi des pauvres. Le curé n'ose passer outre aux prescriptions en vigueur. N'ayant pu aplanir la difficulté, le compositeur la tourne. De connivence avec le maître de chapelle, il monte à la tribune de l'orgue, suivi d'une élite de chanteurs. Et, quand se taisent les psalmodies sévères, les voûtes retentissent d'amples harmonies de lamentation (1).

A présent, c'est la dernière étape. Derrière le corbillard, deux peintres, Heim et Ary Scheffer, tiennent les cordons du poêle avec le sculpteur Dumont et le capitaine Noisot, pleurant comme un enfant. Dans la foule, presque tous les membres du jury de l'Exposition se coudoient; on ne voit qu'illustrations rendant hommage à ce sculpteur qui vécut toujours loin du monde. Au cimetière, au bord du caveau où sa dépouille est descendue, quatre orateurs prononcent des discours : le peintre Delestre résume à grands traits sa carrière; Rable, l'humaniste, et Villiaumé, l'historien, vantent son attachement à ses convictions, la dignité de sa vie, la grandeur de son art; Charles-Auguste Arnaud, de La Rochelle, au nom des élèves de l'atelier, dit son dévouement au moindre d'entre eux et sa bonté infinie. Seul l'éloge de Delestre a été imprimé (2). Les journaux de l'époque se bornent à mentionner les autres. Mais peu nous fait que ces textes funéraires soient perdus. Ils n'auraient plus rien à nous apprendre.

Ce qu'il nous convient de faire ressortir, au lendemain de ces émouvantes obsèques, c'est l'unanimité

(1) Notes communiquées par M. Joseph Dietsch.
(2) On le trouvera, ci-après, en appendice.

Martine Van der Haert-Cabet, marbre (1853-1855). Musée du Louvre.

des feuilles publiques à honorer, en termes frappants, l'austère disparu. Pas une voix discordante. Peu de mots, mais, partout, l'accent fort de la vénération. Je citerai, à titre de raccourci, ces quelques lignes typiques de Théodore Pelloquet, insérées au *Siècle* du 6 décembre : « Rude n'était pas de ceux qui croient pouvoir séparer le culte de l'honnête du culte du beau. Son existence tout entière fut un exemple d'abnégation, d'énergie et de fierté d'âme, en même temps que de modestie sincère. Il a mis son orgueil à ne pas s'humilier devant certains honneurs qui, trop souvent, ravalent le génie même. » Et je m'en voudrais de ne pas transcrire, également, un passage de l'article de Jean Rousseau, publié six jours plus tard, par l'*Émancipation*, de Bruxelles, où le maître surgit pour nous comme à travers les traits burinés d'une inscription : « Parti d'une des régions les plus obscures de la société et parvenu à l'une des plus hautes célébrités contemporaines ; — ayant rempli la traversée de sa vie de beaux ouvrages et de nobles actions ; — admirable de courage, d'honnêteté, de modestie, dans les difficultés sans nombre de sa carrière artistique et de sa vie privée — caractère sans tache, digne de tous les respects ; — immense talent, digne de tous les éloges ; — existence glorieuse à tous les égards ; — mort sans ennemis et sans critiques, à l'ombre d'un dernier laurier... »

XL

Conclusion.

Depuis plusieurs semaines, la lourde pierre est scellée sur le corps de François Rude. Sa veuve, absorbée en sa peine, ne souffre même pas qu'on tâche à la consoler et, pour tout adoucissement, recherche au fond de sa mémoire, le sillage de ses bonheurs perdus. On lui a dit que, le 15 novembre, à la distribution des récompenses à l'Exposition universelle, le nom de son mari, premier lauréat de la sculpture, avait été salué d'acclamations. On a pu ajouter que, pour cette journée éclatante, un des chefs-d'œuvre de Rude, le *Petit pêcheur à la tortue*, avait figuré dans la salle d'honneur non loin du trône impérial. Misères que ces distinctions puisqu'il n'est plus là pour en jouir ! Elle n'a plus qu'un désir au cœur : être déchargée de la vie et le rejoindre par delà les sphères. Mais une circonstance imprévue va la mettre en cause une dernière fois, à propos du groupe d'*Hébé et l'aigle de Jupiter*. Que l'oubli la couvre ensuite ; elle n'a plus souci que de vivre en silence et de se souvenir.

Peu après la mort du maître, un rédacteur de l'*Illustration* visitant son atelier où tout demeure en sa place comme s'il y allait rentrer, a vu ses deux œuvres inachevées : l'*Hébé* et l'*Amour*. Qui les achèvera ? — A son avis, le choix de Cabet s'impose et il n'omet pas de le dire. Le 19 novembre, cette chronique tombe sous les yeux du maire de Dijon. A l'instant, ce magistrat d'écrire au comte de Nieuwerkerque, directeur général des Musées nationaux : « Convient-il d'accepter la statue telle qu'elle est ou de la faire terminer par l'artiste le plus capable de réparer ce qu'il y a d'irréparable dans la perte de notre compatriote ? Au point de vue de l'art et pour la gloire de Rude, il semble que la composition qui nous est destinée doive rester dans l'état où l'a laissée la mort de son auteur. C'est une œuvre de Rude que sa ville natale a voulu posséder — et ne sera-ce pas s'éloigner du but que de faire appel à un autre artiste ? » L'un des plus avisés d'entre les conservateurs du Louvre, Barbet de Jouy, est prié par le directeur d'examiner le cas. « Tout est fini et très fini dans cette figure, écrit il le 23 novembre, à l'exception du visage seulement ébauché. Le praticien, quand je l'ai vue, travaillait à la base, et M. Cabet, qui n'a pas quitté Rude depuis vingt-deux ans, ne m'a paru faire, après la mort de son maître que ce qu'il faisait de son vivant. Le modèle que j'ai examiné à côté du marbre, est extrêmement achevé. Mon impression est que la statue ne saurait être arrêtée au point où elle se trouve et que la ville de Dijon regretterait de ne pas l'avoir laissé terminer en des conditions qui ne se rencontreraient plus (1)... » Ces vues approuvées du comte de Nieuwerkerque et transmises au chef de la municipalité dijonnaise n'ont pas le résultat qu'il était permis d'en attendre. Le 13 décembre, en effet, le maire insinue à Mme Rude d'abandonner l'achèvement de l'*Hébé* à Duret, avec lequel on la dit en excellents rapports. On devine que la veuve du maître n'hésite pas en sa

(1) Archives du Musée du Louvre.

réponse : « Je ne puis admettre qu'on me propose d'unir le nom d'un artiste quel que soit son talent, à celui d'un homme dont l'ouvrage est terminé depuis longtemps et dont l'exécution en marbre, confiée au praticien, ne demande qu'un peu de surveillance dont je me charge, car je suis artiste aussi, et plus intéressée que personne à la perfection de l'*Hébé* (1). » Nous comprenons aisément que les Dijonnais se tiennent pour battus. Le langage de Mme Rude est catégorique.

On a craint un procès avec les héritiers d'Anatole Devosge, relativement à l'*Amour dominateur*. Tout se réduit de ce côté encore, à des correspondances fâcheuses. En fait Paul Cabet continue à surveiller, à son gré et à son loisir, la mise au point des deux statues, envoyées au maire de Dijon à l'issue du Salon de 1857. Ce Salon est le dernier où aura figuré le nom de Rude et le premier où ses œuvres auront pu attrister les amis d'un art de franche nature, de vivante expression et non d'abstraite rhétorique. Mais le grand sculpteur n'appartient déjà plus qu'à la postérité, instruite de ce qu'elle doit à ses chefs-d'œuvre antérieurs pour son émancipation.

Dès lors, Mme Rude s'efface. Dans le crépuscule mélancolique et prolongé de sa vie, elle peint, par intervalles, des portraits, des tableaux médiocres ; elle voit sa nièce Martine succomber à sa trentième année, grandir sa petite nièce Françoise, prédestinée à mourir à vingt-six ans, et combien de ses vieux amis disparaître ! De la rue d'Enfer, elle a suivi les Cabet au n° 90 de la rue des Feuillantines. C'est là qu'elle meurt, septuagénaire, et sans regret, le 4 décembre

(1) Archives municipales de Dijon : lettre du 13 décembre 1855.

1867. C'est là que mourra Paul Cabet en 1876. Et ce sera fait, douloureusement, de tout ce qui fut le cher entourage de Rude. Mais, de ces poussières emportées au vent éternel, se dégage, résistante et pure, la gloire du maître initiateur.

Sa ville natale a donné son nom à la rue où il vit le jour, et lui a érigé une statue sur une de ses places (1). Elle a, de plus, entrepris de réunir en son Musée les moulages de ses principales œuvres. Une rue de Paris, voisine de l'Arc de triomphe, rappelle son souvenir (2). Son buste est de ceux qui décorent la façade du nouveau Musée du Luxembourg. La plus belle salle ouverte, au Musée du Louvre, aux sculpteurs modernes de la France s'intitule : la salle Rude. Nous gardons sa mémoire avec fierté. Seulement, nous le jugeons aussi et, dans la reculée de son temps, il nous apparaît vraiment tel qu'il fut.

Rude fut un produit très complexe de son époque et de sa race. Les contradictions abondèrent en lui parce qu'autour de lui elles foisonnaient. Son siècle, en travail de tant de nouveautés, a dû faire de l'unité avec des fusions d'éléments. Il n'est pas surprenant que les inévitables illogismes, inhérents à notre reformation sociale, se retrouvent curieusement dans les individus.

Le maître de l'Arc de l'Étoile fut un plébéien de Bourgogne, rationaliste et réaliste d'instinct, démocrate par tradition, césarien par admiration, académiste par éducation, simple d'habitudes et de mœurs, hardi d'aspirations, compliqué au delà de l'imaginable

---

(1) Œuvre du statuaire Tournois, inaugurée en 1888 place Darcy.
(2) La rue Rude va de l'avenue du Bois-de-Boulogne à l'avenue de la Grande-Armée.

dans le fonctionnement de son esprit, où se contrariaient de si disparates tendances.

Toujours puissant, large et précis en ce qui touche l'exécution, il est, quant aux conceptions, fort inégal, faute d'un premier fonds solide de culture intellectuelle où asseoir ses idées, les élucider et les comparer. Ses inspirations sont pleines de hasard. Tout ensemble, il est travaillé de révolutionnaires désirs et imbu de préjugés classiques. Son génie le pousse aux expressions modernes, dont il se défie par abus de raisonnements, à telles enseignes qu'il s'affranchit d'une grande part des conventions en usage à la fois par instinctif besoin et, en quelque sorte, malgré lui. Il rêve de sujets abstraits et de réalisations concrètes ; il lui arrive de penser aux héros d'Homère en évoquant les soldats de quatre-vingt-douze et, tout ennemi qu'il est de l'art pour l'art, la mythologie le tente pour ses formes humaines en dehors de l'humanité. Sa passion du mouvement le fait héroïque ; son manque de sens légendaire le rend froid dans les données religieuses ; son respect de la vérité de l'être humain l'élève au plus haut degré de la statuaire iconique. Le voilà, si je ne me trompe, avec ses merveilleuses qualités et ses faiblesses, en face d'une réalité définie et d'un confus idéal.

Je n'ai pas le droit de me demander ce que nous eût légué François Rude sans les commandes à thèmes dûment spécifiés qui ont rempli ses années en le contraignant à se développer au profit de figures d'histoire. Quelque connaissance que nous ayons pu prendre de ses indécisions et de ses méprises intérieures, ses créations parlent trop haut pour que rien en puisse amoindrir l'émotion. Ne serait-ce que par l'élan imprimé à la matière et la souple précision restituée au modelé, la sculpture aurait connu des franchises nouvelles. Le haut-relief de l'Arc de triomphe marque nous l'avons dit, en dépit de ce qu'il y reste de flottant, la défaite du goût pseudo-classique. Les statues-portraits de l'auteur vont plus loin : elles proclament le droit de chaque génération à se traduire sous ses aspects réels. Lorsque Rude s'entreprend à la double caractérisation morale et physique d'un Louis XIII, d'un Maurice de Saxe, et surtout d'un Monge, d'un Bertrand, d'un Michel Ney, lorsqu'il se propose de manifester au moyen d'attitudes, de façons corporelles, de plis de vêtements, d'accessoires indicatifs, la profonde diversité des âmes, des milieux et des destinées, il poursuit la solution d'un problème supérieur, — l'authentique problème résolu, pour le vieux temps, par les Claus Sluter, les Jacques Morel, les Le Moiturier, les Michel Colombe, les tailleurs d'images bourguignons, flamands et français du xive et du xve siècle. Par dessus l'ère académique, sous l'impulsion de la race et au bénéfice de l'époque nouvelle, le loyal artiste renoue librement à « l'art de vérité » des aïeux. Et telle est, un jour, son audace qu'il entend particulariser, dans sa *Jeanne d'Arc écoutant les Voix*, les suprêmes exaltations nerveuses en une physionomie de visionnaire. Je ne donne pas, à coup sûr, cette statue comme sa plus parfaite ; j'affirme que l'initiative plastique ne peut aller plus loin.

A l'endroit de l'enseignement, Rude a trop appris à ses élèves à ne tenir compte que du modèle d'atelier qu'on pose à sa guise ; il ne les a pas assez induits à observer la vie qui passe en ses allures inépuisablement variées. Ses méthodes techniques ont de l'efficace ; ses théories esthétiques sont mêlées d'arbitraire et dénuées de certitude. On ne prend pas l'entière conscience de la nature en se bornant à l'étude du corps humain immobilisé dans un mouvement quelconque au gré de l'exécutant : il est essentiel d'avoir constamment les yeux ouverts à l'action des hommes en leurs milieux d'activité propre, sous l'influence des mœurs, des passions, des croyances, des événements, des surprises de l'existence. Ce n'est pas assez de modeler d'après le vif; d'après le vif également, l'artiste doit s'accoutumer à penser et à concevoir. A bien considérer les œuvres des grands antiques, comme celles, aussi, des grands gothiques, la même leçon souveraine en découle. Mais pour peu qu'on y réfléchisse, cette leçon ne ressort pas moins, de par la vertu d'irréductibles instincts, des statues-portraits de notre sculpteur. Réformateur des pratiques du métier, restaurateur de la juste interprétation plastique, il a, de plus, en marchant, montré dans quelle voie il sied qu'on marche. Par ses faux jugements, ses confusions et ses contradictions, plus sensibles aujourd'hui qu'elles ne l'étaient naguère, il est de son moment et, par ce qu'il concentre en ses créations, il appartient à l'avenir. L'école future à maints égards se recommandera de lui. Les Barye, les Carpeaux, tous les puissants, tous les affranchis des routines l'ont salué, le saluent et le salueront comme un initiateur et comme un exemple. Rude a rallumé parmi nous le flambeau sacré qui nous montre la vie en profondeur.

Ce flambeau, cinq cents ans déjà passés, un rare imagier le tint en cette ville de Dijon où naquit le maître du xixe siècle. J'ai souvent prononcé, au cours de ce livre, le nom vénérable de Claus Sluter; je veux revenir une dernière fois, pour conclure, au statuaire éclatant du duc Philippe le Hardi. Entre Rude et lui l'exacte différence se trahit, qui se remarque entre les temps réguliers, où tout se déduit, et les temps d'évolution, où tout se transforme. Sluter savait où il allait et, d'un seul foyer, il tirait la clarté de ses principes. Rude poussait devant soi dans le conflit des notions, guidé vers des buts opposés par des lueurs contradictoires, s'égarant et se retrouvant tour à tour. Ce qu'il y eut de décisif en Sluter fut sensible à tous ses contemporains. Ce qu'il y eut en Rude d'absolu et de fécond se débrouille à peine pour nous, à l'heure où nous sommes, des contingences de sa carrière et des troubles de son œuvre. Nous l'avons regardé vivre sous les influences historiques en lutte ; nous avons analysé les éléments de sa production et fait voir comment en ses plus beaux ouvrages, et par consciente fidélité à la nature, il s'est haussé de l'expression physique à l'expression morale. Puissent sortir de cette étude de salutaires réflexions ! Il est indispensable à l'artiste de se pénétrer du fort conseil de renouvellement qui monte sans fin des vieux chefs-d'œuvre, créés une fois pour toutes, mais pleins d'enseignement éternel. L'art vrai naît, en tout temps, de la vie réelle aux variables dehors, explorée, sentie, condensée. Lentes ou soudaines, des inspirations imprévues dérivent de nos rencontres ou du contact réitéré des choses. L'atelier permet, ensuite, de rectifier les données, de clarifier les indications, de vérifier les formes, de fixer patiemment ce qui est caractéristique et à retenir. Ainsi, pour toujours, le verbe essentiel s'imposera dans la matière soumise. Ni emprunt de formules, ni recherche systématique du sentiment ancien. Chaque maître doit continuer l'effort des maîtres antérieurs en se vouant à l'observation des êtres et des faits typiques tels qu'ils s'offrent dans l'évolution du milieu social. En un mot, c'est l'intime vérité du présent qu'il importera indéfiniment de traduire, afin que l'art conserve de génération en génération le secret de l'homme et que l'homme s'émeuve et s'éclaire, s'élève et s'affermisse en face de l'art.

Appendice.

DISCOURS PRONONCÉ PAR J.-B. DELESTRE, PEINTRE, SUR LA TOMBE DE FRANÇOIS RUDE, AU CIMETIÈRE MONTPARNASSE, LE 5 NOVEMBRE 1855.

Ce discours, publié en une brochure de six pages (Imprimerie de Gustave Gratiot, rue Mazarine, 30) au lendemain des funérailles de Rude, est la première en date des Biographies du maître. C'est un document d'un certain intérêt où l'on distingue, comme à leur source, quelques-unes des erreurs qui se sont, depuis accréditées, mais qui présente, aussi, le principe du groupement des faits avérés. A ces titres, il doit avoir place ici :

MESSIEURS,

Une grande existence artistique vient se terminer devant cette fosse béante ; elle ne doit pas se refermer avant qu'un adieu solennel n'ait été adressé à celui dont elle va recevoir la dépouille mortelle. Il a trop noblement vécu de sa vie de statuaire et d'homme de cœur pour que ce témoignage d'estime et d'admiration manque à cette manifestation imposante des regrets de ceux qui l'ont connu et ont su apprécier ses qualités personnelles et ses nombreux et importants ouvrages.

François Rude est né à Dijon le 4 janvier 1784. Il était fils d'un poêlier qu'il aidait dans la fabrication de cheminées dont il faisait son principal commerce. Jusqu'à seize ans, l'apprenti n'avait manié d'autre argile que celle dont on se servait dans la maison paternelle, il n'avait pas senti les premières inspirations d'un art dont il pouvait être plus tard l'un des plus habiles interprètes.

Ce fut à une distribution de prix de l'école dijonnaise que le génie de Rude s'éveilla. Cette institution avait été fondée par Devosge qui la dirigeait encore. Prud'hon en était sorti. Rude entra résolument dans cette académie. Plusieurs médailles vinrent successivement récompenser son zèle et ses progrès, et l'enlever définitivement à sa modeste profession.

Une paralysie mit le père de Rude dans l'impossibilité de continuer à subvenir aux frais d'étude de son fils. L'élève de Devosge redoubla d'efforts ; il se fit subsidiairement broyeur de couleurs chez des entrepreneurs de peinture en bâtiment, il trouva dans le salaire du manœuvre les moyens de faire vivre et étudier l'artiste.

Quelques bustes, et surtout celui de Monnier, dont Devosge lui avait obtenu l'exécution, placèrent Rude en évidence et lui valurent l'amitié de M. Frémiet, qui devint, pour le débutant, un protecteur, un ami, un père.

L'on était en 1806. L'Europe entière était soulevée ; la France appelait ses enfants ; la conscription atteignait Rude, que le numéro 2 du tirage auquel il prit part constituait soldat. Mais il pouvait aussi payer sa dette à la Patrie et s'honorer par d'autres services. M. Frémiet fournit les fonds nécessaires au remplacement de celui dont il avait pressenti l'avenir. Rude n'appartint donc pas à l'armée. Il se livra tout entier à l'exercice de son art et à son dévoûment pour son libérateur.

Ne voulant pas imposer de nouveaux sacrifices à sa famille adoptive, Rude, léger d'argent et riche d'espérances, se rendit à Paris. Il se présenta chez Denon avec des lettres de recommandation de Devosge, appuyées d'une figure de *Thésée ramassant un palet*. Le caractère original de cet essai frappa Denon, dont personne ne pouvait contester la compétence. Il fit entrer son protégé dans l'atelier de Gaulle et dans celui de Cartellier. Avec Gaulle, Rude eut l'occasion de travailler aux bas-reliefs de la colonne de la place Vendôme (1) ; Cartellier mit son élève en mesure

(1) Remarquons que Delestre ne spécifie pas les bas-reliefs dont il s'agit, ce qui laisse le champ libre aux conjectures.

de concourir utilement pour le prix de Rome. A son début Rude fut admis le premier en loge et mérita le second prix ; le premier fut décerné à Cortot, son émule.

Sobre, économe, infatigable, Rude employait à prendre chez lui des modèles, l'argent qu'il gagnait, afin d'étudier sans distraction et de mieux surprendre les lois de la construction humaine.

En 1812, Rude remporta le premier grand prix de sculpture et reçut le brevet de pensionnaire de l'École française à Rome. Une commande de bas-reliefs et de divers bustes mit obstacle au départ du lauréat (1). Puis 1814 vint ajouter de tristes pages à notre histoire. Rude eut honte. Il réclama l'ordre d'aller occuper sa place à l'École de Rome. Un grand événement se produisit alors. L'exilé de la Sainte-Alliance avait rompu son ban ; il rentrait en France. En présence de ce fait, Rude s'arrêta dans sa route. Enfin, la bataille de Waterloo termine la lutte suprême. M. Frémiet partit pour l'exil ; Rude le suivit et ne voulut plus abandonner dans l'infortune celui qui lui avait procuré à lui-même des jours meilleurs au temps de sa pauvreté.

Notre illustre peintre David subissait également à Bruxelles les mesquines rancunes de la Restauration. Il s'empressa de produire et de patronner le statuaire qui fut chargé d'orner la salle de spectacle, le fronton de l'hôtel de la Monnaie et la salle des États généraux (2). Une église de Lille possède une chaire à prêcher en bois,

(1) Ces assertions sont inexactes, Rude ne reçut pas le brevet de pensionnaire à Rome et ce n'est point « une commande de bas-reliefs, etc. » qui « mit obstacle à son départ ». La commande ne lui fut accordée au contraire que pour lui adoucir l'amertume de ne pouvoir partir.

(2) Des termes trop généraux induisent en confusions. Souvenons-nous que Rude n'a jamais été chargé d'orner ni la salle du Théâtre de la Monnaie, ni la salle des États. Il n'a que modestement coopéré à leur décoration par quelques ouvrages de détail comme les cariatides de la loge royale et les génies volants de la draperie du trône. Qu'on veuille bien consulter, ci-après, le *Catalogue historique et chronologique de l'OEuvre du Maître*.

offrant une figure en ronde bosse et un bas-relief (1) exécutés à cette époque par Rude dont les honoraires se versaient intégralement dans la caisse commune de la famille Frémiet.

Son chef n'avait qu'un moyen de s'acquitter dignement envers Rude. La main de mademoiselle Sophie Frémiet, élève de David et artiste distinguée elle-même, fut le prix de dévoûment et d'abnégation. Que ce nom de la compagne affectueuse du grand artiste, prononcé dans cette enceinte, soit un éloge à la mémoire de celui que nous pleurons !

Cette heureuse association du cœur et de l'art marque une nouvelle ère dans la marche ascendante de Rude. Pendant qu'il sculptait dans la résidence du prince d'Orange, à Tervueren, Mme Rude peignait les attiques du grand salon. L'œuvre de Rude dans ce palais se compose de huit bas-reliefs représentant la *Vie d'Achille* et d'un neuvième, la *Chasse du sanglier de Calydon*.

Rude revint à Paris en 1827. Le ministre de l'Intérieur d'abord lui confia plusieurs travaux. L'église de Saint-Gervais eut une *Vierge* en marbre. Un *Mercure*, fait dans cette même année, fut acquis plus tard. Le Musée de Marine s'enrichit d'un portrait de La Pérouse. C'est du restant du marbre employé à ce buste qu'est éclose la ravissante figure du *Petit pêcheur napolitain*, travaillée en plein marbre à la façon de Michel-Ange. Cette belle statue parut au Salon de 1832 (2). Depuis, elle a fait l'un des principaux ornements du Musée du Luxembourg ; elle suffirait seule à immortaliser le nom du maître.

Laissons défiler maintenant le brillant cortège de ses productions :

(1) Cette chaire de l'église Saint-Etienne de Lille est beaucoup plus riche en sculptures que Delestre ne l'a cru.

(2) Le *Petit pêcheur* n'a nullement été taillé en plein marbre « à la façon de Michel-Ange » ; il a été, au contraire, soigneusement mis au point d'après le modèle en plâtre exposé, non en 1832, mais en 1831, tandis que le marbre n'est que 1833. Nous avons déjà dit notre pensée sur la légende du « restant de marbre». Nous y reviendrons au *Répertoire historique et chronologique*.

Voici le bas-relief de la façade du palais des Députés.

Saluons de nos acclamations enthousiastes le *Départ des Volontaires en* 1792. Notre oreille entend encore le chant magique évoqué dans nos souvenirs.

Viennent ensuite :

Un *Mercure* en bronze pour M. Thiers ;

Une statue du *Maréchal de Saxe* ;

Un groupe en marbre, le *Baptême de Jésus-Christ*, dans l'église de la Madeleine :

Caton d'Utique, commencé par Roman ;

Louis XIII, en argent, appartenant à M. de Luynes ;

La statue de *Godefroy Cavaignac*, couchée sur son tombeau ;

Le monument de *Napoléon*, à Fixin (Côte d'Or) ;

La statue de *Monge*, pour la Ville de Beaune ;

La statue du *Général Bertrand*, dans la Ville de Châteauroux ;

La statue de *Jeanne d'Arc*, au jardin du Luxembourg :

Le Calvaire, à Saint-Vincent-de-Paul ;

La statue du *Maréchal Ney*, récemment érigée sur la place de l'Observatoire ;

La statue de *Poussin*, pour le Louvre.

Parmi les bustes exécutés par Rude, il faut citer ceux de Devosge, son premier maître ; de David, le peintre d'histoire ; de Jacotot, de M. Dupin aîné et de Mme Cabet.

A cette longue et brillante énumération, il faudrait encore ajouter les noms des disciples que leur réputation désigne comme les continuateurs de l'enseignement de Rude pour établir ses titres à la couronne que lui doit la postérité commençant aujourd'hui pour le grand statuaire. Grand, en effet, si l'on considère sa manière large et fière de rendre la nature à l'état de surexcitation dans son magnifique monument de l'Arc de triomphe de l'Étoile, et la souplesse du ciseau caressant les formes naïves du *Petit pêcheur napolitain*.

Dans presque toutes ses créations se retrouve cette conviction profonde d'une haute mission à remplir, cette étude consciencieuse du vrai ; cette recherche du beau dont le génie seul sait faire un constant usage.

Rude s'est éteint en songeant encore aux travaux qu'il était en train d'achever : l'*Amour dominateur du monde ;* une *Hébé*, d'un style gracieux et correct; et une tête de Christ pleine d'âme et d'expression.

Rude est mort le samedi 3 novembre à onze heures du matin, ayant l'âge du Poussin dont il était l'admirateur, et dont l'histoire présente plus d'une analogie avec celle que nous venons de résumer.

Son ami, le Dr Bassereau, avait laissé Rude plus satisfait de sa santé. Peu d'instants même avant d'expirer, le convalescent avait pris un léger repas, et s'entretenait avec son neveu de ce qui lui restait à terminer, quand un mouvement convulsif fit jeter à Rude une exclamation de douleur. Il ferma les yeux pour ne plus les rouvrir !

La main habile de Mme Rude nous a conservé les traits de son mari. L'héritage acquis à la famille est plus que modeste après une vie aussi laborieuse ; mais celui que va recueillir le pays qui l'a vu naître peut exciter l'envie des nations les plus favorisées par le génie des Beaux-Arts. Incapable de fléchir sous des considérations d'intérêt personnel, Rude fut toujours abordable et bienveillant pour celui qui venait le consulter ou faire appel à ses aspirations généreuses.

Messieurs, la terre sera légère à celui dont la trace est si fortement empreinte dans une carrière si longue et parcourue avec tant d'honneur, comme citoyen et comme artiste.

Puisse notre faible voix emprunter à l'écho de cette tombe assez de force pour être l'expression des regrets unanimes de la foule qui se presse à ces funérailles.

C'est dans cet esprit et avec le sentiment d'une douleur amère et d'une vénération profonde, que je lui adresse un éternel adieu.

Adieu Rude ! Pour la dernière fois, adieu !

Répertoire chronologique

HISTORIQUE ET RAISONNÉ

des œuvres sculptées ou dessinées par François Rude, conservées, égarées ou détruites, et des projets auxquels il a été mêlé.

§ 1. — Œuvres des débuts de l'artiste, exécutées a Dijon avant 1807.

1804. Buste de Louis-Gabriel Monnier, *graveur.*

Monnier, beau-père de Louis Frémiet, bienfaiteur de Rude, mourut à Dijon, le 28 février 1804. Une tradition que le sculpteur Darbois, ancien condisciple de Rude chez Devosge, né en 1785 et mort en 1861, professeur à l'École des Beaux-Arts de Dijon, certifiait véritable, nous apprend que le buste fut demandé à Rude par Frémiet, peu après la mort du graveur et sur l'indication de Devosge. Au banquet offert au maître par les artistes dijonnais, le 25 septembre 1847, au lendemain de l'inauguration du *Bonaparte* de Fixin, l'œuvre figura sur la table d'honneur (journaux du temps). J'ai lieu de croire qu'elle existe encore, mais je n'ai pas pu la découvrir.

1805. Génie tenant un cadran (?), *bas-relief, pierre (à l'Hôtel de Ville de Dijon).*

C'est un grand médaillon en pierre, au-dessus de la porte de la Cour dite de la Légion d'honneur, donnant sur la rue des Forges, à l'Hôtel-de-ville de Dijon. Au témoignage de M. Joseph Dietsch, qui avait particulièrement connu Darbois, cet artiste déclarait formellement *l'avoir vu faire à Rude.* Devosge le lui avait fait commander pour l'aider en sa détresse après la mort de son père (7 mars 1805). Cette sculpture, assez difficile à voir, à cause de l'étroitesse de la rue, est d'un style Empire très caractérisé, mais peu remarquable.

1805. Buste de Mugnier père, *terre cuite*.

Ce Mugnier était le père des frères Mugnier chez lesquels Rude travailla quelque temps comme ouvrier. Le portrait se trouvait, en 1888, chez M. Mugnier, arrière petit-fils du modèle, rue des Écluses-Saint-Martin, 47, à Paris.

1806. Le dévouement de Cimon, *dessin au crayon noir, d'après le tableau d'Anatole Devosge. Haut. 0^m,52, Larg. 0^m,62 (Musée de Dijon)*.

Le tableau de Devosge fils fut peint à Rome, en 1803, et exposé au Salon de 1806. Il appartient au Musée de Dijon depuis 1825, par achat du Conseil général de la Côte-d'Or. Rude n'a pu le dessiner qu'à Dijon et avant son départ pour Paris.

1806. Thésée ramassant un palet, petite figure, perdue.
— Lutteur au repos, déposant son ceste, *petite figure, marbre. Haut. 0^m,41, larg. 0^m,48 (Musée du Louvre, salle Thiers)*.

J.-B. Delestre (*Discours prononcé sur la tombe de Rude*) et le Dr Legrand (*Rude, sa vie et ses œuvres*, 1856) ont raconté que l'artiste, à son arrivée à Paris, en 1807, avait montré au baron Denon une petite figure de *Thésée ramassant un palet*. Ils tenaient cette anecdote de Rude lui-même, dans la conversation duquel elle revenait souvent, car tous ses élèves l'ont connue. La figure de *Thésée* ne se retrouve point. Au contraire, on voit, au Musée du Louvre, comprise dans le legs Thiers, une petite figure de *Lutteur au repos* signée et datée « F. Rude, Dijon 1806 » et dont personne n'a parlé. Faut-il admettre que les deux statuettes n'en fissent qu'une ? — Les partisans de l'identification allèguent qu'on est en présence d'un jeune athlète, en qui rien n'empêche de reconnaître un *Thésée* ; qu'on ne sait s'il dépose ou s'il ramasse son ceste et que ce ceste a pu être primitivement un palet, transformé, après coup, par le sculpteur, lorsque, tardivement, il exécuta l'œuvre en marbre. A ces conjectures, il est facile de répondre que le jeune athlète, représenté assis sur son manteau, paraît singulièrement las, comme à la fin d'une lutte, ce qui contrevient à l'idée de l'héroïsme d'un *Thésée*, telle qu'elle s'offre en soi-même à la sculpture et que cette lassitude, malgré l'ambiguïté du mouvement, ne permet pas d'interpréter le geste au sens d'un ceste ramassé pour une reprise du combat. — Divers arguments peuvent être invoqués encore contre la confusion des deux ouvrages. 1º Adolphe Thiers connaissait, comme tous les amis de Rude, l'histoire du *Thésée* présenté à Vivant Denon et pris par le surintendant des Musées pour la copie d'un antique ; or, jamais il n'y fit la moindre allusion à propos de son petit marbre. Il n'appelait l'œuvre que « *mon petit Lutteur de Rude* », qualification qui a

prévalu dans le *Catalogue de la collection Thiers, au Musée du Louvre,* rédigé par Charles Blanc et où le marbre est inscrit sous le numéro 131. Quelques mois avant la mort de Thiers, Charles Blanc me proposa de visiter la collection de l'homme d'État, place Saint-Georges. L'ancien président de la République nous reçut avec une bonne grâce exubérante, plein d'un juvénile enthousiasme pour ses objets d'art, qui avaient été « *la joie et la consolation de sa vie* » et nous raconta, devant la petite statue de Rude, comment il en avait, un matin, remarqué le modèle sur une planche dans son atelier. Il lui avait demandé, séance tenante, ce qu'il en comptait faire et, apprenant que l'artiste ne méditait pas d'en tirer parti, l'avait prié de traduire le plâtre en marbre pour sa collection. S'il s'était agi du *Thésée,* nul doute qu'il en eût immédiatement témoigné. — 2º Rude, dont les souvenirs étaient extrêmement précis à l'endroit de ses œuvres, ne variait jamais en son récit de sa première visite à Denon, au Louvre, et disait formellement lui avoir soumis un *Thésée ramassant un palet,* et non une autre figure. Peut-on croire qu'il confondit ce sujet avec un épisode tout différent ? — 3º L'hypothèse d'un changement essentiel en ce qu'il modifiait profondément la pensée de la composition est difficilement acceptable. Le jeu du palet ne comporte pas l'emploi du ceste. La première figure de Rude ne pouvait être armée de ces gantelets-brassards indiqués desquels l'un est encore fixé au bras droit du personnage du Louvre, tandis qu'il dépose l'autre à terre, d'un mouvement fatigué. Au cas où l'artiste, changeant l'idée même de son œuvre, aurait fait du palet ramassé un ceste déposé, il aurait dû bel et bien ajouter l'autre brassard. De plus, une figure assise et lasse peut déposer un instrument de joûte, mais non le ramasser. Enfin, la sévère probité de Rude, en toute matière et, spécialement, en matière d'art, n'eût jamais consenti à dater de 1806 une œuvre dont il ne se serait pas borné à copier scrupuleusement le modèle absolument terminé à cette époque, et qui n'était pas le *Thésée.* — 4º Deux des élèves du maître, Guitton et M. Emmanuel Frémiet, parent de Mme Rude et, actuellement, membre de l'Institut, m'ont dit, séparément, avoir vu, sur la cheminée de la chambre à coucher de la rue d'Enfer, une statuette à laquelle Rude tenait beaucoup et qui représentait « *un jeune homme s'inclinant vers le sol* ». Cette indication ne semble-t-elle pas se rapporter exactement au *Thésée,* perdu ou égaré depuis ?
— Suivant Max Legrand, la figure aurait été ébauchée en marbre, en proportion de demi-nature.

Ici se posent d'autres interrogations qui intéressent les curieux du menu détail de la chronique des œuvres. Rude, en arrivant à Paris, en 1807, a-t-il apporté ces deux figures avec lui ? — Je ne vois pas qu'il lui fût beaucoup plus malaisé d'apporter les deux modèles qu'un seul. Il n'est guère croyable que le second lui ait été envoyé de sa ville natale et il ne l'y alla sûrement pas chercher. Sa présence n'est signalée qu'en 1814 à Dijon, d'où les circonstances le jettent en Belgique par la voie des Ardennes. — Quelle raison lui a fait soumettre le *Thésée* à Denon de préférence à l'autre plâtre ? — C'est sans doute qu'il l'a trouvé plus commode à manier et à transporter au Louvre dans ses bras. — Pourquoi rappelait-il si souvent le trait relatif à ce *Thésée* et se taisait-il sur l'athlète se désarmant ? — Peut-être parce que la première audience du surintendant des Musées marquait, à ses yeux, le point de départ de sa carrière à Paris. Ses relations avec Thiers mêlaient, du reste, en sa mémoire, des souvenirs d'actes bienveillants et d'espérances insinuées et déçues sur lesquels il n'aimait pas à s'étendre. — Quand le lauréat du prix de 1812, pensant se mettre bientôt en route pour l'Italie, se dirigea vers la Bourgogne, en 1814, il dut laisser ses études en dépôt, soit chez son maître Cartellier, toujours excellent pour lui, soit chez un de ses camarades. Adolphe Thiers n'a point connu le *Lutteur* et, par conséquent, n'en a pas demandé le marbre avant 1828, époque où il est entré en relations avec Rude et où il lui a demandé une réduction de son *Mercure*.

Le petit *Lutteur* est, en conclusion, d'une authenticité parfaite et d'une bien autre franchise que les académies de l'artiste impressionné par l'enseignement parisien.

§ II. — ŒUVRES ET TRAVAUX DE RUDE DURANT SON SÉJOUR D'ÉTUDES A PARIS (JUSQU'EN 1814).

1. — Compositions et morceaux de concours à l'École impériale des Beaux-Arts.

Une seule pièce de cette série nous est parvenue : la figure de *Marius méditant sur les ruines de Carthage*, du concours pour le prix de Rome de 1809, donnée probablement par Rude lui-même à l'École des Beaux-Arts de Dijon, où elle se trouve encore.

Je me contente de relever, en ce qui suit, les titres des sujets des diverses épreuves auxquelles Rude a pris part de 1809 à 1812, sans revenir sur les particularités soulignées en notre chapitre VII « *Rude à l'École des beaux-arts* » — *(Archives de l'École nationale et spéciale des Beaux-Arts de Paris. Registres des procès-verbaux des séances de la classe des Beaux-Arts de l'Institut).*

1809. ALEXANDRE BUVANT LA MÉDECINE PRÉPARÉE PAR SON MÉDECIN PHILIPPE. Concours d'essai pour le prix de Rome.

1er essai (composition), 21 mars 1809 : Rude est classé n° 3. — Au 2e essai ou épreuve d'admission définitive (figure modelée), 1er avril : Rude est classé n° 7, en fin de liste.

1809. Marius méditant sur les ruines de Carthage. Figure en ronde bosse, 1 mètre de proportion, pour le grand concours. — Entrée des concurrents en loges : le 30 juin, Jugement de l'Académie : le 30 septembre, Rude obtient le second grand prix. (Le *Marius* est le plâtre possédé par l'École de Dijon.)

1810. La Douleur morale, tête d'expression pour le concours Caylus. Jugement rendu le 8 février 1810 : Rude obtient un second accessit.

— Orphée descend aux enfers pour y chercher Eurydice. Concours d'essai pour le grand concours. 1er essai le 20 mars : Rude est classé n° 9. Au 2e essai, Rude est classé n° 2.

— Le Lacédémonien Othriadès mourant au pied du trophée de victoire, figure en ronde bosse pour le grand concours. — Entrée en loges des concurrents le 30 juin, à 9 heures du matin. Jugement le 29 septembre.

1811. Isaïe annonce au roi Ezéchias sa mort prochaine : concours d'essai pour 1811. 1er essai le 19 mars : Rude est classé n° 1. Au 2e essai, le 30 mars, il n'est classé que n° 3.

— Mort d'Epaminondas après la bataille de Mantinée, bas-relief pour le grand concours. — Entrée en loges le 26 juin. Jugement le 28 septembre.

1812. L'attente mêlée de crainte, tête d'expression pour le concours Caylus. Jugement du 15 février : Rude obtient le prix.

— Chrysès, grand prêtre d'Apollon, vient redemander sa fille au camp des Grecs. Concours d'essai pour le prix de Rome. 1er essai, 16 mars 1812 : Rude est classé n° 1. — Au 2e essai, le 28 mars, il conserve le premier rang.

— Aristée pleurant la perte de ses abeilles, figure en ronde bosse pour le grand concours. Entrée en loges le 24 juin. Jugement le 26 septembre : Rude obtient le premier grand prix. — Ce plâtre a été détruit par Rude, à la fin de 1842, après son retour de son unique excursion en Italie.

2. — Œuvres et travaux de Rude en dehors de l'École des beaux-arts de 1807 à 1814.

1807-1810. Travaux a la Colonne de la Grande-Armée
(Place Vendôme, à Paris).

« *Rude, nous dit Delestre, eut, avec Gaulle, l'occasion de travailler aux bas-reliefs de la colonne Vendôme.* » Ainsi formulée, l'assertion mérite créance. — Reste à savoir à quelle partie du monument il a participé. Nous faisons des réserves expresses sur la tradition consacrée par Legrand (*loc. cit.*, p. 17) que « Rude, avec Gaulle, travailla aux bas-reliefs du piédestal ». On se rappelle, en effet, que le sculpteur de Langres était chargé, non de la décoration du soubassement, mais de l'exécution de plusieurs tronçons de la spirale, — en quoi, seulement, par suite, l'élève de Devosge a pu l'aider. — Le malheur veut qu'il nous soit impossible d'attacher le souvenir de cette collaboration à telle ou telle fraction déterminée de l'immense frise tournante, entièrement dessinée par le peintre Bergeret. C'est un fait connu que les différents statuaires eurent, non des commandes spécifiées, en rapport avec leurs aptitudes, mais des demandes d'interprétation sculpturale au mètre courant du carton général, silhouetté d'avance.

1811. Génie ailé immolant un taureau, petit, bas-relief, marbre
(Musée de Dijon).

Un génie à grandes ailes, les pieds chaussés de sandales, accroupi, presque agenouillé, brandit le couteau du sacrifice pour frapper un taureau dont il saisit le mufle en sa main droite. Sur un trépied orné de têtes de béliers, est posée une haute corbeille, pourvue, en guise d'anses, d'anneaux pendants et chargée de fruits. Le morceau, d'une facture soignée, mais sans aucune originalité d'invention ou de forme, porte la signature de l'artiste et la date de 1811. Il a été découvert en 1903 par M. Guimet chez un antiquaire lyonnais et offert aussitôt au Musée de Dijon (1903).

1812-1814. Modelage de bas-reliefs pour un obélisque a ériger sur le Pont-Neuf, a Paris.

L'ancien préfet du palais impérial, L.-F.-J. de Bausset parle du projet de dresser sur le terre-plein du Pont-Neuf, à la place de la statue d'Henri IV, abattue en 1792, *un obélisque de 150 pieds de haut, en granit, orné de bas-reliefs, d'inscriptions et de statues, en l'honneur de la Grande-Armée,* comme d'une idée de Napoléon en 1809 (*Mémoires de l'intérieur du palais,* t. IV, p. 198). — Nous savons, de plus que, vers la fin de l'Empire, Denon s'attacha fortement à l'accomplissement de ce dessein et le fait de l'invention de bas-reliefs pour le piédestal par le peintre Alexandre-Évariste Fragonard est avéré. — J.-B. Delestre *(Discours sur la tombe de Rude)* nous assure que l'artiste a été retenu à Paris jusqu'en 1814 « *par une commande de bas-reliefs* ». Or, on ne voit pas qu'il soit question, à ce moment, d'autres bas-reliefs que de ceux de Fragonard fils. — Max. Legrand *(loc. cit.*, p. 16) et Théophile Silvestre *(les Artistes français : étude sur Rude)* précisent nettement qu'il ne s'est agi que de la décoration de l'obélisque rêvé par Denon pour le Pont-Neuf. Ils ont, évidemment, raison. — Je ne sais jusqu'où a été poussé ce modelage d'intérêt secondaire, bien vite inutilisé par les événements et qui n'existe plus.

Rude paraît encore avoir exécuté à Paris, durant la même période, antérieure à 1814, les œuvres suivantes :

Bustes-portraits de la famille Ternaux *(signalés par Legrand)*.

Buste-portrait de Feuchot, marbre, grandeur nature *(appartient à la famille Pihan)*.

Buste-portrait de Delille.

Le Dr Legrand *(loc. cit.*, p. 127) compte ce dernier buste parmi les portraits exécutés par l'artiste à Bruxelles, entre 1816 et 1820. Il est malheureusement perdu ; mais, si le modèle n'était autre, comme on le croit généralement, que le poète Jacques Delille, mort à Paris, le 1er mai 1813, Rude a dû faire son œuvre en cette ville avant 1814. — Les recherches auxquelles je me suis livré pour savoir si, dans l'entourage plus ou moins immédiat du sculpteur, soit à Paris, soit, plus tard, à Bruxelles, s'est rencontré quelque homonyme du traducteur des *Géorgiques*, sont restées sans résultat.

Buste de Napoléon en empereur romain, *terre cuite, grandeur naturelle avec développement des épaules et coupé carrément à la base (Musée de Dijon)*.

Napoléon est représenté en triomphateur, revêtu d'une cuirasse à l'antique ciselée d'un aigle, un manteau à l'épaule, le front ceint d'une couronne de feuilles de chêne. Ce portrait au visage trop long, fait au seul point de vue des caractères généraux et de mémoire, n'a rien de commun avec le buste considéré naguère, au Musée de Gand, comme un ouvrage de Rude et sur lequel un simple nettoyage a dégagé la signature de Corbet. On est en face d'une œuvre de jeunesse, froide et classique, du grand sculpteur, mais d'une authenticité plausible. En 1850, elle appartenait à un ancien peintre-vitrier de la Ville de Dijon, nommé Faivre. Le sculpteur Darbois, ancien camarade de Rude à l'école de Devosge, et conservateur-adjoint du Musée, la reconnaissait sans balancer pour un original du maître. Il n'est pas impossible qu'il l'eût vu faire, car la présence de cette terre-cuite chez un ouvrier dijonnais au milieu du xixe siècle laisse supposer qu'elle a pu être modelée par Rude, dans sa ville natale, durant l'effervescence des Cent-Jours. C'est la seule sculpture qu'on puisse, sans invraisemblance, lui attribuer à ce moment.

§ III. — Œuvres et travaux de Rude en Belgique (1814-1827).

La chronologie des œuvres de Rude en Belgique ne peut être que partiellement établie, à cause de la rareté des documents. On n'a qu'une seule pièce de comptabilité relative à ses travaux pour des édifices royaux ou publics *(Quittance d'un acompte sur le prix de cariatides pour l'intérieur du théâtre de la Monnaie)*. Aucun morceau ne saurait (à moins de découvertes ultérieures) être daté avec certitude antérieurement à 1819. Une tradition bruxelloise, des plus recevables, que je tiens d'Alphonse Wauters, l'archiviste éminent et regretté de la ville de Bruxelles, veut seulement que, durant les premières années de son séjour au royaume des Pays-Bas, Rude se soit employé *à la journée ou à la tâche* pour des entrepreneurs et qu'il ait modelé quelques bustes de réfugiés français.

Il aurait fait, ainsi, de 1816 à 1820, les trois bustes cités par Legrand, de l'ancien conventionnel *Bonnet*, de *Villaine*, et de *Joseph Jacotot*. Bonnet l'avait présenté à David, qui le présenta à Van der Straeten, l'architecte du roi et du prince d'Orange. Sur Villaine, je n'ai aucun détail. Pour Jacotot, l'inventeur de la méthode pédagogique dite *universelle*, nous n'ignorons pas qu'il était Dijonnais de naissance et qu'il vécut à Bruxelles de 1816 à 1818, époque où il fut attaché à l'Université de Louvain, en qualité de *lecteur pour la langue française*. Les lettres de Mme Rude à Mme Moyne de Dijon, témoignent de relations étroites entre les Frémiet, Rude et Jacotot. Même après 1818, on se visitait de Louvain à Bruxelles. Jacotot, en 1830, se fixa à Valenciennes, d'où il revint à Paris dix ans plus tard et y mourut en 1840. Son portrait est demeuré à Valenciennes *(Société d'Agriculture, Sciences et Arts)*. Il nous montre le modèle encore jeune, la figure pleine, le menton doublé d'un bourrelet d'embonpoint, les lèvres un peu écrasées, les joues plaquées de courts favoris pareils à des tresses, les cheveux en mèches soulevées. Sa chemise à plis fins s'achève en un grand col de linge, sur lequel la cravate est mise de travers. Une grosse redingote à large et lourd collet l'engonce à la mode du temps. Si honnête que soit le morceau, il ne nous montre que trop combien l'art du portrait sculpté s'était affaibli depuis le xviiie siècle. La ville de Dijon en a fait exécuter un moulage, en 1894, pour son Musée. — Les deux portraits de Bonnet et de Villaine sont actuellement égarés.

J'ai fait des réserves sur le portrait de *Delille,* qui semble avoir été modelé à Paris avant 1814. Par malheur, ce buste ne se retrouve pas, ce qui rend, jusqu'à nouvel ordre, l'identification du personnage et, par suite, la détermination de l'époque d'exécution impossible.

Un autre problème se pose à propos d'un buste en plâtre de *François Devosge,* qui surmonte, au Musée de Dijon, un cénotaphe à la mémoire du fondateur de l'École des Beaux-Arts et du Musée de la Ville. Ce buste, accessoirement inscrit au catalogue (*édition de* 1883, p. 330, n° 1111), y est attribué à Rude. M. L. Gaitet, conservateur-adjoint du Musée, a relevé dans un Inventaire des collections municipales en 1830, dressé par Févret de Saint-Mesmin, conservateur en titre de 1817 à 1854, et dans une liste de donations faites de 1799 à 1847, de même provenance, la mention d'un buste de François Devosge par Rude « *don de l'auteur en* 1820 ». La matière de l'ouvrage n'est pas spécifiée ; mais le portrait du cénotaphe peut seul être en cause. Il faudrait donc, si l'assertion était reconnue exacte, compter ce plâtre parmi les productions du statuaire en Belgique et lui assigner la date de 1819 à 1820. Seulement, le morceau en question est-il bien de Rude ? — Sans contredit, l'affirmation, deux fois répétée, d'un aussi honnête homme que Saint-Mesmin, en meilleure situation que personne pour avoir connu, dès le principe, l'origine de l'objet mérite qu'on s'y arrête ; mais l'homme le mieux intentionné et le plus sincère, écrivant de mémoire, à distance des faits, sans avoir tenu au jour le jour un registre des enrichissements du Musée, risque de commettre des erreurs. Aucune lettre d'envoi, aucun document original susceptible d'être invoqué à l'appui du dire de Saint-Mesmin ne se retrouve. Au contraire, tout un dossier existe, aux Archives du Musée même *(Fonds Devosge),* relativement au buste en marbre commandé à Rude par Anatole Devosge vers 1830, et, non seulement il n'y est fait nulle part la moindre allusion à un buste antérieur, mais il ressort très nettement des textes que le sculpteur évoque les traits de son ancien maître pour la première fois. Quoi de plus significatif, par exemple, que cette phrase de Mme Rude, dans sa lettre du 23 juillet 1829 à son parent, Anatole Devosge : « *Ce sera pour Rude une occupation bien douce de retracer à ses compatriotes les faits de celui dont le nom ne sera jamais prononcé qu'avec vénération* et dont nous conservons tous le souvenir le plus tendre ». Lorsque, bien plus tard, le maire Victor Dumay, le 20 novembre 1846, priera le maître, au nom du Conseil municipal, d'entreprendre pour la Ville un ouvrage qui sera le groupe *Hébé et l'aigle de Jupiter*, il lui écrira incidemment ces mots non moins notables : « Votre talent, n'est représenté, au Musée, que par un buste, *précieux il est vrai, par les traits qu'il reproduit, mais qui, à lui seul est insuffisant pour caractériser son auteur*... » *(Archives de l'Hôtel-de-Ville, affaire de l'Hébé).* Admettra-t-on qu'il y eût, en 1846, deux bustes de Rude, dans les Galeries de la Ville, et que l'un des deux fût totalement oublié ?... — J'ajouterai que l'œuvre est d'une facture particulière, plus rapide et plus chiffonnée que celle de notre auteur, et qu'elle ne saurait être considérée comme le modèle primitif de ses deux bustes de Devosge, l'un terminé en 1836 et l'autre en 1855, tous deux entrés au Musée de Dijon. Les cheveux et la draperie ont, au vieux plâtre, une disposition étrangère à celle des deux marbres et l'aspect est fort différent. — Enfin, M. L. Gaitet se souvient d'avoir entendu le sculpteur François Dameron, professeur à l'École des beaux-arts de Dijon, soutenir que le buste du cénotaphe était, non de Rude, mais de Nicolas Bornier, élève de François Devosge et lui-même, professeur de sculpture à l'École de 1808 à 1829 (1). Je ne sais sur quels arguments ou sur quelles traditions se fondait sa thèse, mais la comparaison des œuvres de Bornier présentes au Musée (notamment le buste en marbre de *Louis-Joseph de Bourbon, prince de Condé*, exécuté en 1818) ne lui prête aucun appui. — Nous ne pouvons être, en fait, que devant le buste d'Attiret (2), inauguré, malgré Devosge, dans une des salles de son école en décembre 1800, d'après le *Journal de la Côte-d'Or* du 15 frimaire an IX et dont la présence au Musée est mentionnée à la date de 1822 dans la *Guide des Voyageurs à Dijon* de Noëlat. — Je dois, en conclusion, rejeter l'attribution à Rude du plâtre du cénotaphe. Il n'appartient ni à sa période belge ni à aucune période de son existence (Voir § IV : « Œuvres et Travaux de Rude a Paris, sous Louis-Philippe, 1829-1836 : *le premier buste en marbre de François Devosge* » et § VII : Œuvres et Travaux sous Napoléon III : 1854-1855 : *le second buste du même.*

Rude a fait, en Belgique, un certain nombre de morceaux ou d'ensembles que certaines indications tirées de documents divers

---

(1) Nicolas Bornier, né à Bourberain, canton de Mirebeau (Côte d'Or), fut pensionné des États de Bourgogne à Rome en 1789. Il est mort à Dijon en 1829.
(2) Claude-François Attiret, sculpteur extrêmement distingué, élève de Pigalle, né à Dôle en 1728, mort dans la même ville en 1804.

nous permettent de dater et beaucoup sur lesquels tout renseignement précis nous fait défaut. Nul souvenir écrit ou traditionnel ne nous laisse deviner, par exemple, dans quel ordre il a exécuté ses sculptures décoratives du palais du roi Guillaume Ier, du palais du prince d'Orange, du palais des Etats-Généraux et du Concert noble. A plus forte raison les données nous manquent pour fixer l'époque d'exécution de ses cariatides des portes d'entrée de l'hôtel de Liem et de l'hôtel de Boughom. Dans sa lettre du 5 juillet 1819, Sophie Frémiet dit à son amie Cécile Moyne, à Dijon : « *Monsieur Rude a quelques ouvrages à faire* », ce qui montre qu'il est encore très peu occupé. C'est, à ce qu'il semble, le moment où il entre en relation avec l'architecte du roi Van der Straeten, auquel, suivant la propre expression de Mme Rude « *il devra tous ses travaux* » (lettre du 15 avril 1825). En effet la progression de ses occupations est constante.

En ce qui touche les édifices royaux, il est à croire que le sculpteur a travaillé, d'abord, pour le palais du roi. Les décorations dont il y est chargé n'ont pas grande importance, mais Rude racontait qu'on lui avait donné un atelier dans l'enceinte des nouvelles constructions (cf. *Legrand*, p. 35) et qu'il y avait fait, en particulier, le fronton de l'Hôtel des Monnaies, commandé par Van der Straeten et dont nous savons la date (1823) par une lettre de Mme Rude. Or, à cet instant, il a, comme on va le voir, d'importants et absorbants travaux pour Tervueren. Il devient donc licite de conjecturer que des sculptures pour les palais de ville du roi et du prince d'Orange, pour le palais des Etats-Généraux et même pour le Concert noble, sont presque toutes terminées et posées. Seulement, nombre de ces morceaux ont pu être exécutés concurremment et quelques-uns, par exception, ont pu n'être demandés que plus tard. Il nous est impossible d'arriver à plus de précision.

Dans l'état de la cause, nous cataloguerons, en premier lieu, les ouvrages sur lesquels nous avons des indications chronologiques et nous donnerons ensuite l'inventaire des autres. Chemin faisant seront signalées, les études dessinées par Rudes pour telle ou telle de ses compositions et d'identification au moins à peu près certaine. Toutefois, beaucoup de ces feuilles volantes se rattachent à des sculptures détruites, perdues ou simplement projetées. Le mieux sera, par conséquent, d'énumérer à part ces croquis mystérieux, à la fin du relevé des œuvres du maître exécutées en Belgique.

1. — Œuvres dont la date est établie.

1819. DEUX CARIATIDES EN PLATRE POUR LA LOGE ROYALE, AU NOUVEAU THÉATRE DE LA MONNAIE (*Damesme, architecte*).

Les Archives de l'Hôtel-de-Ville de Bruxelles possèdent la quittance de Rude, en date du 23 janvier 1819, que l'on connaît déjà, mais qu'il convient de relire : « *J'ai reçu de M. l'échevin Graindel la somme de 90 francs à compte de mon engagement pour les cariathydes que je dois fournir pour le spectacle royale* (sic). *F. Rude, sculpteur.* » (*Pièces de comptabilité, Acquits à l'appui des comptes de 1819*). Rude n'a pas encore livré ses cariatides puisqu'il énonce « qu'il doit les fournir ». Il semble que le travail lui ait été demandé depuis peu. Les deux figures, de grandes proportions, destinées à l'intérieur du théâtre et dont le plâtre avait à recevoir de la dorure, ont dû être conduites très rapidement puisque l'inauguration de la salle a eu lieu, officiellement, le 26 mai 1819 avec une représentation de la *Caravane du Caire*, de Grétry. En tout cas, au mois de juillet, il ne reste plus rien à faire. Sophie Frémiet écrit le 5 juillet : « *Notre nouvelle salle de spectacle est terminée ; elle est magnifique. Nous y sommes allées mercredi pour la première fois.* » — Les cariatides de Rude ont disparu.

1819. APOLLON ET LES MUSES, *projet de fronton pour le Théâtre royal de la Monnaie*, dessin. (*Collection G. Joliet*, à Dijon).

La tradition affirme que l'architecte Damesme avait demandé au sculpteur une esquisse pour le grand fronton du monument. Le fait nous est confirmé par le dessin de la collection Joliet, dont on n'a jamais fait mention. Apollon, dieu de l'harmonie, est debout, au centre, avec le cheval Pégase devant une sorte de bois serré. A ses côtés se rangent, en petits groupes, les Muses et des Amours. Les parties de la composition sont mal liées. L'œuvre aurait exigé des modifications importantes. Elle n'a pas été exécutée.

1819. BUSTE DU ROI DES PAYS-BAS GUILLAUME Ier.

Rude rappelait volontiers que, surpris de la faiblesse des bustes du roi par les sculpteurs belges, il en avait modelé un sans avoir vu le souverain autrement qu'au passage et qu'il l'avait envoyé à la reine. « On ne lui en avait même pas, ajoutait-il, adressé un remerciement. » (Voir brochure du docteur Legrand.) En septembre 1819, il put entreprendre un second portrait du monarque en de meilleures conditions, par l'entremise de Van der Straeten. Sophie Frémiet écrit le 10 septembre à Cécile Moyne : « *Monsieur Rude travaille au buste du roi ; il a eu trois séances, ce qui est très avantageux pour lui. Il a fait un bien beau buste, et que tout le monde admire.* » Le 20 décembre, elle revient sur le même sujet : « *Le roi a posé pendant trois jours et des séances de deux heures, de manière que le buste est bien fait et bien ressemblant. Il est pour les Etats-Généraux. M. Rude en a déjà placé plusieurs pour des établissements publics et pour des particuliers.* » L'exécution en marbre n'a dû être effectuée qu'en 1823. C'est évidemment du marbre que parle Mme Rude, dans sa lettre du 21 décembre de cette

année, et non d'un nouveau buste qui n'a jamais été entrepris :
« *Rude vient de faire le buste du roi pour les États-Généraux ; il est superbe, et tout le monde dit que c'est son plus bel ouvrage.* » L'œuvre a péri dans un incendie ; mais un exemplaire du portrait (sans doute une des épreuves *placées* par Rude dès 1819, *pour des établissements publics et pour des particuliers*) a été recueilli au musée de Gand. On l'a moulé pour le musée de Dijon.

1820. Médaillon-portrait du peintre Louis David *(étude pour une médaille offerte par Gros à son maître en 1821. — Modèle disparu)* (?).

Le fait de l'exécution d'un médaillon de David par Rude avait été révélé au docteur Legrand par Mme Rude. Voici, toutefois, ce qu'on lit dans l'ouvrage de M. J. L. Jules David « *Le peintre Louis David... par son petit fils* » (Paris, 1880, p. 578) : « *Au mois de novembre 1821, Gros vint à Bruxelles... Il offrit alors le précieux cadeau qu'il avait préparé : une médaille d'or portant d'un côté, l'effigie du maître, et, sur le revers, cette devise : « L'École française reconnaissante », et, entre des palmes, l'inscription suivante : « Les Sabines, Léonidas, placés au Musée par la Munificence du roi, MDCCCXXI. »* ...*Gros seul avait eu l'idée de cette médaille. Il en avait confié l'exécution à Galle, graveur en médailles, son collègue à l'Institut, et l'avait aidé de ses souvenirs pour le portrait de David... Gros ne fit qu'un très court séjour à Bruxelles. Il s'entendit avec un monnayeur de cette ville pour la frappe des autres médailles de bronze, car le coin de Galle avait été envoyé de Paris.* » Jules David avait sous les yeux les lettres et papiers trouvés chez son grand-père et personne ne connaissait mieux les traditions de sa famille. Or, il ne prononce pas le nom de Rude en cette occasion. Mme Rude ne fait pas non plus, dans sa correspondance, la moindre allusion à ce médaillon, alors qu'elle s'étend si volontiers sur son maître David, antérieurement à 1823, et elle nous parlera, par la suite, avec complaisance, du buste de l'auteur du *Couronnement à Notre-Dame*, modelé en 1826 par son mari. Le médaillon fait par Rude en 1820 n'a pu être, au total, qu'un document préparatoire, peut-être demandé par Gros, en vue du travail de Galle.

Il est vrai que Jules David, en sa liste des portraits représentant son aïeul (*op. cit.*, p. 624) attribue à Rude le médaillon en bronze décorant, à Paris, au cimetière du Père-Lachaise, le tombeau de Mme Louis David, où l'on déposa, auprès d'elle, le cœur du vieux maître enterré à Bruxelles. Mais cette effigie, qu'il date de 1825, paraît être non de Rude, ni de Galle, mais d'Edme Dumont ou d'après son modèle(1). Elle a été gravée en 1879 par Dubouchet

(1) Jacques-Edme Dumont, né à Paris en 1761, mort dans la même ville en 1844.

pour le frontispice du livre du petit-fils du peintre, sans doute d'après un autre document que celui du cimetière, mais entièrement conforme, et avec le nom du véritable auteur. — Cf. L. Normand : *Monuments funéraires*, pl. I. — Le travail de M. Jouin : *Sépultures historiques des cimetières parisiens* (*Inventaire général des Richesses d'art de la France, Monuments civils de Paris*, t. III) contient de ce bas-relief iconique une description très exacte, mais sans attribution. En tout cas, le médaillon que Rude a pu modeler, non pas en 1825, mais en 1820, et qui aurait servi de document à Galle, et par l'intermédiaire de sa médaille, à Dumont, est perdu.

1823. FRONTON DE L'HÔTEL DES MONNAIES.

« *Rude vient de terminer un bas-relief pour l'Hôtel des Monnaies* » (Lettre de Mme Rude du 4 mai 1823). Ce « bas-relief » ne pouvait être que le modèle du fronton (deux figures féminines allégoriques allongées des deux côtés d'un écusson) qui fut exécuté en pierre. L'ouvrage fut complété par deux bustes de Mercure et de Vulcain, dressés à droite et à gauche. — Cet ensemble (fronton et bustes) a été démonté avec soin, lors de la démolition de l'hôtel. Il est aujourd'hui au Musée d'art décoratif et monumental de Bruxelles. On n'y voit rien que d'assez banal.

1823. LA CHASSE DE MÉLÉAGRE, bas-relief en pierre.

L'HISTOIRE D'ACHILLE, *huit bas-reliefs en plâtre pour le château de Tervueren* (*chaque bas-relief mesure en hauteur* 1^m,12, *en largeur* 2^m,15).

Le château de Tervueren est construit par le même architecte que l'Hôtel des Monnaies (Van der Straeten). Le 4 février 1823 Mme Rude écrit : « *Rude a toujours beaucoup d'ouvrage ; il travaille pour le château qu'on bâtit à Thervuren* (sic) *pour le prince d'Orange. M. Van der Straeten, architecte du roi, est un homme de mérite, qui sait apprécier le talent et qui estime beaucoup Rude.* » Le 4 mai, elle reprend : « *Rude fait beaucoup de sculptures pour le palais de Tervueren.* » Le 23 décembre elle est plus explicite : « *...Rude fait pour la façade un bas-relief représentant la chasse du sanglier de Calydon. La rotonde, qui est la plus belle pièce du château, est garnie de huit bas-reliefs représentant les principales actions de la vie d'Achille. Il a encore différents autres ouvrages dans d'autres pièces ; tous lui ont valu les plus grands éloges.* » Ces textes font foi que la confiance de Van der Straeten lui était acquise de longue date, qu'elle l'avait mis hors de pair, que nombre de morceaux sortis de son atelier, — notamment les huit épisodes de l'*Histoire d'Achille* — se trouvaient en place avant le 1er janvier 1824, et que, tout au moins, la composition de la *Chasse de Méléagre* était arrêtée et en cours d'exécution. Nous verrons, plus bas, quels pouvaient être les « différents autres ouvrages en d'autres pièces » ? Mais, préalablement, y a-t-il lieu d'inférer des lettres de Sophie Rude que tout fût terminé? Sur ce point sa correspondance prolongée suffit à nous éclaircir. Sous la date du 15 avril 1825, voici ce que nous y lisons : « *L'architecte du roi, duquel Rude tenait tous ses travaux, a été destitué. Tu dois te faire une idée de nos inquiétudes sur ce qui pouvait en résulter pour nous. Il a été longtemps sans être remplacé; enfin, les nominations sont faites... Les travaux qui étaient commencés et qui devaient encore occuper Rude une année seront continués...* » Le 15 décembre 1826, alors que le voyage à Paris est formellement décidé, elle apprendra à son amie qu'ils ne partiront qu'au commencement de l'été 1827, « *Rude ayant encore quelques travaux à terminer* ». Si largement qu'on veuille comprendre ces paroles, elles attestent, par leur rapprochement avec tout ce qui précède, que le maître a eu de l'ouvrage à Tervueren presque jusqu'à la veille de son retour en France.

Les huit bas-reliefs de l'*Histoire d'Achille*, prévus, à l'origine, pour une interprétation en marbre, mais, en fait, utilisés en plâtre, purent être montés promptement aux murs de la rotonde et durent s'accompagner tout de suite des têtes, figures et ornements du plafond. J'ai dit, incidemment, que les huit sujets, ravagés par l'incendie, ont été moulés, bien qu'à grand'peine, avant de disparaître, pour le Musée d'art décoratif et monumental de l'Etat belge. Ils se déroulent dans l'ordre suivant : 1° *Achille enfant plongé dans les eaux du Styx*; 2° *Achille, élevé par le centaure Chiron, s'attache à une lionne*; 3° *Achille parmi les filles de Lycomède*; 4° *Briséis est séparée d'Achille, sur l'ordre d'Agamemnon*; 5° *le corps de Patrocle est rapporté au camp des Grecs*; 6° *le combat d'Achille contre Hector*; 7° *Achille, sur son char, traîne le cadavre d'Hector autour des murs de Troie*; 8° *Priam aux pieds d'Achille*. — La suite complète des dessins préparatoires de cette Achilléide, est à Dijon, dans la collection Joliet.

Pour *la Chasse de Méléagre*, encadrée de deux trophées de chasse, sa traduction en pierre, sur la façade en portique du château, fut nécessairement longue. Alphonse Wauters avait recueilli ce souvenir d'un vieil habitant de Tervueren que « la sculpture était restée très longtemps cachée derrière un échafaudage et que M. Rude y venait souvent travailler lui-même ». Wauters pensait *qu'elle n'était certainement pas découverte en 1824.*
— Une suffisante empreinte en a été prise, ainsi que des deux trophées après l'incendie du château qui en avait rendu la conservation impossible. Le portefeuille Joliet contient toute la série des cartons du vaste bas-relief. Plusieurs sont des dessins au crayon sur papier ordinaire. D'autres sont des calques. Un calque de la composition existe également, à Bruxelles chez Mme Prinz née Feignaux, fille de Feignaux, l'un des élèves préférés de Rude en Belgique. Ce calque, attribué à l'élève, ne diffère en rien

de ceux du maître, sous les yeux et la direction duquel il a été fait.

Les autres éléments décoratifs du fait de notre sculpteur sur la résidence d'été du prince d'Orange étaient : 1º au vestibule, une frise de génies enfants portant des guirlandes de fleurs et de fruits ; au salon d'honneur, des attributs militaires et les têtes de Romulus et de Rémus, décorant la frise, et une cheminée ornementale en marbre ; 3º au-dessus des portes de la salle à manger, des génies tenant un cartouche. — Rien ne s'oppose à ce qu'une partie de ces motifs, tous en plâtre, hors la cheminée du grand salon, fût posée vers 1824 ; mais les preuves nous font défaut. — Deux dessins de recherche pour deux de ces ouvrages nous sont parvenus : une frise d'*Amours* portant des guirlandes et jalonnée de bucranes et un projet de grande cheminée décorée de feuillages, d'armes, de masques et de médaillons (Collection Joliet).

1824. Chaire a prêcher en bois pour l'église Saint-Etienne de Lille (Haut. des grandes figures : 2^m,50).

Le plan de la chaire a été donné par Verly, architecte, lequel s'était probablement chargé de s'entendre avec Rude pour les figures, et avec un autre artiste pour les ornements et les draperies de l'abat-voix. Cet artiste fut l'ornemaniste lillois Huidiez. Traité fut conclu le 25 janvier 1825 entre les marguillers et le menuisier de Lille Désiré Buissine pour toute la menuiserie, conformément aux dessins techniques de Verly, annexés à l'acte, et moyennant 3 325 francs. Le contrat ne mentionne ni le nom de Rude, ni le nom de Huidiez et les feuilles dessinées par l'architecte se restreignent à la construction.

Des traités particuliers ont donc été conclus avec le sculpteur et l'ornemaniste, payés en dehors du budget de la Fabrique. — Il est certain que Rude est venu à Lille, au cours de l'année 1825, poser ses statues (Archives du bureau des marguilliers de l'église). — L'apport du sculpteur consiste en deux grandes figures de *la Foi* et de *l'Espérance,* au soubassement ; un bas-relief de *saint Étienne* lapidé sur la cuve ; un archange volant et deux anges soutenant les draperies sculptées du couronnement.

Le dessin original du bas relief « *La lapidation de Saint-Etienne,* » au crayon noir, figure dans la collection Joliet.

1824-1825. Plafond de la Bibliothèque de l'hotel d'Arenberg, *(détruit par un incendie).*

Une lettre de Sophie Rude du 6 novembre 1824 nous dit qu'elle travaille pour la Bibliothèque du duc d'Arenberg, et que ses peintures l'occuperont tout l'hiver. Bien qu'elle ne fasse aucune allusion aux ornements du plafond confiés à son mari, les comptes de la Maison ducale pour 1825 nous certifient que les deux époux travaillèrent en même temps. Elle peignit, moyennant 1500 francs, trente figures allégoriques sur les glaces des armoires à livres (*Droit ancien, Philosophie, Histoire sacrée, Histoire profane, Poésie, Roman,* etc.). La plupart de ces sujets ont été conservés, soit dans la Bibliothèque elle-même, soit au château de Héverlé, près Louvain, où elles ornent le cabinet de M. le duc d'Arenberg, qui a eu la rare bonne grâce de les faire photographier pour moi. — On peut, je crois, considérer les quatre dessins de Rude suivants de la collection Joliet comme des compositions-projets en vue de son décor sculpté : un *Génie féminin assis, couronné, les seins nus, déroulant un phylactère,* (l'Histoire) ; une *Femme élevant un rouleau ou volumen de parchemin* ; un *Amour à genoux entassant des rouleaux dans un cylindre* ; un autre *Amour, une trompette à la main, près d'un chapiteau*. Mais qu'en a-t-il exécuté ? Les Comptes mentionnent simplement qu'il a touché, en 1825, 500 francs « pour une copie en bas-relief, en plâtre, du Zodiaque de Denderah au plafond de la Bibliothèque » (*Communication de M. Édouard Laloire, archiviste du Palais d'Arenberg*).

1826. BUSTE DE LOUIS DAVID. (*Modèle en plâtre, disparu*).

Ce portrait fut entrepris par le maître, après la mort de David, sur le désir de ses héritiers. M⁽ᵐᵉ⁾ Rude en parle ainsi, à la date du 8 mai 1826 : « *Rude vient de terminer le buste de M. David, dont il a été chargé par la famille. Les fils lui ont dit que c'était le plus beau portrait qu'on ait fait de leur père. Je crois qu'il l'exécutera en marbre pour la famille David.* » L'histoire de ce buste est curieuse. Nous savons qu'après une longue intimité, il y avait eu brouille complète, en 1822, entre les Frémiet, les Rude et le peintre du *Couronnement à Notre-Dame*. Sophie Rude en touche un mot discret, mais assez vif à Cécile Moyne, le 4 février 1823 : « *Je ne t'avais pas parlé de notre rupture avec M. David parce qu'il y a des détails qui ne peuvent s'écrire.* » Le 21 décembre de la même année, elle montre, en passant, que la situation ne s'est pas détendue : « *Lorsque j'ai fait mon tableau d'*ANTHIA*, les artistes et presque toutes les personnes qui ne me connaissaient pas pensaient que ce tableau était de M. David... M. David ne venant plus à la maison, on n'a pas manqué de dire que je ne pourrais plus rien faire...* » La brouille, motivée par une raison énigmatique, est sérieuse au point de durer jusqu'à la mort de l'intraitable maître, survenue le 29 décembre 1825. Ce n'est qu'alors que Rude, cédant à l'entraînement de son admiration et à ses souvenirs, a cru devoir faire une démarche de sympathie auprès de ses enfants. On ne nous dit pas qu'il ait procédé lui-même au moulage de la face, mais il est avéré qu'il a moulé la main droite de l'illustre peintre, et ce seul fait rend au moins vraisemblable l'accomplissement total par ses soins de la funèbre opération (1). La demande et l'exécution du buste consacrèrent, en quelque sorte, la réconciliation longtemps différée. Le jour de la translation du cercueil de David du caveau d'attente de l'église Sainte-Gudule au tombeau définitif du cimetière de Saint-Josse-ten-Node, le 11 octobre 1826, Rude fut considéré et se considéra comme un des élèves de l'exilé et porta l'un des coins du poêle ou drap mortuaire des disciples. (Cf. J.-L. Jules David, *op. cit.*, p. 610). — Le buste dut être, d'abord, coulé en bronze ; l'épreuve originale était, en 1880, la propriété de Jules David lui-même. Il y eut, ensuite, un exemplaire en marbre, mais, à ce qu'il semble, taillé seulement à Paris, en 1829 ou 1830 et dont nous nous occuperons à sa date. C'est celui qui figura au Salon de 1831. Il n'appartint jamais aux héritiers du peintre des *Horaces* et il est arrivé au Musée par des voies que nous dirons. On ne peut compter comme buste de David fait par Rude à Bruxelles que le modèle en plâtre, perdu depuis la mort du sculpteur, et d'après lequel put être fondu l'exemplaire en bronze, possédé par l'auteur de *Louis David, ses œuvres et ses élèves* (Voir, plus loin, au § IV : « Œuvres et travaux de Rude à Paris jusqu'à la fin de la Restauration » et au § V « Œuvres et travaux sous Louis-Philippe » ce qui regarde le premier et le second bustes en marbre de Louis David).

Là s'arrête la série des œuvres susceptibles d'être datées à l'aide de documents. Passons, maintenant, l'aperçu des autres, toutes exécutées, du reste, de l'année 1818 au printemps de 1827.

2. Œuvres dont la date précise n'est pas établie.

PALAIS DU ROI GUILLAUME Ier :

Vestibule : *Armes des Pays-Bas*. — Escalier particulier : *Ornements et emblèmes du Commerce et de l'Agriculture au plafond*. — Salle des Fêtes : *Frises de guirlandes et de figures allégoriques, telles que le Commerce, la Navigation, l'Abondance, la Vérité...* — Salle de Bal : *Frise d'amours musiciens*. — Chambre de la Reine : *Cheminée en marbre à gaines sculptées de bas-reliefs, surmontées de têtes couronnées de fruits, de fleurs et de feuillages, portant une frise d'amours sur des dauphins.*

---

(1) « On fit mouler la tête du défunt, et son élève Rude prit, comme un précieux souvenir, l'empreinte de sa main droite. » (J.-L. Jules David, *op. cit.*, p. 607). — Le docteur Legrand fait allusion à la main moulée toujours conservée par Rude, dans une note de sa brochure de 1856, p. 52.

Nous voyons, à Dijon, dans la collection Joliet, une quinzaine de dessins ou calques de Rude, à l'encre ou au crayon, quelquefois au crayon relevé d'encre, ayant rapport à ses travaux du palais. A savoir :

1° Quatre figures allongées, aux attitudes symétriques, disposées en sens contraire pour décorer, deux par deux, des couronnements contournés de hautes portes :

a : Personnage barbu, d'un type qui fait pressentir le guerrier du premier plan du groupe de l'Arc de l'Etoile, tenant un grand vase.
b : Figure correspondante, tenant un pan de draperie. — Ces deux figures constituent, sans doute, une allégorie du *Commerce*.
c : Figure ailée, tenant un gouvernail. *(La Navigation.)*
d : Autre figure ailée, tenant un bouclier vu de revers.

2° Six motifs allégoriques cherchés pour la Salle des Fêtes :

e : Femme tenant un aviron, assise devant un navire chargé de ballots. *(La Marine marchande).*
f : Femme tenant un caducée. *(Le Commerce).*
g : Génie féminin, la robe serrée par une double ceinture, assise sur des étoffes.
h : Jeune femme à la Prudhon, une écharpe s'envolant de sa main et flottant par dessus son épaule, auréolée d'étoffes volantes, tenant un miroir entouré de serpents. *(La Vérité).*
i : Femme étendue avec les attributs de l'*Agriculture*.
j : Génie ailé, allongé, tenant une draperie pleine de fleurs.

3° Cinq motifs cherchés pour la Salle de Bal :

k : Génie ailé, appuyé à une cithare posée sur son genou droit. *(La Musique).*
l : Génie ailé, les jambes croisées, tenant un luth orné d'une palme, d'une couronne et d'un ruban.
m : Génie ailé, jouant du triangle, les bras levés au dessus de sa tête.
n : Génie ailé, jouant du sistre.
o : Amour agenouillé, jouant du sistre.

Des répétitions-calques de plusieurs des motifs esquissés par Rude se rencontrent dans le portefeuille de Feignaux, chez Mme Prinz née Feignaux, à Bruxelles. Par exemple : *La Navigation*.

PALAIS DES ÉTATS GÉNÉRAUX.

Première Salle : Décor d'une cheminée : *Deux génies à grandes ailes, assis, tenant un cadran où l'un d'eux semble montrer une inscription.* — Salle du trône : *Deux petits génies volants, portant les armes du Royaume et soutenant la draperie du baldaquin.*

Dessin original des deux Génies au cadran, à Dijon, chez M. Joliet, avec l'inscription : *Niederlanden*. — Calque de la même composition, de la main de Feignaux et sans l'inscription, à Bruxelles chez Mme Prinz. — Au portefeuille Joliet, encore, deux dessins de génies soutenant les armes du Pays-Bas et la couronne royale se rapportant soit aux décorations du Palais des Etats, soit à celles du Palais du roi.

PALAIS DU PRINCE D'ORANGE A BRUXELLES *(aujourd'hui Palais des Académies)*.

Salle de marbre : *Génie inscrit dans la courbe d'un fronton.*
Van der Straeten avait, dit-on, demandé à Rude les esquisses de deux figures de *la Navigation* et de *l'Agriculture* à exécuter en pierre pour garnir deux niches, au vestibule ; des modèles de *têtes et palmettes* pour dessus de portes et quatre dessins de bas-reliefs. Il n'est pas impossible que le sculpteur ait cherché des compositions et fait des maquettes ; mais rien n'en a survécu.

Signalons, toutefois, au portefeuille Joliet, le dessin, (calque au crayon) d'un homme tirant une charrue, — *L'Agriculture* — qui pourrait, à la rigueur, se rattacher à l'un de ces projets avortés.

GRANDE SALLE DU CONCERT NOBLE (aujourd'hui Cercle artistique et littéraire).

Deux *Cariatides* qui existent toujours à leur place.

HOTEL DE LIEM, RUE DE LA LOI (dès longtemps démoli).

Deux *Cariatides*, qui n'existent plus.

HOTEL DE BOUGHOM, RUE ROYALE.

Deux *Cariatides*, conservées au Musée communal.

FIGURE EN BRONZE, HAUTE D'UN MÈTRE, POUR UNE PENDULE.

Legrand relate que cette figure, faite à la requête d'un industriel, avait été reprise au ciselet par Rude pour corriger un mauvais travail du ciseleur et qu'elle valut à l'industriel la plus haute récompense à une exposition de Harlem. La trace en est perdue.

PROJETS DE BAS-RELIEFS POUR L'ANCIEN PALAIS DE JUSTICE.

Esquisses sollicitées par Van der Straeten et qui n'ont été ni réalisées en grand, ni recueillies. Il nous suffira de noter, d'après la tradition, que l'architecte du roi avait coutume de faire espérer aux artistes des commandes qu'il n'était pas sûr de pouvoir leur ménager et qu'il a poussé Rude à maintes recherches inutiles.

SUJETS COMPOSÉS ET DESSINÉS PAR RUDE EN BELGIQUE
ET DONT LA DESTINATION N'EST PAS DÉTERMINÉE.

Fronton monumental. — Une Ville est assise sur un trône, au centre, entre l'Abondance, caractérisée par sa corne, et le Commerce ou Mercure élevant un caducée. — D'un côté une femme drapée s'avance ; un jeune homme porte une torche ; la Justice tient ses balances ; la Force se repose ; des génies présentent l'écusson des Pays-Bas, timbré d'un lion ; un peintre, dans l'angle, travaille, assis devant son chevalet. — On voit, de l'autre côté, la Poésie tragique et la Poésie comique, la Musique ou la Danse, l'Agriculture avec sa faux et sa gerbe moissonnée, enfin des amours jouant une comédie. — Tous mes efforts pour remonter à l'origine de cette composition et retrouver l'édifice où l'artiste rêvait de la sculpter sont restés vains.

Grand couronnement de porte à figures allégoriques. — Un génie guerrier, ailé, casqué, armé du glaive et gardien d'une couronne, fait vis-à-vis à un génie féminin, casqué aussi, ayant aux mains une pique et une palme. Les deux volutes du fronton sont séparées par un cartouche, surmonté d'un motif indistinct et peu gracieux. — Je présume que c'est là un des nombreux projets conçus pour l'embellissement de Tervueren.

Frise d'amours. — Un amour est assis sur un trône ; un second tend une coupe à un paon qui fait la roue ; un troisième porte une branche d'olivier ; d'autres se tiennent par la main.

Autres jeux d'amour. — Un amour s'apprête à chevaucher un aigle ; un de ses compagnons a pris irrévérencieusement possession d'un siège royal et semble narguer l'image d'une déesse ; plusieurs se disputent un arc et des traits. Joli caprice quasi pompéien.

Deux amours ajustant à un casque une palme et une guirlande.

Génie tenant des fleurs et renversant sa torche sur un autel.

Jeune homme nu entre deux femmes drapées — L'une des femmes semble s'évanouir dans l'air comme Eurydice ressaisie par la mort. Nous sommes hantés du souvenir que Rude a traité le sujet d'*Orphée descendant aux enfers*, pour l'épreuve d'essai du concours de Rome, en 1810. Mais aucun attribut, aucun signe ne nous autorise à reconnaître ici une reprise du thème et nous ne devinons pas le but pratique poursuivi par l'auteur.

Mausolée d'un enfant. — Sur un soubassement quadrangulaire à deux étages, meublé, à la base, d'une lampe funéraire, animé, au-dessus, du petit bas-relief cintré d'une femme pleurant près d'un berceau vide, et fleuri d'un fleur stylisée à ses deux angles supérieurs, s'érige un autel à l'antique flanqué de pilastres cannelés. Entre les pilastres, deux génies suspendent une guirlande au-dessus d'un médaillon. Au plat du bandeau saillant d'où montent les acrotères se détachent un papillon et deux étoiles symboliques. Dessin correct, propre et net comme un projet d'architecte. Je n'ai pu découvrir pour qui l'œuvre a été imaginée. J'ai lieu de croire qu'elle n'a pas été réalisée en sculpture.

Les huit compositions énigmatiques qu'on vient d'énumérer sont la propriété de M. G. Joliet, chez qui sont ainsi centralisés à peu près tous les dessins de Rude.

§ IV. — Œuvres et Travaux de Rude depuis son retour a Paris en 1827 jusqu'à la fin de la Restauration.

1827-1828. Vierge immaculée, *plâtre. (Salon de 1828.) (Église Saint-Gervais, à Paris.)*

— Mercure rattachant ses talonnières *(figure exposée en plâtre à la fin du Salon de 1828 et en bronze au Salon de 1834 et à l'Exposition universelle de 1855) (Musée du Louvre).*

Nous avons cité un extrait de la lettre de Sophie Rude, datée du 16 avril 1827, relativement à la détermination du sculpteur d'aller exécuter à Paris une figure dont il avait l'idée et qui n'était autre que son Mercure : « *Rude désire faire une figure pour l'exposition de Paris qui aura lieu à la Saint-Charles* (4 novembre)... » La correspondance inédite de sa femme fait d'autres mentions à cette œuvre et à la *Vierge immaculée* qu'il dut exécuter d'abord Il convient de relever ces passages. 1° Lettre du 29 juillet 1827 : « *Rude fait une figure pour une des églises de Paris ; il désirerait l'exposer à la prochaine exposition.* » 2° Lettre du 6 novembre : « *Rude a fini sa Vierge ; elle est maintenant à l'exposition. Tous les artistes, et M. Cartellier, son maître, en sont extrêmement contents. Il a recommencé tout de suite une figure de Mercure qu'il espère avoir terminée avant la fin du Salon, qui dure trois mois.* » 3° Lettre du 16 janvier 1828 : « *Une figure ronde bosse est un grand ouvrage et toujours plus long qu'on ne l'avait d'abord pensé. Rude ne croit pas avoir fini avant trois semaines, mais heureusement le Salon durera jusqu'au mois de mars, ce qui nous arrange parfaitement bien à cause du Mercure...* »

La figure de la *Vierge immaculée*, commande obtenue par l'entremise de Cartellier, a donc été envoyée au Salon dès l'ouverture ; le *Mercure* n'y a paru qu'au mois de février.

La *Vierge*, destinée à l'église Saint-Gervais, a été payée 3 000 francs *(Inventaire des richesses d'art de la Ville de Paris)*. Elle n'a jamais été traduite ni en marbre, ni en pierre, ni en bronze. Elle est aujourd'hui reléguée, comme nous l'avons dit, dans une chapelle de l'église servant de débarras.

Le *Mercure*, acheté par l'État, a été revu en bronze au Salon de 1834 et à l'Exposition universelle de 1855. Je n'ai pu trouver aucun document sur l'achat, constatant le prix qui en fut donné. — Adolphe Thiers en demanda à l'artiste une réduction, qu'il fit, en 1837, d'original. — Le grand bronze de 1834 est, présentement au Louvre, salle Rude, et le petit bronze de 1837 est entré au même Musée, avec la collection Thiers, en même temps que le petit marbre du *Lutteur assis*.

Le 11 mai 1828, Mme Rude mandait à Cécile Moyne que son mari, revenu à Bruxelles, y resterait assez longtemps « *ayant encore des travaux à terminer dans le mois d'août* ». Le 15 octobre, elle lui apprenait bien autre chose : « *Le pauvre Rude est à Paris depuis le mois de juillet... Il a dû partir bien plus tôt qu'il n'avait compté d'abord* ». Quels pouvaient être les soucis pressants qui abrégeaient son dernier séjour en Belgique ? — Ce n'était pas, assurément, la préoccupation d'œuvres commencées et laissées en souffrance à Paris puisqu'il n'avait terminé son *Mercure* que vers la fin du Salon et qu'il avait immédiatement repris la route belge, sans se donner le temps de rien entreprendre. Des morceaux qu'il devait exécuter en France le plus prochainement, un seul lui était déjà demandé, mais sans urgence : le marbre de son portrait de *Louis David*. Si Devosge fils lui avait témoigné le désir d'avoir de lui le buste de son père, ce qui est possible, il ne se sentait pas, à coup sûr, le couteau sur la gorge. Comment se fut-il douté qu'on le chargerait bientôt de sculpter un grand buste de *La Pérouse* ? On ne s'avisa de dresser un modeste monument à l'infortuné navigateur que pour accompagner, dans une salle de Musée, les débris de ses navires, apportés à Paris aux premiers mois de 1829. Quant à sa figure du *Petit pêcheur à la tortue*, tout au plus en portait-il en son esprit le projet indécis encore, et aléatoire !... Le plus vraisemblable, c'est que Cartellier, son protecteur, et Roman, son fidèle ami, lui ont fait sentir l'imprudence de rester longtemps éloigné de Paris, alors qu'il n'y est bruit que de prochaines occasions de se produire et d'imminentes distributions de commandes officielles. En fait, l'éventualité du concours pour le fronton de la Madeleine et les nouvelles répandues au sujet de l'attribution de sculptures pour le Palais-Bourbon et l'Arc de triomphe suffisent amplement à nous expliquer sa détermination. Un mot de Sophie Rude, le 7 février 1829, nous fait connaître, au surplus, qu'il n'a pas lieu de le regretter : « *Rude*, dit-elle, *a quelques ouvrages et des espérances* ».

Nous avons, en tout cas, à préciser en détail et, autant que possible, dans l'ordre chronologique, ce que nous savons de ses travaux, du déclin de 1828 à la chute de la Restauration.

1828-1831. Première exécution en marbre du buste de Louis David. *(Salon de 1831. Actuellement au Louvre.)*

J'ai raconté précédemment l'histoire du modèle de ce buste exécuté à Bruxelles en 1826. L'histoire du premier exemplaire en marbre qui en fut exécuté est assez mystérieuse. Entrepris, sans nul doute, à l'intention des enfants du peintre, des circonstances ignorées le détournèrent de sa destination. Après le Salon de 1831, on ne sut ce qu'il était devenu. Lorsque le statuaire reçut, en 1833, la commande d'une seconde répétition en marbre de son œuvre, il l'exécuta sans dire que la première était restée entre ses mains et comme s'il ne se fût pas senti le droit d'en disposer et de la vendre. Ses familiers ne se souvenaient d'avoir aperçu, rue d'Enfer, que le plâtre et la main moulée, jamais utilisée. Seul Max Legrand avait vu le marbre, et il l'avait pris pour une copie de l'original que Rude aurait faite pour lui-même. Parmi ces descendants du peintre de l'Empereur la mémoire du passé a fini par se perdre si bien qu'en 1880, J.-L. Jules David croyait fermement reconnaître dans l'unique buste de son grand-père par le sculpteur de l'Arc de triomphe que possédât alors le Louvre le véritable marbre exposé au Salon de 1831. Or, nous saurons à son lieu que ce buste à draperies ne fut terminé qu'en 1838.

En réalité, le marbre primitif, fait à Paris en 1829 ou 1830 d'après le plâtre de Bruxelles, était exactement cette tête portant sur un cou et une simple coupure de poitrine nue, inconnu de Jules David et considéré par Legrand comme une copie. Le morceau se trouvait, en 1876, après la mort de Paul Cabet, chez sa fille Françoise Cabet, mariée à René-Louis Faber et logeant, à Paris, 29, rue du Marché Saint-Honoré. Le 12 novembre de cette année, elle léguait au Louvre les quatre œuvres d'art les plus précieuses, à son avis, de son patrimoine, énumérées dans l'article suivant de son testament olographe : « *Je lègue au Musée du Louvre 1° le portrait de mon oncle Rude fait par sa femme ; 2° le buste de Mme Rude fait par M. Cabet ; 3° le buste de Mme Cabet fait par M. Rude ; 4° le buste de M. Louis David fait par M. Rude* (1). » La

---

(1) Testament déposé en l'étude de Me Lindet, notaire à Paris. L'exécuteur testamentaire se nommait Célestin Desborde. Plusieurs œuvres de Rude étaient léguées aussi au Musée de Dijon : à savoir, le buste en marbre de François Devosge terminé en 1855 ; le portrait de Mme Rude par elle-même, exposé pour la première fois au Salon de 1836 et le tableau de l'*Entrevue de*

libéralité ne fut divulguée qu'après le décès de la testatrice, survenu le 6 janvier 1881. Par malheur, elle n'eut d'effet qu'à l'égard des deux bustes de Rude et non pour le portrait peint par sa femme et le buste sculpté par son neveu, à cause de conditions particulières de placement imposées par la donatrice et non agréées de l'État. La conséquence des pourparlers engagés fut que les deux marbres du maître, seuls admis au Musée, y prirent place, en vertu d'une transaction, des années avant qu'aucun décret du président de la République fût intervenu à leur sujet. On ne s'occupa de régulariser la situation qu'en 1887, ainsi qu'en témoigne, aux Archives du Louvre, un Rapport de Louis Courajod, conservateur du département de la sculpture, daté du 3 juin et où l'on peut lire : « ... *Ce legs a déjà reçu exécution depuis longtemps : le buste de M*^me *Cabet et* LE BUSTE DE DAVID SONT EXPOSÉS. — *Les deux autres objets légués ne sont pas entrés au Louvre à cause des conditions imposées par la testatrice, maintenues par les héritiers et non acceptées par l'administration* (1). — *Le portrait à mi-corps de M*^me *Cabet pourrait être estimé 6 000 francs;* LE BUSTE DE DAVID, 3 000... » — Le décret autorisant le ministre de l'Instruction publique, des cultes et des beaux arts, M. Léopold Faye, à prononcer l'acceptation au nom de l'État fut signé par le président Carnot le 31 janvier 1888.

(Sur le second buste en marbre de Louis David, commandé à Rude en 1833, voir plus bas § V : « ŒUVRES ET TRAVAUX DE RUDE SOUS LOUIS-PHILIPPE ». 1833-1838 : *second buste en marbre de Louis David, Musée du Louvre.*)

1829-1831. BUSTE DU NAVIGATEUR LA PÉROUSE, *marbre, haut.* 0^m,85. *(Palais du Louvre : Musée de marine).*

Les Archives nationales, les Archives de la Direction des Beaux-Arts et celles des Musées nationaux ne nous ont appris ni la date de la commande faite par l'État au sculpteur pour le Musée de Marine, ni le prix assigné à son travail. On admet généralement que l'œuvre a été demandée à Rude en 1828, année où le capitaine

---

Monsieur le Prince et de Mademoiselle de Montpensier le 2 juillet 1652 (même Salon). — Précédemment, en 1878, Mme Faber avait envoyé au Musée de Dijon trois plâtres provenant de l'atelier de son grand oncle : une épreuve du buste de Dupin aîné, le modèle de la statue de Nicolas Poussin en demi grandeur d'exécution et l'ancien moulage d'une tête de vieillard du haut-relief de l'Arc de triomphe.

(1) On a déjà dit que le portrait de Rude par sa femme et le buste en marbre de Mme Rude par Cabet sont échus à la famille Cabet, de Nuits, héritière de Françoise Cabet-Faber.

anglais Peter Dillon découvrait, sur les récifs de l'une des îles Vanikoro, dans l'archipel polynésien, les vestiges du naufrage de l'héroïque marin français en 1788, et où Dumont d'Urville complétait sa découverte. Je ferai simplement observer que Dillon arrivait à Paris en février 1829, apportant les premières épaves retrouvées ; que le roi Charles X l'accueillait avec la plus grande distinction ; que l'émotion publique s'emparait du souvenir de La Pérouse et que l'idée devait naître alors, tout naturellement, de faire au Musée de marine, un trophée des débris des frégates naufragées, l'*Astrolabe* et la *Boussole,* et de dédier un buste au malheureux chef de l'expédition. Quelques semaines après, Dumont d'Urville débarquait lui-même à Marseille (le 25 mars), avec d'autres reliques et des renseignements précis. Il y a donc lieu de croire que la commande a été faite à Rude, non en 1828, mais au mois de février ou de mars 1829. La phrase de Mme Rude, en sa lettre du 7 février : « *Rude a quelques travaux et des espérances* » se réfère peut-être en partie à l'obtention de ce buste. Quant aux « espérances », elles ont trait manifestement à l'annonce du prochain concours pour la Madeleine et du choix des sculpteurs pour l'Arc de l'Étoile. Nous allons y venir.

Je rappelle, au passage, l'historiette partout racontée du bloc de marbre mis à la disposition du statuaire pour son La Pérouse. Ce bloc énorme, sans proportion avec son but, aurait été scié, sur l'ordre de l'artiste, en deux tronçons à peu près égaux, dont le second, par sa forme prismatique, lui aurait suggéré l'idée de son *Petit pêcheur napolitain,* tout en lui en fournissant, du même coup, la matière. L'anecdote, au premier abord, est difficilement acceptable. On verra, ci-après, à l'article du *Petit pêcheur,* jusqu'à quel point et dans quel sens elle peut être acceptée.

1829. CONCOURS POUR LE FRONTON DE LA MADELEINE *(esquisse disparue).*

Le concours pour le fronton de la Madeleine a été ouvert en mars 1829. On lit au *Moniteur* du 6 mars le détail des conditions imposées aux concurrents et la composition du jury, formé du comte de Tournon, président, et de Gérard, peintre, Bosio et Cartellier, statuaires, et Fontaine, architecte. Je ne doute pas que Rude ait concouru : la tradition l'affirme et le sculpteur l'avoue implicitement, le 26 février 1832, en sa réponse à Moyne de Dijon qui le pressait de participer à un concours prêt à s'ouvrir au chef-lieu de la Côte-d'Or : « *Je voudrais vous expliquer toutes les raisons qui m'empêchent de concourir. J'ai déjà fait cette sottise à Paris...* » (Voir le document reproduit en notre chapitre XV.) Or, il n'a pu tenter ainsi la fortune qu'à l'occasion du fameux fronton confié bientôt à Lemaire. — Un dessin de fronton de sa main et daté par lui du 24 mars 1829, « *Le Triomphe de la Religion* », que nous avons retrouvé à Dijon, dans la collection Joliet, nous atteste, en effet, qu'il s'est mis sur les rangs. — D'autre part, son nom ne figurant pas sur la liste des six concurrents admis à participer à la seconde épreuve (*Lettre de Héricart de Thury à l'architecte Huvé, le 15 juillet 1829* : Arch. nat., liasse F¹³ 1152), nous ne pouvons douter de son insuccès. J'ai dit *(Chap. XV)* que l'esquisse d'une *Assomption de sainte Madeleine*, provenant du concours en question et conservée dans les réserves du Louvre (don de M Moinard, de Besançon), ne saurait lui être imputée et démontré qu'elle ne peut-être que de Desbœufs, de Jacquot ou de Guersant.

1829-1830. PARTIE DE FRISE DE L'ARC DE TRIOMPHE DE L'ÉTOILE.
(*Frise de Charles X, non exécutée; modèle détruit.*)

A l'endroit de l'Arc de l'Étoile, élevé à la glorification de la Grande-Armée et de l'Empereur et voué désormais, selon les desseins de la monarchie légitime, à l'apothéose de Charles X et du duc d'Angoulême, le nom de Rude a paru pour la première fois sur le papier de l'Administration le 6 décembre 1828. On se préoccupe depuis quelque temps, de faire sculpter la haute frise « *sorte de grand tableau de marche militaire avec face principale du côté des Champs-Élysées* ». (*Note adressée par Huyot, architecte du monument, au ministre de l'Intérieur. Archives nationales, F¹³, 1030*). Le directeur des Travaux publics a requis de Huyot un état de présentations d'artistes; Huyot répond : « *Je vous ai soumis une liste d'artistes presque tous anciens pensionnaires du Roi, à qui l'on pourrait confier l'exécution des bas-reliefs... Pour la face du Roule, j'ai proposé MM. Lemaire et Rhude* (sic) » etc .. (6 *décembre* 1828).
— Suivant un usage souvent pratiqué jadis, une ordonnance d'ensemble de la composition paraît avoir été dessinée par un peintre sous les auspices de la Direction des Travaux. Nous voyons une copie réduite de ce dessin conducteur en une suite de croquis à la mine de plomb, exhumés d'un carton de Rude et jetés par lui sur le papier, peut-être par sa femme *(Collection Joliet)*. Le projet est d'un style trop différent du sien pour lui être attribué.—A la suite d'une décision ministérielle du 14 février 1829, les commandes sont faites le 19, sauf quelques modifications : Rude est chargé de la frise du côté du Roule, avec Lemaire et Bra.
— Le 11 mars, lettre de réclamation de tous les sculpteurs choisis, transmise à Huyot, à l'effet de faire élever le prix du modèle de frise à demi-grandeur d'exécution, comportant des figures à la proportion d'un mètre, de 1 500 francs à 2 000 francs par dix pieds de longueur. Rude signe le premier. — Autre lettre des sculpteurs, le 9 avril, à Héricart de Thury, directeur des Travaux publics, pour le même objet. Le directeur leur donne audience, dans son cabinet, le 23 avril à midi. — Il est probable qu'ils

reçoivent satisfaction, car on n'entendra plus parler de leur plainte. — En cette réunion du 23, on a convenu, en vue de tout simplifier et de garantir l'unité de l'œuvre, de grouper les artistes suivant leur atelier d'origine, — élèves de Bosio, élèves de Cartellier —, et de charger un des collaborateurs de chaque groupe de préparer un fragment de modèle, grandeur d'exécution « *pour servir de canon* ». — Seurre, élève de Cartellier, et Jacquot, élève de Bosio, sont désignés, au scrutin secret, afin de traiter ainsi un angle développant huit pieds sur quatre de bas-relief. — Les élèves de Cartellier assumeront la frise de la grande façade ouest (en regard de Neuilly) et la petite façade nord (en regard du Roule) ; ceux de Bosio les deux autres façades. — Répartition conforme est arrêtée au Ministère le 12 mai 1829. (*lettre du Vicomte Siméon à Héricart de Thury*). Rude est associé à Cailhouet, Lemaire, Petitot, Nanteuil et Seurre. — Avis est donné à tous les artistes d'avoir à porter leur travail complètement exécuté au chantier de l'Arc pour la Saint-Charles (4 novembre). Les modèles ne sont, cependant, réunis qu'au mois de janvier 1830. La part de Rude ne suscite aucune observation (Documents des 13 et 29 janvier et du 5 mai). — Huyot presse le ministre de prendre un parti vis-à-vis de quelques sculpteurs dont l'œuvre nécessite de sérieuses retouches (par exemple, Foyatier, Bra, Jacquot et Duret). Le ministre nomme une commission de revision le 29 juin 1830. — Un mois après (29 juillet), la révolution éclate qui renverse la branche aînée des Bourbons et rend l'Arc de triomphe à sa destination originelle. — Les modèles de la frise de Charles X encombreront le « bâtiment de l'Épure » au chantier de l'Étoile, jusqu'au 28 octobre 1833. A cette date, une décision ministérielle prescrit l'enlèvement d'office, et, par conséquent, la destruction de tous les anciens plâtres non réclamés par leurs auteurs. Seurre demande seul l'autorisation de retirer son travail. — La partie de modèle de Rude a disparu alors. (*Archives nationales, loc. cit.*). Un dessin, souillé de plâtre, provenant de l'atelier du maître et qui paraît avoir été pour celui-ci un document de travail, nous autorise à conjecturer qu'il avait eu à modeler un groupe du duc d'Angoulême accueilli et acclamé (*Collection G. Joliet, à Dijon*).

§ V. — Œuvres, travaux et projets de Rude sous Louis-Philippe

1830-1833. Petit pêcheur napolitain jouant avec une tortue (Haut. 0ᵐ,77, long. 0ᵐ,47), *figure exposée en plâtre au Salon de 1831, réexposée en marbre au Salon de 1833, acquise par le roi Louis-Philippe pour le Musée du Luxem-*

bourg, remise à l'*Exposition Universelle* de 1855. — *Musée du Louvre*.

J'ai eu l'occasion (chap. xv) de souligner l'invraisemblance de la légende accréditée qui fait sortir cette figure du simple désir d'utiliser un excédent du marbre concédé par l'État à l'artiste pour l'exécution du buste de La Pérouse. De quelle dimension eût donc été ce bloc, accordé en vue d'une œuvre de proportion moyenne, qu'on en ait pu extraire un portrait décoratif et une figure de la taille du *Petit pêcheur* ?... Nous savons par une lettre de Mme Rude, dont je transcrirai tout à l'heure le passage essentiel, que l'œuvre a été acquise par le roi au Salon de 1833, mais tout me porte à croire que l'acquisition était prévue dès 1831 et que la prévision avait entraîné, au moins à titre d'encouragement, la fourniture du marbre. Il ne sied pas d'oublier que le succès du *Mercure*, en 1828, avait été vif (témoin l'article du *Moniteur* du 22 mars 1828, cité en son lieu (chap. xv) ; que l'exécution définitive de cette statue en bronze s'en était suivie, et l'artiste n'était ni en situation, ni en disposition de prendre la fonte à sa charge sans garantie de vente à l'Administration ; enfin, qu'il était grandement soutenu par son maître, Cartellier, et qu'on commençait à faire fonds sur lui. Le cas du *Mercure* a dû se reproduire pour le *Petit pêcheur*. Si l'on veut absolument que le *La Pérouse* et le *Pêcheur napolitain* proviennent matériellement du même bloc, ce que l'examen des deux ouvrages n'atteste, ni ne dément, on est conduit à penser que ce très gros bloc a été concédé intentionnellement au sculpteur par l'autorité administrative au bénéfice d'un modèle déjà fort avancé et d'acquisition promise. Il est vrai que Sophie Rude écrit le 10 août 1831 : « *Rude a été obligé de mettre sa figure à l'exposition avant qu'elle ne soit terminée* », mais elle ajoute aussitôt : « *telle qu'elle est, elle plaît beaucoup, et généralement.* » Ignorons-nous, en fait, combien l'artiste était difficile à soi-même et de quelle lenteur scrupuleuse il se plaisait à procéder, en dehors des circonstances urgentes, pour atteindre au modèle parfait ? Sûrement, son œuvre nouvelle n'était pas une improvisation ; plus sûrement encore, il ne l'avait pas hasardée au Salon en état médiocre. C'était pour lui une entreprise d'art pur, au milieu d'entreprises d'opportunité et de labeur courant, comme ses travaux de l'Arc de triomphe. L'invention du sujet et du mouvement n'était pas plus récente en lui que l'invention du *Mercure* lorsqu'il réalisait sa statue. Rien de plus contraire à sa nature que la conception en coup de foudre et la réalisation en coup de vent. En toute hypothèse, la tradition qu'il a imaginé et façonné sa statue pour tirer parti d'un reste de marbre ne peut être acceptée.

Sophie Rude revient deux fois sur le *Petit pêcheur*, à propos du Salon de 1833, en des termes d'une joie naïve : 1° Lettre du

6 mars : « *La figure de Rude a un grand succès ; lui et M. Duret sont cités comme ayant fait les deux meilleurs ouvrages de l'exposition* (1). *Il y a toujours foule autour de la figure de Rude, et tous les artistes lui en font des compliments très flatteurs. C'est un succès complet et général, malgré les réputations anciennes et bien méritées qui entourent notre « Petit pêcheur ». Il faut bien que ce pauvre Rude reprenne son rang : il avait été oublié et perdu de vue pendant longtemps ; mais, quand on a un vrai talent, on finit toujours par être connu. Cela est un peu long quand on n'est pas intrigant.* » Notre sculpteur est, certes, le moins intrigant des hommes ; mais, encore une fois, souvenons-nous qu'il a su inspirer à des artistes en renom comme Cartellier, avec la plus entière estime pour son caractère et son mérite, la plus efficace sympathie pour sa carrière. — 2° Lettre du 9 mai : « *Le succès de la figure de Rude a été si complet que personne ne se rappelle en avoir vu un semblable. Il est décoré de la croix de la Légion d'honneur* (2), *et sa figure a été achetée par le roi. Le voilà qui, enfin, a repris son rang et on lui a donné l'espoir de beaux travaux. Tu ne peux te faire une idée de l'admiration qu'a causée sa figure. C'était un plaisir d'entendre les éloges que le groupe qui entourait constamment le petit pêcheur faisait en le regardant. Dans les salons comme dans les greniers* (sic), *on s'en occupait : pas une critique.* »

Il ressort de la lettre de Victor Dumay, maire de Dijon à partir de 1837, écrite à Rude le 20 novembre 1846 pour engager avec lui les premières négociations touchant le groupe d'*Hébé*, que la municipalité a voulu, postérieurement à cette date, acquérir une copie du *Petit pêcheur*. Le fait est à retenir en ceci qu'il témoigne de l'ancienne intention des concitoyens du statuaire de posséder de lui un ouvrage significatif et qu'il est le point de départ, lointain encore, de la demande de l'*Hébé*. A ce titre, le passage de la lettre de Victor Dumay doit être transcrit : « *Dans l'impossibilité où se trouvait, il y a quelques années, la Ville, d'affecter aux beaux arts des fonds qu'absorbaient des dépenses urgentes* (3), *j'eus*

(1) A noter, à l'appui de la sincérité de Sophie Rude, que l'article de F. Lenormand où sont rapprochées les œuvres de Rude et de Duret, n'a paru que dix-sept jours après le départ de sa lettre. (*Journal Le Temps*, 23 mars 1833. — Voir cet article et celui de Delécluze en notre chap. XV.) Le rapprochement était, d'ailleurs, trop naturel pour ne pas s'être offert immédiatement à l'esprit public.

(2) Rude a été décoré par décret du 7 mai.

(3) Les dépenses dont il s'agit concernaient l'établissement des fontaines de Dijon. La ville fit frapper une médaille commémorative de cette indispensable création et Dumay en faisait parvenir une épreuve au sculpteur par le même courrier qui emportait sa lettre.

l'honneur, de concert avec MM. Gantin et Joliet, alors mes collaborateurs, de vous demander une copie de votre beau groupe du « Petit pêcheur napolitain ». Un sentiment, bien flatteur pour nous puisqu'il prenait sa source dans le désir et dans l'espoir de votre part d'offrir à notre pays une œuvre originale, vous porta à ne point accueillir notre demande. » Actuellement (août 1903), le Musée de Dijon, en sa magnifique collection de modèles, d'originaux et de moulages de sculptures du maître, possède un exemplaire en bronze d'après le marbre du Louvre.

1830-1835. COMMANDE, MODÈLE ET EXÉCUTION DE LA PARTIE DE LA FRISE DE L'ARC DE TRIOMPHE REPRÉSENTANT LE RETOUR DE L'ARMÉE D'ÉGYPTE *(frise de Louis-Philippe, Pierre de Chérence. Hauteur* $2^m,12$. *Développement de l'épisode : environ 22 mètres).*

Le 16 novembre 1830, une décision ministérielle arrête que l'exécution de la frise de l'Arc de Triomphe *d'après un programme nouveau* sera confiée aux sculpteurs Rude, Laitié, Jacquot, Brun, Cailhouet et Seurre *(Lettre du ministre de l'Intérieur, comte de Montalivet, à Héricart de Thury).* — Le « programme nouveau » comprend deux parties, devant chacune se développer sur l'une des grandes faces et la moitié des faces latérales : *le départ des armées de la République et de l'Empire pour leurs grandes expéditions* et *leur Retour triomphal.* — Le 29 avril 1831, Huyot écrit au ministre : « *Les sculpteurs de la frise ont remis un dessin de leur composition. Quand devront-ils commencer le modèle ?* » Des instructions sont expédiées à ce sujet. J'en découvre la trace dans la lettre précitée de Sophie Rude, à la date du 10 août : « Rude a, *enfin, reçu l'ordre de commencer le bas-relief de l'Étoile* ». Le prix total du modèle est fixé à 12 000 francs, soit 2 000 francs par sculpteur. — Le 17 avril 1833, une lettre de l'architecte Blouet, nommé à la place de Huyot révoqué, mande au ministre, Adolphe Thiers, que « *l'exécution de la frise va être commencée. Les artistes chargés de ce travail sont MM. Seurre aîné, Cailhouet,* Rude, — *Jacquot, Laitié et Brun* ». Le prix alloué pour cette exécution est de 3 000 francs par mètre, modèle non compris. Ce prix est réduit par Thiers à 2 500 francs. (Lettre de Cavé, de la Direction des Beaux-Arts, à Edmond Blanc, directeur des Bâtiments civils, le 8 juin 1833). — (*Documents des Archives nationales: Dossiers de l'Arc de l'Etoile,* F^{13} 1030).

Tous les papiers venus en mes mains sont muets sur la date de l'achèvement de l'ouvrage par les praticiens, en 1834 ou en 1835. — La portion de la frise confiée à Rude : *le Retour de l'armée d'Égypte*, se déroule sur la gauche de la façade tournée vers Neuilly et en retour sur la moitié de la face latérale, tournée vers le Roule. Elle mesure, en longueur, $22^m,80$, et, en hauteur, $2^m,12$. — Un dessin sommaire du sculpteur en subsiste à Dijon, collection Joliet. — La composition est reproduite en lithographie parmi les planches annexées à la monographie de J. O. Thierry, architecte, premier inspecteur du monument : *l'Arc-de-Triomphe de l'Étoile (In folio, Paris, Didot,* 1845). — Elle est décrite dans la monographie de l'édifice par M. H. Jouin : *Inventaire général des richesses d'art de la France ; Monuments civils de Paris,* t. 1, p. 177) (1).

1832-1836. Premier buste de François Devosge, *marbre. Haut.* 0^m,70 *(Musée de Dijon).*

Le catalogue du Musée de Dijon (*édit.* 1883, p. 322) porte ce buste comme offert à la Ville par Anatole Devosge « vers 1830 ». Le fait de la donation est vrai ; la date est fausse. Une suite de lettres de Rude, de sa femme et d'Edme Gaulle, alors conservateur du Dépôt des Marbres, classées aux Archives du Musée *(Fonds Devosge)*, éclaircit complètement l'histoire de ce portrait, exécuté de 1832 à 1836. Le projet, conçu, assurément, sur le désir du fils et du successeur du fondateur de l'École dijonnaise, remontait au moins à 1829. Nous en avons la preuve dans une lettre de Mme Rude à *son vieux parent, le 23 juillet de cette année :* « *Quand tu viendras à Paris, Rude s'occupera avec toi du portrait de mon oncle Devosge...* » Il faut croire qu'Anatole Devosge ne vint pas et, jusqu'en 1832, plus un mot du dessein. Le 20 février 1832, une lettre de Rude à son ami nous avertit qu'il a reçu de ce dernier une commande en règle et que l'admirable portrait de son ancien maître peint par Prud'hon est mis à sa disposition, comme document essentiel. Le sculpteur remercie chaudement Anatole Devosge de l'avoir choisi pour faire le buste de son père. Pusqu'il veut bien lui confier la toile de Prud'hon, il lui sera reconnaissant de la lui envoyer au mois d'avril. Peut-être pourra-t-il se servir aussi d'un petit buste modelé par une cousine de Devosge... — Rude n'entend pas toucher un sou pour ce travail. Il n'acceptera que le paiement du praticien,

(1) C'est au temps où Rude modelait son *Retour de l'armée d'Égypte* que se place l'épisode dont nous avons parlé du projet d'un monument à la gloire des combattants de juillet, à Dijon. Les Dijonnais ont ouvert une souscription publique à la fin de 1831. Le maître n'a point sollicité la commande : il s'est borné à laisser agir ses amis dans son intérêt, tout disposé à se charger du travail, mais se refusant à l'éventualité d'un concours. (Voir en notre chap. xvi, sa lettre explicite du 26 février 1832.) — Nous savons la triste fin de l'aventure : l'argent des souscripteurs dissipé; aucun sculpteur choisi. Rude n'est intervenu qu'indirectement. L'œuvre n'a même pas pris pour lui la forme d'un croquis de premier essai.

estimé par lui de six à huit cents francs. En cette même lettre l'artiste fait allusion à son *Pêcheur napolitain*, dont il termine le marbre pour le prochain Salon, et à son bas-relief pour l'Arc de triomphe *(Le Retour de l'Armée d'Égypte)*. — Nouvelle lettre de Rude, le 15 mars 1832 : le portrait de Prud'hon est arrivé(1), ainsi qu'un mandat de huit cents francs pour les frais de pratique. L'argent arrive beaucoup trop tôt; l'achèvement du modèle prendra cinq ou six mois. — Anatole Devosge a demandé tout de suite à Gaulle de procurer le morceau de marbre qui convient : Gaulle l'avise, le 23 juin 1832, que Rude aura une matière de belle qualité, dès qu'il en aura besoin. Le lendemain (24 juin) le sculpteur écrit qu'il vient d'être deux mois malade et qu'il a de la peine à se remettre. Il s'excuse de garder encore le portrait de Prud'hon. Son vif regret est de ne pas voir Devosge à Paris. Il aurait vivement désiré lui montrer le buste avant de le livrer au praticien. Ses conseils lui auraient été précieux « tant sous le rapport de l'art que pour la ressemblance. » — Le 7 juin 1833, Rude déplore de n'être pas en possession de son marbre. Gaulle lui a présenté un marbre français dont il n'a pas voulu. On lui fait venir un bloc de Florence et il l'attend de jour en jour. Son modèle est prêt depuis cinq mois. Le portrait peint par Prud'hon, *qui seul lui a servi*, lui sera indispensable pour l'achèvement du travail. — Le 2 janvier 1834, Gaulle se flatte d'avoir pu procurer à Rude un très beau marbre de Toscane, d'une carrière encore inconnue du commerce. — Deux mois plus tard, Devosge apprend de Sophie Rude que le buste est sorti des mains du praticien. Son mari aurait voulu l'exposer, mais il n'a pas pu le finir à temps pour le Salon. Ce retard a tenu à la longue attente du bloc et à la reprise des grands travaux de sculpture à Paris, qui a fait engager tous les praticiens habiles. Il s'en est, heureusement, découvert un qui s'est bien acquitté de sa besogne et, maintenant, tout ira bien. Seulement, elle profite de l'occasion pour supplier son oncle de ne plus revenir sur la question d'argent. « Rude n'acceptera aucun paiement pour cet ouvrage; il est trop heureux d'en avoir été chargé et le plaisir qu'il a de reproduire les traits de son cher maître ne doit pas être troublé par ce vilain mot d'honoraires. » — Pour tout dire, le buste est remis le 11 août 1836 à la Maison de roulage et de commission Contié et Loraux jeune, rue Bergère, 18, pour être dirigé sur Dijon. Le bulletin de transport est annexé à la missive de Sophie Rude du même jour.

(1) D'après une anecdote, qui me fut racontée par Ernest Christophe, Devosge aurait joint à son envoi deux dessins ou croquis de sa main représentant son père et Rude les aurait gardés. Je rapporterai ce souvenir à propos du second buste de François Devosge (1854-1855) dont il explique peut-être l'origine.

De Fourcaud.

Cette chronique un peu monotone a un épilogue assez plaisant. Anatole Devosge, toujours préoccupé d'offrir au sculpteur, à défaut d'une rémunération proprement dite, un cadeau de reconnaissance, a fini par lui envoyer... une armure! Une lettre de son ancien élève, le peintre Jacques-Joseph Lécurieux (1), du 27 décembre 1836, en contient pour nous l'assurance : « *M. et Mme Rude vous attendent avec impatience. M. Rude est enchanté de la belle armure que vous lui avez envoyée, car c'est un morceau bien rare à Paris.* » Présent romantique et que nous n'eussions vraiment pas prévu pour le statuaire de l'Étoile..! Mais qui nous dit, après tout, que ce harnois chevaleresque n'a pas été le point de départ du bizarre trophée de la statue de *Jeanne d'Arc écoutant les Voix* ?...

Le premier buste de François Devosge, ainsi commencé en 1832, achevé en plâtre en 1834 et terminé en marbre en 1836, a figuré dans les catalogues imprimés du Musée de Dijon à partir de l'édition de 1842. — Il est très directement inspiré du portrait de Prud'hon : le regard un peu las et voilé de l'homme qui a subi l'opération de la cataracte, la physionomie toute bienveillante, la chevelure en gros rouleaux, le jabot tuyauté, un grand manteau jeté à larges plis de droite à gauche sur la poitrine. — (Sur le second buste de François Devosge, l'un des derniers ouvrages du maître, cf. § VII : « ŒUVRES DE RUDE SOUS NAPOLÉON III : 1854-1855 : *Second buste de François Devosge* ».

1833-1838. BUSTE DE LOUIS DAVID, *second exemplaire en marbre, commandé par l'État pour le Musée du Louvre.*

Une confusion a été commise par le Dr Legrand et accréditée par les biographes qui ont suivi, à propos de ce second exemplaire du portrait fait à Bruxelles en 1825. Ce n'est point ce nouveau buste qu'on a pu voir au Salon de 1831, pour ce motif qu'il n'était même pas prévu encore. — C'est le marbre original. J'ai trouvé et relevé aux Archives du Musée du Louvre le texte du Rapport de Philippe de Cailleux à l'Intendant général des Musées en date du 17 juillet 1833 : « *Il est d'usage de placer les bustes en marbre des artistes morts, au milieu de leurs productions exposées dans les salles et galeries du Musée royal du Louvre. La collection du roi ne possédant pas les bustes de David, de Guérin et de Gros, qui ont été exécutées par MM. Rude, Dumont et Debay, j'ai l'honneur*

(1) Jacques-Joseph Lécurieux, peintre et dessinateur, élève d'Anatole Devosge, né à Dijon en 1801. Il a peint, avec force détails d'une archéologie de bric-à-brac, des sujets d'histoire anecdotique de faible exécution comme le *François Ier au tombeau de Jean-sans-Peur*, du Musée de Dijon, et illustré de bien singuliers dessins l'*Histoire des ducs de Bourgogne* de Barante. Le conseil de gratifier Rude d'une armure venait certainement de lui.

de proposer à M. l'Intendant général de leur en commander une répétition en marbre dont le prix pourrait être fixé à la somme de 2000 francs chaque. Le montant de cette collection serait imputée sur les fonds portés au budget de 1835 pour commandes et acquisitions. » Les conclusions de ce Rapport sont approuvées par le ministre, comte de Montalivet. Un autre Rapport de Cailleux, du 12 septembre 1835, propose l'achat du bloc de marbre pour le buste de David, au prix de 450 francs. Le buste n'a été terminé qu'en 1838, ainsi qu'en fait foi la signature : *F. Rude, 1838.*

? 1835. PROMÉTHÉE ANIMANT LES ARTS, *bas-relief en pierre, au Palais du Corps législatif ou Palais-Bourbon, à Paris. (Façade du Palais, côté de la Seine, au fond de la Cour d'accès, au-dessus de l'entrée des députés).*

Le dossier des travaux du Palais-Bourbon aux derniers temps de la Restauration et sous Louis-Philippe n'est ni aux Archives nationales, ni à la Bibliothèque de la Chambre. L'architecte de Joly (*Monographie de la nouvelle salle et de ses dépendances*, Paris, in-f°, 1840) se borne à rappeler que la construction de cette salle fut décidée en 1824 par le Ministre de l'Intérieur, vicomte de Martignac ; qu'elle était terminée le 21 novembre 1832 et que l'édifice n'eut plus qu'à recevoir les décorations complémentaires. La commande à Rude et à Pradier des deux allégories des *Arts* et de l'*Instruction publique* n'a pu être différée à raison même de la nécessité de rehausser la façade. — Un dessin du *Prométhée*, de la main de Rude, est, à Dijon, chez MM. Joliet. Il nous montre sept personnages conventionnels, plus ou moins nus, drapés plus ou moins, groupés en des actions diverses autour du Titan allumeur du feu, trônant au centre d'une ordonnance de palais classique. Le projet comprend accessoirement une cariatide imitée de celles de l'Erechtéion, une reproduction silhouettée du *Milon de Crotone* de Pierre Puget, et une représentation de Victoire ou de Gloire ailée, gravée sur le mur. Toutes ces indications ont été suivies pour l'exécution définitive. — L'ensemble, très froid, s'affilie aux bas-reliefs de Tervueren, sans offrir aucune figure aussi franche que le jeune homme enfonçant un pieu à grands coups de marteau de *la Chasse de Méléagre* ou plus cherchée en ampleur que le nocher Charon de l'épisode d'*Achille trempé au cours du Styx*. Certains *génies ailés* relèvent, encore, du fade idéal des sculpteurs de l'Empire. On arrive à penser que l'artiste a mené bon train son modèle, se réservant de se mettre dans son prochain ouvrage en meilleurs frais de nouveauté. — Le billet de de Mme Rude, qui paraît fixer la date de l'achèvement de cette sculpture, me vint jadis du peintre Jean Gigoult. En voici la teneur précise : « 6 *avril* 1835. — *Monsieur*, M. *Rude, empêché : en ce moment, me charge de vous écrire qu'il sera lundi prochain*

à la Chambre des députés avec deux praticiens. Recevez, Monsieur, l'assurance de mes sentiments de considération. — Sophie Rude. »
Je n'ai jamais rencontré sur l'œuvre de Rude au Palais-Bourbon que ce document énigmatique et insignifiant.

1833-1836. — LE DÉPART DES VOLONTAIRES EN 1792, *haut-relief allégorique en pierre de Chérence, au pied-droit de l'Arc de triomphe, à droite du monument, en regard des Tuileries. Hauteur totale du groupe, 12m,70. — Proportion des figures, 5m,85. — Largeur de la composition à sa base : 6 mètres.*

— *Projets de couronnement pour le même édifice* (non exécutés).
On ne s'est pratiquement inquiété des « trophées » ou grands motifs des pieds-droits qu'en 1833. Le « Mémoire descriptif, Projet pour l'achèvement de l'Arc de triomphe », déposé au Ministère par Blouet, le 30 décembre 1832 (*Archives nationales, F13, 1030*), nous prouve qu'à cette date rien n'était décidé sur le principe même des compositions (Voir notre chapitre XX). Une note de la main de Thiers, transmise aux Bureaux avec un Rapport d'Edmond Blanc, du 27 février 1833, prescrit de « *commencer immédiatement l'attique et les sculptures de la frise* » et de « *demander des propositions de sujets et des esquisses pour les six bas-reliefs et les quatre trophées* ». Le prix de chaque « trophée » est évalué par Blouet, à 80 000 francs, modèle compris (Juin 1833).
— Des esquisses ont été demandées à divers artistes, soit au nom du ministre, soit directement par lui, tant pour les haut-reliefs des pieds-droits que pour le couronnement de l'édifice, sans promesse de commande, à titre de renseignement et de préparation. Le Dossier des Archives nationales nous en fournit deux preuves avec la note de Blouet du 28 avril 1834 et la lettre de Cavé à Foyatier, du 25 juillet suivant. 1° Note de Blouet (28 avril) : l'architecte avertit les bureaux que « *les esquisses demandées par M. Thiers, à MM. Rude et Marochetti seront remises à la salle de l'Épure dès samedi prochain* ». Peu importe que les contributions des statuaires se réfèrent, à ce moment, aux recherches pour le couronnement de l'Arc dont le ministre se préoccupe tout particulièrement alors ; les mêmes procédés ont été employés pour les compositions relatives aux Trophées. Les dessins de Rude entrés, à Dijon, dans la collection Joliet, et ceux donnés au Louvre par Cabet, en 1872, nous en sont garants. On peut aussi voir au chapitre XXXIII des *Souvenirs d'un artiste*, d'Antoine Etex, les façons de Thiers d'examiner les projets et de recevoir les sculpteurs en 1833. Il avait invité Etex à lui apporter une maquette de trophée, qu'on disposa, pour son examen, sur la grande cheminée du salon, et il l'engagea, presque aussitôt, à lui en apporter

une seconde correspondante. C'est ainsi qu'il agissait avec tous.
— 2° Lettre de Cavé (25 juillet 1833), écrite par ordre du ministre à Foyatier, désireux de lui communiquer un projet qu'il a conçu sans en être prié : « *Le ministre verra votre projet avec plaisir, mais il en a déjà bien d'autres et il craint que celui-ci ne vienne un peu tard. Son Excellence n'a pas voulu ouvrir ce qui s'appelle un concours, mais simplement s'éclairer par la vue de beaucoup d'ouvrages, sans se marquer, d'ailleurs, un délai pour fixer son choix.* » (Archives nationales, F¹³ 1031).

Adolphe Thiers s'est fait soumettre par Rude, de très bonne heure, des projets pour les quatre trophées et pour le couronnement. Tout au moins les premiers dessins de trophées ont dû lui être présentés en mars ou en avril 1833, conformément à son état d'esprit exprimé dans sa note du 27 février, et les autres avant le mois d'août où il signe le dernier arrêté de commande. L'artiste a traité, non les thèmes proposés par Blouet en son *Mémoire descriptif* du 30 décembre 1832, c'est-à-dire *soit quatre grandes Victoires, soit les allégories de la Guerre, des Sciences et des Arts, de la Paix, du Commerce et de l'Agriculture*, mais quatre données d'histoire allégorique résumant quatre dates : *Le Départ des Volontaires* (1792); *Le Retour de la Retraite de Russie* (1812); *La Défense du sol* (1814); *La Paix* (1815) (Dessins du Louvre). J'ai entendu Etex assurer que cette conception de chronologie, (abstraction faite de la douloureuse évocation du désastre de 1812, de la seule initiative de notre sculpteur,) émanait de Thiers lui-même et il l'a imprimé, en ce qui le concernait, au chapitre xxxiii, déjà visé, de ses *Souvenirs d'un artiste* : « M. Thiers me parla d'un trophée qui devait représenter « 1814 »... Il me semblait extraordinaire que cette date de 1814, date de nos malheurs, parût en trophée sur notre Arc de triomphe ». « Il m'importe, dit M. Thiers, j'y tiens, j'ai besoin de « 1814 » comme date... » Le ministre ne tenait pas moins à « 1815 », et le fit bien voir. D'une façon générale, Rude, en ses compositions, avait déféré à ses vues, sauf pour ce sujet où l'homme d'État voulait une symbolisation du retour triomphant de 1810 et non du retour lamentable de 1812, à travers les plaines glacées de la Russie. Cette substitution imaginée par notre statuaire ne pouvait que déplaire au chef de l'administration. Lorsqu'il se fut décidé à confier le second pied-droit à Cortot, il imposa à ce froid décorateur son idée de « 1810 ».

Le ministre a-t-il, vraiment, un seul instant promis à Rude la commande du vaste ensemble ? La légende le proclame, mais nous en doutons fort. L'habitude de Thiers était de faire beaucoup espérer, nullement de promettre. Aucun document ne nous offre même un commencement de preuve à l'appui de l'assertion traditionnelle. D'autres croquis et esquisses ont été, sans contredit, réclamés de toutes parts. Le souci du ministre de se procurer de nombreux essais, dessinés ou modelés, avait bien, au fond, le caractère égoïste innocemment ou malicieusement marqué par Cavé. Nous verrons, plus bas, que, s'il nous est parvenu un certain nombre de projets isolés de notre sculpteur pour les quatre groupes monumentaux, ce n'est qu'au *Départ des Volontaires* que son invention s'est appliquée, dès l'origine, obstinément. Sur ses dix-huit dessins préparatoires, maquettes ou études se rapportant à l'entreprise totale qui nous sont connus, le seul *Départ* en revendique treize. Enfin, on voulait aller vite et Rude avait le travail assez lent. Cortot ne l'avait pas, non plus, rapide. Chacun d'eux n'eut donc qu'une composition tandis que l'expéditif Etex en eut deux sans difficulté.

J'estime, en tel état de cause, que le *Départ des Volontaires* a été seul commandé à Rude et que la décision ministérielle a suivi de près la note de Thiers, prescrivant aux Bureaux, en février 1833, des demandes de projets et d'esquisses. Aucun document positif ne confirme, ni n'infirme l'assertion traditionnelle que notre statuaire s'est vu choisir avant tous. Il nous paraît probable, que Cortot, dont le nom se lie si souvent au sien dans les documents, a été désigné en même temps que lui, mais que le choix de l'un et de l'autre a précédé celui d'Etex. Les Archives nationales possèdent, au Dossier de l'Arc, l'avis de la commande faite à ce dernier des deux hauts-reliefs de « *La Défense du sol* (1814) » et de « *La paix* (1815) », au commencement du mois d'août 1833, document textuellement conforme à la lettre officielle de Thiers à l'artiste, en date du 3 août, reproduite au chapitre XXXIII, des *Souvenirs* d'Etex (p. 199-200) « *Monsieur, j'ai décidé que vous seriez chargé d'exécuter les deux grands trophées de l'Arc de l'Étoile, côté de Neuilly. Une somme de 70 000 francs, payable en 1833, 1834 et s'il y a lieu, les années suivantes, vous sera allouée pour l'exécution de ces trophées... Dans l'intérêt de l'harmonie des sculptures, je vous invite à vous entendre avec l'architecte du monument et avec MM. Cortot et Rude, qui sont chargés des deux grands trophées du côté de Paris...* — *A. Thiers.* » Les termes « *Je vous invite à vous entendre avec l'architecte et avec MM. Cortot et Rude* » n'impliqueraient pas absolument, en eux-mêmes que la commande aux trois sculpteurs n'a pas été simultanée, car on adresse toujours des recommandations analogues à tous les collaborateurs travaillant individuellement à une œuvre d'ensemble, et nous ne ferions pas difficulté d'admettre, en principe, que la distribution des quatre trophées des pieds-droits a été faite d'un seul coup, ainsi que par exemple, la distribution des six grands bas-reliefs des faces de l'Arc. (*Arrêté du 30 août 1833. Archives nationales : liasse,* F^{13} 1031). Seulement, si les choses, en fait, se sont passées de la sorte, comment expliquer que la communication de la commande envoyée à l'architecte ne vise qu'Etex? Nous sommes donc rigoureusement, amenés à induire que Cortot et Rude étaient déjà pourvus à cette heure. Cette conclusion ressort, du reste, d'un passage des *Souvenirs d'un artiste* où Etex déclare avoir terminé ses deux groupes avant ses confrères, bien qu'ils eussent commencé les leurs « *plusieurs mois* » avant lui et que chacun d'eux n'en eût à faire qu'un seul. — En raccourci, jusqu'à ce qu'on ait retrouvé les textes officiels qui nous manquent, seul moyen d'approcher de plus près la solution du problème, nous estimons que les deux hauts-reliefs du « *Départ des Volontaires* (1792) » et du « *Triomphe* (1810) » ont été confiés à Rude et à Cortot entre le mois de février et le mois d'août 1833, mais, probablement, bien avant l'été. Le prix fixé pour les œuvres nous est connu par un bref *Memorandum* concernant Cortot. (*Archives nationales, loc. cit.*) : 75 000 francs, modèle et exécution compris. La rémunération de Rude n'a pu être différente. Thiers avait abaissé de 5 000 francs le chiffre des émoluments et indemnités prévu par Blouet. Il l'abaissa de 10 000 francs pour Etex.

Les lettres de Mme Rude à Mme Moyne sont muettes sur les affaires de son mari depuis les beaux jours du *Petit pêcheur*. Rien que ce mot, en passant, le 19 juillet 1833 : « *Rude a des travaux qu'il ne peut quitter.* » Une fâcheuse lacune de cette correspondance de 1834 à 1838 nous dérobe peut-être quelques échos intimes de l'atelier de la rue d'Enfer en une période essentielle de la carrière du maître.

Selon le Dr Legrand, hôte familier de l'artiste au déclin de sa vie, ses successives esquisses pour son haut-relief, jointes à ses compositions sans lendemain suscitées par Adolphe Thiers, auraient constitué un total de plus de soixante maquettes de 40 à 50 centimètres de hauteur (*Legrand*, p. 57). Nous n'avons plus de tant d'essais que les études dessinées et les épaves suivantes :

1° Neuf dessins de recherche pour la composition des trophées, dans la collection de M. Gaston Joliet, à Dijon. Ces neuf dessins peuvent être, d'après le caractère de leur facture, répartis en deux séries :

Série I. Elle se compose de quatre dessins-calques, au crayon et à l'encre, relevés d'un gros trait noir du côté de l'ombre, marquant les épaisseurs. L'artiste prévoyait alors de véritables bas-reliefs et non des rondes-bosses sur fond.

a) Première idée du *Départ des Volontaires*. Un guerrier, le glaive au flanc, entraîné à l'action des femmes assises qui semblent représenter des villes. Au fond, des faisceaux d'armes, des canons, des étendards et des casques.

b) La *campagne d'Égypte*. Un génie nu, ailé, casqué, se tient debout, au centre. A sa droite se montre un chameau, rappelant les traversées du désert ; à sa gauche apparaît le Nil, personnifié à l'antique, une corne d'abondance à la main et reconnaissable au voisinage d'un crocodile. Un étendard flotte. Au fond, des hampes à crinières, des drapeaux, des turbans, un palmier central.

c) Première idée de la *Retraite de Russie*. Un guerrier, casque au front, couvert de draperies flottantes, poursuivi par des loups, brandit son glaive. Il est arrêté, dans sa marche, par un fleuve allégorique (la Bérésina), à demi-couché sur son arme. Au fond, faisceaux d'armes, canons, drapeaux, etc.

d) *La Paix de 1815*. Le guerrier remet son glaive au fourreau. Auprès de lui des bœufs accouplés. Au fond, faisceaux d'armes et cuirasses.

SÉRIE II. Elle comprend cinq dessins, toujours sur papier-calque, ce qui implique qu'ils sont des reports de croquis antérieurs. La manière est plus large et plus libre que dans les précédents On n'aperçoit plus de ces gros traits noirs accusant des saillie. relativement faibles. Il s'agit, à présent, de toute évidence, de compositions à fort relief. Les deux sujets de *la Campagne d'Egypte* et de *la Retraite de Russie* sont abandonnés, au moins jusqu'à nouvel ordre. Deux projets nouveaux se proposent pour l'un des pieds-droits. Toutefois, c'est le thème du *Départ des Volontaires*, déjà transformé et en voie de se développer, qui préoccupe le plus visiblement le statuaire. Trois études, sur les cinq, lui sont consacrées.

e) *La Guerre victorieuse*. Un cavalier, coiffé du casque, conduit son cheval parmi les blessés et les morts. Il étend derrière lui son bras armé du glaive, dans un geste cher aux anciens médailleurs. A terre, un des soldats vaincus porte un étendard à la romaine. En l'air vole une Victoire, tenant une palme et une couronne de laurier. Rude a repris, un peu plus tard, l'idée de sa composition pour un de ses projets de couronnement de l'Arc.

g) *La Paix*. Au-dessus des drapeaux éployés, l'aigle ouvre ses ailes. Une figure, ceinte d'une couronne murale, symbolisant la Ville de Paris ou la France elle-même, nantie d'une corne d'abondance, forme le centre d'un groupe allégorique. A droite, une femme un peu forte, sa robe échancrée en rond sur la poitrine, noblement et simplement drapée, d'un très beau style, s'entoure de grands vases. C'est la personnification du Commerce ou de l'Industrie. Une autre femme, à gauche, les cheveux dénoués, l'air plus rustique, l'expression méditative, s'appuie sur une masse indistincte, où l'on croit deviner un rocher. Ce projet, qui n'a pas abouti, est, graphiquement, le plus remarquable de la série.

h) Nouvelle composition pour *le Départ des Volontaires*. Un très jeune homme, en tunique, bouclier au dos, armé de deux lances, s'apprête à bondir sur son cheval sans bride. Il est de conception gauche et médiocre d'aspect. Au second plan, un soldat accroupi attache sa chaussure d'une main et, de l'autre, relève son glaive court et maintient sa targe aux clous du métal, posée contre lui. — En l'air, un génie ailé, casqué, cuirassé, des serpents aux bras, hausse sa large épée et sonne de la trompette. Ce croquis peu séduisant a l'intérêt de nous offrir les éléments primordiaux du chef-d'œuvre de l'Arc de l'Etoile.

i) Etude spéciale de jeune homme groupé avec le cheval qui se cabre. On constate aisément la parenté de la figure et d'un des personnages de *la Chasse de Méléagre*.

j) Le Départ des Volontaires. Même ordonnance que plus haut, à ceci près que le jeune garçon en tunique s'est changé en un guerrier nu et empoignant les crins de son cheval qui s'effarouche et prend le galop.

2° Quatre dessins-projets des quatre trophées et un dessin du *Triomphe de Bonaparte*, conçu pour le couronnement de l'édifice. Ces cinq reports originaux sur papier-calque ont été offerts au Louvre au mois de décembre 1871 par Paul Cabet, acceptés par l'assemblée des conservateurs le 21 décembre et remis à l'Administration du Musée le 5 janvier 1872 *(Archives des Musées nationaux, au Palais du Louvre : Dessins de Rude)*. Ayant suffisamment analysé les motifs des pieds-droits (chap. xix), je me borne à rappeler leurs titres : *Le Départ; la Retraite de Russie; la Résistance* et *la Paix*. Le Départ nous fait voir encore le jeune héros nu courant après son cheval et le guerrier accroupi ; mais le génie aérien n'a plus de glaive, agite un serpent de la main droite et se retourne violemment en soufflant dans sa longue trompette. Rude ne s'en tiendra pas à ces modifications.

3° Une petite maquette très fruste du *Départ des Volontaires*, venue du Dépôt des marbres au musée des Arts décoratifs, à Paris.

4° Un modèle en plâtre, plus grand et plus achevé, du même haut-relief, mais modifié encore avant l'exécution en pierre, envoyée au musée de Dijon, au mois de juin 1862, par M. Rondelet, conservateur au Dépôt des marbres de l'État. (*Hauteur* : 2^m,15. *Largeur* : 1^m,30). — Nous avons relevé, (chapitre xx, en note) les modifications apportées en la version définitive. — La lettre d'envoi de Rondelet, en date du 26 juin 1862, nous apprend que Rude lui avait cédé ce modèle sur sa demande et qu'il l'offre au musée de Dijon en vue de la préserver de la destruction dont sont menacées les nombreuses maquettes encombrant les magasins prochainement destinés à une appropriation nouvelle. *(Archives du Musée de Dijon.)*

5° Les modèles au tiers de grandeur d'exécution et très poussés de la tête du Génie de la Patrie, criant l'appel aux armes, pour laquelle, dit-on, Mme Rude posa, et de la tête du vieux guerrier barbu aux cheveux bouclés, rejetés en arrière, improprement qualifiée de « *tête de vieillard* ». M. Emmanuel Frémiet en possède de belles épreuves. Un exemplaire en bronze de la tête d'homme a été donné par Cabet, au musée de Dijon, en 1875. (Hauteur 0^m,65). — La tête, en grandeur d'exécution (Hauteur : 1^m,30, envoyée au même musée, en 1878, par Mme Faber est un ancien moulage, exécuté sur le monument.

Tout le reste a péri, soit au Dépôt des marbres, soit dans les caves du palais de Versailles où quantité d'esquisses du temps de

Louis-Philippe avaient été relégués avant 1870. J'ai fait, au mois de novembre 1890, une enquête à ce sujet avec Charles Gosselin, alors conservateur du palais. Nous avons acquis la certitude que ces débris avaient disparu au cours des travaux faits en 1871 et plus tard pour l'installation du parlement.

Des compositions imaginées par Rude en vue du couronnement de l'Arc, le dessin du « *Triomphe de Bonaparte* », au Louvre, est seul resté. On sait déjà que l'artiste y avait repris en variante, la donnée d'une de ses esquisses de trophées. (Collection Joliet). Théophile Silvestre en décrit deux autres dont il ne subsiste pas trace : un *Quadrige triomphal* et un *Triomphe de la France* ainsi conçu : « *La figure colossale en bronze de la France, assise sur le globe doré du Monde, la tête entourée de rayons, les pieds posés sur un aigle portant dans ses serres des couronnes et des spectres brisés. Aux quatre angles de l'édifice, les Puissances vaincues.* » (Th. Silvestre: *les Artistes français*, édition de 1878, p. 200). Rude avait aussi parlé au Dr Legrand d'une autre apothéose caractérisée par l'essor de plusieurs aigles (*Legrand*, p. 59). Il racontait à ce propos, que le roi Louis-Philippe lui aurait insinué de transformer ces aigles en coqs gaulois. On ne jurerait pas que le sculpteur n'ait quelque peu amplifié son souvenir en forme de plaisanterie. Au demeurant nous n'avons rien de ces recherches, vouées d'avance à ne pas aboutir.

La date où le maître convoqua les praticiens au chantier de l'Arc pour l'exécution en pierre de Chérence ne nous est pas révélée. A peine vois-je, au dossier des Archives nationales, une base d'appréciation tout approximative. Cortot fait savoir, le 31 juillet 1835, qu'il a terminé son modèle de trophée et prie le ministre de le venir voir, en son atelier des Quatre-Nations. Il est évident que Rude, à ce moment, ne peut manquer d'être prêt. Le temps presse. On n'est plus qu'à douze mois de la fête inaugurale. Renonçons, au surplus, à connaître la façon dont le statuaire a réglé le travail de la pratique, participant lui-même au labeur, le ciseau à la main. L'activité de la base au faîte du monument redouble pour ainsi dire, d'heure en heure. Une pièce de comptabilité du 31 mai 1836 nous apprend ceci : « *Au fur et à mesure qu'on enlève les échafaudages des frises, trophées, bas-reliefs et autres sculptures, on les cache derrière des toiles jusqu'au jour de l'inauguration.* » (*Archives nationales, loc. cit.*). Nous savons par Etex (*Souvenirs d'un artiste*) que l'enlèvement s'est fait, d'abord, sur la façade en regard de Neuilly. — Jamais, il faut en convenir, des colosses ne furent taillés si vivement, mais le caractère héroïque et lyrique de ceux de Rude unit la fougue de l'inspiration et le serré de la facture. Nulle part on ne se rend si bien compte de l'admirable qualité du rendu qu'au musée du Trocadéro, à Paris, où d'excellents moulages de l'éphèbe nu et du

Génie volant et criant permettent d'étudier de très près la forme et l'exécution.

1835-1840. *Achèvement de sculptures décoratives commencées par Louis Roman pour l'église de la Madeleine, à Paris.*
Achèvement et exécution en marbre de CATON D'UTIQUE LISANT LE PHÉDON AVANT DE SE DONNER LA MORT, *statue commencée par Louis Roman (Haut.* 2ᵐ,60*). Musée du Louvre.*

La Bibliothèque royale de Bruxelles, à laquelle le peintre Navez a légué ses papiers, a recueilli, dans ce legs, une lettre de Sophie Rude, du 20 février 1835, qui éclaircit la question de l'achèvement de ces ouvrages. Roman était mort juste dix jours auparavant, le 10 février. Sophie Rude écrit à Navez : « *Rude est occupé, dans ce moment, d'un travail bien triste. Il termine, dans l'atelier de Roman, une figure de Caton que le malheureux avait commencé avant d'être malade. Rude espérait pouvoir la finir avant la mort de notre ami, mais il n'a pu lui donner cette satisfaction. Il la termine pour sa famille. Les travaux que M. Roman avait pour la Madeleine, sont presque terminés, mais à son nom ; il avait avancé les modèles avant d'être tout à fait arrêté. Rude a suivi l'exécution de ce travail, mais toujours pour son ami...* » (*Bibliothèque royale de Belgique, section des manuscrits, série* II, 70, t. 2, fol. 487). Ce billet nécessite un commentaire. Rude, depuis quelque temps, avait presque élu domicile chez son camarade moribond. J'en ai trouvé la preuve aux dossiers de l'Arc de triomphe où son adresse se trouve libellée ainsi à plusieurs reprises : « *M. Rude,* 7, *rue de l'Est* ». Son désir avait été d'y compléter sous ses yeux, d'après ses indications, la figure de *Caton d'Utique* ; mais le pauvre statuaire avait succombé trop tôt. Il restait beaucoup à faire à l'œuvre. L'auteur du *Mercure* et du *Petit Pêcheur* se fit un scrupule d'attribuer à Roman des formes et des intentions dont il n'avait pu être juge. De sa résolution de mettre au bas de la statue terminée, sa propre signature avec celle du cher disparu. Le cas était tout différent pour les quatre haut-reliefs des pendentifs de la première coupole de la nef à la Madeleine, *saint Simon, saint Paul, saint Jude, saint Mathieu*. La réalisation des modèles suffisamment poussés n'exigeait plus que l'attentive habileté de praticiens, surveillés, du reste, de fort près. Dans ces conditions, Rude achevait l'œuvre de Roman, *à son nom,* comme l'écrit avec une involontaire ambiguïté Mᵐᵉ Rude, — c'est-à-dire au nom de Roman seul. — C'est ainsi que les choses se sont accomplies. — Le marbre de *Caton d'Utique,* est signé de la formule suivante dont je ne garantis pas la pure latinité : « *Roman inchoavit. Rude amicus superstes peragebat.* 1840. »

L'œuvre fut placée, d'abord, au Musée du Luxembourg, d'où

elle fut transportée, le 12 mai 1855, à l'Exposition universelle, en même temps que le *Cincinnatus* de Foyatier (pièce mentionnée dans un document des *Archives du Musée du Louvre*, mais disparue). — Les deux statues se dressèrent, ensuite, aux Jardin des Tuileries. En 1861, elles étaient à Compiègne, en vertu d'un ordre de transport du ministre d'État, mais il était question de les réintégrer à leur place. (Lettre de Frédéric Villot, secrétaire général des Musées, à l'architecte Lefuel, du 16 septembre 1861, faisant observer que l'empereur est, à ce moment à Compiègne, et que l'instant serait mal choisi pour reprendre ces marbres. *Archives du Louvre*). Le 2 mai 1862, Napoléon III faisait écrire par le général de division Rollin, adjudant général du palais des Tuileries : « *l'Empereur a remarqué que beaucoup de statues qui ornaient le jardin des Tuileries, en ont été enlevées et n'y ont pas été réintégrées.* » Des ordres ont dû être envoyés immédiatement au comte de Nieuwerkerque pour la réintégration. Le *Caton* est entré au Musée du Louvre, salle Rude, en 1890. *(Archives des Musées nationaux).*

1836-1838. LE MARÉCHAL DE SAXE, *figure en marbre, plus grande que nature, commandée pour le palais de Versaille (actuellement au Musée du Louvre).*

Ernest Christophe m'a certifié à plusieurs reprises, et toujours dans les mêmes termes, avoir entendu Rude rappeler ainsi l'origine de cette statue : « *M. Thiers m'avait demandé beaucoup de projets inutiles pour l'Arc de triomphe. Chaque fois qu'il me faisait venir, c'était de nouvelles idées et de nouvelles demandes d'esquisses. J'espérais que tout ce travail aboutirait à des commandes que je n'eus jamais. A la fin d'une visite qu'il fit au chantier de l'Étoile, il me pria d'aller le trouver le lendemain au ministère. Il m'accueillit encore mieux que d'habitude et m'annonça qu'il cesserait bientôt d'être ministre, mais qu'il voulait faire quelque chose pour moi, avant de se démettre et en compensation de tout ce que j'avais fait et à quoi il n'avait pu donner suite comme il l'aurait voulu. Je lui répondis que je n'avais pas besoin d'une compensation, que je n'en demandais et n'en désirais aucune. Cependant, j'eus, de sa part, la commande de la statue en marbre du Maréchal de Saxe pour le château de Versailles. Cela ne me fit pas, d'abord, grand plaisir. J'aurais bien mieux aimé avoir à composer un groupe ou à traiter une figure nue. Dès que je pus, je me mis pourtant à cet ouvrage ; je le menai vite et il m'intéressa. J'ai beaucoup soigné le marbre, où il y a du détail. Je crois que, dans son genre, c'est une bonne statue.* » — G. Guitton, le 8 juin 1890, m'a raconté l'histoire de la même façon, la tenant aussi de son maître. Il ajoutait : « *M. Rude se savait bon gré de cette statue qui lui valut, un peu plus tard, l'amitié du duc de Luynes et les belles commandes de ce grand seigneur pour le château de Dam-*

pierre. » — Le récit du Dr Legrand est entièrement conforme aux assertions de Christophe et de Guitton : « *M. Thiers voulait dédommager Rude de tant d'espérances déçues. Il le fit venir, un jour, dans son cabinet et lui dit :* « *Je vais être renvoyé bientôt ; je profite* « *du temps qu'il me reste,* — *c'est l'usage,* — *pour faire mon testa-* « *ment. Que voulez-vous que je vous lègue ? Mon successeur sera mon* « *fidèle exécuteur testamentaire.* » *Rude le remercia, mais éluda l'offre avec ces mots :* « *J'ai des travaux en train ; cela me suffit.* » *Quelque temps après il reçut la commande de la statue du Maréchal de Saxe pour le château de Versailles.* » A défaut de l'arrêté de commande, que je n'ai point vu, cette anecdote, difficile à suspecter, implique une date. Thiers quitta le ministère de l'intérieur au mois de février 1836 ; l'œuvre fut donc commandée à ce moment, ou fort peu après. En conclusion, le marbre entrait à Versailles en 1838, d'où il a été transféré au Louvre le 20 juillet 1890. Il porte la signature et la date : *F. Rude, 1838*. — Outre le buste du maréchal attribué à Pigalle, au Louvre, le sculpteur a pu voir, au même Musée, le magnifique pastel de Maurice de Saxe par la Tour, et, au Musée de Dijon, l'admirable étude préparatoire de ce portrait, où le masque du grand capitaine est crayonné en noir, rouge et blanc sur papier bleu.

1837. Réduction originale de la grande statue de Mercure
    rattachant ses talonnières. *Haut.* 1^m,18, *bronze*.
    (Collection Thiers, au Louvre.)

Voir plus haut, ce qui est dit de cette réduction à l'article du *Mercure* exposé en plâtre, en 1828, et en bronze en 1834. Le maître conserva toujours, dans son appartement, le modèle réduit, fait pour Adolphe Thiers.

1838. Dupin aîné, *buste*, marbre (Haut. 0^m,70).

Une lettre de Mme Rude, du 13 février 1838, nous apprend que Rude l'achevait à cette date : « *Rude finit le buste de Dupin pour l'exposition.* » J'ai cité le mot prêté à M. Thiers au Salon de 1838 : « *Rien qu'à voir ce visage, on sent que cet homme doit porter de gros souliers.* » — J'ignore où est passé le marbre. Le modèle en plâtre, venu après la mort de Rude aux mains de Soitoux, est aujourd'hui au Musée d'Angers. *(Donation H. Jouin)*. Un autre exemplaire, en plâtre bronzé, qui a passé par l'atelier de Cabet, a été envoyé au Musée de Dijon en 1878, par Mme Françoise Faber, née Cabet.

1838. Buste historique de Louis d'Armagnac, duc de
    Nemours († 1503), *commandé pour le château de Ver-*
    sailles (non exécuté).

J'ai eu connaissance de cette commande, qui n'est mentionnée nulle part, par un Rapport de M. de Cailleux, directeur-adjoint des Musées royaux, à l'intendant général comte de Bondy. *(Archives des Musées nationaux, au Louvre.)* Ce Rapport, en date du 6 juillet 1838 et revêtu de l'approbation de l'intendant général, débute ainsi : « *Les bustes des guerriers tués sur les champs de bataille désignés ci-après devant être placés dans les galeries du palais de Versailles, j'ai l'honneur de proposer de confier l'exécution des modèles en plâtre de ces bustes aux artistes suivants...* »

La liste des personnages à représenter comporte quatre princes, onze amiraux, douze maréchaux et huit grands maîtres. Chaque modèle sera payé 800 francs.

Le buste de *Louis d'Armagnac, duc de Nemours*, demandé à Rude, n'a jamais été fait.

1838-1841. LE BAPTÊME DU CHRIST, *groupe en marbre*. Haut. 3^m,65 *(à l'église de la Madeleine, à Paris, chapelle des fonds-baptismaux)*.

La commande de ce groupe nous est révélée par une lettre de l'artiste à « *Monsieur le Secrétaire d'État, ministre de l'intérieur* », le 25 mai 1838. Elle remontait au moins à l'année précédente, si ce n'est à plus haut, puisque Rude reconnaissait avoir déjà reçu trois acomptes. Qu'on lise plutôt le document : « *Monsieur le Ministre, j'ai l'honneur de vous prier de vouloir bien m'accorder un quatrième à compte sur le travail du groupe représentant le baptême de Jésus-Christ, dont l'exécution m'a été confiée. — J'ai l'honneur d'être, Monsieur le Ministre, votre très humble et très obéissant serviteur. — F. Rude.* » *(Archives du Musée du Luxembourg.)* — Aucune autre pièce de comptabilité touchant cette œuvre n'a été signalée. — En 1839, on s'inquiète de l'achat du marbre nécessaire tant pour le groupe que pour son piédestal. *(Mémoires sur les dépenses faites ou à faire à la Madeleine, 1839, cahier 23 :* « *Devis des travaux de mortrerie* » *et feuille annexée. Arch. nat., liasse F^{13} 1154).* — Une petite esquisse de la composition se voit au Musée d'Angers *(Donation Jouin)*. Une étude de Rude pour la tête du Christ, d'après un de ses amis nommé Villeneuve, appartient à M. Grangier, de Dijon, gendre du modèle. Elle a été moulée pour le Musée de la Ville, où le moulage figure sous le simple titre de « *Tête de Christ* ». — Le groupe original, en plâtre, décore l'église de Ville-d'Avray, près Paris. — Le marbre était installé à la Madeleine vers 1841. On l'a moulée pour le Musée de Dijon.

1839. LA BONTÉ, *relief sur fond, marbre*. Haut. 0^m,75 *(au tombeau de Cartellier, cimetière du Père La Chaise, 53e division, à Paris)*.

C'est une figure de jeune fille, les bras nus, drapée d'une robe lâche, serrée à la taille par une ceinture et relevée par une cordelette qui retient le manteau. La tête inclinée sur l'épaule droite, elle approche de ses lèvres une colombe. Cette sculpture d'une grâce simple, d'un modelé très doux, représente la contribution de Rude à l'ensemble décoratif érigé en l'honneur du bon Cartellier par ses principaux élèves. On l'a moulée pour le Musée de Dijon.

1840-1842. Louis XIII adolescent, *statue en argent. Haut.* 1ᵐ,70, *plinthe comprise (appartient à la famille de Luynes, château de Dampierre (Seine-et-Oise, canton de Chevreuse).*

Les documents retrouvés sur cette statue célèbre, commandée par le duc de Luynes, débarrassent l'histoire de ses origines de légendes suspectes, accréditées sous les formes les plus romanesques. J'en fournirai un exemple, tiré d'une lettre qui fut écrite, au cours de mon travail, par un amateur d'art ordinairement mieux renseigné, au sujet d'un prétendu combat de générosité entre le duc et le sculpteur : « *Rude avait accepté la commande du* « *Louis XIII* », *au prix de 6,000 francs pour son modèle, à la condition formelle que le duc ne viendrait jamais dans son atelier avant qu'il l'en priât. Le duc y avait souscrit, mais il souffrait de ne pouvoir satisfaire à son impatience. L'artiste restait inflexible. Cependant, l'œuvre était achevée et Rude, n'y voyant plus rien à faire, partit, un jour, pour la campagne, emportant sa clef. Le duc informé, par hasard, de son absence, se rendit rue d'Enfer et réussit, on ne sait comment, à s'introduire dans l'atelier. Il fut tellement émerveillé de la statue que le lendemain, il fit savoir à Rude qu'il élevait à* 10 000 *francs ses honoraires. Rude eut un moment de colère, en apprenant l'indiscrétion; puis, il s'écria* : « *Ah! Monsieur le duc a manqué à son engagement!... Ah! Il augmente la somme!... Eh bien, je veux qu'il en ait pour son argent et qu'il attende son modèle...* » *Aussi reprit-il son œuvre, morceau par morceau, et cela dura plusieurs mois...* » Cette historiette, qui peut passer pour jolie, et dont j'ai eu d'autres échos, ailleurs, avec des variantes, n'a que le tort d'être fausse. L'affaire du « Louis XIII » fut très simplement et très complètement conclue du premier coup et rien ne fut changé par la suite aux conditions prévues.

J'ai ouï dire qu'avant d'assumer la tâche Rude avait eu des hésitations et je crois cette tradition bien fondée. Jusqu'à la fin de sa vie, comme tous les artistes imbus des doctrines esthétiques de David, il jugea les figures nues seules dignes de « l'art supérieur ». La maxime de Cartellier sur la possibilité de tirer parti du costume revenait souvent dans ses entretiens, mais bien plutôt en manière d'excuse pour ses entreprises imposées par les circonstances et les nécessités de la vie qu'avec un caractère de haut argument. On lui fixait, du reste, des données étroites en mettant sous ses yeux le portrait de Louis XIII, à l'âge de seize ans, gravé au *Manège royal* de Pluvinel, en une planche où l'on voit un écuyer enseigner au jeune prince les règles de l'équitation. Cette réduction de son art à l'interprétation d'un fragment d'estampe devait *a priori* lui déplaire.

Tout bien pesé, il accepta la commande, négociée, au nom du duc, par l'architecte Félix Duban. Il résulte de sa lettre d'acceptation, en date du 6 décembre 1740, insérée en notre chapitre xxvi : 1° que le prix de 10 000 francs était assigné dès le principe ; 2° que l'artiste avait à se conformer, pour le costume à un type indiqué ; 3° que le modèle en plâtre devait être *grand comme nature et terminé autant que possible* (Document mis au jour par M. E. Müntz, Bulletin de l'art ancien et moderne, 1900, p. 6). Toutes ces clauses furent observées. — Le type proposé était bien la figure du roi de la gravure du *Manège royal*. (*Voir la planche de frontispice du livre d'Ant. de Pluvinel de la Baume : « le Manège royal, où l'on peut remarquer le défaut et la perfection du cavalier en tous les exercices de cet art digne des princes, fait et pratiqué en l'intention du roy. » Paris, in fol., 1623*).

Le plâtre était livré aux fondeurs Richard, Eck et Durand, le 22 mars 1842, date du marché relatif à la fonte en argent, au titre des Monnaies françaises. Inutile de répéter les termes de ce contrat, reproduit par nous chapitre xxvi. La statue devait être fondue de façon à n'exiger aucun travail de ciselure, d'une épaisseur de métal de 0,002 pour les parties minces et de 0,005 pour les parties fortes ; exécutée sous la surveillance du statuaire et remise au duc de Luynes le 1er janvier 1843. Les frais de fonte, réparage et montage étaient arrêtés à 12 000 francs. L'intendant du duc avait mandat de verser, au fur et à mesure des besoins constatés, les sommes nécessaires à l'acquisition du métal. *(Pièce communiquée en original par M. Lorin, de Rambouillet, à la Réunion des Sociétés des Beaux-Arts des départements à l'Ecole nationale des Beaux-Arts de Paris, session de 1901. Cf. p. 210 du recueil.)* — Ce programme fut exactement suivi.

Il est à remarquer que le chiffre de 12 000 francs ne comprend que la fonte et les opérations accessoires. Je n'ai aucun renseignement sur la quantité de métal précieux mis en œuvre et sur son équivalence en numéraire. Dans la note de la revue l'*Artiste* du mois de février 1842, on estime le métal à fondre et le salaire des fondeurs à 40 000 francs environ, pour la statue et à 15 000 francs pour le piédestal. Ces évaluations émanaient-elles de Rude ? Étaient-elles justifiées ? Cette dernière question ne pourrait être tranchée que par le pesage de l'œuvre ou la consultation des comptes conservés, assurément, aux archives du château de Dampierre, mais que la famille de Luynes n'a jamais consenti à communiquer. La solution de ce problème est, ici, sans importance. Seulement, nous ne saurions comprendre l'obstination des amateurs à céler leurs richesses et, surtout, à rendre impossible l'éclaircissement des points qui intéressent, à un degré quelconque, l'histoire de l'art dans un pays.

1842-1843. Piédestal décoré de figures, d'ornements et de plaques de marbre pour la statue de Louis XIII adolescent, *bronze (appartient à la famille de Luynes, au château de Dampierre).*

Le maître s'occupa de ce piédestal, au retour de son voyage en Italie (juin 1842, *Legrand*, p. 79). Tout ce que nous savons sur son exécution est contenu dans le traité avec les fondeurs pour l'exécution en bronze. Ce document n'ayant pas trouvé place en notre étude, on nous saura gré de le donner ici, en manière de complément : « *Nous soussignés, L. Richard, Eck et Durand, fondeurs en bronze, demeurant à Paris, rue des Trois-Bornes, nº 15 ; — Nous engageons envers M. le duc de Luynes, représenté par M. Duban, architecte, à fondre en bronze de la meilleure qualité, réparer et monter un piédestal pour la statue du roi Louis XIII, à le reproduire en tout point, parfaitement conforme au modèle qui nous sera remis par M. Rude, statuaire. — Son achèvement ne sera regardé comme complet qu'après l'entière approbation du statuaire qui en surveillera l'exécution, et l'acceptation de M. le duc de Luynes. — L'extrême perfection de toutes les parties du modèle devant exclure tout travail de ciselure, il ne sera exécuté que la parure nécessitée par les jets et la disposition des coutures. — Le dit piédestal sera livré complètement achevé le 1er avril 1843. — Et nous sera payé pour ce travail la somme de dix mille francs ainsi qu'il suit : trois mille francs le 30 janvier 1843 ; trois mille francs le 27 février et quatre mille francs après son entier achèvement et son acceptation par M. le duc de Luynes. — S'il n'était pas livré le 1er avril 1843, il pourrait nous être fait une retenue de cent cinquante francs par chaque semaine de retard, sur le prix de dix mille francs stipulé ci-dessus. — Fait double entre nous, à Paris, ce 1er décembre, jour de la livraison du premier morceau par le statuaire. — Félix Duban. — L. Richard, Eck et Durand.* »

Le prix alloué à Rude ne nous est pas connu.

1843. Buste du connétable d'Albert de Luynes, *bronze (au château de Dampierre).*

1843. Buste du Dr Benoit Mercier, *de Dijon, marbre. Grandeur naturelle (donné au Musée de Dijon par M. Chevrot, au nom de la famille Mercier).*

Ce buste est de coupe classique ; le cou et la naissance de la poitrine nus. Le modèle a les traits fins, les lèvres minces, le nez droit et serré, le visage maigre, entièrement rasé, les cheveux courts et distribués en mèches plates, la physionomie grave. C'est un des meilleurs portraits sculptés par le maître. — Signé et daté.

1843. Buste de Mme Noirot, *marbre (cité par le Dr Legrand, p. 139, comme appartenant à la famille Noirot, à Paris).* Je n'en ai pu découvrir la trace.

1844 et 1845. — Nous ne connaissons aucune œuvre de Rude exécutée ou préparée en ces deux années. Il n'a aucune commande ; il ne semble s'occuper que de son atelier d'élèves. Comment s'expliquer un pareil fait et admettre qu'un tel artiste ait été complètement absorbé par son enseignement ? — Ce n'est qu'au mois de novembre 1845 que nous le voyons faire agir un député de la Côte-d'Or pour obtenir un travail de l'État (sa *Jeanne d'Arc*) duquel il ajournera, du reste, plusieurs années, l'exécution. Mais, après 1845, son ciseau est, tout d'un coup, très sollicité, et l'on voit commencer pour lui une nouvelle période d'activité créatrice.

Le seul ouvrage qu'on puisse, à la rigueur, dater de 1843 à 1845 est un petit médaillon-portrait de Mme Rude.

— Médaillon-portrait de Mme Rude, *plâtre. Diamètre* $0^m,12$ *(Musée de Dijon).*

Le visage est de profil, tourné vers la gauche, en fort relief. De grosses boucles frisées, reliées par un nœud de ruban retombent en masse sur l'oreille et la joue. Le chignon roulé assez haut s'achève par un ruban lâche, retombant de l'extrémité et s'engageant dans les torsades. Le cou est très dégagé. Une collerette de lingerie à la mode de Louis-Philippe s'indique sur la poitrine. — Ce relief se date uniquement par comparaison avec le portrait de Mme Rude par elle-même qui a figuré au Salon de 1836 (actuellement au Musée de Dijon) et qui paraît lui être antérieur de plusieurs années. Ce curieux médaillon a été donné aux collections dijonnaises par le Dr Legrand.

1845-1847. — Godefroi Cavaignac, *figure gisante, bronze, longueur 2 mètres. Au cimetière Montmartre, à Paris.*

La souscription publique, organisée par Ary et Henri Scheffer, Drolling, etc., peu de temps après la mort de Godefroi Cavaignac (le 5 mai 1845), dans le but de lui ériger un tombeau ne produisit que peu d'argent. — Rude consentit, sur la demande d'Étienne Arago, à faire gratuitement le modèle de la statue. *(Note manuscrite fournie par Étienne Arago).* Le sculpteur, ayant traité la figure à l'état de nu et modelé le visage en s'aidant du masque moulé sur le cadavre par le peintre Jeanron, la veille des funérailles (1), confia le soin de préparer l'exécution du linceul à son élève Ernest Christophe, d'après une draperie disposée par lui-même sur le mannequin. J'ai entendu dire par Christophe : « Il est resté très peu de ce que j'avais fait. Je ne peux guère me flatter que d'avoir massé le suaire. Si M. Rude voulut mettre mon nom auprès du sien à la base de son modèle, ce fut pure bonté de sa part. » Cet aveu confirme pleinement la tradition, maintenue en dépit de la signature : « Rude et Christophe, son jeune élève » et suivant laquelle le maître fut obligé de reprendre entièrement le travail. Le style est d'une ampleur et d'une fermeté inconnues dans les ouvrages du disciple. On peut juger de l'incrédulité qui accueillit, dès l'abord, la prétendue collaboration, rien qu'à cette phrase ironique terminant l'article du *National*, du 8 juin 1847 : « Il n'y a que les maîtres forts qui prêtent à leurs élèves. » (2) La statue était achevée, fondue en bronze et exposée dans l'atelier du maître au début du mois de juin 1847. (Voir l'article du *National* qu'on vient de citer). — Les sommes provenant de la souscription et de collectes supplémentaires faites parmi les républicains suffirent à peine à désintéresser les fondeurs Eck et Durand. — Par suite des passions politiques, le bronze dut rester aux magasins de la fonderie, au mois de février 1856, où l'on obtint de l'autorité impériale l'autorisation de le porter sans bruit au cimetière Montmartre, à la condition qu'il n'y aurait pas de cérémonie d'inauguration et même pas une parole publique prononcée (3). La note manuscrite d'Étienne Arago conclut de la sorte : « Nous nous réunîmes, le 26 février, quand on eut, enfin, posé la statue sur le tombeau. On eût dit une assemblée de conspirateurs sous l'œil de la police. Chacun de nous serra, silencieusement la main de Rude, et ce fut tout. » — Des moulages de ce chef-d'œuvre existent au musée du Trocadéro, à Paris, et au musée de Dijon. M. Henri Rochefort en possède une épreuve en bronze.

1845-1847. — Le Réveil de Bonaparte, *monument, bronze, figure de grandeur naturelle (au Parc-Noisot, à Fixin, près Dijon).*

Monument en mémoire de Napoléon, demandé à Rude en 1845, par Noisot, d'Auxonne, ancien commandant des grenadiers de l'Ile d'Elbe, pour être placé dans sa propriété, nouvellement

---

(1) Etienne Arago m'a montré à deux reprises le masque funéraire, qu'il avait pieusement gardé.
(2) La chronique a toujours affirmé que Rude, à ce moment, espérait marier Christophe à sa nièce Martine Van der Haert.
(3) Sur la date de l'inauguration du monument, Cf. *La Presse*, article du 29 février 1856.

acquise, de Fixin. — La première esquisse, en plâtre, conservée à Fixin (maison du garde), représente Napoléon mort, auprès de son aigle vivant. On l'a fait mouler et fondre en bronze pour le musée de Dijon. — L'œuvre définitive représente, à l'inverse, Bonaparte, se réveillant, rajeuni, en voie de se transfigurer, auprès de son aigle mort. — Rude a exécuté gratuitement le modèle, exposé dans l'atelier de la rue d'Enfer pendant le salon de 1846 (Cf. *Salons de Thoré* : 1846). — Il est maintenant au Louvre. — Fondu chez Eck et Durand. — Tous les frais de fonte et installation à Fixin, évalués à 11 000 francs par le journal *le Spectateur*, ont été supportés par Noisot. — Inscription dédicatoire à la base du monument : « *A Napoléon, Noisot, grenadier de l'Ile d'Elbe, et Rude, statuaire.* » Inauguration le 19 septembre 1847.

1846-1848. — STATUE DE GASPARD MONGE, *bronze. Hauteur:* 2^m,65 (*Sur la place d'armes de Beaune (Côte-d'Or). — Inaugurée le 2 septembre 1849*).

Le comité, nommé par la municipalité de Beaune, en janvier 1845, en vue de doter la ville d'une statue de Monge n'a pas attendu la clôture de la souscription publique pour désigner le sculpteur. Cette clôture n'a été prononcée, en réalité, que le 16 janvier 1847, sur le rapport du notaire Guiod, trésorier, déclarant que la somme de vingt-cinq mille francs, prévue d'avance, était souscrite avec un excédent de quatre-vingt-dix centimes *(Documents municipaux de Beaune)*. Or, depuis un an, après des compétitions et des discussions très vives et dont tout le détail n'est consigné nulle part, Rude avait été choisi. La situation est nettement établie par sa réponse à l'un des promoteurs de l'œuvre, à la date du 24 janvier 1846 — réponse citée par nous en extrait, mais qu'il sied d'offrir maintenant en sa teneur complète *(Collection Jouin, à Paris)*. Rien ne trahit le nom du destinataire. Je pense, toutefois, que c'était Alfred de Vergnette-Desmottes, ingénieur, ancien élève de l'École polytechnique, correspondant de l'Académie des sciences, secrétaire du Comité :

« *Monsieur, j'ai reçu votre lettre par laquelle vous m'annonciez que la commission venait de décider que je serais chargé de l'exécution de la statue de Monge. Grâce à vous, Monsieur, à votre conscience toute patriotique, l'intrigue a échoué dans cette affaire. Je me sens bien heureux et très honoré d'être chargé de transmettre à la postérité, les traits de votre illustre compatriote, qui seront toujours vus avec le plus grand intérêt par les hommes de tous les pays du monde civilisé.*

« *Je viens de voir M. Michaud* (1) *comme vous me l'aviez recom-*

---

(1) *Michaud était maire de Beaune, membre du Conseil général et président du comité.*

mandé ; je ne lui ai rien dit de votre lettre. Il m'a demandé un projet et un devis pour être présentés au ministre. Vous me dites, Monsieur, que vous serez à Paris dans quelques jours ; alors j'aurai l'honneur de causer avec vous de cette affaire, qui, pour être menée à bonne fin, doit être bien commencée.

« Je vous prie, Monsieur, de présenter mes compliments à M. Joigneaux (1). Je le remercie d'avoir dévoilé l'intrigue et parlé pour moi.

« Recevez l'assurance de ma considération la plus distinguée. F. Rude. »

Le maître avait donc sa commande, sinon régulièrement transmise, du moins formellement attribuée au commencement de l'année 1846 et pouvait se mettre au travail. Ainsi s'explique le passage de sa lettre du 9 décembre de la même année au maire de de Dijon : « *Je termine dans ce moment la statue de Monge.* » Le mot « termine » doit, d'ailleurs, se prendre ici en ce sens large que Rude avait entrepris sa figure et qu'il entendait s'en occuper sans désemparer, car il ne la montra que beaucoup plus tard à ses élèves. Je n'ai rencontré aucune trace d'une présentation du projet et des devis au ministère ; mais il importe peu. — Le statuaire connut certainement, entre autres documents iconographiques, le portrait de Monge fait en 1811 par le Beaunois Jean Naigeon (musée de Beaune), et la statue de l'illustre mathématicien par Ruxthiel, sur sa tombe, au Père-la-Chaise ; il avait, du reste, vu, pendant son premier séjour à Paris, l'illustre mathématicien bourguignon. L'esquisse qu'il fit parvenir au comité est conservée au musée de Beaune, qui voulut bien l'envoyer à l'exposition universelle de 1900, à Paris (salon centennal). — Le grand modèle, achevé à la fin de 1847, était immédiatement fondu en bronze, par Eck et Durand, et exposé au salon de 1848. On ne possède plus du plâtre original que l'admirable tête, acquise en 1892, par le musée du Louvre. — Au mois d'octobre, on dressait, à Beaune, ainsi que nous l'avons dit, le piédestal en marbre de Premeaux. La figure arrivait à destination, le 10 août 1849, pour être inaugurée, le 2 septembre suivant. Inutile de revenir sur ces choses. (Notes et souvenirs manuscrits communiqués par M. Aubertin, de Beaune. — *La Statue de Gaspard Monge, à Beaune*, par Joseph Bard, membre de l'Académie de Dijon)(Dijon, 1849).

(1) *Pierre Joigneaux dirigeait le Journal* « *La Chronique de Bourgogne* ». *Il ne faisait point partie du comité. Les* « *révélations de l'intrigue* » *auxquelles Rude fait allusion ne se trouvent pas dans son journal. Sans doute, s'agit-il d'une campagne de conversations locales. Les passions, vers 1845, paraissent avoir été fort animées sur la question du choix du statuaire.*

— Anciens journaux de Beaune notamment la *Revue de la Côte-d'Or et de l'ancienne Bourgogne* et la *Chronique de Bourgogne*, passim.) Il ne semble pas que les frais du monument aient dépassé les 25 000 francs de la souscription publique. Aucun compte ne nous permet de déterminer ce qui resta à l'artiste.

1847. — Commande d'une statue du maréchal de Lobau, par un comité de la Garde nationale (projet avorté).

« Quelque temps après l'inauguration du monument de Fixin, dit Max Legrand (*loc. cit.*, p. 90) la Garde nationale de Paris ouvrit une souscription pour ériger une statue à Lobeau. L'exécution en fut confiée à Rude. Mais la Révolution de 1848 survint et l'on ne sut jamais ce qu'étaient devenus les fonds de cette souscription. » N'est-ce pas le pendant de ce qui s'était passé à Dijon pour le monument aux Combattants de juillet, en 1832?

§ VI. — Œuvres, travaux et projets de Rude sous la République (1848-1851)

Le sculpteur avait à exécuter, au moment de la Révolution de 1848, deux commandes antérieures : une figure historique en marbre *(Jeanne d'Arc écoutant les Voix)*, pour le Jardin du Luxembourg et un groupe en marbre *(Hébé et l'aigle de Jupiter)*, pour le musée de Dijon. Il ne tarda pas à entreprendre la première dont le modèle était aux mains du praticien avant 1850, mais l'exécution de la seconde appartient pour la plus grande part au règne de Napoléon III. — Nous ne savons si la commande des trois figures du *Calvaire* de Saint-Vincent de Paul ne remontait pas au temps de Louis-Philippe : en tout cas, il n'y travailla qu'à partir de 1848 et nous ne pouvons douter que les modèles fussent achevés à la fin de 1851. — Il est possible qu'il ait été question de Rude, dès 1848, pour la statue du maréchal Ney et il est certain qu'on fit appel à son talent au moins ou seulement le projet, d'ailleurs transformé, n'entrait en voie d'accomplissement que sous l'Empire. — L'artiste fut chargé à coup sûr, durant la période républicaine : 1º d'une figure décorative de circonstance de *La République* ; 2º d'une figure en marbre *(l'Amour dominateur du Monde)*, demandée par Anatole Devosge, de Dijon ; 3º du buste de l'ancien représentant du peuple James de Montry, pour son tombeau (1).

(1) Je ne parle pas du projet de monument à ériger à Saint-Jean-de-Losne, en souvenir de la défense de cette ville en 1636,

Nous ne pouvons compter au total, comme sculptures exécutées de la chute de Louis-Philippe à l'avènement de Napoléon III, que les œuvres ci-après, dans l'ordre de leur avancement.

1848. — STATUE COLOSSALE DE LA RÉPUBLIQUE, *figure décorative, plâtre et draperies de laine plâtrée monté sur une armature de bois, exécutée pour une fête des écoles projetée au Panthéon.*

Le programme de cette fête a été rédigé par Jean Reynaud (*Moniteur officiel du 22 avril* 1848). La figure de la République debout, en bonnet phrygien, étendant sa pique sur une ruche d'abeille, symbole du travail, paraît avoir été demandée à Rude au mois de mai. L'œuvre dont le sculpteur déclarait n'avoir jamais été indemnisé, fut renversée d'un coup de canon pendant les journées de juin. Aucun titre ne se retrouve. — Le même coup de canon qui renversa le fragile et provisoire colosse abattit au fond de l'abside, la gigantesque *Immortalité* de Cortot, modèle haut de 16 pieds, achevé en 1837 pour être coulé en bronze et posé sur la lanterne du Dôme, qui avait été dressée devant la Chambre des députés en 1840, lors de la translation des cendres de Napoléon. Le petit modèle en bronze en est entré au Louvre. (Voir *Inventaire des Richesses d'art de la France, Monuments civils de Paris*, t. I : *le Panthéon par le marquis de Chennevières*, p. 334.) De l'œuvre d'un jour de François Rude, il ne reste ni maquette, ni croquis.

1845-1852. — JEANNE D'ARC ÉCOUTANT SES VOIX, *grande figure en marbre (exposée au salon de 1852. Actuellement au musée du Louvre).*

Les pièces relatives à cette figure forment un curieux dossier retenu par la Direction des Beaux-Arts. C'est, d'abord, sur une feuille de papier du *Cabinet du ministre*, la note de Guillaume Saunac, député de la Côte-d'Or : « *M. Saunac, député, rappelle avec instance à M. le Ministre de l'Intérieur sa demande en faveur de M. Rude, qui désirerait obtenir une commande.* » Au-dessus et transversalement, le ministre a écrit cet ordre : « *Faites un arrêté pour commander à M. Rude, une statue pour le jardin du Luxembourg.* » L'arrêté du 4 novembre 1845, est libellé ainsi : « *M. Rude, statuaire, est chargé d'exécuter pour le compte de mon département et moyennant une somme de* 12 000 *francs, imputable sur le crédit des*

pour lequel, au dire du *Courrier républicain de la Côte-d'Or* (6 décembre 1851) Rude s'est proposé, par ce double motif que le maître n'a pas reçu la commande et qu'il n'a fait connaître aucun projet.

ouvrages d'art et décoration d'édifices, une statue représentant (ici une ligne en blanc). *Cette statue est destinée à la décoration du jardin du Luxembourg.* » Avis de la commande est donné le 7 novembre à Saunac par le ministre et, le 11, à Rude lui-même par le directeur des Beaux-Arts. La lettre de Cavé stipule qu'il s'agit d'une statue en marbre « dont l'esquisse devra être approuvée par Son Excellence » ; que le sujet en sera ultérieurement désigné à l'artiste et que la somme de 12 000 francs comprend à la fois les honoraires du sculpteur et tous les frais de l'exécution. — Nous n'apprenons la désignation du sujet que par une lettre de Rude demandant un premier à compte au directeur des Beaux-Arts, le le 22 mars 1848. Voici ce document : « *Citoyen, je vous prie de me faire ordonnancer, s'il y a possibilité, un premier à-compte de 3 000 francs, sur la statue de Jeanne d'Arc qui m'a été commandée pour le Jardin du Luxembourg. — Je suis sur le point de faire mouler le modèle de cette figure. — J'ai l'honneur, citoyen directeur, de vous présenter mes civilités empressées. — F. Rude.* » Le Rapport d'enquête de l'inspecteur général Garraud sur l'opportunité du paiement conclut en ces termes : « *Le modèle en terre, de grandeur naturelle, est achevé. Je crois qu'il doit être fait droit à la demande du citoyen Rude d'un à-compte de 3 000 francs (un quart du prix), sur ce travail qui promet d'être digne des précédents ouvrages de l'artiste... J. Garraud.* » La somme est ordonnancée à la date du 11 juin. — Sur ces entrefaites, Rude a sollicité la concession du bloc de marbre nécessaire. Les choses semblent avoir traîné en longueur, car je vois, sur une feuille de papier du *cabinet du Directeur* la note qui suit : « *Ancienne affaire à régulariser. La statue de Jeanne d'Arc a été commandée à M. Rude, en 1845 ; le modèle est terminé depuis longtemps, M. Rude attend son marbre.* » — Néanmoins des négociations ont été entamées à la fin du mois d'octobre avec la maison de fourniture de marbre Dervillé et Cie, 26, quai Jemmapes, pour l'acquisition d'un bloc de blanc clair, choisi par le sculpteur, cubant 2^m,753, au prix ordinaire de 800 francs le mètre. Le 27 janvier 1849, un Rapport est adressé au ministre, proposant l'achat du bloc au prix total de 2 202 francs 50, imputable sur le crédit des ouvrages d'art et décoration d'édifices publics, exercice de l'année courante. L'autorisation à MM. Dervillé et Cie de livrer le marbre à Rude aux conditions convenues et d'envoyer à la Direction des Beaux-Arts leur soumission et leur facture est signée le 31 janvier. Le même jour l'artiste est avisé « *qu'il prendra possession du bloc quand il le jugera convenable* ».

Mme Rude parle de la *Jeanne d'Arc* de son mari, dans une lettre à Cécile Moyne sans date, mais évidemment écrite vers la fin de 1848. Le passage est trop singulier pour n'être pas transcrit en cette page : « *Le marbre pour la Jeanne d'Arc va arriver et l'exécution en marbre va être commencée bientôt. Pauvre Jeanne ! Je voudrais la voir autre part qu'au Luxembourg. Comme sujet et comme travail je la voudrais ailleurs. On nous place de temps à autre dans ce jardin, de grosses femmes plus ou moins laides, comme on était sans doute de leur temps. Autres temps, autres figures ! Je n'en ai jamais vu comme les leurs. Il y en a même qui ont l'air d'en prendre le chagrin à cœur. Pauvres créatures !... »* On surprend ici, à travers la critique justifiée de la plupart des statues de femmes célèbres introduites sur les terrasses du Luxembourg, quelque chose des idées répandues par l'enseignement de l'art pseudo-classique à l'endroit de nos aïeux.

Suivant une tradition d'atelier, à laquelle M. E. Duhousset a prêté un corps, la figure aurait eu, d'abord, de longs cheveux que la main rejetait de son oreille (*Cf. Chronique des arts et de la curiosité*, 1898, p. 37). Rude se serait inspiré d'un mouvement du modèle en train de se déshabiller pour poser le nu préparatoire alors qu'il lui disait : « Que feriez-vous si, tout d'un coup, vous entendiez des voix vous interpeller et vous donner des ordres graves, en paroles lointaines, difficiles à percevoir ? » A la veille d'appeler les mouleurs un conseil d'ami l'aurait décidé à raccourcir la chevelure. D'autre part, il est manifeste qu'il eut recours librement pour la tête à sa nièce Martine, âgée, à cette époque, d'une quinzaine d'années (elle était née à Bruxelles, le 14 mars 1833). Or, le commandant Van der Haert assurait que sa sœur avait longtemps porté les cheveux courts et flottants comme ceux de la *Jeanne d'Arc* de son oncle. Peut-être était-elle encore coiffée ainsi en 1848. Vers sa seizième année, elle eut des nattes : c'est encore en nattes qu'elle apparaît dans une fade composition de *Sainte-Cécile jouant de l'orgue entourée d'anges* et qu'on m'a montrée autrefois à Beaune. Quoi qu'il en soit, si Rude modifia vraiment la coiffure de son héroïne en vertu d'un conseil d'ami, il fut sage, car la longue chevelure violemment rejeté ne pouvait que banaliser l'aspect et affaiblir l'expression du geste si visiblement instinctif du bras droit et de la main. — Sur le fait que le visage de la statue est une libre interprétation des traits de Martine, voir au Louvre, le buste de cette dernière exécuté par Rude en 1854, peu après son mariage avec le sculpteur Paul Cabet.

L'ouvrage fut payé au maître en cinq versements successivement ordonnancés : 1° 3 000 francs, le 11 juin 1848, sur le Rapport de Garraud ; 2° 2 000 francs, le 8 décembre 1849 ; 3° 2 000 francs, le 15 juin 1850 ; 4° 2 000 francs, le 14 septembre 1851 ; et 5° 3 000 francs, pour solde du compte, le 8 mars 1852. Le marbre a pris place la même année à l'issue du Salon. Il est entré au musée du Louvre en 1890.

1848-1852. CHRIST EN CROIX ENTRE LA VIERGE ET SAINT JEAN, dit GROUPE DU CALVAIRE. *Trois figures en bronze. Hau-*

teur des figures, 2 mètres. — Salon de 1852. — Décoration du maître autel de l'église Saint-Vincent-de-Paul, à Paris.

La composition était arrêtée dès l'automne de 1848 : « *Rude a fait l'esquisse du Calvaire qui lui a été commandé pour Saint-Vincent-de-Paul; il va, d'ici à peu de jours, commencer le modèle du Christ.* » (*Lettre précitée de Sophie Rude, écrite en octobre ou novembre 1848*). — Le sculpteur a eu l'idée de faire ébaucher la grande figure par son élève Lecavelier, mais il s'est ravisé immédiatement. *(Souvenir communiqué par Guitton, statuaire, également, son élève).* — Quelques-uns ont cru trouver une ressemblance entre la face du Christ et le masque du crucifix qui couronnait jadis la fontaine du cloître des Chartreux, ou Puits de Moïse, à Champmol, œuvre de Claus Sluter et de son école, et ont conclu que Rude pouvait s'être inspiré de ce visage de douleur, recueilli au Musée archéologique de Dijon. Cette ressemblance paraît lointaine et tout au moins fortuite. — Le visage du saint Jean reproduit les traits d'un très jeune homme, originaire de Nuits (Côte-d'Or), Bernard Chazalette, venu à Paris pour y étudier la sculpture sous la direction du maître bourguignon et mort en 1851. Rude aurait fait mouler son masque et s'en serait servi *(Cf. Max Legrand, loc. cit., p. 151, en note).* Ce détail nous prouve que l'artiste ne termina son modèle qu'au cours de cette année. — Le groupe du Calvaire a été payé à Rude à raison de 12 000 francs la figure — soit 36 000 francs. Le prix de la fonte en bronze, aux ateliers Eck et Durand, est revenu à 35 000 francs (*Cf. Inventaire des œuvres d'art de la Ville de Paris*). — L'œuvre a été transportée, à l'issue du Salon de 1852, à l'église Saint-Vincent-de-Paul, où on le voit toujours, au-dessus du grand autel. Elle avait une patine noire, remplacée (nous l'avons dit) par une fâcheuse dorure, vers 1898. — Le modèle du Christ a été offert, par Paul Cabet vers 1875 à la Maison des frères de Saint-Jean-de-Dieu de Dinant, en reconnaissance des soins qu'il avait reçus de cette corporation hospitalière, durant une maladie. — Un moulage de la tête fut envoyé par Rude au maire de Dijon, en janvier 1854, pour la loterie de Saint-Jean, en faveur des pauvres de la ville (1) *(Lettre de M*me* Rude déjà citée).* Ce moulage appartient aujourd'hui à la famille Dietsch. — En 1855, l'artiste fit entreprendre, sous ses yeux, une interprétation en marbre de la même tête et du torse, sans les bras. Le morceau ne fut achevé qu'après sa mort. On le voit maintenant au Louvre.

(1) La date de cette loterie nous est donnée par un article de *l'Union bourguignonne* du 27 janvier 1854, où il est parlé d'une *tête de Christ, œuvre admirable de M. Rude.*

1850. Buste de l'ancien représentant de la Côte-d'Or James de Montry, *bronze (au cimetière de Dijon).*

James de Montry était mort du choléra, à Cologne, en 1849. Son corps fut rapporté à Dijon. Rude se chargea gratuitement, avec le concours préparatoire de son élève Armand Blanc, de fournir le modèle du buste de l'ancien représentant pour couronner son tombeau. Une souscription publique subvint aux frais du bronze, fondu à Paris, chez Eck et Durand (*Communication de M. Joseph Dietsch. Voir aussi Legrand, p. 112*). — L'homme est jeune, la barbe courte et moutonneuse, la moustache relevée, les cheveux en grosses mèches, un grand manteau jeté en biais sur les épaules et la poitrine. Œuvre assez banale et d'exécution ronde, où le modelé du front trahit seul la pensée du maître.

§ VII. — Œuvres de Rude sous Napoléon III

1850-1852. Statue du général Bertrand, grand maréchal du palais de Napoléon Ier, *bronze. Haut. 3 mètres. Sur la place Sainte-Hélène, à Châteauroux (Indre). (Inaugurée seulement le 2 juillet 1854).*

Un comité se constitua, à Châteauroux, quelques semaines après la mort du général (31 janvier 1844), afin d'ériger une statue en son honneur. Le prince de Joinville, qui avait ramené comme commandant de la frégate la *Belle-Poule* les cendres de l'Empereur, s'inscrivit en tête de la liste. On eut 6 000 francs de contribution du Ministère de l'Intérieur. La Municipalité vota un concours de la même somme (*Délibération du 9 mars 1844*) Vers la fin de l'année, le sculpteur Marochetti était chargé d'exécuter la statue et bas-reliefs du piédestal au prix de 30 000 francs. Une Ordonnance royale du 6 août 1845 autorisait l'érection du monument.

Le dossier relatif à cette affaire, aux archives de l'Hôtel-de-Ville de Châteauroux, nous fournit, quoique incomplet, quelques renseignements intéressants sur un des cas les plus curieux de l'histoire des statues honorifiques au xixe siècle. Le 17 octobre 1845, la commission examina le projet de Marochetti et, certainement, l'approuva, si bien que l'artiste acheva son œuvre et la livra aux fondeurs Eck et Durand. Par avance, la fête d'inauguration avait été fixée au 1er mai 1846. Nous ignorons ce qui provoqua, dans l'intervalle, un nouveau courant d'idées. Le fait est que, non seulement l'inauguration fut ajournée, mais qu'encore, après plusieurs discussions, sur lesquelles le secret a été gardé, la commission envoya une délégation à Paris, se réservant de ne prendre de résolution définitive qu'à son retour et sur son rapport. Ce rapport, déposé en séance plénière, le 14 février 1847, ne se retrouve pas. En dernière analyse, la statue fut refusée.

Il paraît certain que le vote de refus de la commission s'appuya d'un avis conforme du Conseils des Bâtiments civils. Le dossier renferme, en effet, une lettre du préfet de l'Indre au maire de Châteauroux, le 6 avril 1890, où, entre autres pièces justificatives, ce document est réclamé. Nous l'avons cherché en vain à la Mairie de Châteauroux, à la Préfecture de l'Indre et aux Archives du Conseils des Bâtiments civils, à la Direction des Beaux-Arts.

La statue de Marochetti avait été modelée en 1845 et fondue par Eck et Durand en 1846, ainsi que l'atteste la double inscription de sa plinthe. L'auteur n'entendait nullement être lésé et menaçait d'un procès. Les difficultés se prolongèrent. Le 3 juillet 1849, le préfet convoquait le maire pour le dimanche suivant, 8 juillet, à une heure de l'après-midi, en vue de « *concourir à la désignation d'un fondé de pouvoir à Paris, chargé de s'entendre définitivement avec M. Marochetti, sur les moyens de mettre fin à cette affaire* ». Nouvelle lettre du préfet, le 8 janvier 1850 : « *Je viens d'être informé que M. Marochetti s'est désisté des prétentions qu'il avait élevées, et qu'il consent que le traité passé avec lui soit considéré comme nul. — Ce résultat permettant de confier l'œuvre à un autre artiste, j'ai convoqué la commission pour mercredi prochain, à l'effet de délibérer sur les mesures à prendre...* » C'est probablement au cours de cette réunion que le nom de Rude fut prononcé pour la première fois.

Le désistement du primitif titulaire de la commande avait été obtenu par le frère du général Bertrand, Bertrand-Boislarge, qui paya de ses deniers la statue et l'installa dans le parc du château de Touvent, aux portes de Châteauroux. Je l'y ai vue. Elle montre le général, tête nue, en tenue de campagne de divisionnaire, bottes, culotte, habit à la française, la main gauche sur son épée, la droite tenant un rouleau de papier mi-développé, sur un tronc d'arbre. L'image n'a rien d'héroïque ni même de significatif et la sculpture en est facile et médiocre. La tradition porte, par surcroît, qu'elle fut jugée peu ressemblante.

Quoiqu'il en soit des causes du revirement de la commission, les pourparlers engagés avec Rude sont en voie d'aboutir au mois d'avril 1850. On a mandé le maître à Châteauroux. Le préfet écrit au maire le 6 de ce mois : « *Une conférence devant avoir lieu ici, mercredi prochain, entre la commission du monument Bertrand et M. Rude, statuaire, j'ai l'honneur de vous prier de vouloir bien me transmettre diverses pièces qui manquent au dossier de l'affaire et qui doivent se trouver à la Mairie...* » (Parmi les pièces demandées figure non seulement l'avis du Conseil des Bâtiments civils, mais aussi la délibération prise sur cet avis même par la commission.) La conférence décisive a lieu le 20 avril. Rude en sort nanti de la commande. Nous n'avons pas le traité et ne savons s'il hérite des conditions convenues avec Marochetti, mais on incline à le penser. Aucun ordre de paiement d'à-compte et de solde n'a pu se découvrir.

Le 18 mai 1852, le maître prévenait que son modèle était terminé; que l'œuvre avait reçu l'approbation des parents du général et qu'il serait heureux d'avoir, dans son atelier, la visite de quelques membres de la commission avant le 1er juin, époque où la statue serait mise aux mains des mouleurs. — Le 21 juin, décision du ministre de l'Intérieur accordant à la Commission trois blocs de marbre blanc veiné, choisis au Dépôt des marbres de l'Administration, à l'île des Cygnes, à Paris. Le soin d'édifier le piédestal revenait à Dauvergne, architecte de la ville de Châteauroux et du département de l'Indre, sur une évaluation de dépense de 2 000 à 2 300 francs. — En même temps, les fondeurs Eck et Durand traduisaient la figure en bronze. Tout était fini en 1853, ainsi que le constate l'inscription du piédestal, résumant par deux dates, non l'histoire de la statue de Rude, mais l'histoire du monument : « *Commencé en 1846. — Terminé en 1853.* » — La fête d'inauguration fut, cependant, différée, pour des raisons inconnues, jusqu'au 2 juillet 1854. Elle suivit donc de huit mois celle de la statue du maréchal Ney, à Paris, dont l'artiste n'avait eu la commande définitive qu'après l'achèvement de son *Bertrand*.

Par son testament du 13 mars 1861, Bertrand-Boislarge, frère du général, léguait à la Ville : « *Une pièce de terre d'une contenance de deux hectares, 74 ares, 80 centiares, désigné au plan cadastral sous le n° 177, section E, sous le nom de Champ-Auger, à la condition d'entretenir dignement et à perpétuité le monument en l'honneur de son frère.* » *(Mairie de Châteauroux.)*

1852-1852. Statue du maréchal Michel Ney, prince de la Moskowa, bronze. Haut. 2m,66 *(à Paris, avenue de l'Observatoire. — Inaugurée le 7 décembre 1853).*

L'assertion que, dès 1848, il aurait été décidé que « la statue du maréchal Ney serait en bronze et *que l'exécution en serait confiée à M. Rude, l'un de nos statuaires les plus distingués* », apparaît pour la première fois dans le rapport de Romieu, directeur des Beaux-Arts au ministre de l'Intérieur F. de Persigny, le 27 mai 1852; mais elle est conforme à toutes les vraisemblances. Deux ans auparavant, le 20 février 1850, Ferdinand Barot, ministre de l'Intérieur *(Rapport du prince Louis-Napoléon, président de la République)*, proposait, avons-nous dit, de « *représenter le Maréchal montrant sa poitrine et ouvrant son cœur à la mort* ». C'est exactement le sujet de l'esquisse de Rude décrite par Poisot *(Mémoires* de l'*Académie de Dijon*, 1857) et léguée au Musée de Dijon par le Dr Legrand (1903). Le billet du sculpteur à Romieu, quelques semaines plus tard (le 16 avril) nous prouve à quel point il était à ce moment mêlé à l'affaire. J'en ai cité incidemment le début. La pièce, tirée, comme toutes celles relatives à ce bronze expiatoire, du dossier de la Direction des Beaux-Arts, prend, en cette notice terminale, un intérêt particulier et vaut qu'on la lise :

« *Monsieur le Directeur, depuis que j'ai eu l'honneur de vous voir, j'ai visité bien souvent l'emplacement que vous m'avez désigné pour y élever une statue à la mémoire du maréchal Ney. — Je crois que l'on peut faire très facilement et à peu de frais une place convenable au sujet ; je crois aussi, Monsieur, que si vous pouviez vous rendre sur les lieux, nous verrions mieux ensemble que moi seul et que vous jugeriez mieux sur place que d'après des plans accompagnés d'explications. — Ainsi, Monsieur le Directeur, dans le cas où ma proposition vous conviendrait, veuillez me faire connaître votre jour et votre heure. — Recevez, Monsieur le Directeur, l'expression de ma parfaite considération. — F. Rude.* »

Au surplus, on ne pensait encore qu'à un monument assez modeste : « *Un tel monument*, écrivait Ferdinand Barot, *par la nature des souvenirs qu'il réveillera, devrait être d'un aspect sévère et d'une grande simplicité.* » Le rapport de Persigny au prince président, le 22 mars 1852, nous apprend même que le programme auquel on croit finir par s'arrêter, consistait en un bas-relief retraçant les derniers moments du condamné. Désormais, le projet va changer d'aspect. Le bas-relief devient une statue en grand costume militaire ; « *M. Rudde* (sic), *statuaire d'un grand renom* » est désigné pour l'exécuter et l'architecte du palais du Luxembourg, A. de Gisors, « *homme de talent et de goût* » est chargé du piédestal ; les deux artistes ont présenté un devis de 20 000 francs pour la sculpture et de 30 000 francs pour le socle en marbre blanc et sa grille de fer ; enfin l'ouverture d'un crédit spécial est demandée. Le même jour, le crédit est ouvert par décret présidentiel, avec facilité d'en reporter l'emploi, suivant les nécessités, sur les exercices 1853 et suivants. Le 29 avril, le devis des fondations, gradins en granit, marbre du piédestal, dallage et clôture grillée de l'enceinte est approuvé, sous les réserves du contrôle d'usage, par le Conseil des bâtiments civils *(Rapport de l'architecte Auguste Caristie).* Le Rapport de Romieu pour la proposition officielle de François Rude et d'Alphonse de Gisors, les deux arrêtés du ministre qui les chargent du travail et les lettres d'avis qui les informent sont signés à la fois du 27 mai. Je ne saurais négliger de faire connaître la lettre du ministre au sculpteur, pièce administrative essentielle fixant les conditions de la commande : « *Monsieur, j'ai l'honneur de vous annoncer que, par arrêté de ce jour, je vous ai chargé d'exécuter la statue en bronze du maréchal Ney, en costume militaire. — Cette statue aura* $2^m,70$, *plinthe comprise. — Vous devrez soumettre à mon approbation le modèle de ladite statue avant de procéder à la fonte et vous entendre avec M. de Gisors que j'ai nommé architecte du monument. — Je vous ai alloué pour vos frais d'exécution, fourniture du bronze nécessaire et fonte, une somme de* 20 000 *francs qui vous seront payés par à compte au fur et à mesure de l'avancement constaté du travail. — Je vous prie de m'accuser réception de la présente lettre et de me donner votre adhésion aux dispositions qu'elle renferme.* » (Minute conservée à la direction des beaux-arts.)

Le sculpteur a accepté « sans réserve » les conditions du travail. (Lettre du 1er mai, présente au dossier.) Nous n'entendons plus parler de lui que, le 3 octobre, par l'inspecteur J. Pasqualini, qui a vu l'œuvre à l'état de figure nue, « les extrémités à peine ébauchées », mais déjà au tiers de son exécution. Un premier à-compte de 2 000 francs est ordonnancé pour lui le 20 octobre. Le 29 novembre, invitation est faite à Gisors d'avoir à s'occuper du soubassement au plus tôt, car « *M. Rude a fort avancé son modèle et il pourra le mettre en place prochainement* ». Second ordonnancement d'à-compte (3 000 francs) le 13 septembre 1853. L'artiste prévient le 28 novembre que « *la statue est entièrement terminée et qu'elle sera à la disposition de l'architecte dans la matinée du 4 décembre* ». Et l'inauguration a lieu le 7.

La forte liasse de documents que j'analyse contient, en outre, un certain nombre de papiers touchant la cession à l'État du terrain appartenant à la ville de Paris, à la construction du piédestal, aux apprêts de la fête inaugurale et à la liquidation de l'entreprise. Je me suis servi de tout au cours de mon récit, mais ces dernières pièces n'ont qu'un rapport trop indirect à la sculpture pour que j'en dresse le détail. Il sera bon de rappeler que Rude a reçu ses quinze mille francs complémentaires en vertu d'un arrêté du 18 décembre.

1846-1857. HÉBÉ ET L'AIGLE DE JUPITER *(groupe en marbre, hauteur* $2^m,50$. *— Modèle exécuté par Rude de* 1850 *à* 1852 : *exécution en marbre très avancée au moment de sa mort, terminée de* 1855 *à* 1857 *sous la direction de* Mme *Rude et de Paul Cabet, exposé au salon de* 1857. *Musée de Dijon).*

L'heureuse chance nous est échue de pouvoir reconstituer, grâce aux documents conservés aux archives de l'Hôtel-de-ville de Dijon et aux archives du Louvre et à la correspondance de Mme Rude, le dossier complet de cet ouvrage auquel Rude attacha la plus grande importance et le seul de sa carrière dont la production se soit accompagnée de débats pénibles. Il nous est donc possible d'en suivre l'histoire sans lacunes du commencement à la fin. J'ai visé, au cours de mon récit, les pièces principales et cité les textes essentiels, mais je n'en dois pas moins récapituler à présent, à un point de vue strictement documental, toute la suite de notre information, en y ajoutant un supplément de justifications utiles ou curieuses. Nous avons établi à propos du *Petit pêcheur napolitain* et au moyen d'un passage d'une lettre du maire de Dijon Victor Dumay à Rude, le 30 novembre 1846, que la Municipalité a fait, plusieurs années auparavant, une démarche auprès du sculpteur, à l'effet d'obtenir de lui « *une copie de son petit pêcheur* ». L'artiste n'a pas agréé cette requête « *dans le désir et dans l'espoir d'offrir à son pays une œuvre originale* ». Ces mots nous montrent comme le germe du projet futur. — La délibération du conseil municipal du 11 novembre 1846, principe de la commande, que j'ai fait connaître d'après une ancienne note, se présente sous cette forme au registre des procès-verbaux, séance du 11 novembre 1846 *(Archives de la mairie)* : « *Un membre expose au Conseil que le musée de Dijon ne possède aucune œuvre capitale de M. Rude; que cet artiste, élève de notre école des Beaux-Arts, né à Dijon, est un des statuaires les plus distingués de notre époque et honore la ville qui l'a vu naître par son talent éminent et par son noble caractère ; — qu'en lui demandant l'exécution d'une statue dont le sujet serait abandonné à son choix, on acquitterait une véritable dette en même temps qu'on enrichirait la ville d'un objet d'art dont le talent consciencieux de M. Rude garantit d'avance le haut mérite.* — *Le conseil municipal adoptant les motifs qui viennent d'être exposés, décide que cette proposition sera prise en considération et que M. le Maire demeure chargé d'entrer à ce sujet en relations avec M. Rude, afin de s'entendre avec lui sur la question de la dépense, qui sera l'objet d'un vote ultérieur du conseil.* » — Le 30 novembre, le maire transmet à Rude l'ampliation de ce délibéré, avec la lettre déjà connue où il lui rappelle que son talent n'est encore représenté au musée de la ville que par le buste de François Devosge, et où il le prie au nom du conseil municipal « *de vouloir bien composer, à ses loisirs, un groupe ou une statue à faire entrer au musée* ». La lettre précise qu'aucune condition n'est imposée à l'artiste « *pour le sujet, les dimensions, le genre, le délai et la quotité de rémunération* ». Il n'aura, quand il le jugera convenable, qu'à envoyer son esquisse et à faire connaître son programme, les dimensions et la matière de l'œuvre, l'époque approximative de l'achèvement et le devis. — La réponse de Rude, le 9 décembre, débute par la manifestation de gratitude qu'on a pu voir pour l'unanimité au conseil et pour la part que le maire de Dijon a prise à cette affaire et « *la manière obligeante et honorable dont il a bien voulu la lui annoncer* ». Il s'engage à s'occuper du nouveau projet et à lui envoyer esquisse et devis sitôt qu'il aura terminé la statue de Monge. Tels sont les traits à retenir pour apprécier l'incident appelé bientôt à se produire.

Nous ne découvrons plus rien sur l'ouvrage attendu jusqu'en 1851, au lendemain de la mort d'Anatole Devosges qui a légué à ville une statue par lui commandée à Rude et non encore livrée. Le maire, Louis André, le 24 avril, écrit au sculpteur à propos de cette œuvre et de l'œuvre promise à la municipalité depuis 1846 et dont le thème n'a pas encore été indiqué. Voici le passage spécialement relatif à cette dernière : « *Vous avez consenti à vous charger d'exécuter pour la ville de Dijon, une statue en marbre* (1) *et je sais que vous voulez en faire un chef-d'œuvre ; nous attendons avec une vive impatience le jour où nous pourrons placer dans notre musée cet ouvrage d'un de nos plus illustres compatriotes ; aussi verrais-je avec infiniment de regret qu'un obstacle, quel qu'il fût, en retardât l'exécution ; mais je sais que les sculpteurs ne travaillent pas exclusivement à un ouvrage et que les nécessités matérielles de leurs travaux exigent même qu'ils aient à la fois plusieurs entreprises en cours d'exécution. Ne serait-il pas possible, Monsieur, que vous meniez de front les deux ouvrages destinés à Dijon et que la statue que nous tenons de la libéralité de M. Devosge vînt prendre sa place au musée en même temps que celle que la ville vous a demandée ?... Votre patriotisme ne me permet pas de douter que vous ne fassiez votre possible pour vous rendre aux désirs de vos concitoyens.* » — Réponse de Rude le 7 mai. Le maître prélude en louant le maire « comme artiste et comme Dijonnais » de son zèle pour les beaux-arts, pour l'école et pour le musée : « *C'est*, dit-il, *le plus noble moyen d'honorer la mémoire de François Devosge, qui a consacré soixante ans de sa vie à la prospérité de ces deux établissements d'un intérêt public et direct pour notre département, et aussi celle de M. Anatole Devosge qui, après son père, a dirigé l'école avec tant de talent et de dévouement.* » Puis il fait les déclarations suivantes : « *J'ai bien l'intention de conduire les deux ouvrages de front mais j'ai cru devoir commencer par celui qui m'a été commandé par le conseil communal puisque la commande en était plus ancienne que celle de M. Devosge ; mais comme le premier de ces ouvrages sera plus long à exécuter en marbre que le second, celui-ci pourra être terminé en même temps que l'autre.* » C'est alors qu'il révèle enfin le titre de son groupe : *Hébé et l'aigle de Jupiter*, fait savoir qu'il a travaillé « sans relâche » au modèle depuis plus d'un an et annonce qu'il en soumettra prochainement une maquette. Sa dernière phrase conclut sur les deux sculptures trop longtemps ajournées : « *Si ces deux ouvrages ne sont pas plus avancés*, c'est qu'ils sont, pour moi, les ouvrages *les plus importants que j'aie jamais faits, puisqu'ils sont pour Dijon, ma ville natale.* » La maquette est expé-

(1) C'est la première fois que cette indication de matière nous est donnée. Rude en avait, probablement, fait part à ses amis du conseil.

diée à Dijon, le 1ᵉʳ juillet 1851, avec une lettre, d'où j'ai extrait les brèves indications de Rude 1° sur son sujet choisi mythologique pour que le caractère « essentiellement sculptural » s'affirme seul dans l'œuvre ; 2° sur le prix de l'œuvre qu'il fixe à trente mille francs payables en quatre annuités de 1851 à 1854, avec faculté pour la ville de réduire la somme à vingt-quatre mille francs en se chargeant de la fourniture du marbre et même à vingt mille en supprimant le piédestal de sa façon. On croirait que l'artiste a le pressentiment de difficultés prochaines, car il entre en matière, avec une sorte de solennité par un rappel en règle des origines de la commande : « *Je viens d'envoyer à M. Numa Moyne un petit modèle en cire du groupe que j'exécute pour le musée de Dijon, sur la demande qui m'en a été faite par un de vos prédécesseurs à la suite d'une délibération prise par le conseil municipal d'alors. — Il est dit dans la commande que je puis faire une figure ou un groupe, le sujet laissé à mon choix...* — *Cette faible esquisse pourra vous donner une idée de l'immense travail que je me suis donné lorsqu'il faudra exécuter le monument en beau marbre de Carrare.* » Et tout de suite, il en vient à cette nouvelle question : « *Mon modèle étant sur le point d'être terminé je voudrais faire, dès à présent, la commande du bloc de marbre qu'il me faut. Je le ferai choisir à la carrière même, car non seulement il me le faut sans tache, mais encore de la qualité la plus ferme...* »

La surprise, le mécontentement, des édiles bourguignons à l'énonciation de ce prix de trente mille francs vaut à Rude un silence prolongé. Le 15 janvier 1852, il avertit que « *que son modèle est entièrement terminé et que dans quelques jours, il sera traduit en plâtre* « et il insiste sur la nécessité de « *régler le prix et l'ordre des paiements.* » « *Je suis persuadé, ajoute-t-il, que des raisons que je ne connais pas ont seules empêché le conseil de s'occuper de cette affaire. J'espère de votre bienveillance, Monsieur le Maire, que vous voudrez la mettre de nouveau sous ses yeux. Une prompte décision serait nécessaire afin de pouvoir continuer sans interruption un travail pour lequel j'ai dépensé tout le temps et tout l'argent que mes moyens me permettaient d'y employer, mais je ne devais pas hésiter, sous la garantie d'une commande officielle, faite à la suite d'une délibération du Conseil communal.* » Deux mois s'écoulent encore. Toujours même mutisme. Le sculpteur n'y tient plus. Le 16 mars 1852, il écrit au maire une véritable lettre de mise en demeure qui commence ainsi : « *Monsieur le Maire, depuis huit ou dix mois, voici la troisième lettre que j'ai l'honneur de vous écrire ; les deux premières sont restées sans réponse et l'incertitude dans laquelle vous me laissez finit par m'être préjudiciable : il faut que cette affaire se termine...* » La suite, que j'ai citée à son lieu est une injonction au Conseil de reconnaître son droit ou de rapporter, franchement la délibération de 1846. En guise de conclusion suivent ces paroles tranchantes : « *Enfin, Monsieur, j'attends une prompte réponse et je vous avouerai que dans le cas où elle ne serait pas faite, je serais obligé, bien malgré moi, d'attribuer votre silence à un manque d'égards auquel je ne suis pas habitué et dont je ne pourrais deviner le motif.* »

La phase aigüe où en sont arrivées les choses n'ont pas été sans faire un certain bruit à Dijon. Le 25 février, le journal l'*Union bourguignonne* a publié, d'après un autre journal, la nouvelle que le Conseil municipal a voté 30 000 francs *pour l'achat d'une statue de M. Rude.* » Cinq jours plus tard, la même feuille insère un article, sous la signature Ch. Jolivet, où nous lisons : « *Des renseignements que nous avons pris à ce sujet, il résulte que le Conseil n'a pas précisément voté cette somme, mais qu'il a admis en principe que la ville est débitrice de M. Rude, ce qui, en définitive, revient à peu près au même. — Nous comprenons la délicatesse qui a inspiré le Conseil, mais le public la croit mal placée en cette occasion, car les prétentions de M. Rude semblent un peu élevées. Le budget de la ville est, d'ailleurs, lourdement grevé par l'emprunt contracté en vue de l'achèvement du Palais des États, etc...* » — Peu après un Communiqué de la Mairie reprend l'historique de la commande à la lettre de Victor Dumay et pose cette conclusion : « *Le conseil municipal, à une très faible majorité, il est vrai, a cru qu'il était engagé, au moins moralement par les administrations qui l'ont précédé ; mais il n'a pas voté la somme de 30 000 francs, comme on l'a annoncé. Il s'est borné par sa délibération à engager le maire à entrer en pourparlers avec M. Rude, pour tirer de la situation, faite en 1846, le parti le plus juste et le plus avantageux pour la Ville.* » — D'un autre côté, un billet de Mme Rude, du 25 mars 1852, en réponse à d'affectueuses doléances de Cécile Moyne, contient, à défaut d'une vue très nette de la question, quelques phrases dures à l'endroit de l'édilité récalcitrante : « *Plus d'un Dijonnais ont gémi de la conduite tenue dans l'affaire du groupe, les uns parce qu'ils étaient blessés pour nous, les autres parce qu'ils étaient honteux de ce qui se passait. Toutes ces tergiversations retardent l'exécution en marbre de l'Hébé, car il ne se trouve nulle part à Paris un bloc de marbre convenable. Il faut le faire venir, ce qui demandera quatre, cinq ou, peut-être, six mois, tandis que, si l'on avait pu le faire venir, le praticien serait déjà en train depuis deux mois au moins. Ces messieurs ne savent pas que, quand un modèle comme celui de l'Hébé, qui a déjà coûté près de deux années de travail, est terminé, il faut encore plusieurs années pour faire le marbre.* »

Au plus bref, le 16 mai, le maire finit par prendre le bon parti de s'excuser et de s'expliquer : « *En nature d'arrangements et de stipulations financières, écrit-il, l'administration municipale est obligée d'observer, avec la plus grande exactitude, les intentions du Conseil placé à côté d'elle... Ces intentions, en ce qui vous concerne,* ne se sont manifestées que récemment, et il a été décidé, alors, que M. Vernier, mon adjoint (1), lorsqu'il se rendrait prochainement à Paris, aurait pour mission expresse de s'entendre avec vous d'une manière définitive,.. » La délibération de l'assemblée communale a eu lieu, en fait, un peu plus tôt qu'on n'en convient, puisque les journaux s'en sont emparés dès le mois de février, et la séance, pour le moins au début, a dû être fort orageuse. On a vu, visiblement les lettres de Rude du 17 juillet 1851 et du 15 janvier 1852 et l'on s'est référé aussi, aux anciens documents de la cause. De cet examen sont sorties des *Observations* et des *Propositions* dont nous avons maintenant à produire le texte :

OBSERVATIONS : — *M. Rude ne s'est conformé ni à la délibération, ni à la lettre du maire de Dijon qu'il a reçues en 1846. Le conseil municipal, il est vrai, qui laissait le choix du sujet, et ne fixait ni le délai pour l'exécution, ni les honoraires. Mais, en demandant un programme accompagné d'esquisse et le montant des prix et honoraires, le maire d'alors indiquait très clairement qu'à côté de la question d'art, il y avait une question de finances ; que la ville n'entendait se charger que d'une dépense proportionnée à ses ressources, et que, d'un autre côté, le sujet de la statue devait être agréé par le Conseil (au moins au point de vue de la dépense) avant que des modèles fussent faits en terre ou en plâtre. — M. Rude n'a donc pas mis le Conseil municipal à même, soit d'agréer, à vue de programme et d'esquisse, le choix que l'artiste aurait fait du sujet, soit de prendre des dispositions nécessaires pour payer. — Et lorsque, après quatre ans et demi, M. Rude annonce inopinément au Conseil qu'il a choisi un groupe d'Hébé et de l'aigle de Jupiter ; que le modèle, entièrement terminé, va être traduit en plâtre ; qu'il a déjà dépensé pour ce travail tout l'argent que ces moyens lui permettaient d'y mettre ; et que le groupe, sculpté en marbre coûtera à la Ville la somme de 30 000 francs, payables en 4 années, y compris 1851, il ne saurait être surpris que la dépense paraisse considérable, et que la Ville ne soit point en mesure d'effectuer ce paiement.*

« PROPOSITIONS : — *Dans ces circonstances, voici les propositions que la ville de Dijon, par l'intermédiaire de M. le Maire, croit pouvoir faire à M. Rude : — le Conseil municipal maintient la demande faite à M. Rude, en 1846 ; — Le groupe d'Hébé et l'aigle de Jupiter sera exécuté en marbre par M. Rude ; — M. Rude exposant dans ses lettres du 7 mai et du 1er juillet 1851 : 1° qu'il*

---

(1) Théodore-Michel Vernier, adjoint en 1852, devint maire quatre ans plus tard. C'est lui qui devait prendre, en cette qualité, le 7 septembre 1858, l'arrêté donnant, à titre d'hommage à la mémoire du grand artiste, le nom de rue François Rude à la rue Petite-Poissonnerie, où se trouve sa maison natale.

conduira de front l'exécution de l'ouvrage demandé par le conseil municipal, et de l'ouvrage légué à la ville de Dijon par M. Devosge ; 2° que les travaux pourront être terminés en même temps et dureront trois années ; la ville de Dijon recevra en même temps les deux ouvrages de M. Rude qui viennent d'être indiqués ; — M. Rude se chargera de faire à Carrare la commande du bloc de marbre pour le groupe Hébé et l'aigle de Jupiter. Le piédestal ne sera point retranché ; — Dans les six mois qui suivront l'arrivée du bloc de marbre à Paris dans les ateliers de M. Rude et l'avis qu'il en aura donné au maire de Dijon, M. Rude touchera, à la caisse du receveur municipal de la ville de Dijon, la somme de six mille francs ; — A l'expiration, ou, s'il est possible, dans le cours de l'année qui suivra le paiement des 6 000 francs, M. Rude recevra la somme de 4 000 francs ; — Pour payer le surplus des 30 000 francs, si M. le maire n'obtient pas une réduction, la ville de Dijon qui, après quatre ans, a contracté des engagements considérables, se trouvant dans la nécessité de faire assez longtemps d'avance les dispositions nécessaires, verserait entre les mains de M. Rude : 1° Dix mille francs à l'expiration, ou, s'il est possible, dans le cours de l'année qui suivra l'arrivée en bon état à Dijon du groupe Hébé et l'aigle de Jupiter et de la statue léguée à la ville par M. Devosge ; 2° Dix mille francs à l'expiration ou dans le cours de l'année suivante. En telle sorte que les 20 000 francs soient intégralement payés dans les deux ans qui suivront l'arrivée à Dijon des deux ouvrages de sculpture exécutés par M. Rude.

« Si la ville obtenait du gouvernement le don du bloc de marbre, le prix du groupe ne serait plus pour elle que de 24 000 francs qui seraient payés : 1° 4 000 francs dans les six mois de l'arrivée du bloc dans les ateliers de M. Rude ; 2° 4 000 francs dans l'année qui suivrait le premier paiement ; 3° 8 000 francs dans l'année après l'arrivée des deux ouvrages de M. Rude à Dijon ; 4° et 8 000 francs un an plus tard.

« Si au lieu du marbre la Ville obtenait du Gouvernement une somme à titre de subvention, cette somme pourrait être touchée directement par M. Rude en déduction de ce qui, alors lui resterait dû par la ville de Dijon. »

Il faut convenir que la série des *Observations* était peu solide. On eût reproché légitimement à l'artiste sa longue négligence envers ses concitoyens ; mais, dès lors qu'à l'origine aucune condition de délai ne lui avait été imposée sur aucun point, on était mal venu à l'accuser de s'être dérobé à des prescriptions qui n'existaient pas. La seule arme qu'il eût fournie contre lui-même en promettant de s'occuper de l'œuvre commandée aussitôt après l'achèvement de son *Monge* n'était même pas relevée. Aussi bien, à ce manquement près, il avait, tardivement, mais rigoureusement tenu sa parole d'envoyer à son heure, programme, maquette et devis. La question du modèle en terre ou en plâtre, exécuté par lui, à l'insu de tous dans son atelier de la rue d'Enfer, n'avait pas à intervenir. Quant à l'acceptation du prix et à la réglementation des paiements, c'était, incontestablement le droit de la Ville d'en décider à sa convenance, de même qu'il lui appartenait, si elle le jugeait bon, de solliciter de l'État la concession du marbre ou un subside pécuniaire. En fait, il ne semble pas qu'elle ait adressé à la direction des beaux-arts une requête en ce dernier objet. Elle s'est ralliée, tout bien pesé, purement et simplement, au programme et au devis du sculpteur, sauf à ne payer en cours de travail que le premier tiers de la somme fixée et à subordonner le versement du reste à l'envoi des deux marbres.

Cependant, avant la fin du mois de mai, Rude a reçu la visite de l'adjoint Vernier, porteur d'une copie des dispositions arrêtées par l'assemblée communale. Il a lu très légèrement ce papier, laissé entre ses mains, et s'est immédiatement entendu, pour l'acquisition du bloc, avec la maison de marbrerie Dervillé. Le 29 novembre, ce bloc est remis à son atelier, payable à six mois de date et du prix de 7 500 francs — c'est-à-dire d'une valeur supérieure de 2,500 francs à sa prévision acceptée par le Conseil. Le maître, malade à cet instant et cloué au logis six semaines, ne peut aviser l'adjoint de la réception et de l'estimation du marbre que le 3 décembre, mais il profite de l'occasion pour se plaindre du principe adopté pour le règlement de ses frais et honoraires, dont la particularité lui avait échappé et qui recule le paiement des deux tiers de la rétribution de l'*Hébé* jusqu'après la livraison des deux ouvrages. « *Il résulterait de cette clause*, dit-il, *que si, par une circonstance que je ne puis prévoir, je n'exécutais pas la figure de M. Devosge, je ne serais jamais payé du travail que je fais pour la Ville... Quoique les deux ouvrages aient la même destination, ils sont entièrement séparés, et comme commande et comme paiement.* » La réclamation est très fondée. L'adjoint n'y fait qu'une réponse vague, alléguant que le statuaire a lui-même souscrit à la connexion des deux sculptures, par sa lettre du 7 mai 1851, où il annonçait son intention de les mener de front, et il concluait paradoxalement : « *Vous le voyez, Monsieur, c'est vous qui avez lié la livraison des deux ouvrages et, comme nous tenions essentiellement à nous assurer ces deux œuvres de votre illustre ciseau, nous nous sommes empressés d'en faire, en acceptant vos indications, la condition de nos obligations.* » En fin de compte, Rude n'insiste pas. Il n'en est pas moins évident que la Ville n'a pas usé envers lui, en cette circonstance, de procédés larges et généreux. Je me hâte de dire que le 15 juin 1853, sur une lettre de l'artiste rappelant que le prix du marbre n'est pas encore versé, on vote sans difficulté une première échéance de dix mille francs. Le sculpteur écrit de nouveau, ne voulant pas supporter le surcroît de 2,500 francs de la facture du bloc. Aux termes du devis, le Conseil aurait le droit indubitable de refuser de prendre l'excédent à sa charge, mais il vote sans balancer — ce qui est tout à son honneur (*Séance du 11 août*).

Le dossier de l'*Hébé* nous réserve, finalement, quelques pièces concernant l'achèvement de l'œuvre après la mort de Rude. J'en ai déjà donné de suffisants extraits pour n'avoir plus que peu de détails à y puiser. Reprenons ces pièces par ordre de date : 1° Lettre du maire Louis André au comte de Nieuwerkerque, directeur général des Musées impériaux, intendant des beaux-arts de la maison de l'Empereur, le 19 novembre 1855. J'ai dit que la démarche du chef de la municipalité dijonnaise, demandant s'il y a lieu de réclamer le groupe de Rude dans l'état où il l'a laissé ou de le faire achever par un suppléant et penchant pour le premier parti, lui a été inspiré par la lecture d'une chronique de l'*Illustration*. Qu'on lise plutôt le dernier paragraphe : « *Je vous serais reconnaissant de vouloir bien me donner votre opinion le plus promptement possible. Il y aurait quelque urgence pour moi à prendre une prompte résolution, si j'en crois l'Illustration de ce jour, qui annonce que M. Cabet, neveu de Rude, est chargé de terminer son Hébé.* » En marge, Nieuwerkerque a tracé ces mots au crayon : « *M. Barbet de Jouy ira voir où en est le groupe et m'en rendra compte le plus tôt possible. Il s'informera aussi quel est l'élève de Rude le plus capable de terminer ce travail, le cas échéant.* » (*Archives du musée du Louvre*). — 2° Rapport de Barbey de Jouy, le 23 novembre. Il constate, comme on l'a vu, que tout est fini, sauf le visage, qu'on ne saurait en demeurer là et que Cabet n'a qu'à continuer un office de surveillance assumé du vivant de l'auteur. (*Archives du Louvre*). — 3° Réponse du comte de Nieuwerkerque au maire de Dijon, le 24 novembre. C'est la répétition presque littérale du Rapport de Barbey de Jouy, avec cette conclusion : « *Ce groupe a été fait par M. Rude sous les yeux de M. P. Cabet, son neveu, et qui, depuis de longues années, est toujours resté près de lui. M. Cabet qui est, d'ailleurs, un artiste de talent, peut donc s'être particulièrement pénétré de la pensée de l'auteur et je n'hésite pas à lui confier le soin de mettre la dernière main à l'œuvre de M. Rude.* » (*Minute aux Archives du Louvre; Original aux Archives de la mairie de Dijon*).

4° Lettre du maire André à Mme Rude, le 13 décembre. « *... On désire généralement, à Dijon, que la belle composition de l'Hébé soit terminée par les soins de M. Duret, avec qui l'on nous donne l'assurance que vos rapports sont excellents. Si vous pouvez donner satisfaction à ce désir, qui vous semblera sans doute légitime, j'ai la certitude que vous n'aurez qu'à vous louer des sentiments du conseil municipal. Je pense même bientôt à vous faire régler un paiement qui deviendrait bien plus facile si vous vouliez bien prendre mon observation en considération.* » *Minute aux Archives municipales de Dijon*). Il est sensible que cette proposition inacceptable en elle-même, l'était rendue bien plus encore par la forme de marché qu'elle affectait. — 5º Réponse de Mme Rude, le 17 décembre. La veuve du maître revendique, ainsi qu'un extrait l'a déjà fait voir, la surveillance du travail de praticien. Elle ajoute : « *Si la ville de Dijon désire un ouvrage de M. Rude, elle doit désirer le prendre entièrement de sa main, comme est et sera, jusqu'à son parfait achèvement, le dernier de tous, le groupe d'Hébé, celui qu'on regarde comme son chef-d'œuvre et auquel il a travaillé avec tant d'ardeur, car, dans cet ouvrage, son génie s'est montré plus grand ; le souvenir de sa ville natale soutenait son courage artistique.* — *Vous voyez, Monsieur, que la proposition du conseil municipal n'est pas acceptable, d'après les raisons que je viens de vous soumettre et que je vous prie de vouloir bien présenter à Messieurs du conseil municipal, que je croyais éclairés et rassurés par la lettre de M. le comte de Nieuwerkerque.* » *(Original aux Archives municipales de Dijon).*

Ici se clôt la chronique de l'œuvre racontée par les documents et qui nous offre un tableau presque unique des relations d'un maître parisien avec une municipalité provinciale au milieu du xixe siècle. L'*Hébé* paraissait, finalement, au salon de 1879, escortée de l'*Amour dominateur* dont il va être parlé. Il suffira de rappeler que les deux marbres, en dépit de leur perfection technique, n'y reçurent pas grand accueil.

Une tête d'étude, modelée en vue de l'*Hébé*, fut donnée par Mme Rude, au statuaire Montagny, de Saint-Étienne, élève de son mari. Les musées de Dijon et de Semur (Côte-d'Or), en possèdent des épreuves. La maquette en cire, soumise en 1851 au conseil municipal, est la propriété de la famille Bichot-Moyne.

1849-1857. L'Amour dominateur du monde, *statue, marbre* (Haut. 1m,36. *Esquisse faite antérieurement au mois de mars* 1849 ; *modèle exécuté de* 1852 *à* 1854 ; *exécution en marbre commencée par Rude, continuée et terminée après sa mort sous la direction de Paul Cabet et la surveillance de Mme Rude. Figure exposée au Salon de* 1857. — *Musée de Dijon.)*

La statue de l'*Amour dominateur du monde* a été commandée à Rude par Anatole Devosge, successeur de son père à la direction de l'École des beaux-arts de Dijon, quand il était déjà nanti de la commande du groupe d'*Hébé et l'aigle de Jupiter*. Le sculpteur écrit, en effet, au maire Louis André, le 7 mai 1851 (*lettre déjà citée*), à propos de l'ouvrage attendu pour le musée : « *La commande en était plus ancienne que celle de M. A. Devosge...* »— Aucune mention n'est faite du projet de l'*Amour*, avant le testament de Devosge fils, léguant l'œuvre convenue à la Ville, le 20 mars 1849. Je ne suppose pas que la commande remontât plus haut que l'automne précédent, où Rude avait fait une apparition à Dijon, après l'inauguration de son *Monge* de Beaune.

Bien que le choix du thème fût abandonné à l'artiste, il n'adressa pas moins à son ami plus âgé que lui et qui avait contribué à son éducation, une maquette de son dessein. C'est pourquoi, lorsque le texte du testament eut été communiqué, après la mort du testateur (8 décembre 1850), à la ville, bénéficiaire d'une part de son héritage, Rude s'abstint de présenter à la mairie un nouvel aperçu plastique et il s'en explique en ces termes : « *La composition était connue de M. Devosge, car je lui en avais envoyé une esquisse en plâtre, qu'il avait approuvée complètement. Comme le conseil communal, il m'avait laissé maître de choisir le sujet, mais c'était mon ancien professeur, c'était un artiste distingué, et je n'aurais pas voulu passer outre sans m'être assuré de son assentiment.* » A la maquette, dont l'envoi est, certainement, antérieur à la date des dispositions testamentaires, était jointe la lettre de commentaires sur les intentions de l'auteur, reproduite en partie par Maximin Legrand (*loc. cit.* pp. 111-112) et à laquelle j'ai moi-même fait un emprunt essentiel (*Chapitre XXXVIII du présent livre*). Il s'y trouve encore, pourtant, deux autres passages intéressants parce qu'ils trahissent la manière de composer du maître, procédant toujours par essais et modifications successifs, et par ce qu'ils attestent de ses sentiments de simplicité intime et de noble déférence envers ceux dont il estimait l'intelligence et le caractère : « ... *Aussitôt que j'ai été libre d'esprit, je me suis occupé de la petite esquisse que je devais vous soumettre ; je ne sais pas les faire* (sic), *mais telle qu'elle est je vous l'envoie : j'espère bien que vous me donnerez votre avis. Il n'y a, dans cette esquisse, que des idées, je n'ai pas encore vu la nature dans cette situation ; aussi cette composition peut subir toute sorte de transformations. Je ne réponds pas que de moi-même je ne lui en fasse subir d'importantes ; car, jusqu'à ce que le marbre soit commencé, il n'y aura rien de définitif dans la composition..... — Dans tous les cas, mon cher maître, si je ne me trompe, je compte sur vous pour me redresser. Ce ne sera pas la première fois que j'aurai reçu de vous de bons conseils, dont j'aurais pu mieux profiter dans les quelques ouvrages que j'ai produits ; mais j'ai fait selon les circonstances et ma pauvre nature.* »

— Le prix fixé (12 000 francs) est consigné dans la clause du testament et confirmé par la lettre du maire de Dijon, à Rude, le 24 avril 1851 : « *Vous savez que, par son testament, M. Devosge a légué à la ville une statue en marbre de Carrare que vous êtes chargé d'exécuter, moyennant une somme de douze mille francs...* » Le même maire, le même jour, s'ingéniant à prendre des sûretés contre tout le monde, mande ceci à M. Saint-Père, légataire universel du mort : « *Vous savez que, par son testament, M. Devosge a* légué, entre autres choses, à la ville de Dijon une statue commandée par lui moyennant une somme de douze mille francs. M. Devosge n'ayant assigné aucun terme pour l'exécution de la disposition, il dépend de M. Rude de le faire lui-même, et rien ne peut l'obliger à livrer sa statue plus tôt ou plus tard. Cet état de choses peut, à différents points de vue, être compromettant pour les droits de la ville et je désirerais être d'accord avec vous sur la manière d'exécuter les dernières volontés de M. Devosge. Il me semble difficile de ne pas vous demander des garanties pour le paiement des douze mille francs qui forment le montant du legs. Vous savez que l'état de minorité dans lequel sont placés les communes obligent ceux qui les administrent à des précautions dont un simple particulier pourrait se dispenser... » (Minute conservée aux archives de l'Hôtel-de-ville de Dijon). — Nous ignorons la réponse, probablement verbale, qu'a faite M. Saint-Père et quelles mesures ont été prises. Nul doute que le devoir du maire ne fût assez délicat à remplir. Au surplus, à l'égard du sculpteur il était aussi désarmé pour l'*Amour dominateur* que pour l'*Hébé*.

Toujours est-il que Rude, harcelé, comme on l'a vu, des démarches de la mairie et acculé, somme toute, à la nécessité de livrer ses deux œuvres à la fois, dut se mettre au modèle de l'*Amour* dès 1852, après l'achèvement du modèle du groupe d'abord entrepris, mais il a été retardé par l'exécution de ses statues du général Bertrand et du maréchal Ney. Pourtant, en janvier 1854, nous le voyons pressé de se libérer envers ses concitoyens. Une lettre de Sophie Rude à Numa Moyne, sans date, mais très évidemment du mois de décembre 1853 ou du mois de janvier 1854 puisqu'il y est parlé tout ensemble de la récente inauguration de la statue de Ney et de l'envoi de lots à la très prochaine loterie dijonnaise de Saint-Jean (27 janvier) nous apprend que « *Rude travaille à son Amour qui n'aura pas besoin de rendre de points à M*^{lle} *Hébé.* » Une seconde lettre — celle-ci à Cécile Moyne — sans doute du mois de juin 1854, puisqu'il y est fait allusion à la récolte des foins, au bon marché des fraises et aux déplacements du jeune ménage Paul Cabet, contient une nouvelle plus décisive : l'*Amour va bientôt être livré aux praticiens.* »

Il leur a été livré bientôt, c'est indubitable. Seulement aucun Barbey de Jouy n'a été requis d'examiner le degré d'avancement où ils l'ont conduit, dans le marbre, du vivant du sculpteur. — Nos informations ne vont pas au delà du renseignement, totalement étranger à la question d'art, détaché de la lettre du maire Louis André, à la veuve du maître, le 13 décembre 1855 : « ... *Nous sommes profondément peinés des tracasseries que nous donne le légataire universel de M. Devosge. Nous sommes décidés à ne paraître dans la contestation que lorsque le tribunal sera saisi au fond. Nous entendons soutenir que M. Saint-Père n'a rien à voir dans l'état de*

cette œuvre et qu'il n'aura qu'à payer ce que la ville aura accepté. »
Je ne vois pas, en dernière analyse, que ces « tracasseries » aient eu des suites judiciaires ou autres.

La figure de l'*Amour*, moins importante et d'exécution en marbre bien plus facile que l'*Hébé*, suivant que l'avait annoncé Rude, s'était vraisemblablement dégagée beaucoup plus vite. Il ne fut pas un instant question de réclamer, à son prétendu bénéfice, le concours de Duret, ni de personne, et le musée de Dijon s'ouvrit, tout naturellement aux deux marbres à l'issue du Salon de 1857. — L'esquisse du petit *Dominateur* envoyée à Devosge ne se retrouve pas, non plus, malheureusement, que le grand modèle en plâtre. La réduction en cire, transmise au Conseil municipal en 1850 appartient à M. Bichot-Moyne, à Dijon.

1854 NICOLAS POUSSIN DEBOUT, DESSINANT SUR UN ALBUM, *statue en pierre. Hauteur 3 mètres. (Galerie extérieur du Palais du Louvre, côté du Carrousel).*

Mme Rude nous apprend, en juin 1854, que « *Rude vient d'être chargé d'une figure très pressée : c'est la statue de Poussin, pour la continuation du Louvre. Cette figure, ainsi que toutes celles commandées, aura huit pieds, doit être en pierre et livrée le 1er janvier prochain. Il ne faut pas muser pour arriver à cette époque. Les artistes ont dû signer un engagement.* » Le Musée de Dijon a reçu de Mme Cabet-Fabert, en 1878, le modèle à demi-grandeur d'exécution de cette statue (*Haut.* 1^m,54).

1854 HOUDON DEBOUT, TENANT LE MODÈLE DE SON ÉCORCHÉ, *statue en pierre; Haut. 3 mètres (Galerie du Louvre, côté du Carrousel).*

Statue qui a dû être commandée en même temps et dans les mêmes conditions que la précédente. Toutes les deux étaient posées avant l'ouverture de l'Exposition universelle de 1855. — La petite esquisse du *Houdon*, donnée par Mme Rude à son ancienne élève et à son amie Mlle Dondey, a été envoyée par celle-ci au musée de Dijon, en 1897, avec deux terres cuites (Voir au paragraphe VIII : *Maquettes se rapportant à des projets restés inconnus*).

1853-1855. MARTINE VAN DER HAERT-CABET, *nièce de Rude. Buste en marbre, grandeur naturelle. (Exposition universelle de Paris,* 1855. — *Actuellement au musée du Louvre).*

Rude a commencé ce portrait quelques semaines après le mariage de sa nièce avec Paul Cabet (3 novembre 1853) et au lendemain de l'inauguration de la statue du maréchal Ney (7 décembre 1853), il l'appelait « son cadeau de noce à Martine. » — « *Le modèle fut assez promptement exécuté, mais Rude apporta un soin minutieux à l'achèvement du marbre et il fit poser plusieurs fois Mme Cabet devant le marbre même qu'il voulait, disait-il, « parfait de tout point ». Il y travaillait encore la veille du jour où il devait l'envoyer à l'Exposition universelle. » (Témoignage du statuaire Guitton).* — Ce buste, en costume moderne, col de broderie et petits boutons ciselés, coupé carrément à la naissance de la jupe comme une demi-statue sans bras, est entré au Louvre, en 1881, en vertu du testament de Françoise Cabet-Faber, du mois de novembre 1876. — J'ai donné, plus haut, à propos du buste de Louis David du Salon de 1831, les références relatives à ce legs.

1853-1855. SECOND BUSTE DE FRANÇOIS DEVOSGE, *marbre. Haut.* 0m,56. *(Musée de Dijon).*

Ernest Christophe m'a raconté que son maître, trois ans avant sa mort, retrouva, un jour, devant lui, deux croquis d'Anatole Devosge, représentant le bienfaiteur des artistes dijonnais et qu'il s'attendrit à cette vue. C'était, sans doute, deux documents adressés au sculpteur, en 1832, par Devosge fils pour l'aider dans l'exécution du portrait de son père. De cet incident et de cette émotion naquit, peut-être, en la disposition où se sentait Rude, son désir de faire, pour lui-même, un nouveau portrait de son premier professeur. L'effigie est réduite à la tête et au cou avec la naissance de la poitrine sous le jabot tuyauté et l'habit rayé, mais le voile du regard se marque davantage et la pénétration d'intimité s'y fait plus profonde. Au rapport de ses élèves, il en retouchait le marbre, aux derniers mois de sa vie, pendant l'Exposition universelle de 1855, tout en s'occupant avec ses praticiens, de l'exécution en marbre de l'*Hébé* et de l'*Amour dominateur*. — Le second buste de Devosge a rejoint le premier au musée de Dijon, en 1881, en vertu du testament précité de Françoise Cabet-Faber.

1854-1855. L'HISTORIEN, PETIT GROUPE ESQUISSE. *Terre cuite, pour l'historien Villiaumé.*

« Un homme, assis sur la margelle du puits de la Vérité, voit la déesse nue lui présenter un miroir tandis que le Génie de l'Indépendance tient son encrier. » C'est la dernière composition de Rude. Elle n'a pas eu, au moins de son vivant, d'exécution définitive en marbre ou en bronze. Je ne sais ce qu'elle est devenue. (Cf. *Legrand*, p. 115.)

1854-1855. BUSTE DE LAURENT-ANTOINE PAGNERRE, ÉDITEUR, ANCIEN SECRÉTAIRE GÉNÉRAL DU GOUVERNEMENT PROVISOIRE DE 1848. *Grandeur naturelle, Bronze (cimetière de Saint-Ouen-l'Aumône (Seine-et-Oise).* — *Moulage au Musée de Dijon).*

Pagnerre est mort en 1854, à Saint-Ouen-l'Aumône, son village natal. Son buste fut commandé par ses amis. Legrand affirme que le modèle fut livré à la fonderie au commencement de 1855. (Cf. *Legrand*, p. 115). — Gros, la face large et pleine, les cheveux en crinière, la moustache en brosse, son cou énorme lourdement encerclé par le col et la cravate, le corps sanglé dans la redingote à deux rangs de boutons, l'ancien secrétaire du Gouvernement provisoire porte la tête avec une certaine emphase. Le portrait ne laisse pas d'être typique, mais la façon en est moyenne et d'un art courant.

1855. Tête et torse du Christ en croix, sans bras. *Marbre. Grandeur naturelle (musée du Louvre).*

On sait déjà que c'est la reprise d'un fragment du modèle du Christ, pour le Calvaire de Saint-Vincent de Paul. Rude fit entreprendre la mise au point de ce morceau pour utiliser un petit bloc de marbre grec, depuis longtemps en sa possession. Le travail n'était qu'ébauché au moment de sa mort. Il fut terminé sous la direction de Paul Cabet. L'œuvre a figuré au Salon de 1857 avec l'*Hébé* et l'*Amour dominateur*.

§ VIII. — Maquettes de Rude se rapportant a des projets restés inconnus

Il existe au musée de Dijon, trois maquettes ou esquisses dont il n'est question dans aucun document et dont nous ne connaissons ni le but, ni la date : une *Statue équestre de Napoléon*, une *Jérémie* et une *Sapho*. Je réunis en cette dernière page les quelques renseignements qui les concernent et j'y joins les vagues conjectures auxquelles elles peuvent donner lieu.

1º Statue équestre de Napoléon 1er, *maquette en terre cuite. Haut.* 0m,28. *Longueur de base* 0m,11.

L'empereur est vêtu de la redingote et coiffé du petit chapeau ; il porte le grand cordon de la Légion d'honneur en sautoir et d'autres décorations. De la main gauche, il tire fortement les rênes de son cheval, aux jambes de devant tendues, dans l'attitude du brusque arrêt. De la main droite, il désigne un point de l'horizon, d'un geste impérieux. La tête, tournée vers la gauche, n'est que massée, sans indication des traits du visage. Sur le terrain en pente, des débris de roues de canon accusent un champ de bataille. — Cette maquette est signée. — Elle a été offerte au musée de Dijon, en même temps que l'esquisse du *Houdon* et la composition dite *Jérémie*, par Mlle Dondey, ancienne élève et amie de Mme Rude, morte à l'hospice de Sainte-Périne, à Auteuil, dans l'hiver de 1902.

La donation qualifiait la statuette équestre de « *Bonaparte en Égypte* », ce qui eût pu faire penser à un essai contemporain du *Retour de l'armée d'Égypte* et la frise de l'Arc de triomphe (1831-1835). Mais le titre est manifestement erroné. Nous n'avons pas sous les yeux le jeune général du Caire, des Pyramides et de Jaffa. Le costume et le cordon de la Légion d'honneur suffiraient à caractériser l'Empereur.

Rude, dans la première partie de sa carrière, n'avait guère tiré parti du cheval.

En son *Histoire d'Achille (épisode du cadavre d'Hector, traîné autour des murs de Troie)*, en sa *Chasse de Méléagre (épisodes du jeune homme domptant un cheval et de la poursuite du sanglier)* il lui a laissé les formes les plus conventionnelles. Les chiens et le sanglier du *Méléagre* sont de beaucoup supérieurs aux chevaux. Au croquis du *Retour du duc d'Angoulême à Paris après la guerre d'Espagne*, fragment de la frise de l'Arc de triomphe commandée sous Charles X (collection Joliet), le caractère du cheval est plus juste et plus moderne, mais nous ne pouvons, comme il a été dit, considérer cette composition comme l'œuvre de Rude. Les sculpteurs ont dû être simplement chargés de traduire en relief un modèle graphique émané d'un peintre. C'est ainsi qu'on avait procédé en maints édifices et, notamment, à la colonne Vendôme, dont la frise en spirale était tout entière de l'invention de Bergeret. Que l'on examine, après cela, *la Rentrée de l'armée d'Egypte,* partie de la frise du temps de Louis-Philippe qui est bien de la conception de Rude (1), les bœufs attelés au chariot du sphinx ne surpassent guère ceux du premier sujet de la *Chasse de Méléagre (la préparation des pièges)* et nous le montrent très faible *animalier*. Il semble, au contraire, qu'à l'époque de ses recherches pour les quatre pieds-droits et le couronnement de l'Etoile, la préoccupation de l'animal et, en particulier, le goût hippique se soient vivement accrus en lui. (Les loups et le cheval mort du dessin de *la Retraite de Russie*, les bœufs du dessin de *la Paix*, les aigles de divers projets de couronnement ; le cheval guerrier d'un des premiers arrangements du *Départ*, le tête du cheval hennissant du haut-relief exécuté, le *César à cheval accompagné de la Victoire*, le *Quadrige triomphal*, etc.) On le voit par la suite revenir à la figuration de l'aigle (l'aigle mort du *Réveil de Bonaparte*, l'aigle de Jupiter de l'*Hébé*) ; on ne le voit plus s'adonner aux chevaux. La

---

(1) « *Les sculpteurs de la frise ont remis un dessin de leur composition.* » Lettre de Huyot au ministre le 29 avril 1831, document déjà cité.

présente esquisse, sans se rapporter en rien aux compositions préparées pour l'Arc remonterait-elle à la même période ? Aurait-elle plutôt été inspirée à l'artiste, après 1840, dans l'ivresse d'enthousiasme napoléonien qui suivit le « Retour des cendres impériales » ?
— A mon impression, le projet est beaucoup plus récent. Le souci de vérité moderne qui s'y marque trahit le statuaire déjà éprouvé en l'art de dresser de grandes figures historiques en plein air. Le mouvement même du cheval témoigne d'une curiosité d'ordre peu classique. Je ne serais donc pas surpris que ce *Napoléon* fût des dernières années de l'artiste, alors que plus d'une ville, à la faveur du second Empire, rêvait d'ériger la statue du vainqueur de Marengo et d'Austerlitz.

2º Le prophète Jérémie, *maquette en terre cuite.* Haut. 0^m,26. Longueur de base, 0^m,80.

Le personnage, entièrement drapé, est assis haut, sur une roche. Le dos est légèrement courbé ; la tête s'incline en avant dans une impression d'accablement ; le bras gauche s'appuie sur la jambe gauche un peu relevée et le bras droit est pendant. — Suivant une juste observation de M. L. Gaitet, cette figure n'a pu être conçue qu'à l'intention d'un monument fort élevé, car toutes les dimensions en hauteur sont exagérées en vue de l'effet perspectif. — Cette esquisse, signée, très peu faite, en terre mal cuite et brisée en deux morceaux, ne semble pas appartenir à la jeunesse de Rude. Mais nous ne voyons aucun indice qui autorise à risquer une supposition chronologique. Elle est sans analogue dans l'œuvre complet du maître (*Donation Dondey*, 1897).

3º Sapho, *maquette en terre cuite.* Haut. 0^m,15 ; largeur de la base, 0^m,11. *(Base ovale).*

C'est une femme nue, assise sur un fragment de colonne, le coude gauche posé sur la jambe droite et la main revenant vers le visage. Le bras droit s'allonge sur un objet impossible à déterminer, à peine ébauché et qui a subi, d'ailleurs, un accident. Sur la jambe gauche, un peu repliée en arrière, est jetée une draperie. — La petite pièce, connue de longue date du Dr Legrand, chez de vieux amis de Rude et signalée par lui au conservateur du musée de Dijon, a été acquise par la Ville en 1873. On y peut voir un des essais du maître, vers 1850, alors qu'il cherchait un arrangement de figure de femme nue et avant qu'il se fût arrêté à l'idée de son groupe : *Hébé et l'aigle de Jupiter.*

Tels sont les ouvrages et travaux de toute nature exécutés par le grand sculpteur bourguignon au cours de sa carrière, de 1805 à 1855 — durant un demi-siècle de labeur. Je n'aperçois rien de plus qu'on puisse légitimement lui attribuer.

Les élèves de rude

Aucune liste complète des élèves de Rude ne saurait être établie, faute du registre de l'atelier.

Voici seulement quelques noms d'artistes ayant travaillé sous la direction du maître et dont les œuvres ont paru aux expositions. Plusieurs ont même fourni une carrière brillante.

Arnaud (Charles-Auguste), de la Rochelle; — Aublet (Nicolas), de Paris; — Bangillon (Émile), de Méru (Oise); — Becquet (Just), de Besançon; — Blanc (Armand), de Dijon; — Boury (Charles-Martial), de Paris; — Brun (Henri), de Saint-Jean-le-Vieux (Isère); — Cabet (Paul), de Nuits (Côte-d'Or); — Cain (Auguste), de Paris; — Capellaro (Charles-Romain), de Paris; — Carpeaux (Jean-Baptiste), de Valenciennes; — Chatrousse (Émile), de Paris; — Cristophe (Ernest), de Paris; — Cordier (Charles), de Cambrai; — Delarue (Sébastien), de Romorantin (Loir et-Cher); — Devers (Joseph), de Turin (Piémont); — Durst (Marius), des Ternes (Seine); — Franceschi (Jules), de Bar-sur-Aube; — Fremiet (Emmanuel), de Paris; — Gautier (Jacques), de Paris; — Gayrard fils (Joseph Raymond-Paul), de Clermont-Ferrand; — Guitton (Victor-Édouard-Gaston), de Napoléon-Vendée; — Idelin (Henri-Frédéric), de Clairegotte (Haute-Saône); — Le Bourg (Charles-Auguste), de Nantes; — Lecavelier (Charles), de Caen (Calvados); — Levéel (Armand), de Briquebec (Manche); — Lhomme de Mercey (Bernard), d'Autun; — Marcellin (Jean-Esprit), de Gap (Hautes-Alpes); — Martin (Auguste), de Dun-le-Roi (Cher); — Michaud (Claude), de Paris; — Montagne (Pierre-Marius), de Toulon (Var); — Montagny (Étienne), de Saint-Étienne (Loire); — Pantard (Marc), de La Beissière (Cantal); — Penel (Louis), de Saint-Étienne (Loire); — Schröder (Louis), de Paris; etc., etc.

INDEX DES ŒUVRES DE RUDE

CONFORME AU RÉPERTOIRE CHRONOLOGIQUE ET HISTORIQUE

Pages.

§ I. Œuvres des débuts de l'artiste, exécutées à Dijon avant 1807.

Buste de Louis-Gabriel Monnier, graveur. 433
Génie tenant un cadran, bas-relief, pierre (hôtel de ville de Dijon). 433
Buste de Mugnier père, terre cuite. 434
Le Dévouement de Cimon, dessin d'après Devosge fils. . 434
Thésée ramassant un palet. 434
Lutteur assis (musée du Louvre, salle Thiers). . . . 434

§ II. Œuvres et travaux de Rude à Paris durant sa période d'étude (1807-1814).

I. COMPOSITIONS ET MORCEAUX DE CONCOURS DE RUDE A L'ÉCOLE IMPÉRIALE DES BEAUX-ARTS (1809-1812).

1809 *Alexandre buvant la médecine préparée par son médecin Philippe*, esquisse d'essai.. . . 436
— *Marius méditant sur les ruines de Carthage*, figure de concours (École des beaux-arts de Dijon). 437
1810 *La Douleur morale*, tête d'expression. 437
— *Orphée descendant aux enfers pour y chercher Eurydice*, esquisse d'essai. 437
— *Le lacédémonien Othryadès mourant au pied du trophée de Victoire*, figure de concours. . 437
1811 *Isaïe annonce au roi Ézéchias sa fin prochaine*, esquisse d'essai. 437

DE FOURCAUD.

— *Mort d'Epaminondas après la bataille de Mantinée*, bas-relief de concours.	437
1812 *L'Attente mêlée de crainte*, tête d'expression.	437
— *Chrysès, grand-prêtre d'Apollon, venant redemander sa fille au camp des Grecs*, esquisse d'essai.	437
— *Aristée pleurant la perte de ses abeilles*, figure de concours.	437

II. Œuvres et travaux hors de l'École des Beaux-Arts.

De 1807 à 1810. Collaboration matérielle à l'exécution de bas-reliefs pour la colonne de la grande armée dite colonne Vendôme (à Paris).	438
1811 *Génie ailé sacrifiant un taureau* petit bas-relief, marbre (Musée de Dijon.).	438
De 1812 à 1814. Modelage de bas-reliefs d'après des dessins d'Alexandre-Evariste Fragonard pour un obélisque à ériger en l'honneur de la grande armée sur le terre-plein du Pont-Neuf.	438
Avant la fin de 1814. Bustes de membres de la famille Ternaux.	439
Buste de Feuchot (marbre).	439
Buste de Jacques Delille (?).	439
Buste de Napoléon I en triomphateur, terre cuite (musée de Dijon).	439

§ III. Œuvres et travaux de Rude en Belgique (de 1815 à 1827).

Avant 1820. Buste de l'ancien conventionnel Bonnet.	440
Buste de Villaine.	440
Buste de Joseph Jacotot (original à Valenciennes, moulage au musée de Dijon).	440
(Le buste en plâtre de François Devosge, signalé au-dessus d'un cénotaphe au musée de Dijon et que Rude aurait envoyé à sa ville natale est de Claude, François Attiret.)	441

I. Œuvres exécutées par Rude a Bruxelles depuis 1819 et dont la date peut être établie.

1819	*Deux cariatides pour la loge royale au théâtre de la Monnaie*, plâtre.	443
—	*Apollon et les Muses*, projet du fronton pour le théâtre (dessin).	444
—	*Buste du roi Guillaume I des Pays-Bas* (un exemplaire au musée de Gand, moulage au musée de Dijon).	444
1820	*Médaillon de Louis David* (étude présumée pour une médaille de Galle).	445
1823	*Fronton de l'hôtel des Monnaies, avec deux bustes complémentaires de Mercure et de Vulcain* (pierre, musée communal de Bruxelles).	446
—	*Sculptures décoratives pour le château de Tervueren, près Bruxelles* :	
	1° *La Chasse du sanglier de Calydon* ou *Chasse de Méléagre*, grand bas-relief de façade, pierre (moulage au Musée d'art monumental et décoratif de Bruxelles).	446
	Dessin-original de la composition, chez M. Joliet, calque de Feigneaux, chez Mme Prinz, à Bruxelles.	446
	2° *L'Histoire d'Achille*, huit bas-reliefs pour une rotonde. Moulages à Bruxelles, au musée de Dijon et au musée du Trocadéro, à Paris. . . .	446
	Premières des idées des sujets (coll. Joliet). . .	446
	3° *Trophées de chasse*. Ornementations. . .	446
	4° Autres sculptures dans les appartements du château, deux dessins originaux pour une frise et une cheminée (*ibid.*).	446
1824	*Cinq figures et un bas-relief en bois pour la chaire de l'église Saint-Étienne, à Lille*. . .	448
	Grand dessin original du bas-relief (coll. Joliet). .	448
1824-1825.	*Plafond de la Bibliothèque de l'hôtel d'Arenberg, à Bruxelles*.	448
	Quatre dessins, projets pour ce plafond (coll. Joliet).	448
1826	*Modèle du buste de Louis David*, plâtre. . .	449

II. Œuvres et travaux de Rude a Bruxelles, de 1819 a 1827, dont la date n'est pas établie.

Sculptures décoratives au palais du roi Guillaume I. . . . 450
    Quinze dessins ou études pour une partie de ces sculptures (coll. Joliet). 450
Sculptures décoratives au palais des États-généraux (palais du Parlement). 451
    Dessins de détails (même collection). 451
Sculptures décoratives au palais du prince d'Orange (actuellement palais des Académies). 452
L'*Agriculture*, croquis d'un bas-relief destiné à ce palais (?) (*ibid.*). 452
Cariatides de la salle du concert noble (actuellement cercle artistique et littéraire). 452
Cariatides de la porte d'entrée de l'ancien hôtel de Liem. 452
Cariatides de la porte d'entrée de l'ancien hôtel de Boughom (au musée décoratif et monumental de Bruxelles). 452
Figure en bronze pour une pendule 452
Projets de bas-reliefs pour l'ancien palais de justice de Bruxelles. 452
Huit projets dessinés par Rude (fronton monumental, fantaisies psychologiques, motifs ornementaux et Mausolée) dont la destination n'a pu être déterminée (coll. Joliet). 453

§ IV. Œuvres et travaux de Rude à Paris de 1827 à la fin de la Restauration.

1827-1828. *Vierge immaculée*, plâtre (Salon de 1828. Église Saint-Gervais, Paris). 454
1828-1834. *Mercure rattachant ses talonnières* (modèle Salon de 1828, bronze, Salon de 1834). . . . 454
1828-1831. *Premier buste en marbre de Louis David* (Salon de 1831. Revenu plus tard au Louvre). . 456
1829-1831. *Buste du navigateur La Pérouse* (musée de marine, au Louvre). 457
1829 *Concours pour le fronton de la Madeleine*. . . 458

1829-1830. *Partie de frise pour l'Arc de triomphe commandée par Charles X*. 459
  Dessin pour ce travail (coll. Joliet). 459

§ V. Œuvres et travaux de Rude sous Louis-Philippe.

1830-1833. *Petit pêcheur napolitain jouant avec une tortue* (plâtre au Salon de 1831. Marbre au Salon de 1833. Musée du Louvre). 460
1830-1835. *Le Retour de l'Armée d'Égypte*, partie de frise pour l'Arc de triomphe. 463
  Dessin pour ce travail (coll. Joliet). 463
1832-1836. *Premier buste de François Devosge* (marbre). Musée de Dijon. 464
1833-1838. *Second buste en marbre de Louis David* (commandé par le Louvre).. 466
1833 *Prométhée animant les arts*, dessin pour un bas-relief à exécuter au palais Bourbon (collection G. Joliet). 467
1833 Neuf dessins-projets sur papier calque pour les pieds-droits de l'Arc de triomphe (collection G. Joliet, à Dijon). 471
  Quatre dessins-projets sur papier calque pour la même destination (Musée du Louvre). . . 473
  Le Triomphe de Bonaparte, projet de composition pour le couronnement de l'Arc. Dessin sur papier calque (musée du Louvre). 474
1833-1835. *Prométhée animant les arts*, bas-relief, pierre (façade du palais Bourbon). 467
1838 Petite esquisse du haut-relief : *Le Départ des Volontaires* (musée des arts décoratifs à Paris). . 473
1834 Modèle plus grand, même composition. Plâtre (musée de Dijon). 473
1835-1836 *Le Départ des Volontaires de 1792*, haut-relief. Pierre. A l'Arc de triomphe. . . . 468
1835-1840. Achèvement du *Caton d'Utique* commencé par Roman, marbre (Salon de 1841, musée du Louvre).. 475
  Surveillance de l'exécution des quatre bas-reliefs,

figures d'apôtres, proposés par Roman pour l'église de la Madeleine (première coupole de la nef). Pierre.	475
1836-1838. *Statue du maréchal de Saxe*, marbre (musée du Louvre).	476
1837 *Réduction originale* du *Mercure aux talonnières*, bronze (musée du Louvre, salle Thiers).	477
1838 *Buste de Dupin aîné*, marbre (Salon de 1838. Épreuves du modèle en plâtre aux musées de Dijon et d'Angers).	477
Commande d'un buste historique de *Louis d'Armagnac, duc de Nemours*, pour le château de Versailles (non exécuté).	477
1838-1841. *Esquisse du Baptême du Christ*, plâtre (musée d'Angers).	478
Étude pour la tête du Christ, plâtre (musée de Dijon).	478
Modèle du groupe, grandeur d'exécution (église de Ville d'Avray).	478
Le Baptême du Christ, groupe marbre (église de la Madeleine).	478
1839 *La Bonté*, relief-statuette, marbre (tombeau de Cortellier, au Père-Lachaise, à Paris).	478
1840-1842. *Statue de Louis XIII adolescent*, argent (château de Dampierre).	479
1842-1843. *Piédestal pour le Louis XIII*. Bronze rehaussé de marbre (ibid.).	481
1843 *Buste du connétable d'Albert de Luynes*. Bronze (ibid.).	481
1843 Buste du *Docteur Benoît Mercier*, de Dijon. Marbre (musée de Dijon).	481
— Buste de *Madame Noirot*, de Paris. Marbre.	482
1845(?). *Médaillon portrait de Madame Rude* (épreuve plâtre au musée de Dijon).	482
1845-1847. Statue gisante de *Godefroi Cavaignac*. Bronze (cimetière Montmartre, à Paris).	482
Première idée du *Réveil de Bonaparte*, maquette, plâtre (à Fixin-lès-Dijon).	484
Modèle définitif du *Réveil de Bonaparte*, grandeur d'exécution, plâtre (musée du Louvre).	484

Le *Réveil de Bonaparte* (ou *Napoléon de Fixin*), bronze (à Fixin-lès-Dijon). 484
1847 Commande d'un monument à la mémoire du maréchal de Lobau par un comité de souscription de la garde nationale (projet avorté). 486
1846-1848. Esquisse de la statue de *Gaspard Monge*. Petit plâtre (musée de Beaune). 485
Tête du grand modèle du *Monge*. Plâtre (musée du Louvre). 485
Statue de *Gaspard Monge*. Bronze (Salon de 1848, ville de Beaune). 484

§ VI. Œuvres et travaux de Rude sous la République (1848-1851).

1848 *Colosse de la République*, statue pour un décor de fête, plâtre et draperies sur une armature de charpente. 487
1845-1852. *Jeanne d'Arc écoutant des voix*, marbre (Salon de 1852, musée du Louvre). 487
1848(?)-1852. *Calvaire de Saint-Vincent de Paul*, à Paris, bronze (Salon de 1852). 489
1850 *Buste de James de Montry*, bronze (cimetière de Dijon). 491
1849 ou 1850. Esquisse-projet pour un monument à Ney (*les Derniers moments du Maréchal*), plâtre. . 486

§ VII. Œuvres, travaux et projets de Rude sous Napoléon III.

1850-1852. *Statue du général Gatien Bertrand, bronze* (à Châteauroux, inaugurée en 1854). 491
1851 Le *Courrier républicain de la Côte-d'Or* du 6 décembre 1851 nous apprend que Rude s'est proposé pour exécuter le monument commémoratif de la Défense de Saint-Jean de Losne en 1636, qu'on projette d'ériger dans cette ville. Ce monument ne sera jamais exécuté. 486
1852-1853. *Statue du maréchal Ney, bronze (à Paris)*. 493
1846-1857. *Hébé et l'aigle de Jupiter*, marbre (terminé

et exposé après la mort de Rude, Salon de 1857,
musée de Dijon). 495

1848-1857. L'*Amour dominateur du monde*, marbre
(même observation, musée de Dijon). 504

1854-1855. *Petit modèle pour la statue de Poussin*,
plâtre (musée de Dijon). 507

Statue de Poussin, pierre (galeries extérieures du
Nouveau Louvre. 507

Maquette préparatoire pour la statue de Houdon, plâtre *(musée de Dijon)*. 507

Statue de Houdon, pierre (galeries extérieures
du Nouveau Louvre). 507

1853-1855. Buste de Martine Van der Haert-Cabet, marbre (musée du Louvre). 507

Second buste de François Devosge, marbre (musée
de Dijon. . . . . , ... 508

1854-1855. L'Historien, *groupe allégorique, format
d'esquisse, terre cuite*. 508

Buste de Pagnerre, bronze (cimetière de Saint-
Ouen-l'Aumône, Seine-et-Oise). 508

Tête et torse du Christ, d'après le modèle du
Calvaire de Saint-Vincent de Paul, marbre
(terminé et exposé après la mort de Rude. Salon
de 1857, musée du Louvre). 509

§ VIII. Maquettes se rapportant à des projets restés inconnus.

Statue de Napoléon I, dite à tort *Napoléon en Égypte*,
plâtre teinté (musée de Dijon). 509

Le prophète Jérémie, terre cuite (ibid.). 511

Sapho, terre cuite (ibid.). 511

TABLE DES CHAPITRES

                                                                           Pages.

Avant-propos..

I. L'Art en Bourgogne. 1
      Le tempérament bourguignon. — Les anciens sculpteurs à Dijon. — François Devosge et les fondateurs d'écoles gratuites de dessin dans la seconde moitié du xviiie siècle. — Le milieu intellectuel.

II. La Révolution a Dijon. 14
      L'état des esprits avant les événements révolutionnaires. — Les événements locaux et les contrecoups de ce qui se passe à Paris. — Les influences et les passions ambiantes.

III. L'enfance de Rude. 20
      Antoine Rude, *maître-poêlier* (poêlier, chaudronnier, serrurier), à Dijon ; ses origines et sa famille. — Naissance de François Rude. — Ses premières années. — Antoine Rude *terroriste*. — Fermeture des églises. — Manifestations civiques et parades de bataillons d'enfants auxquelles Rude est mêlé. — Antoine Rude compromis après la chute de Robespierre. — François Rude commence son apprentissage de forgeron.

IV. La vocation de l'artiste. 31
      Accident survenu à Rude à la forge. — Sa présence fortuite à une distribution de prix de l'École gratuite fondée par Devosge. — Il y entre comme élève en janvier 1798. — Origine de graves malen-

tendus esthétiques entre l'art et la vie ; danger d'une conception purement abstraite de l'antique. — Rude fait, chez Devosge, la connaissance de Louis Frémiet, contrôleur des contributions directes, admirateur enthousiaste de Bonaparte. — Ruine complète et mort d'Antoine Rude. — Rude garçon de peine chez les frères Mugnier, peintres en bâtiment. — Il est soutenu par Devosge et Frémiet. — — Ses premiers ouvrages de sculpture. — Son départ pour Paris avec une lettre de recommandation pour Vivant Denon, directeur général des Musées.

V. Débuts de Rude a Paris. 42

Vivant Denon. — Son accueil à Rude, au palais du Louvre. — Rude à l'atelier d'Edme Gaulle. — Sa participation prétendue au soubassement de la colonne Vendôme est très douteuse. — Rude élève de Pierre Cartellier. — Œuvres et opinions de ce statuaire : influence qu'il exercera sur son élève. — Difficultés de la vie de Rude. — Il se présente à l'École des Beaux-Arts.

VI. L'enseignement officiel de l'art 52

État de l'enseignement officiel. — Principes de l'école de David, d'après Paillot de Montabert.

VII. Rude a l'École des Beaux-Arts. 58

Organisation et fonctionnement de l'institution. — Les concours de Rude pour le prix de Rome et pour le prix de la tête d'expression de 1809 à 1812.

VIII. Particularités d'existence. 68

Les pensées et les lectures de Rude. — Le sort de ses frères et de ses sœurs — Ses amitiés. — Constante bienveillance de Cartellier à son égard.

IX. L'Empire et les artistes. 73

Explication du prestige napoléonien aux yeux des artistes : Napoléon s'est emparé de l'imagination nationale. — Conceptions monumentales et décoratives de l'empereur. — Par quels moyens Napoléon gagne le monde des ateliers : transports des chefs-d'œuvre de l'étranger au Louvre ; exemption du service militaire aux lauréats du prix de Rome ; commandes d'œuvres ; distribution de croix, de pensions et de titres ; création de prix décennaux… — Comment la nation et les artistes se détachent du régime impérial à partir de 1812 et comment l'idéal bonapartiste se réveille dès les premiers temps de la Restauration.

X. Durant les cent jours. 80
    Rude se trouve à Dijon au moment du retour de l'empereur. — Son enthousiasme impérialiste. — Légende sur le passage du maréchal Ney à Dijon. — M. Frémiet compromis après Waterloo s'enfuit à Bruxelles. Rude y vient rejoindre son bienfaiteur avec la famille Frémiet.

XI. La ville des réfugiés. 92
    Bruxelles sous la Restauration. — Les conventionnels en exil : Louis David, Cambacérès, Merlin, Berlier, Sieyès, Chazal, Jean Mailhe, Bertrand-Barère, Ramel, Vadier, Bonnet, Quinette, Lejeune, Cavaignac, Paganel… Buonarotti de Florence. — Le mouvement des idées. — David, après avoir achevé sa répétition du *Sacre de Napoléon*, médite une série de composition sur *le Retour de l'île d'Elbe*. — Réconciliation du sentiment bonapartiste et du sentiment révolutionnaire. — Formation de l'état d'esprit d'où sortiront les révolutions de 1830 et de 1848.

XII. Premières années de Rude a Bruxelles (1816-1824). 98
    M. Frémiet, rédacteur au journal *le Vrai libéral*. — Rude se trouve en présence de deux sculpteurs qui lui barrent la route : le vieux Godecharles et le jeune Van Geel de Malines, son ancien camarade à l'École des Beaux-Arts de Paris. — Il travaille pour des entrepreneurs, fait quelques bustes de réfugiés français et un buste du roi de Hollande. — Le peintre David auquel il est présenté le recommande à Van der Straeten, architecte des palais et bâtiments royaux. — Commandes faites à Rude d'un fronton pour l'Hôtel des Monnaies, de cariatides

pour le Théâtre royal, de divers travaux d'ornement pour le palais du roi Guillaume I et de sculptures pour des hôtels privés. — L'intérieur des Frémiet. — Sophie Frémiet et ses succès de peintre. — Mariage de Rude. — Son atelier à l'ancien couvent des Lorraines : ses élèves, son enseignement. — On lui concède un nouvel atelier provisoire dans les dépendances du palais. — Commencement de ses travaux décoratifs au château de Tervueren. — Naissance de son fils Amédée. — Mariage de sa belle-sœur Victorine Frémiet avec le peintre Van der Haert.

XIII. Dernières années a Bruxelles (1824-1827)... 113

L'atelier de Rude transféré à l'ancien couvent des *Douze Apôtres*. — Second mariage de M. Frémiet à Mons. — Difficultés dans les rapports de famille. — Caractères généraux de l'œuvre de Rude en Belgique : la chaire à prêcher de Saint-Etienne de Lille, le *Méléagre* et l'*Histoire d'Achille* de Tervueren, etc.

XIV. Préludes du retour en France...... 120

Visites de Gros et de Roman à Rude en 1826. — Cartellier le fait encourager à revenir à Paris. — Ses inquiétudes pour l'avenir en Belgique. — Sa décision de s'établir dans la capitale française. — Son premier voyage à Paris au mois de mars 1827. — Commande qu'il reçoit d'une *Vierge immaculée* par l'église Saint-Gervais. — Il entreprend la figure de *Mercure rattachant ses talonnières*. — Arrivée de Mme Rude. — Location d'un atelier, 66, rue d'Enfer.

XV. Premières œuvres de Rude a Paris.. 128

La *Vierge immaculée*, le *Mercure* (Salon de 1828). Jugements contemporains. — Commande d'un grand buste de La Pérouse pour le Musée de marine. — Rude entreprend la figure du *Petit pêcheur napolitain à la tortue*. — Il prend part au concours pour le fronton de la Madeleine en 1829. — Le *Pêcheur napolitain* au Salon de 1831 (plâtre) et 1833 (marbre). — Opinions des critiques. — Les tendances de Rude et ses aboutissements depuis ses débuts.

XVI. La vie intime, rue d'Enfer.   148
   Rude dans son atelier. Ses amis : Roman, Victor Jacotot, Louis Dietsch, etc. — Mme Rude et ses amies. — Mort d'Amédée Rude (avril 1830). — Crises politiques et contrecoups qu'ils ont sur Rude. — Les concours publics. — Lettre de Rude exposant, en février 1832, à un ami dijonnais ses raisons de condamner ce mode de distribution des commandes, à propos d'un monument en l'honneur des combattants de juillet qu'on rêve d'ériger à Dijon. — L'idée de ce monument est abandonnée.

XVII. Origines de l'Arc de triomphe.   164
   Le monument, érigé à la gloire de la Grande-Armée, d'abord laissé à l'abandon et inachevé sous la monarchie restaurée, doit être terminé, suivant les vues de Charles X, en l'honneur du duc d'Angoulême et de son expédition en Espagne. — Opinion de Goust, architecte de l'édifice, et de Cartellier, sculpteur, sur le développement possible de ce thème dans la décoration de l'Arc. — Projet dessiné par Edme Gaulle.

XVIII. La frise de Charles X.   174
   M. de Martignac, ministre, accepte, en 1828, l'idée de la grande frise en souvenir de l'intervention récente des Français en Espagne, à la condition que le travail sera divisé entre de nombreux statuaires. Rude est compris, doit exécuter un fragment de la frise du côté de Passy (6 décembre 1828). — Difficultés et modification dans l'ordre des commandes. Rude est chargé, maintenant, d'un fragment de la frise en regard du Roule — Les modèles sont faits. (Rapport de l'architecte Huyot le 5 mars 1830). — La Révolution de 1830 coupe court à toute exécution.

XIX. L'évolution de 1830. La frise de Louis-Philippe.   184
   Changement des idées. — Force croissante de la légende impériale, en laquelle se confondent les aspirations des autoritaires et celles des démocrates. — Retour à la donnée primitive de la glorification de la

grande armée. — La frise de l'Arc représentera le Départ et la Rentrée triomphante des armées de la République et de l'Empire. — Rude est chargé d'une partie de la composition du côté du faubourg du Roule : *la rentrée triomphante de l'armée d'Égypte* (décision ministérielle du 16 novembre 1830). — L'architecte Huyot a fait venir de Rome les moulages de l'arc-de-triomphe de Titus, afin d'imposer l'impression antique aux sculpteurs même pour l'interprétation des sujets modernes. — Les modèles commandés sont prêts au mois de février 1833 et livrés immédiatement pour la plupart aux praticiens. — Caractère froid et conventionnel du fragment de Rude. — Conversations typiques au chantier de l'Arc.

XX. Les Trophées. 193
Huyot a été renvoyé et remplacé par Blouet le 31 juillet 1832. — L'état des travaux. — Comment on suit les programmes adoptés. — Thiers a demandé à Rude des projets ou des esquisses pour les quatre trophées qui doivent figurer sur les pieds-droits du monument; mais il ne lui a rien commandé. — Premières recherches de l'artiste : le *Départ*, la *Paix*, l'*Expédition d'Égypte*, la *Retraite de Russie* (Dessins de la collection Joliet, à Dijon). Ses projets arrêtés (dessins du Musée du Louvre. — Seul le groupe du Départ a été exécuté. — Observations sur les remaniements que subissent les conceptions de Rude en cours de travail.

XXI. Projets de couronnement de l'Arc 206
Diverses imaginations pour le couronnement. — Idées généralement singulières transmises, à ce sujet, au roi et au ministre. — Thiers demande des esquisses spéciales à Rude et à Marochetti. — Ces esquisses sont au chantier de l'Arc au mois de mai 1834; mais on n'en tient aucun compte. — Le grand trophée du *Départ* s'exécute, de 1835 à 1836, en pierre de Chérence. — En 1835, Rude fait également exécuter sur la façade du Palais-Bourbon un bas-relief de *Prométhée animant les*

arts, qui paraît être une mise en œuvre de recherches antérieures. — Ouvrage de style attardé.

XXII. L'Inauguration de l'Arc 218
La journée du 29 juillet 1836. — Le nom de Rude n'est prononcé par personne en présence du chef-d'œuvre qu'il a signé.

XXIII. Loin de la foule. 225
Tristesse de Rude à la mort de son ami Roman (13 février 1835). — Il s'enferme dans l'atelier du disparu, rue d'Enfer ; il y complète les quatre *Apôtres* préparés par Roman pour la Madeleine et y termine, conformément à sa promesse, sa statue de *Caton d'Utique* (Salon de 1840). — Mme Rude perd sa sœur, Victorine Van der Haert (1839), dont elle recueille la fille, Martine, auprès d'elle. — Rude prend un atelier et un appartement nouveau, 65, rue d'Enfer. — Il loue une petite maison de campagne à Cachan. — Son esprit tout populaire et la simplicité de ses habitudes. — Ses nouveaux amis : Michel Drolling, Camille Bouchet, Jacotot père (revenu à Paris en 1838)... — Entretiens de Rude avec Drolling sur le carbonarisme et avec Jacotot sur Gaspard Monge et ses mensurations géométriques. — Influences morales et techniques de ces conversations sur le sculpteur.

XXIV. Rude, les Dietsch et Françoise Rude. — Voyage de Rude en Italie. 238
Rude découvre le douloureux roman de la vie de sa sœur Françoise, fixée depuis longtemps à Paris, en des conditions humbles et mystérieuses. Elle est mère d'un fils resté en Bourgogne. — Voyage de Rude en Italie avec Camille Bouchet (avril-mai 1843). — Mort de Françoise (novembre 1846).

XXV. Confusions esthétiques. — Tendances diverses. 250
— Sculptures religieuses. . . . .
Fond classique de Rude et superposition d'éléments multiples dans le développement de sa personnalité. — Ses aspirations vastes et mal définies.

— Pourquoi il se complique et s'embarrasse dans les sujets philosophiques et pourquoi il est supérieur dans les sujets simples, où la nature lui apporte à la fois et du même coup la pensée et la forme. — Son imagination moyenne, inclinée à la subtilité des intentions, le pousse à des idéalités vagues peu d'accord avec son amour de la forme vraie et son désir de l'expression vivante. — Son mode de composition pénible, par voie de tâtonnements, sans avoir vu clairement son objet à l'avance. — Le défaut de netteté en sa conception et sa croyance en un grand art abstrait, résultant de son éducation, le maintiendront toute sa vie en des inquiétudes académiques. On les constate dans son *Mercure*, son *Prométhée animant les arts*, son groupe de l'Arc de triomphe lui-même et ses dernières figures, *Hébé* et l'*Amour dominateur*. — Son haut relief de l'Étoile est à l'extrême limite de l'art ancien qui se transforme et tend à devenir, par la puissance des impressions, un art entièrement nouveau ; mais il ne s'en rend pas compte. — Ses aptitudes à l'art iconique héroïque, contre lesquelles il lutte d'abord, doivent quelque chose à l'enseignement de Cartellier. — Elles développeront en lui, presque malgré lui, un sentiment d'humaine et simple observation, dont il aurait pu faire bénéficier même ses compositions allégoriques. — Il arrive progressivement à l'iconisme par le buste de La Pérouse (1829), et la statue du maréchal de Saxe (1838), en attendant *le Louis XIII adolescent*, etc. — Sa sculpture religieuse est forte et froide : le *Baptême du Christ*, de la Madeleine, le *Calvaire* de Saint-Vincent-de-Paul à Paris.

XXVI. Recherches iconiques. — Le buste de Dupin aîné. — Le « Louis XIII adolescent ». . . . 261

Dupin aîné, défenseur du maréchal Ney. — Ses conversations avec le sculpteur ont été probablement l'origine de la commande faite plus tard à Rude de la statue de la victime de 1815. — Caractères curieux au buste de Dupin. — Le duc de Luynes, dans un but de commémoration familiale, demande à Rude une statue de *Louis XIII adolescent* pour son château de Dampierre. — Histoire de cette œuvre, d'après les documents originaux. — Le piédestal exécuté par le sculpteur, après son retour d'Italie. — Buste historique qu'il fait, ensuite, du connétable de Luynes. — Sa vie intime vers 1844. — Ses séjours de vacances chez ses amis de Bourgogne. — Recrudescence de son culte platonique pour les Anciens, de ses idées démocratiques et, tout ensemble, de son admiration pour Bonaparte, au contact de Drolling, des frères Scheffer et du commandant Noizot, ami de Camille Bouchet et « grenadier de l'île d'Elbe ».

XXVII. RUDE, CHEF D'ATELIER. 275

Le maître est sollicité, en 1842, par les élèves de David d'Angers, de présider à leurs études, à la place de David, obligé par ses travaux à de continuels voyages et contraint de renoncer à son atelier d'enseignement. — La méthode pédagogique de Rude. — Le malheur est qu'il considère trop la vie à travers les modèles d'atelier et qu'il ne tient pas assez compte de l'humanité agissante, à l'état libre. — Il enseigne la vérité dans la technique et n'affranchit que la forme, sans la pensée.

XXVIII. LE « RÉVEIL DE BONAPARTE » DIT LE « NAPOLÉON DE FIXIN ». 289

Noizot prie Rude en 1845 de lui faire un monument à Napoléon pour le domaine qu'il vient d'acquérir à Fixin, près Dijon, sur des hauteurs dominant la plaine de Bourgogne. — Rude fait une première esquisse : Napoléon mort, gardé par son aigle. — A la réflexion cette composition, improvisée d'enthousiasme, lui paraît contradictoire à ses sentiments républicains. — Il imagine le « Réveil de Bonaparte » et montre le héros ressuscitant sous l'aspect du général de l'armée d'Italie. — Subtilité littéraire de ce thème de transfiguration. — Singulier aménagement du parc de Fixin. — Fête populaire inaugurale du 24 septembre 1847. — Banquet offert à Rude, le lendemain, à Dijon.

DE FOURCAUD. 34

XXIX. Le tombeau de Godefroi Cavaignac. 308
Le « *Bonaparte* » témoigne de l'effort de Rude à concilier la passion napoléonienne et le sentiment républicain, jusque-là compromis dans le mouvement du parti libéral. — Le tombeau de Cavaignac est une conception purement républicaine. — Le sculpteur a pour document le masque de l'écrivain moulé sur son cadavre. — Le linceul enveloppant cette image tombale est préparé par son élève Christophe, dont il refait entièrement le travail, mais dont il inscrit la signature auprès de la sienne. — Profond *naturisme* de ce chef-d'œuvre.

XXX. La statue de Gaspard Monge, a Beaune. . . 315
Histoire de l'œuvre d'après les pièces originales et les documents contemporains. — Elle est exposée au Salon de 1848. — Compréhension nouvelle de la statuaire iconique; l'action expressive, d'ordre immédiat. — C'est « *Monge faisant son cours à l'École polytechnique* ». — Les circonstances politiques retardent plusieurs mois l'inauguration. — Elle a lieu, à Beaune, le 2 septembre 1849. — Ce bronze doit être considéré comme une des maîtresses productions de l'art français au xixe siècle.

XXXI. Rude et le Salon. 326
Éloignement de Rude du Salon depuis 1833. — Les constantes iniquités et les étroitesses de vue du jury académique. — Seize élèves du statuaire sont refusés au Salon de 1846. — Protestation de Thoré. — Les artistes aspirent à une exposition libre. — Leur émancipation est acquise avec la révolution de 1848. — Rude élu membre du jury. — Il reparaît à l'exposition.

XXXII. Rude et l'Académie. 332
Rude a été quatre fois candidat. — Poussé, en 1835, à se présenter pour le fauteuil de Roman, il s'est refusé à se mettre sur les rangs, ne voulant à aucun prix succéder à son ami le plus cher. — Il a posé sa candidature, en 1838, à la succession de Ramey père: Dumont est élu. — En 1843, il n'entend pas être un obstacle à l'élection de son cama-

rade Duret à la place de Cortot et, malgré les instances de Duret, se tient à l'écart: Duret est élu. — En 1845, il brigue la succession de Bosio; David d'Angers se déclare son partisan : Lemaire lui est préféré. — En 1852, la section de sculpture l'inscrit d'office en tête de sa liste, sans qu'il ait fait aucune démarche, pour le fauteuil de Pradier: Simart l'emporte devant l'assemblée plénière. — Même année : mort de Ramey fils; Rude tente une dernière fois la chance ; Seurre est nommé. — Le grand sculpteur dissimule dignement son chagrin de ces échecs.

XXXIII. EN MIL HUIT CENT QUARANTE-HUIT. 339

L'effervescence générale. — Générosité des aspirations. — Appels à l'idéalisme social. — Rude est invité par quelques amis de Dijon à se porter candidat aux élections pour l'Assemblée nationale. — Il écrit une lettre-profession de foi, mais son nom ne figure pas sur les listes. — Les solennités scolaires à Paris. — Le maître est chargé d'improviser au Panthéon, pour une fête des écoles, un colosse de la République. — Sa figure s'effondre durant la canonnade des journées de juin. — Ses réflexions amères : « L'émeute aurait aussi bien anéanti un chef-d'œuvre! »

XXXIV. LA JEANNE D'ARC DU LUXEMBOURG. 352

Commande faite à Rude le 4 novembre 1845, par l'entremise du député Saunac, d'une statue en marbre pour le jardin du Luxembourg. — Retard apporté à la détermination du sujet, laissé en blanc sur l'arrêté du ministre et long ajournement de l'exécution. — Le maître travaille sérieusement à son modèle au mois de mars 1848. — Conception particulière et compliquée de la figure. — Points de rapport de l'œuvre avec la statue du *Maréchal de Saxe* pour le goût de l'arrangement pittoresque et avec le *Réveil de Bonaparte* pour la subtilité psychologique et la volonté d'exprimer une transfiguration. — La *Jeanne d'Arc* est envoyée au Salon de 1852. — Diverses opinions des critiques. — Les défants, les qualités et l'étrangeté de cette évocation, mêlée de romantisme et de naturalisme.

XXXV. La statue du général Bertrand, a Chateauroux. 361
Singulières conditions dans lesquelles cette statue a été demandée au sculpteur à la suite du refus par le comité d'une première figure commandée à Marochetti et qui sera reléguée dans le parc du château de Touvent, près Châteauroux. — Rude, chargé de l'ouvrage en 1850, a terminé son modèle en mai 1852. L'inauguration du bronze n'aura lieu que deux ans plus tard. — Examen critique de l'œuvre.

XXXVI. La statue du maréchal Ney, a Paris. . . . 368
Les étapes de la réhabilitation de Ney, qu'on ne peut atteindre légalement. — Rude s'est enthousiasmé pour Ney au cours de ses conversations avec Dupin aîné et a voulu connaître les moindres détails de la fin du maréchal. Comment il raconte les incidents de son supplice. — Un décret du Gouvernement provisoire de 1848 a ordonné l'érection d'un monument à la mémoire du condamné de la Restauration sur le lieu même où il est mort et peut-être s'est-on, dès lors, adressé au sculpteur de l'Arc-de-Triomphe; mais le décret est resté lettre morte. Reprise du projet en 1850. Rude fait une esquisse des « derniers moments du maréchal ». En 1852, le ministère décide de modifier le programme primitivement adopté : le caractère du monument sera purement militaire et non épisodique et funéraire. Le maître est en possession de la commande le 27 mai. Sa conception du héros: le bras de Ney! Le cri de Ney! — Le modèle est livré au fondeur à la fin de l'année. — Critiques acerbes et peu justifiées de David d'Angers et de P.-J. Proudhon. — Cérémonie funèbre et triomphale de l'inauguration (7 décembre 1853).

XXXVII. Le soir de la vie de Rude. 390
Apaisement qui se fait en l'esprit du maître en ses dernières années. Le mariage de sa nièce Mar-

tine Van der Haert avec le sculpteur Paul Cabet, le 6 novembre 1853. — Rude entreprend le buste de Martine. Ses attendrissements tandis qu'il y travaille. — Il retouche, pour le cimetière de Dijon, le buste de James de Montry, improvise pour les nouvelles galeries extérieures du Louvre deux statues en pierre de *Nicolas Poussin* et de *Houdon* et, surtout, s'absorbe dans l'exécution de ses deux statues mythologiques, attendues par la ville de Dijon : *Hébé et l'aigle de Jupiter* et l'*Amour dominateur du monde*. — Son regret inattendu de n'avoir pas été plus fidèle aux anciens dieux et à la beauté éternelle. — Le ressouvenir des traditions avec lesquelles il a rompu vient, chez le vieillard déjà las, dérouter les aspirations de l'instinct.

XXXVIII. Hébé et l'aigle de Jupiter. — L'Amour dominateur du monde. 400

Histoire de ces deux conceptions. — Le conseil municipal de Dijon, réuni le 11 novembre 1846, a commandé à Rude une œuvre de sa main, telle qu'il la voudra faire et sans stipulation de sujet, de délai et de conditions pécuniaires. Le sculpteur n'aura qu'à envoyer à sa convenance une maquette et un devis d'avance acceptés. C'est l'origine du groupe d'*Hébé*. — De son côté, vers la fin de 1848, Anatole Desvoge a prié son illustre ami de sculpter pour lui une figure à son gré, pour laquelle il lui alloue 12 000 francs et Rude lui a fait parvenir presque aussitôt une maquette de l'*Amour dominateur*. — Vis-à-vis de la municipalité, depuis 1846, il a toujours gardé le silence. — Anatole Desvoge meurt le 8 décembre 1850, léguant à la Ville la statue non encore exécutée. — Dès ce moment commence, entre le statuaire et le conseil municipal une longue série de difficultés. — Le modèle de l'*Hébé*, entrepris en 1849, n'est livré au praticien qu'en janvier 1853. — Rude se donne, alors, tout entier à l'*Amour dominateur*. — Dispositions morales qui s'accentuent chez le maître : il ne pense plus qu'aux Anciens, parle sans cesse de Cartellier et de François Devosge, dont il refait le buste pour lui-même et cherche des conciliations impossibles entre la vérité et l'idéal pseudo-classique. — Étude de l'*Hébé* : caractère suranné de la figure ; mièvrerie et volonté rétrograde en désaccord avec la recherche de la forme vraie ; suppression des prunelles aux yeux, etc. — Étude de l'*Amour dominateur*, lettre explicative des intentions de l'auteur, écrite à Anatole Devosge en 1848 ou 1849. Frappant abus de philosophie et maniérisme général. — Ce n'est plus l'art vigoureux de Rude, Rude va mourir.

XXXIX. La mort de Rude. 411

Craintes de l'artiste de ne pas marquer suffisamment sa place à l'Exposition universelle de 1855, n'y pouvant envoyer que le *Mercure aux talonnières*, le *Petit pêcheur napolitain* et le buste en marbre de Martine. Les deux statues pour la ville de Dijon ne sortiront pas de longtemps encore des mains des *metteurs aux points*, et le marbre qu'il fait exécuter d'après la tête et le torse de son *Christ en croix* est peu avancé. — Sa santé, très altérée, l'oblige, désormais, à des ménagements extrêmes : il ne s'emploie qu'à des tâches aisées. Les derniers détails du portrait de sa nièce ; l'achèvement du second buste de François Devosge ; le modelage du buste de Pagnerre, pour le tombeau de l'ancien secrétaire du gouvernement provisoire ; l'arrangement d'une petite allégorie semi-classique de l'*Historien*, esquisse promise à Villiaumé. — Progrès d'une maladie de cœur qui le tourmentait de longue date : affaiblissement, suffocations, constante surexcitation de sa sensibilité nerveuse. — Il est appelé à faire partie du jury d'admission de la grande Exposition internationale et prend part à ses opérations. — La nouvelle que le jury des récompenses vient de lui décerner la première médaille d'honneur provoque en lui une violente crise de sanglots. — Le 30 octobre, il assiste au banquet officiel offert aux jurés des Beaux-Arts. Le soir même son état s'aggrave. — Sa mort subite le matin du 3 novembre. — Ses funérailles. — Hommages funèbres qui lui sont rendus. — Discours de Rable, J.-B. Delestre et Arnaud sur sa tombe, au cimetière Montparnasse. - Articles nécrologiques des journaux.

XL. Conclusion. 418

Inquiétudes de la municipalité de Dijon pour l'achèvement de l'*Hébé* et de l'*Amour*. — Correspondance du maire avec le comte de Nieuwerkerque au sujet de Cabet, qui doit y présider. — En dépit de l'avis du surintendant des Musées, très favorable à Cabet, le Maire invite Mme Rude à s'entendre avec Duret. — Refus formel de Mme Rude. — Autres différends avec les héritiers d'Anatole Devosge à l'égard du paiement de l'*Amour dominateur*. — Les deux œuvres, terminées sur la direction de Cabet et la surveillance de la veuve du maître sont exposées au Salon de 1857. — A partir de ce temps, Mme Rude s'efface, travaille en silence, envoie quelques rares portraits aux expositions, mais se confine en son deuil. Elle meurt le 4 décembre 1867, chez les Cabet, 90, rue des Feuillantines. — La mémoire de Rude ne cesse de grandir. — Son nom est donné, à Dijon, en 1858, à la rue Petite-Poissonnerie, où il est né ; on pose une épreuve de son buste, par Cabet, sur la façade de sa maison natale et l'on commence, au Musée de la Ville, une collection de moulages de ses œuvres. — Une rue de Paris, voisine de l'Arc de triomphe, est baptisée : *Rue Rude*. — Une des salles du département de la sculpture moderne au Musée du Louvre, est qualifiée en souvenir de lui de *Salle Rude*. — Sa statue, signée de Tournois, érigée par souscription publique, est inaugurée, à Dijon, en 1888, sur la place Darcy. — Résumé de la carrière de François Rude et enseignements qu'on en doit recueillir.

Appendice. 427

Discours prononcé par J.-B. Delestre aux funérailles de Rude.

TABLE DES GRAVURES

	Pages.
LA CHASSE DE MÉLÉAGRE, bas-relief pierre (1823). Château de Tervueren, près Bruxelles.	1
MERCURE RATTACHANT SES TALONNIÈRES, bronze (1828-1834). Musée du Louvre.	33
PETIT PÊCHEUR NAPOLITAIN JOUANT AVEC UNE TORTUE, marbre (1831-1833). Musée du Louvre.	65
LE DÉPART DES VOLONTAIRES DE 1792, haut-relief pierre (1835-1836). Arc de Triomphe de l'Étoile, Paris.	97
TÊTE DE LA GUERRE, détail du haut-relief de l'Arc de Triomphe.	113
LE MARÉCHAL DE SAXE, marbre (1836-1838). Musée du Louvre.	129
LOUIS XIII ADOLESCENT, statuette argent (1840-1842). Château de Dampierre.	161
GODEFROI CAVAIGNAC, bronze (1845-1847). Cimetière Montmartre, Paris.	193
LA BONTÉ, marbre (1839). Tombeau de Cortellier au Père-La Chaise, Paris, d'après le moulage du Musée de Dijon.	225
LE RÉVEIL DE BONAPARTE, modèle du monument en bronze élevé à Fixin-les-Dijon (1845-1847) Musée du Louvre.	257

Gaspard Monge, bronze (1846-1848). Beaune (Côte-d'Or).	288
Jeanne d'Arc écoutant ses voix, marbre (1845-1852). Musée du Louvre.	321
Calvaire, bronze (1848?-1852). Église Saint-Vincent-de-Paul, Paris.	337
Le Maréchal Ney, bronze (1852-1853). Place de l'Observatoire, Paris.	353
L'Amour dominateur du monde, marbre (1848-1857). Musée de Dijon.	385
Buste de Martine Van der Haert-Cabet, marbre (1853-1855). Musée du Louvre.	417

CHARTRES. — IMPRIMERIE DURAND, RUE FULBERT.

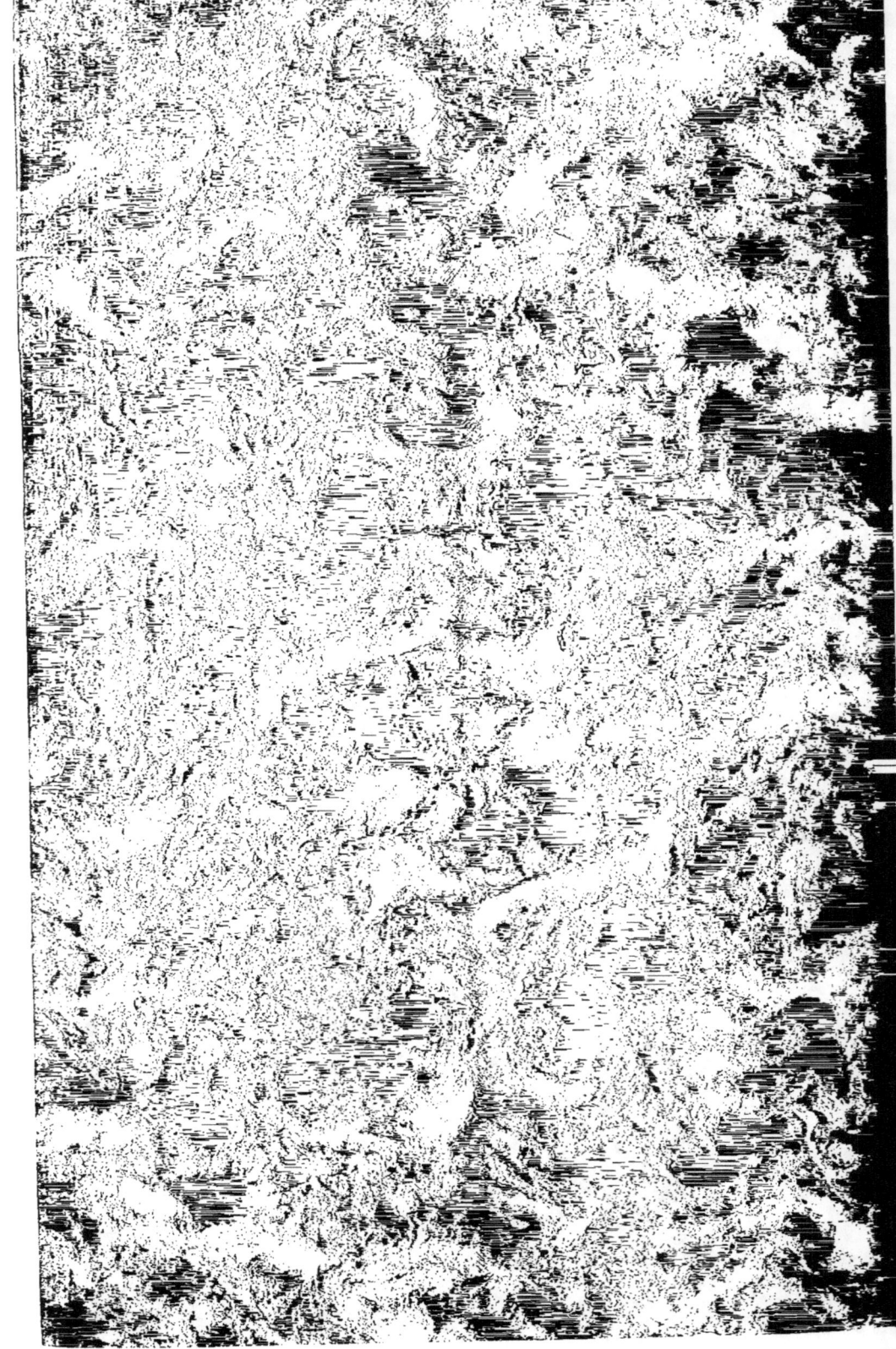

www.ingramcontent.com/pod-product-compliance
Lightning Source LLC
Chambersburg PA
CBHW060305230426
43663CB00009B/1589